北京社会科学基金研究基地项目（项目编号：17JDSHB007）

北京青少年教育与发展研究基地研究成果

北京青年发展现状与趋势研究报告（2018）

周永源　田宏杰　主编

中国社会出版社

国家一级出版社·全国百佳图书出版单位

图书在版编目（CIP）数据

北京青年发展现状与趋势研究报告. 2018 ／ 周永源，田宏杰主编. —北京：中国社会出版社，2019.12

ISBN 978-7-5087-6264-7

Ⅰ.①北…　Ⅱ.①周…②田…　Ⅲ—①青年工作—研究报告—北京—2018　Ⅳ.①D432.6

中国版本图书馆 CIP 数据核字（2019）第 283080 号

书　　名：	北京青年发展现状与趋势研究报告（2018）
主　　编：	周永源　田宏杰
出 版 人：	浦善新
终 审 人：	李　浩
责任编辑：	陈　获
出版发行：	中国社会出版社　　**邮政编码**：100032
通联方式：	北京市西城区二龙路甲 33 号
电　　话：	编辑部：（010）58124864
	邮购部：（010）58124845
	销售部：（010）58124848
	传　真：（010）58124856
网　　址：	www.shcbs.com.cn
	shcbs.mca.gov.cn
经　　销：	各地新华书店

中国社会出版社天猫旗舰店

印刷装订：	北京九州迅驰传媒文化有限公司
开　　本：	185mm×260mm　1/16
印　　张：	21.5
字　　数：	475 千字
版　　次：	2019 年 12 月第 1 版
印　　次：	2019 年 12 月第 1 次印刷
定　　价：	48.00 元

中国社会出版社微信公众号

北京青年发展现状与趋势研究报告（2018）编委会

主　编　周永源　田宏杰

编　委　纪秋发　谭绍兵　杨　晶　王文影

目 录

第一章 北京青年发展现状调研总体情况

一、研究的背景与意义

（一）课题申请缘起

2015 年 7 月 6—7 日，中共中央召开了中央党的群团工作会议。习近平总书记发表重要讲话强调，工会、共青团、妇联等群团组织一定要坚持解放思想、改革创新、锐意进取、扎实苦干，切实保持和增强党的群团工作和群团组织的政治性、先进性、群众性，组织动员广大人民群众更加紧密地团结在党的周围，把广大人民群众对美好生活的追求汇聚成强大动力，共同谱写实现"两个一百年"奋斗目标、实现中华民族伟大复兴中国梦的新篇章。2015 年 11 月 9 日，中央全面深化改革小组第十八次会议审议通过的《全国总工会改革试点方案》《上海市群团改革试点方案》《重庆市群团改革试点方案》，标志着群团组织改革在全国范围内正式展开。2016 年 8 月 2 日，中共中央办公厅印发的《共青团中央改革方案》提出，要深入贯彻党的十八大和十八届三中、四中、五中全会精神，全面贯彻习近平总书记系列重要讲话特别是关于青少年和共青团工作的重要指示精神，深刻把握中国特色社会主义群团发展道路"六个坚持"的基本要求和"三统一"的基本特征，牢牢把握为实现中华民族伟大复兴中国梦而奋斗这一中国青年运动的时代主题，以保持和增强政治性、先进性、群众性为基本要求，着力解决存在的突出问题，增强自我革新的勇气，着力推进组织创新和工作创新，带领全团把广大青年紧密团结凝聚在党的周围，为协调推进"五位一体"总体布局和"四个全面"战略布局、实现"两个一百年"奋斗目标作贡献。共青团改革必须坚持党的领导、把准政治方向，坚持立足根本、围绕时代主题，坚持服务青年、直接联系青年，坚持问题导向、有效改进作风，坚持加强基层、支持基层创新，构建"凝聚青年、服务大局、当好桥梁、从严治团"的工作格局，更好团结带领青年发挥生力军和突击队作用，更好肩负起党交给共青团的光荣使命，紧跟党的步伐，走在群团改革前列。

2017 年 4 月 13 日，中共中央、国务院印发的《中长期青年发展规划（2016—2025 年）》提出了未来十年中国青年发展的十大领域，即青年思想道德、青年教育、青年健康、青年婚恋、青年就业创业、青年文化、青年社会融入与社会参与、维护青少年合法权益、预防青少年违法犯罪和青年社会保障。发展规划对十大领域要达到的发展目标与发展措施作出了相应的顶层设计。为使《中长期青年发展规划（2016—2025年）》落到实处，重点部署了 10 大重点项目，即青年马克思主义者培养工程、青年社会主义核心价值观培养工程、青年体质健康提升工程、青年就业见习计划、青年文化精品工程、青年网络文明发展工程、中国青年志愿者行动、青年民族团结进步促进工程、港澳台青少年交流工程、青少年事务社会工作专业人才队伍建设工程。

2017 年 10 月 18 日，中国共产党第十九次全国代表大会在北京隆重召开，习近平总书记代表第十八届中央委员会向党的十九大所作的报告是我们党和国家的行动纲领，体现了全党的意志，更体现了全国人民的美好意愿。习近平总书记在报告中指出："青年兴则国家兴，青年强则国家强。青年一代有理想、有本领、有担当，国家就有前途，民族就有希望。中国梦是历史的、现实的，也是未来的；是我们这一代的，更是青年一代的。中华民族伟大复兴的中国梦终将在一代代青年的接力奋斗中变为现实。全党要关心和爱护青年，为他们实现人生出彩搭建舞台。广大青年要坚定理想信念，志存高远，脚踏实地，勇做时代的弄潮儿，在实现中国梦的生动实践中放飞青春梦想，在为人民利益的不懈奋斗中书写人生华章！"

自十八大以来，习近平总书记时刻关注青年的发展，对青年的成长、成才问题作出一系列重要论述。习近平总书记先后在 20 次以上的场合发表重要谈话、座谈交流及撰写书信，对当代青年提出了殷切的希望，为我们在新的历史条件下引领青年成长、培育当代新青年指明了前进的目标与奋斗的方向，对我们深入研读、领悟、践行习近平青年思想和党的青年工作具有重要的现实指导意义。

（二）北京青年所处的独特社会环境

青年往往被比作早晨八九点钟的太阳，代表了民族的希望和国家的未来，"青年兴则国家兴，青年强则国家强"。随着社会的发展人们更加坚信，青年不仅代表了未来，更是一支重要的现实力量。青年发展的目标是全面开发青年的潜能，最大限度地发挥青年的才干，促进青年的成长成才。青年的发展包括青年在观念、素质、行为、心态等多方面的发展。在界定"青年发展"的概念之后，沈杰博士进一步指出，"青年发展"更强调的是，作为一种社会群体的青年，其生存发展与社会发展之间的根本性关联，因此，探讨青年发展就不能从根本上回避对于青年发展与社会发展之间关系的研究，就一刻也不能脱离开对于社会发展的历史进程、现时状态和未来趋势的关注。[①] 也就是说，青年发展要受制于社会进程中的各种现实因素，这些因素对青年在社会经济发展中能获得多大的发展机会及参与度有着重要的影响。随着《京津冀协同发展规划纲要》和《北京城市总体规划（2016 年—2035 年）》的出台与实施，非首都功能疏解、人口疏散及北京城市副中心的建设是北京市政府今后相当一段时期内的工作重心，是北京青年要面对的独特的社会背景，这是国内其他大城市青年生存、发展所不具有的社会环境。

---

① 沈杰：《中国青年发展的分析框架及其测量指标》，《北京青年研究》，2017 年第 2 期。

1. **《京津冀协同发展规划纲要》：推动京津冀协同发展是一个重大国家战略，核心是有序疏解北京非首都功能**

2015 年 3 月 23 日，中央财经领导小组第九次会议审议研究了《京津冀协同发展规划纲要》。中共中央政治局 2015 年 4 月 30 日召开会议，审议通过《京津冀协同发展规划纲要》。在京津冀协同规划纲要中，最受瞩目的无疑是京津冀三地功能定位。区域整体定位体现了三省市"一盘棋"的思想，突出了功能互补、错位发展、相辅相成；三省市定位服从和服务于区域整体定位，增强整体性，符合京津冀协同发展的战略需要。《京津冀协同发展规划纲要》对京津冀三省市定位分别是：北京市"全国政治中心、文化中心、国际交往中心、科技创新中心"；天津市"全国先进制造研发基地、北方国际航运核心区、金融创新运营示范区、改革开放先行区"；河北省"全国现代商贸物流重要基地、产业转型升级试验区、新型城镇化与城乡统筹示范区、京津冀生态环境支撑区"。

京津冀协同发展的目标是：近期到 2017 年，有序疏解北京非首都功能取得明显进展，在符合协同发展目标且现实急需、具备条件、取得共识的交通一体化、生态环境保护、产业升级转移等重点领域率先取得突破，深化改革、创新驱动、试点示范有序推进，协同发展取得显著成效。中期到 2020 年，北京市常住人口控制在 2300 万人以内，北京"大城市病"等突出问题得到缓解；区域一体化交通网络基本形成，生态环境质量得到有效改善，产业联动发展取得重大进展。公共服务共建共享取得积极成效，协同发展机制有效运转，区域内发展差距趋于缩小，初步形成京津冀协同发展、互利共赢新局面。远期到 2030 年，首都核心功能更加优化，京津冀区域一体化格局基本形成，区域经济结构更加合理，生态环境质量总体良好，公共服务水平趋于均衡，成为具有较强国际竞争力和影响力的重要区域，在引领和支撑全国经济社会发展中发挥更大作用。《京津冀协同发展规划纲要》指出，推动京津冀协同发展是一个重大国家战略，核心是有序疏解北京非首都功能，要在京津冀交通一体化、生态环境保护、产业升级转移等重点领域率先取得突破。这意味着，京津冀协同发展的顶层设计基本完成，推动实施这一战略的总体方针已经明确。

北京人口过度膨胀，交通日益拥堵，房价持续高涨，资源环境承载力严重不足，造成这些问题的根本原因是北京集聚了过多的非首都功能。习近平总书记多次作出重要批示，明确指出京津冀协同发展要牵住疏解北京非首都功能这个"牛鼻子"和主要矛盾，降低北京人口密度，实现城市发展与资源环境相适应。从疏解对象看，重点是疏解一般性产业特别是高消耗产业，区域性物流基地、区域性专业市场等部分第三产业，部分教育、医疗、培训机构等社会公共服务功能，部分行政性、事业性服务机构和企业总部等四类非首都功能。《京津冀协同发展规划纲要》在明确区域整体定位及三省市定位以外，还确定了京津冀协同发展的近、中、远期目标，既有顶层设计纲要，也有实施方案细则和路线图。细则包括交通一体化细则、环保一体化细则和产业一体化细则。《规划纲要》的落地与实施，为京津冀调整经济结构和空间结构，走出一条内涵集约发展的新路子，探索出一种人口经济密集地区优化开发的模式，促进区域协调发展，形成新增长极勾画出了清晰的蓝图。

2. 《北京城市总体规划（2016年—2035年）》：严格控制城市规模，加强"四个中心"功能建设，优化城市功能和空间布局

2017年9月29日，中共中央、国务院批复《北京城市总体规划（2016年—2035年）》。总体规划体现了北京城市的发展要深刻把握好"都"与"城""舍"与"得"、疏解与提升、"一核"与"两翼"的关系，要履行为中央党政军领导机关工作服务、为国家国际交往服务、为科技和教育发展服务、为改善人民群众生活服务的基本职责。

严格控制城市规模：《北京城市总体规划（2016年—2035年）》对北京市人口的总量规模作出了明确的规定，即以资源环境承载能力为硬约束，切实减重、减负、减量发展，实施人口规模、建设规模双控，倒逼发展方式转变、产业结构转型升级、城市功能优化调整。到2020年，常住人口规模控制在2300万人以内，2020年以后长期稳定在这一水平。一是调整人口空间布局：通过疏解非首都功能，实现人随功能走、人随产业走。降低城六区人口规模，城六区常住人口在2014年基础上每年降低2~3个百分点，争取到2020年下降约15个百分点，控制在1085万人左右，到2035年控制在1085万人以内。城六区以外平原地区的人口规模有减有增、增减挂钩。山区保持人口规模基本稳定。二是优化人口结构：形成与首都城市战略定位、功能疏解提升相适应的人口结构。制定科学合理的公共服务政策，发挥公共服务导向对人口结构的调节作用。加快农村人口城镇化进程。积极应对人口老龄化问题。提升人口整体素质。采取综合措施，保持人口合理有序流动，提高城市发展活力。三是改善人口服务管理：构建面向城市实际服务人口的服务管理全覆盖体系，建立以居住证为载体的公共服务提供机制，扩大基本公共服务覆盖面，提高公共服务均等化水平。在常住人口2300万人控制规模的基础上，考虑城市实际服务人口的合理需求和安全保障。四是完善人口调控政策机制：健全分区域差异化的人口调控机制，实现城六区人口规模减量与其他区人口规模增量控制相衔接。加强全市落户政策统筹，建立更加规范的户籍管理体系，稳步实施常住人口积分落户制度。强化规划、土地、财政、税收、价格等政策调控作用，加强以房管人、以业控人。强化主体责任，落实人口调控工作责任制。

"四个中心"城市战略定位：根据《北京城市总体规划（2016年—2035年）》，北京的一切工作必须坚持全国政治中心、文化中心、国际交往中心、科技创新中心的城市战略定位，履行为中央党政军领导机关工作服务，为国家国际交往服务，为科技和教育发展服务，为改善人民群众生活服务的基本职责。坚持把政治中心安全保障放在突出位置，严格中心城区建筑高度管控，治理安全隐患，确保中央政务环境安全优良。抓实抓好文化中心建设，做好首都文化这篇大文章，精心保护好历史文化金名片，构建现代公共文化服务体系，推进首都精神文明建设，提升文化软实力和国际影响力。前瞻性谋划好国际交往中心建设，适应重大国事活动常态化，健全重大国事活动服务保障长效机制，加强国际交往重要设施和能力建设。大力加强科技创新中心建设，深入实施创新驱动发展战略，更加注重依靠科技、金融、文化创意等服务业及集成电路、新能源等高技术产业和新兴产业支撑引领经济发展，聚焦中关村科学城、怀柔科学城、

未来科学城、创新型产业集群和《中国制造 2025》创新引领示范区建设，发挥中关村国家自主创新示范区作用，构筑北京发展新高地。

优化城市功能和空间布局：为落实城市战略定位、疏解非首都功能、促进京津冀协同发展，充分考虑延续古都历史格局、治理"大城市病"的现实需要和面向未来的可持续发展，着眼打造以首都为核心的世界级城市群，完善城市体系，在北京市域范围内形成"一核一主一副、两轴多点一区"的城市空间结构，着力改变单中心集聚的发展模式，构建北京新的城市发展格局。根据《北京城市总体规划（2016 年—2035 年）》的要求，坚定不移疏解非首都功能，为提升首都功能、提升发展水平腾出空间。要坚持疏解整治促提升，坚决拆除违法建设，加强对疏解腾退空间利用的引导，注重腾笼换鸟、留白增绿。要加强城乡统筹，在市域范围内实行城乡统一规划管理，构建和谐共生的城乡关系，全面推进城乡一体化发展，高水平规划建设北京城市副中心。坚持世界眼光、国际标准、中国特色、高点定位，以创造历史、追求艺术的精神，以最先进的理念、最高的标准、最好的质量推进城市副中心规划建设，着力打造国际一流的和谐宜居之都示范区、新型城镇化示范区和京津冀区域协同发展示范区。突出水城共融、蓝绿交织、文化传承的城市特色，构建"一带、一轴、多组团"的城市空间结构。有序推进城市副中心规划建设，带动中心城区功能和人口疏解。

正如中共中央、国务院在批复《北京城市总体规划（2016 年—2035 年）》时所指出的：《北京城市总体规划（2016 年—2035 年）》深入贯彻习近平总书记系列重要讲话精神和治国理政新理念新思想新战略，紧紧围绕统筹推进"五位一体"总体布局和协调推进"四个全面"战略布局，牢固树立新发展理念，紧密对接"两个一百年"奋斗目标，立足京津冀协同发展，坚持以人民为中心，坚持可持续发展，坚持一切从实际出发，注重长远发展，注重减量集约，注重生态保护，注重多规合一，符合北京市实际情况和发展要求，对于促进首都全面协调可持续发展具有重要意义。

"社会发展的已有状况或态势为置身其中的青年发展提供了基本的前提性条件。作为社会的新生代，青年的生存与发展首先取决于社会为他们所可能或愿意提供的满足物质和文化需要的资源、实现个人潜能与价值的条件，这一切最重要的体现为进入社会结构的途径以及参与社会事务的机会等。"① 《京津冀协同发展规划纲要》和《北京城市总体规划（2016 年—2035 年）》的实施与推进，以及北京副中心的建设，对北京青年的学习、职业的规划与发展、生活甚至是居住形态都将可能产生深远的影响，对身处其中的青年的生存与发展提供机遇和挑战。

（三）研究的意义

青年是国家经济社会发展的生力军，是实现中国梦和践行社会主义核心价值观的中坚力量。党和国家事业要发展，青年首先要发展。青年期是一个人政治成熟的过渡

---

① 沈杰：《中国青年发展的分析框架及其测量指标》，《北京青年研究》，2017 年第 2 期。

期，这一阶段是青年利益的呈现、表达与社会磨合以达到和谐均衡状态的阶段。① 相对于其他社会年龄群体，青年人有独特的需求需要社会给予关照，这种需求一是基于青年人独特的心理发展规律，二是基于青年期需完成的独特任务，特别是生存需要中的就业择业的需求、婚恋家庭的需求、教育与学习的发展需求。青年需求的特点决定了青年利益的构成及其矛盾关系。青年发展进程中所出现的各种利益诉求和面临的各种问题或困境，预示了青年的基本要求和他们不断上升的高级发展需求的满足所应具备的社会环境的张力。而青年发展应有的理想环境或张力的舒缓应成为国家在制定青年政策时要高度重视的依据。青年发展的核心是照顾青年的需求，合理地解决青年的利益矛盾，更好地对待青年，完善青年发展政策，使青年成为社会进步和稳定的推动力量，而不是成为社会动荡的因素。必须清醒地认识到，当前青年的发展与社会主义现代化建设的新要求、经济社会发展的新形势还存在不小的差距。因此，在新形势下，如何引导青年将自身的发展与为实现"两个一百年"奋斗目标、实现中华民族伟大复兴的中国梦结合起来，已成为摆在政府面前的一个重大课题。

为了深入学习贯彻习近平总书记系列重要讲话尤其是群团改革及青年工作的重要思想，牢牢把握首都城市战略的定位，引导首都青年有序社会参与，促进青少年成长成才，北京青年政治学院北京青少年教育与发展基地适时向北京市哲学社会科学规划办公室提出并申报"北京青年发展现状与趋势"研究项目，以便认识、了解在京津冀协同发展大背景下，北京青年群体呈现出的多样化、差异化特征的现状与趋势，从而更好地服务青年的紧迫需求，维护青年的发展权益，促进青年全面发展，进而促进青年为北京的经济、社会、文化发展贡献力量。同时，更好地发挥研究基地在政府制定青少年事务与政策决策咨询时的智力与责任担当。

二、 研究内容与方法

(一) 青年"年龄"的界定

目前学术界、政府工作中，对青年"年龄"的界定没有统一的认识。生理学视野中的青年的"年龄"一般被界定为十四五-十八九岁，心理学视野中的青年的"年龄"一般被界定为十三四-二十三四岁，人口学视野中的青年的"年龄"一般被界定为15-25岁，社会学视野中的青年的"年龄"一般被界定为15-30岁。而现行共青团员的年龄按《中国共产主义青年团章程》被界定为14-28周岁，但又主张其上限可延伸至30周岁。至于社会各界又各有一些不确定的界定，如冠以"青年企业家""青年科学家""青年艺术家""青年作家"等称号者，多有超出40岁甚至已达49岁的。联合国对世界青年的统计，将青年的"年龄"界定于15-24岁；但联合国的下属组织世界卫

---

① 吴庆：《共青团改革与青年发展》，《青年发展论坛》，2017年第1期。

生组织从人体的健康和寿命出发，曾将44岁以下的人称之为青年人。①《新世纪中国青年发展报告（2000—2010）》（2012）将青年的"年龄"界定为14-35岁②，但在《2014年中国都市青少年发展报告》中，将青少年的"年龄"界定为14-35岁。③《中长期青年发展规划（2016—2025年）》所指的青年，"年龄"范围被界定为14-35周岁。而《北京市"十三五"时期青少年事业发展规划》并没有对青少年的年龄提出明确的界定，从其对"十二五"时期青少年事业发展成果及趋势的描述中可以看出，青少年的"年龄"被界定为"6岁至35岁"。《中国青年发展报告No.3——阶层分化中的联姻》中以20-36周岁的青年人口作为抽样调查对象。④

作为一项以定量研究为主的项目，出于抽样的需要，我们将调查对象的年龄界定在18-44周岁，主要的考虑是18岁以下的未成年人（《中华人民共和国未成年人保护法》对未成年人年龄的界定）在心智、社会身份、社会经历甚至责任担当等与18岁以上的成年人之间的差异，同时也考虑到像北京这种超大城市中部分青年在婚姻、生育方面延迟的事实。

（二）研究内容与方法

本研究将青年发展置于社会发展的时代大背景下，从青年的利益需求与满足的矛盾张力出发，聚焦不同群体的青年在生活与工作（学习）、多元发展、社会参与等方面的现状、困难与需求。限于研究经费的约束，定量问卷调查的重点聚焦在青年的世界观、婚恋与家庭、就业与创业、文化、娱乐与消费、社会融合与社会参与等内容上。

在"价值观与生活满意度"这部分，主要了解不同群体青年对社会主义核心价值观的认同与践行、理想信念、生活压力与生活满意度状况。在"婚恋与家庭"这部分，重点了解不同群体青年的择偶观、"剩男剩女"问题、理想的家庭模式、子女数量等内容。在"就业与创业"这部分，重点了解不同群体青年职业选择的考虑因素、工作变动的次数与原因、工作满意度、创业意愿与障碍等内容。在"文化、娱乐与消费"这部分，着重了解不同群体青年最关注的社会角色和最希望成为的社会角色、上网学习与工作情况、对不同网络信息的关注度等内容。在"社会融合与社会参与"这部分，集中在对不同社会角色的信任度、对当前我国存在的重大社会问题的看法、志愿活动的参与意愿等内容。

本研究报告的研究方法采用文献研究和定量的问卷调查相结合的研究方法进行，以定量的问卷调查法为主。如前面所述，本研究的定量问卷调查对象为18-44岁的北京青年，包括两部分人群，一是具有北京户籍的青年，即统计局所统计的户籍人口群体，也就是所谓的"京籍青年"；二是没有北京户籍、但在调查执行前已经在北京居住

① 黄志坚：《谁是青年——关于青年年龄界定的研究报告》，《中国青年研究》，2003年第11期。

② 安国启、邓希泉主编：《新世纪中国青年发展报告（2000—2010）》，光明日报出版社，2012年版，第11页。

③ 黄洪基主编：《2014年中国都市青少年发展报告》，上海交通大学出版社，第10页。

④ 廉思等著：《中国青年发展报告No.3——阶层分化中的联姻》，社会科学文献出版社，2017年版，第4页。

时间达到 6 个月以上的常住青年，即统计局所统计的常住人口群体，也就是所谓的"非京籍青年"。作为一项研究课题，在经费、项目周期等约束下，要想对如此多的青年群体进行全面的抽样调查几乎是不可能完成的任务，因此，在与各方面的专家、学者咨询的基础上，课题组最终选择五类青年群体进行问卷调查：高校青年教师、高校学生、企业白领、公务员和外来进城务工青年。

样本总量 2000 人，以保证每类青年群体代表性为前提，并结合五类青年实际人口规模趋势，每类群体的样本量在 300—700 人，具体如下：

高校青年教师 300 人：（1）性别比例基本满足 1：1，允许上下浮动±5%；（2）普通教职人员、讲师和副教授等均不低于 50 人，教授不低于 30 人；

高校学生 400 人：（1）性别比例基本满足 1：1，允许上下浮动±5%；（2）本科院校和专科院校学生分别不低于 120 人；（3）各年级学生分别不低于 50 人；

企业白领 700 人：（1）性别比例基本满足 1：1，允许上下浮动±5%；（2）国企白领 210 人，非公企业 490 人；（3）普通职员、中层管理人员和高层管理人员均不低于 50 人；

公务员 300 人：（1）性别比例基本满足 1：1，允许上下浮动±5%；（2）普通员工、中层管理人员和高层管理人员均不低于 50 人；

外来进城务工青年 300 人：（1）男女性别比例基本满足 1：1，允许上下浮动±5%；（2）服务行业和建筑等体力劳动样本均不低于 50 人。

鉴于聚焦到每个调研青年群体的年龄结构数据很难获取和估算，本次调研只在样本总量上实现对年龄分布的控制，允许在统计接受范围内浮动。由于高校学生群体年龄集中，没有按照北京市常住人口年龄结构分配配额，因此仅对高校青年教师、企业白领、公务员和外来进城务工青年四类群体年龄进行配额，具体见表 1.1。

表 1.1　四类青年群体样本年龄配额

年龄组	人数（万人）	比例	样本量（人）
18-24 周岁	233.3	0.21	336
25-29 周岁	256.9	0.24	384
30-34 周岁	236.8	0.22	352
35-44 周岁	358.9	0.33	528

数据来源：18-44 周岁年龄组人口数据根据《北京统计年鉴 2017》推算所得，为 2016 年年末数据。登录自北京市统计局网站（http：//tjj. beijing. gov. cn/nj/main/2017-tjnj/zk/indexch. htm）。

三、　样本基本情况

本次调研样本量为 2000 个，样本数据的采集由课题组所在的北京青年政治学院和委托方北京零点集团合作完成。其中，课题组成员完成高校学生 400 个样本的数据采集。零点公司通过线上访问的方式，在其自有会员库中向目标受访群体随机推送问卷链接，完成外来进城务工青年、高校青年教师、公务员、企业白领共1600个样本的数据采集。

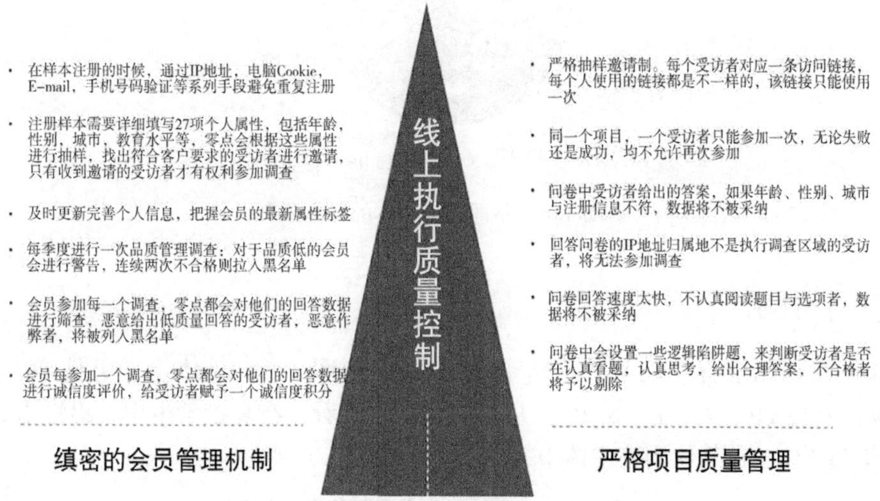
线上执行质量控制
在样本注册的时候，通过IP地址，电脑Cookie，E-mail，手机号码验证等系列手段避免重复注册
注册样本需要详细填写27项个人属性，包括年龄，性别，城市，教育水平等，零点会根据这些属性进行抽样，找出符合客户要求的受访者进行邀请，只有收到邀请的受访者才有权利参加调查
及时更新完善个人信息，把握会员的最新属性标签
每季度进行一次品质管理调查：对于品质低的会员会进行警告，连续两次不合格则拉入黑名单
会员参加每一个调查，零点都会对他们的回答数据进行筛查，恶意给出低质量回答的受访者，恶意作弊者，将被列入黑名单
会员每参加一个调查，零点都会对他们的回答数据进行诚信度评价，给受访者赋予一个诚信度积分
缜密的会员管理机制
严格抽样邀请制。每个受访者对应一条访问链接，每个人使用的链接都是不一样的，该链接只能使用一次
同一个项目，一个受访者只能参加一次，无论失败还是成功，均不允许再次参加
问卷中受访者给出的答案，如果年龄、性别、城市与注册信息不符，数据将不被采纳
回答问卷的IP地址归属地不是执行调查区域的受访者，将无法参加调查
问卷回答速度太快，不认真阅读题目与选项者，数据将不被采纳
问卷中会设置一些逻辑陷阱题，来判断受访者是否在认真看题，认真思考，给出合理答案，不合格者将予以剔除
严格项目质量管理

图1.1　零点线上会员库管理和质控说明

五类北京青年群体具体分布情况见表1.2和图1.2。

表1.2　五类北京青年群体样本分布情况

样本类别	样本属性	样本量
高校学生	本科院校学生	122
	专科院校学生	278
外来进城务工青年	服务行业从业青年	143
	第二产业从业青年	124
	从事其他体力劳动青年	33
高校青年教师	普通教职人员	108
	讲师	110
	副教授	51
	教授	31
公务员	普通员工	150
	中层管理人员	92
	高层管理人员	52
	其他职位	6
企业白领	国企白领	210
	非公企业白领	490

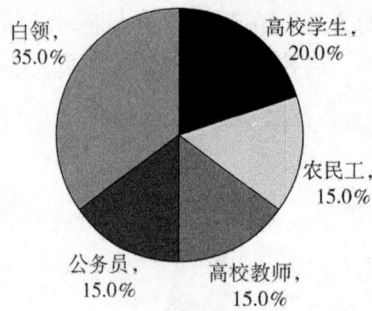

图 1.2　不同调查主体的样本分布

（一）性别

不同性别北京青年的样本分布详见表 1.3 和图 1.3。总体上，男性 897 人，占 44.9%；女性 1103 人，占 55.2%。从不同调查主体看，在高校学生中，男性占 24.3%，女性占 75.8%；在其他调查主体中，男女各占 50%。

表 1.3　不同性别北京青年的样本分布

	男		女	
	人数	百分比（%）	人数	百分比（%）
高校学生	97	24.3	303	75.8
农民工	150	50.0	150	50.0
高校教师	150	50.0	150	50.0
公务员	150	50.0	150	50.0
白领	350	50.0	350	50.0
总体	897	44.9	1103	55.2

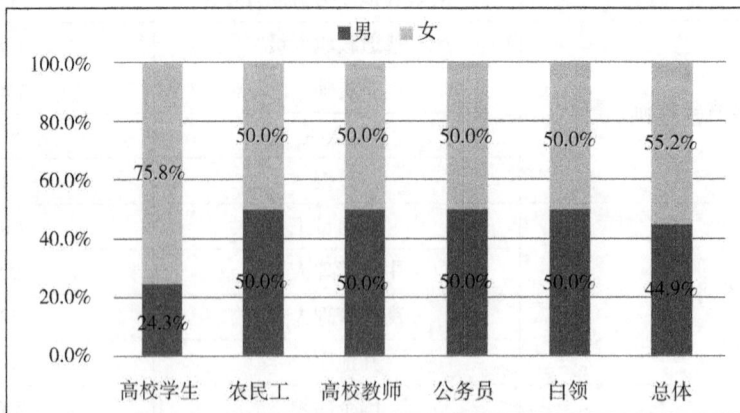

图 1.3　不同性别北京青年的样本分布

（二）年龄

不同年龄北京青年的样本分布详见表1.4和图1.4。总体上，18-24岁的北京青年有708人，所占比例最大（35.4%）；其次是35-44岁的，有528人，占26.4%；再其次是25-29岁，有412人，占20.6%；30-34岁的有352人，所占比例最小（17.6%）。从不同调查主体看，高校学生基本都集中在18-24岁，占93.0%；在农民工中，35-44岁（43.3%）和18-24岁（32.3%）的比例较大；在高校教师中，35-44岁（32.3%）的比例较大；在公务员中，35-44岁（33.0%）和25-29岁（30.3%）的比例较大；在白领中，35-44岁（28.9%）和30-34岁（27.9%）的比例较大。

表1.4 不同年龄北京青年的样本分布

	18-24 岁		25-29 岁		30-34 岁		35-44 岁	
	人数	百分比（%）	人数	百分比（%）	人数	百分比（%）	人数	百分比（%）
高校学生	372	93.0	28	7.0	0	0.0	0	0.0
农民工	97	32.3	41	13.7	32	10.7	130	43.3
高校教师	59	19.7	75	25.0	69	23.0	97	32.3
公务员	54	18.0	91	30.3	56	18.7	99	33.0
白领	126	18.0	177	25.3	195	27.9	202	28.9
总体	708	35.4	412	20.6	352	17.6	528	26.4

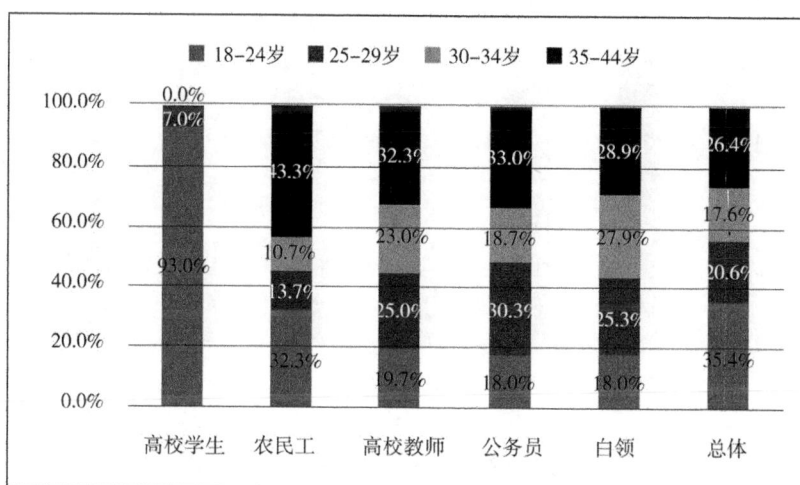

图1.4 不同年龄北京青年的样本分布

（三）婚姻状况

不同婚姻状况北京青年的样本分布详见表 1.5 和图 1.5。总体上，调查的北京青年中已婚的有 1087 人，比例较大（54.5%）；未婚的有 907 人，比例较小（45.5%）。从不同调查主体看，绝大多数高校学生均未婚，占 99.2%；在农民工、高校教师、公务员和白领中，已婚的比例均较大，分别占 56.5%、68.8%、74.3% 和 69.8%，未婚的比例均较小，分别占 43.5%、31.2%、25.7% 和 30.2%。

表 1.5　不同婚姻状况北京青年的样本分布表

	未婚		已婚	
	人数	百分比（%）	人数	百分比（%）
高校学生	396	99.2	3	0.8
农民工	130	43.5	169	56.5
高校教师	93	31.2	205	68.8
公务员	77	25.7	223	74.3
白领	211	30.2	487	69.8
总体	907	45.5	1087	54.5

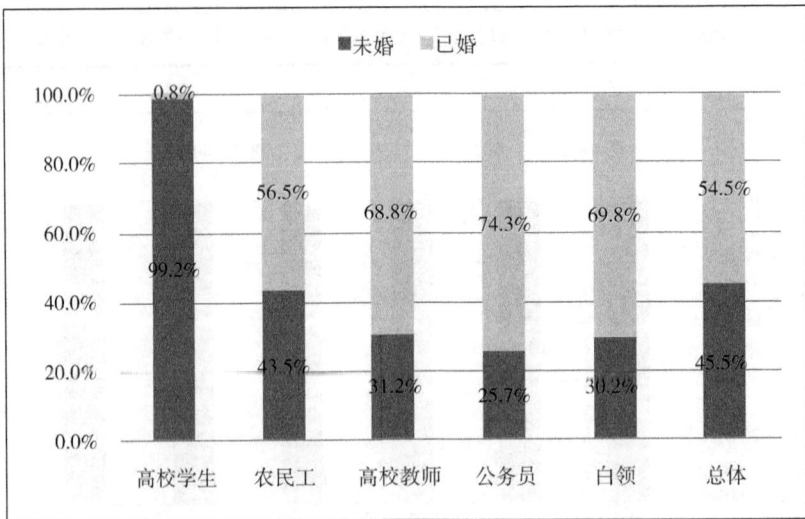

图 1.5　不同婚姻状况北京青年的样本分布图

（四）受教育程度

不同受教育程度北京青年的样本分布详见表 1.6 和图 1.6。总体上，本科学历的北京青年有 1037 人，所占比例最大（51.9%）；研究生及以上的其次（391 人，占

19.6%）；高职/大专的再次（272人，占13.6%）；高中/中专/中职和初中及以下的比例较小，分别占8.3%和6.8%。从不同调查主体看，高校学生的受教育程度均为高职/大专和本科，分别占68.0%和32.0%；农民工的受教育程度均为高中/中专/中职和初中及以下，分别占55.0%和45.0%；高校教师的受教育程度均为研究生及以上和本科，分别占74.0%和26.0%；公务员的受教育程度均为本科和研究生及以上，分别占79.0%和21.0%；白领的受教育程度均为本科和研究生及以上，分别占84.9%和15.1%。由此可知，高校教师的平均受教育程度最高，其次为白领和公务员，农民工的受教育程度相对最低。

表1.6 不同受教育程度北京青年的样本分布

	初中及以下		高中/中专/中职		高职/大专		本科		研究生及以上	
	人数	百分比（%）	人数	百分比（%）	人数	百分比（%）	人数	百分比（%）	人数	百分比（%）
高校学生	0	0.0	0	0.0	272	68.0	128	32.0	0	0.0
农民工	135	45.0	165	55.0	0	0.0	0	0.0	0	0.0
高校教师	0	0.0	0	0.0	0	0.0	78	26.0	222	74.0
公务员	0	0.0	0	0.0	0	0.0	237	79.0	63	21.0
白领	0	0.0	0	0.0	0	0.0	594	84.9	106	15.1
总体	135	6.8	165	8.3	272	13.6	1037	51.9	391	19.6

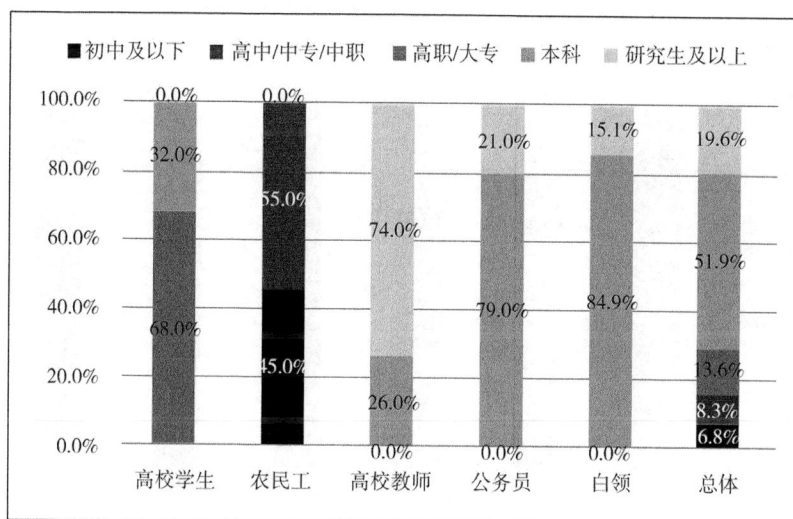

图1.6 不同受教育程度北京青年的样本分布

（五）户籍所在地

不同户籍所在地北京青年的样本分布详见表1.7和图1.7。总体上，北京户籍的北京青年有1190人，所占比例最大（59.5%）；其他地区户籍的其次，有587人，占29.4%；河北和天津户籍的比例较小，分别占6.5%和4.7%。从不同调查主体看，高校学生基本都是北京户籍，占82.8%；农民工中其他地区户籍的比例较大（69.3%）；高校教师中北京户籍的比例较大（66.7%）；公务员基本都是北京户籍，占87.7%；白领中北京户籍的比例较大（56.6%）。

表1.7 不同户籍所在地北京青年的样本分布

	北京		天津		河北		其他地区	
	人数	百分比（%）	人数	百分比（%）	人数	百分比（%）	人数	百分比（%）
高校学生	331	82.8	21	5.3	22	5.5	26	6.5
农民工	0	0.0	38	12.7	54	18.0	208	69.3
高校教师	200	66.7	6	2.0	7	2.3	87	29.0
公务员	263	87.7	4	1.3	2	0.7	31	10.3
白领	396	56.6	24	3.4	45	6.4	235	33.6
总体	1190	59.5	93	4.7	130	6.5	587	29.4

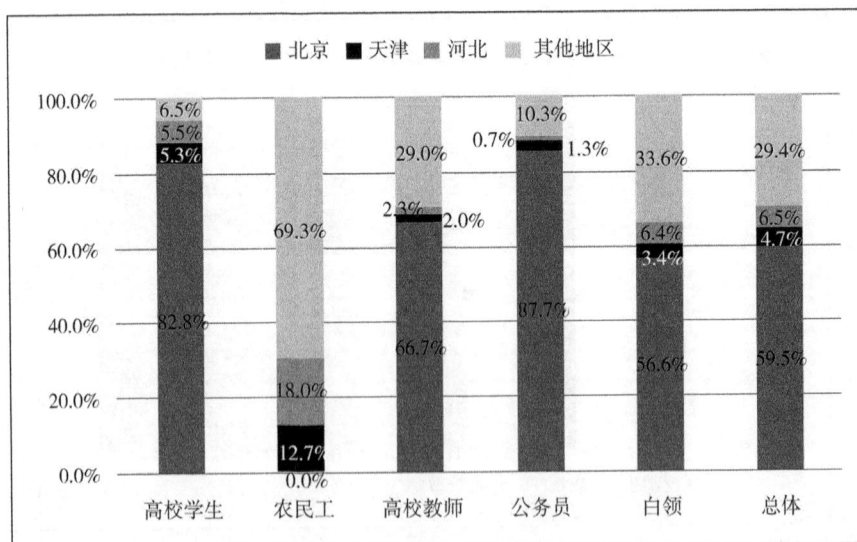

图1.7 不同户籍所在地北京青年的样本分布

（六）在北京居住的时间

在北京居住时间不同的北京青年的样本分布详见表1.8和图1.8。总体上，在北京居住时间达10年及以上的北京青年有1253人，所占比例最大（62.7%）；5-10年（不含）和3-5年（不含）的比例较小，分别占15.5%和12.3%；3年以下的比例更小。从不同调查主体看，高校学生在北京居住的时间基本都在10年及以上，占78.8%；在农民工、高校教师、公务员和白领中，在北京居住10年及以上的比例均较大，分别占46.0%、63.7%、65.7%和58.9%。

表1.8 在北京居住时间不同的北京青年的样本分布

	0.5-1年（不含）		1-3年（不含）		3-5年（不含）		5-10年（不含）		10年及以上	
	人数	百分比（%）	人数	百分比（%）	人数	百分比（%）	人数	百分比（%）	人数	百分比（%）
高校学生	3	0.8	37	9.3	39	9.8	6	1.5	315	78.8
农民工	24	8.0	44	14.7	46	15.3	48	16.0	138	46.0
高校教师	5	1.7	18	6.0	35	11.7	51	17.0	191	63.7
公务员	4	1.3	12	4.0	34	11.3	53	17.7	197	65.7
白领	10	1.4	35	5.0	91	13.0	152	21.7	412	58.9
总体	46	2.3	146	7.3	245	12.3	310	15.5	1253	62.7

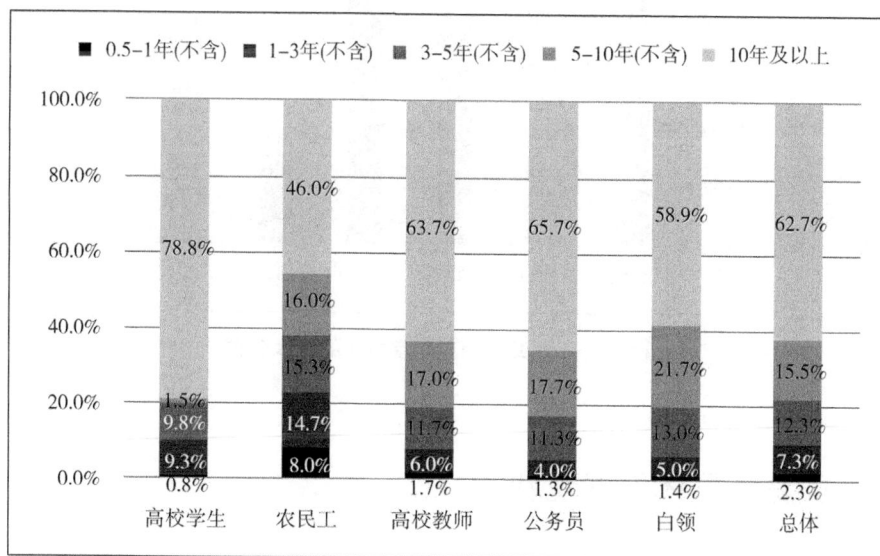

图1.8 在北京居住时间不同的北京青年的样本分布

（七）政治面貌

不同政治面貌北京青年的样本分布详见表 1.9 和图 1.9。总体上，北京青年中群众的比例较大，占 41.8%；中共党员和共青团员的比例较小，分别占 30.0% 和 28.2%。从不同调查主体看，高校学生基本都是共青团员，占 81.2%；农民工基本都是群众，占 72.0%；高校教师中，中共党员的比例较大，占 66.4%；公务员基本都是中共党员，占 80.5%；白领中，群众的比例较大，占 66.6%。

表 1.9　不同政治面貌北京青年的样本分布表

	中共党员		共青团员		群众	
	人数	百分比（%）	人数	百分比（%）	人数	百分比（%）
高校学生	32	8.1	319	81.2	42	10.7
农民工	15	5.0	69	23.0	216	72.0
高校教师	194	66.4	33	11.3	65	22.3
公务员	239	80.5	17	5.7	41	13.8
白领	113	16.3	118	17.1	461	66.6
总体	593	30.0	556	28.2	825	41.8

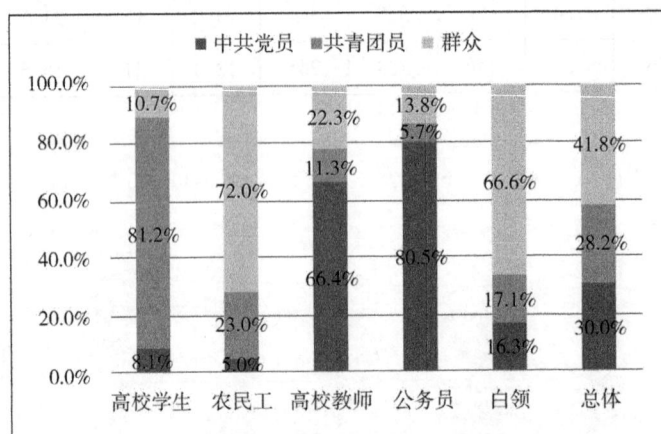

图 1.9　不同政治面貌北京青年的样本分布

四、　五类青年群体发展现状

（一）乐观追梦：低获得高认同

价值观与思想状况是青年群体的精神内核，将对恋爱婚姻和家庭、职业选择取向与就业创业、文化娱乐与消费、社会融合与社会参与等层面产生持续而深远的影响。通过对五类北京青年群体的政治认同、社会认同、自我认同、压力来源、生活满意度等进行的分析,主要呈现如下一些特征:

1. 政治认同度高,志愿服务参与意愿高

北京青年的政治认同度高,社会认同偏低。研究人员将 12 项与价值观有关的观点,概括为政治认同、社会认同、自我认同三类,请受访者根据自身情况对描述的同意程度选择,最后计算出青年群体的平均政治认同度为 4.34 分(5 分制)、社会认同度为 3.90 分、自我认同度为 4.18 分(见图 1.10)。

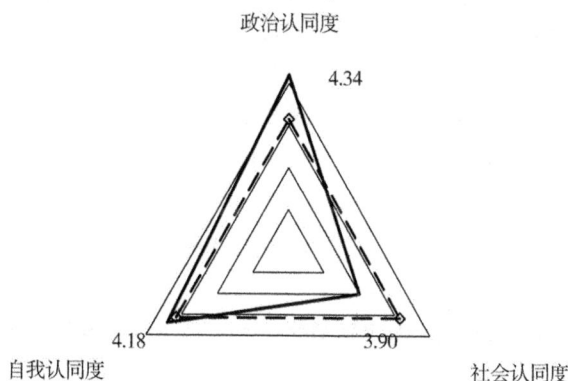

图 1.10 北京青年政治、社会、自我认同度评价得分(分)

北京青年群体的高政治认同度与高时政信息关注度一致。在各类网络信息类型中,北京青年对时政科技类信息的关注度最高,其次为行业信息(见图 1.11)。

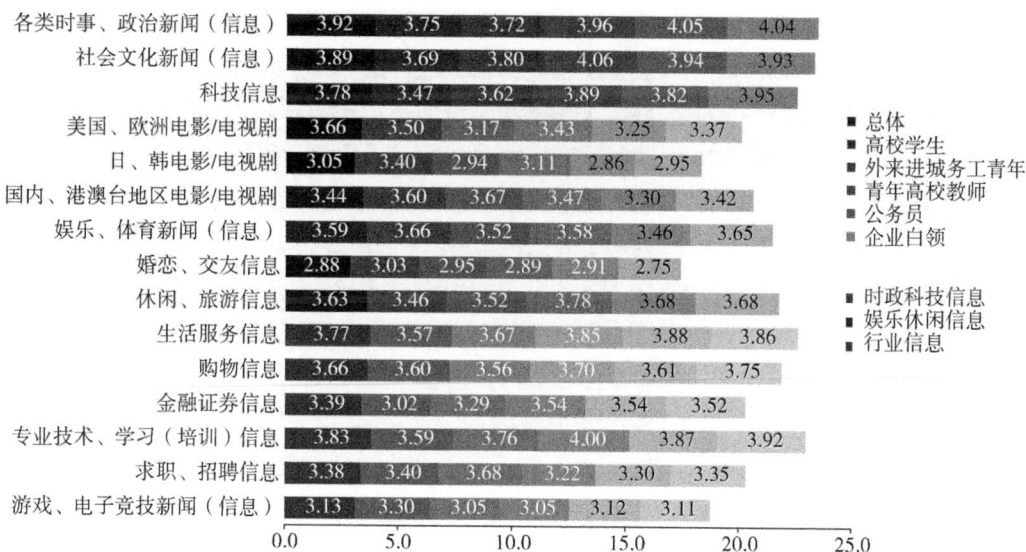

图 1.11 北京青年群体对不同网络信息类型的关注度(分)

时政信息的高关注度与志愿活动高参与意愿一致，反映出青年群体强烈的社会融入需求。数据显示，北京青年参与各项志愿活动的整体意愿较高，89.0%的北京青年愿意参加"以环保为主题的志愿活动"（见图1.12）。分人群来看，高校学生的实际参与比例与参与意愿均最高，青年高校教师、公务员等"体制内"青年群体的实际参与比例、参与意愿均高于外来进城务工青年、企业白领等"体制外"青年群体。

12.6	西部、边远（贫困）地区支教 55.2
35.1	大型会展、活动志愿服务 78.1
13.5	为艾滋病、吸毒等人员服务 54.0
25.7	帮助低收入阶层、贫困阶层 75.0
34.9	帮助孤、寡、残疾人社区服务 83.1
21.4	妇女、儿童权益保护服务 77.5
28.6	青少年指导服务 74.4
19.7	社会突发事件的志愿服务 71.6
42.5	以环保为主题的志愿服务 89.0

图1.12 各项志愿服务活动的实际参与比例与参与意愿（%）

2. 社会认同度偏低的原因：高压力低获得

认同度最低的两个描述"我在生活中很少受到不公正待遇""我感觉人与人之间的关系越来越融洽"均属于社会认同类别（见图1.13），反映出北京青年群体在进行社会融入的过程中，存在一定程度的不适应、不平衡情况，这种社交焦虑可能由内部、外部两方面因素导致。

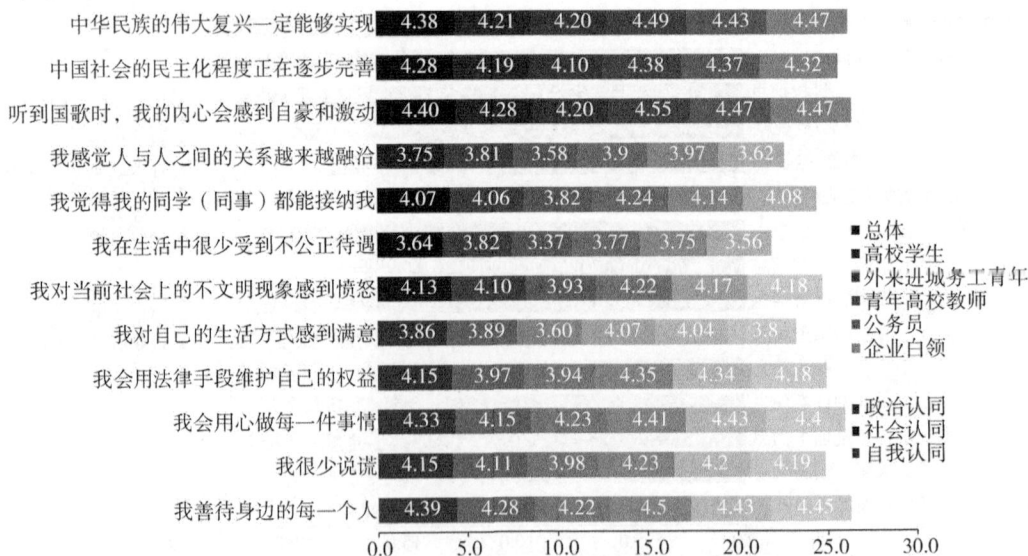

观点	总体	高校学生	外来进城务工青年	青年高校教师	公务员	企业白领
中华民族的伟大复兴一定能够实现	4.38	4.21	4.20	4.49	4.43	4.47
中国社会的民主化程度正在逐步完善	4.28	4.19	4.10	4.38	4.37	4.32
听到国歌时，我的内心会感到自豪和激动	4.40	4.28	4.20	4.55	4.47	4.47
我感觉人与人之间的关系越来越融洽	3.75	3.81	3.58	3.9	3.97	3.62
我觉得我的同学（同事）都能接纳我	4.07	4.06	3.82	4.24	4.14	4.08
我在生活中很少受到不公正待遇	3.64	3.82	3.37	3.77	3.75	3.56
我对当前社会上的不文明现象感到愤怒	4.13	4.10	3.93	4.22	4.17	4.18
我对自己的生活方式感到满意	3.86	3.89	3.60	4.07	4.04	3.8
我会用法律手段维护自己的权益	4.15	3.97	3.94	4.35	4.34	4.18
我会用心做每一件事情	4.33	4.15	4.23	4.41	4.43	4.4
我很少说谎	4.15	4.11	3.98	4.23	4.2	4.19
我善待身边的每一个人	4.39	4.28	4.22	4.5	4.43	4.45

政治认同　社会认同　自我认同

0.0　5.0　10.0　15.0　20.0　25.0　30.0

图1.13 青年对12项与价值观有关的观点的认同度评价（分）

内部因素主要指北京青年的自我意识，即在工作、学习过程中，个人实际与期望之间的落差，当个人表现无法满足心理期待或者人际关系处理与心理预设出现分歧时，青年容易产生自我否定评价，或者将原因归结为外部的"不公正"，降低社会认同。

外部因素主要来源于身份转变，年轻人初入职场，原有行为模式、社交习惯无法快速适应新环境，带来心理压力。此外，随着工作节奏加快，对快速掌握新知识的要求越来越高。青年群体随时都在面临新的挑战，提升压力感知，而"高压"并未带来明显的"获得感"提升，强化青年群体的不平等认知，人际交往"融洽"感下降，社会认同度降低。

进一步分析可以发现，内外部影响因素的核心在于高压力与低获得的矛盾。

压力方面，调查数据显示，北京青年面临的最大压力来自工作。16.8%的受访者认为目前面临最主要的压力是"工作压力太大"，其次为"买不起住房/房贷太多"（14.3%）、"收入太少"（13.9%）（见表1.10）。

表 1.10 北京青年面临的主要压力 单位:%

	总体	高校学生	外来进城务工青年	青年高校教师	公务员	企业白领
收入太少	13.9	12.2	20.2	11.4	13.8	13.3
买不起住房/房贷太多	14.3	6.4	16.0	16.5	15.5	16.6
没有北京户口	2.3	1.6	5.0	2.1	0.4	2.3
找不到对象	2.5	6.6	2.2	1.3	1.8	1.2
失业或找不到工作	2.8	5.7	3.8	2.0	1.6	1.6
工作压力太大	16.8	5.5	14.6	19.3	18.0	22.5
学业压力太大	6.0	22.1	2.6	2.8	2.2	1.2
身体不好	2.9	3.6	2.6	3.1	2.4	2.9
身材或相貌不如意	4.2	9.6	3.8	2.7	3.3	2.5
子女抚养和教育	9.5	1.5	8.6	11.9	12.3	12.2
创业艰难/创业无门	3.8	4.8	4.5	2.2	2.9	4.0
职级/职务得不到晋升	8.2	3.5	5.5	13.2	12.3	8.0
父母照料（赡养）	7.7	3.4	7.7	8.6	9.6	8.9
没有生活目标	4.8	12.0	3.0	2.9	3.8	2.8
其他	0.4	1.7	0.0	0.0	0.0	0.0

北京青年认为"住房价格过高"是目前我国最重大的社会问题，与"买不起住房/房贷太多"压力一致。外来务工青年、企业白领等"体制外"青年的买房压力远高于高校青年教师、公务员等"体制内"青年（见表1.11）。

表 1.11　北京青年认为中国目前存在的主要社会问题　　　　　　单位:%

	总体	高校学生	外来进城务工青年	青年高校教师	公务员	企业白领
就业失业问题	7.2	8.4	7.5	7.9	6.4	6.4
看病难/看病贵	7.9	5.9	8.2	7.7	9.3	8.4
养老保障问题	7.6	4.2	7.9	9.8	8.0	8.3
子女入学难	3.0	1.8	4.3	3.8	3.4	2.5
收入不足问题	6.6	10.1	7.4	5.0	5.9	5.2
物价上涨问题	6.8	6.8	7.1	6.1	9.1	6.0
住房价格过高	13.3	11.0	13.4	10.9	12.8	15.9
社会治安问题	4.3	5.4	3.4	5.1	4.2	3.7
社会诚信缺乏	8.1	8.9	7.1	10.1	6.2	8.2
贪污腐败问题	8.9	10.9	9.2	8.2	6.7	8.8
环境污染问题	11.2	11.2	10.7	10.0	11.6	11.9
食品安全问题	8.2	5.7	6.1	8.3	10.4	9.7
各种诈骗/欺诈	4.7	6.1	6.0	5.1	4.2	3.5
效率低下/消极怠工	2.0	3.3	1.7	2.1	1.7	1.6
其他	0.1	0.3	0.0	0.0	0.0	0.1

3. 北京青年生活满意度较高，整体乐观

虽然压力大获得感低，但是北京青年群体的生活满意度较高。62.3%的高校青年教师对目前的生活"比较满意"或者"非常满意"，其次为公务员（58.0%）、企业白领（46.5%）、高校学生（46.1%）。外来进城务工青年的生活满意度最低，仅27.0%的受访者表示满意（见图1.14）。

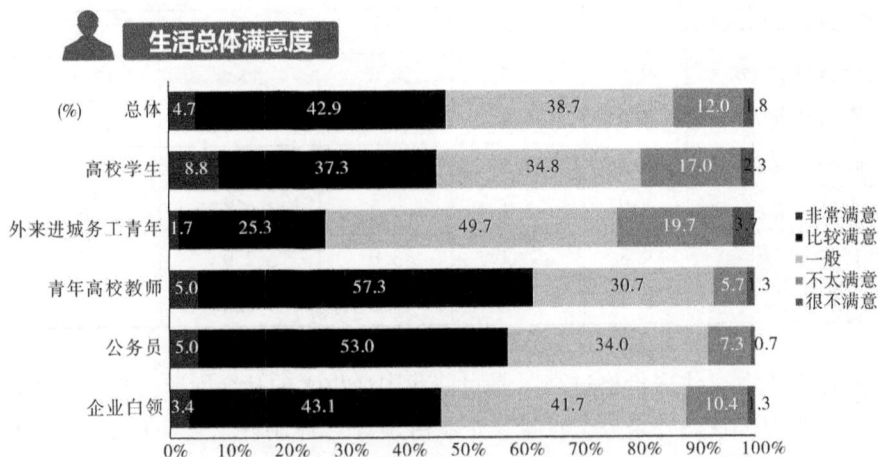

图 1.14　北京青年生活总体满意度

调查数据显示，存在户籍衍生满意度现象，即户籍在北京的受访者，生活满意度显著高于户籍在其他城市的受访者（见图1.15）。

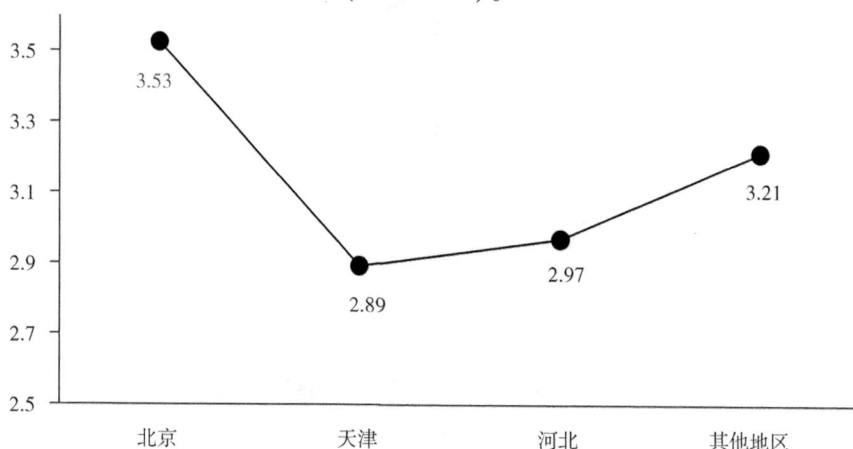

图1.15　不同户籍所在地青年的生活满意度（%）

北京青年群体收入与生活满意度正相关，反映出目前这一群体正处于上升期。收入达到一定水平后，与满意度的相关性会下降，满意度的衡量标准更加多元，开始向社交、尊重、自我实现倾斜。而调查数据表明，目前北京青年群体的收入水平与满意度基本呈线性相关，仍处于上升期（见图1.16）。

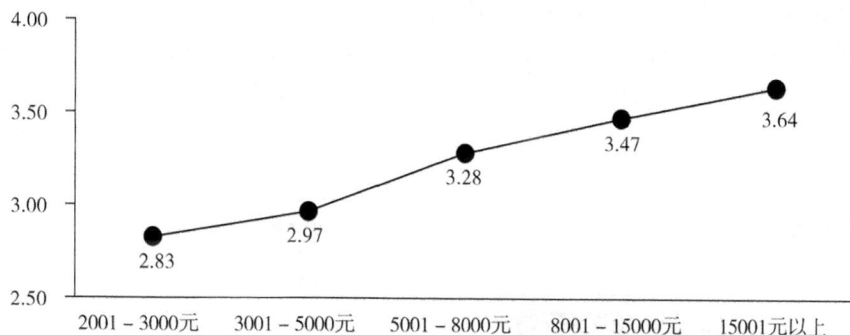

图1.16　不同收入青年的生活满意度（%）

心情方面，北京青年群体呈现出了乐观向上的积极心态。32.1%的受访者认为最近感到"有压力"，但30.3%的受访者依旧"乐观"，排名前八位的心情描述还包括"平淡""幸福""踏实""愉快""满足"和"轻松"（见图1.17）。

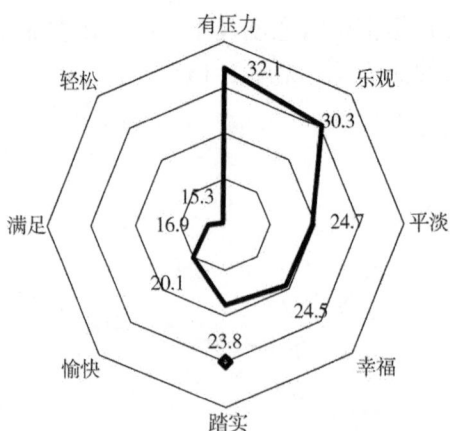

图1.17　北京青年对自己心情的描述（%）

（二）人品最重：择偶观的传统色彩依旧浓重

恋爱婚姻与家庭是青年群体生活不可缺少的一部分。调查数据显示，虽然青年群体总是标榜自己与父辈不同，但择偶观的传统色彩依旧浓重，人品是最重要的考量因素；虽然从不承认自己成为所谓"剩男剩女"的原因是"择偶条件过高"，但自评数据却透露了他们的真实想法。

1. 人品最重，北京青年择偶观依旧传统

择偶过程中，北京青年最看重品德与心理因素，外在条件重要性不高，择偶观依旧较传统。具体来看，北京青年认为"人品"和"身心健康"等品质心理因素最重要，其次为沟通交流因素，如"性格""能交流""兴趣"等，"学历""（高）收入/经济基础""稳定的工作"等个人能力因素也较重要。

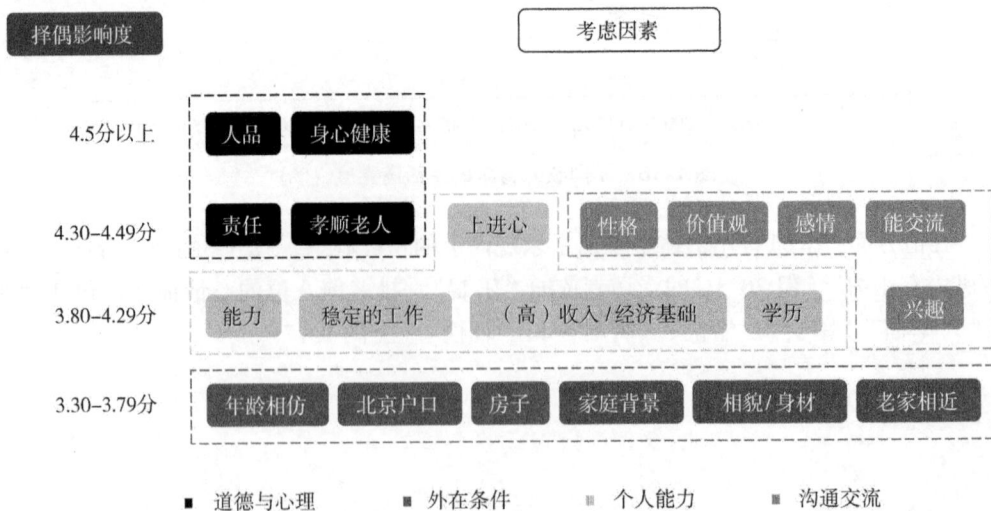

图1.18　择偶过程中最看重的因素

数据显示，北京青年群体的择偶观也呈现出了新的趋势，如不太看重"老家相近""北京户口"等因素。这一变化趋势与社会发展相关，传统社会由于交通不便、习俗差异等，择偶过程中对"老家相近"的考量较多，随着交通运输能力的发展，"老家相近"的影响力下降（见图1.18）。2014年《关于进一步推进户籍制度改革的意见》宣告我国"农业"和"非农业"二元户籍管理模式退出历史舞台，"北京户口"的影响进一步弱化。

2. "择偶条件过高"是"剩男剩女"出现的主因

媒体报道与日常生活中，人们总是将"剩男剩女"出现的原因归结为择偶条件过高，但一些青年尤其是"剩男剩女"或大龄未婚男女本身并不认同。而从调研数据反映的情况来看，北京青年群体的自评结果与社会认知比较吻合。分群体来看，已婚与未婚群体观点基本一致，60.7%的已婚受访者认为"择偶条件过高"是"剩男剩女"出现的主要原因，54.9%的未婚群体持同一观点（见图1.19）。

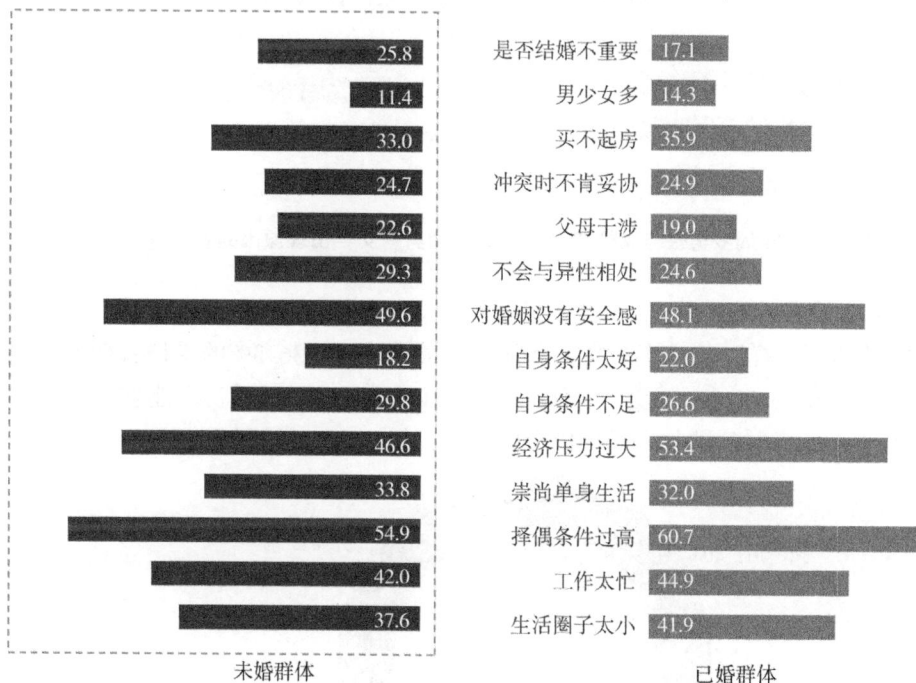

未婚群体		已婚群体
25.8	是否结婚不重要	17.1
11.4	男少女多	14.3
33.0	买不起房	35.9
24.7	冲突时不肯妥协	24.9
22.6	父母干涉	19.0
29.3	不会与异性相处	24.6
49.6	对婚姻没有安全感	48.1
18.2	自身条件太好	22.0
29.8	自身条件不足	26.6
46.6	经济压力过大	53.4
33.8	崇尚单身生活	32.0
54.9	择偶条件过高	60.7
42.0	工作太忙	44.9
37.6	生活圈子太小	41.9

图1.19　未婚与已婚青年对"剩男剩女"出现原因的看法（%）

从25-34周岁处于婚恋高峰期的人群看，不同性别的青年对"剩男剩女"出现的主要原因的看法也具有较大的一致性：58.0%的女性受访者认为"择偶条件过高"是"剩男剩女"出现的主要原因，55.0%的男性受访者持同一观点。其他原因为"经济压力过大""对婚姻没有安全感"（见图1.20）。

男性		女性
18.6	是否结婚不重要	21.1
13.6	男少女多	13.0
33.1	买不起房	34.6
22.5	有冲突时不肯妥协	24.8
20.3	父母干涉	20.8
25.7	不会与异性相处	26.8
47.2	对婚姻没有安全感	48.8
16.7	自身条件太好	20.3
25.9	自身条件不足	28.0
52.1	经济压力过大	50.4
31.3	崇尚单身生活	32.9
55.0	择偶条件过高	58.0
43.6	工作太忙	43.6
40.6	个人生活圈子太小	39.9

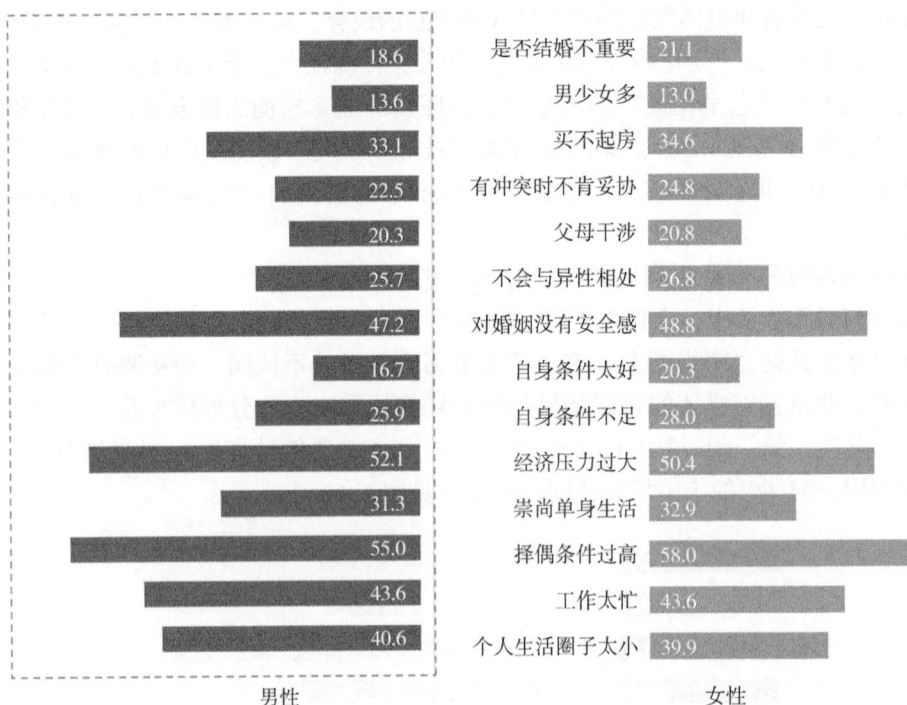

图 1.20　25–34 周岁男性与女性核心人群对"剩男剩女"出现原因的看法（%）

3. 收入上女强男弱难接受，2 个孩子最理想

"男女收入水平一样"接受度最高，女强男弱最难接受。36.3% 的受访者能够接受"男女收入水平一样"，30.0% 的受访者认为"无所谓"，28.5% 的受访者能够接受"男强女弱"，而"女强男弱"的收入对比接受度最低，仅 5.3%（见图 1.21）。

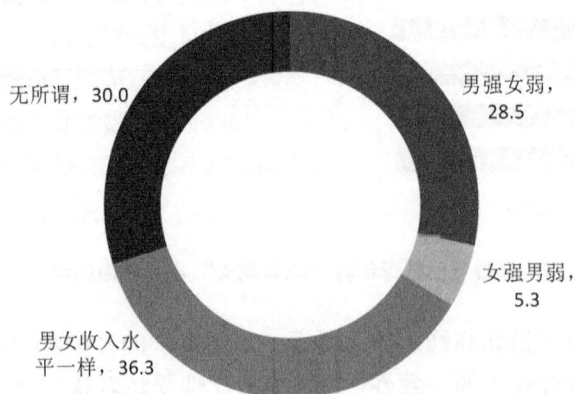

图 1.21　选择配偶时，在男女的收入水平上，您能接受以下哪种情况（%）

两个孩子是理想家庭的首选。64.6% 的受访者认为理想家庭应有 2 个孩子，其次为 1 个孩子（31.2%），不要孩子的比例（2.4%）略高于"3 个或更多的孩子"（1.8%）（见图 1.22）。

不要孩子，2.4

3个或更多的
孩子，1.8

1个孩子，31.2

2个孩子，64.6

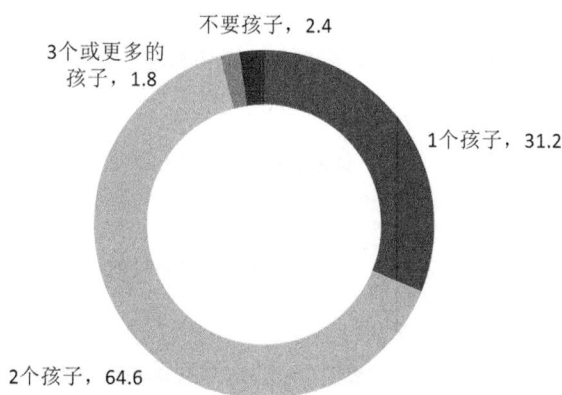

图1.22　理想家庭应有几个孩子（%）

（三）知难而退的创业

对待工作，北京青年放弃了传统观念，不再奉行一份工作一辈子的主张。84.0%的受访者至少换过一次工作，超四成青年换过两份工作。即使对目前的工作比较满意，仍有超八成受访者考虑过创业，虽然这种创业只停留于意识层面，属于典型的"知难而退"。

1. 工作更换频繁且年龄下沉重

北京青年群体更换工作较频繁。42.9%的受访者在目前工作之前换过两份工作，26.6%的受访者换过1次，未换过工作的比例仅为16.0%。18-24岁年龄段的受访者更换工作比例最高，35-44岁的受访者中，22.2%换过3次及以上工作或单位（见图1.23）。

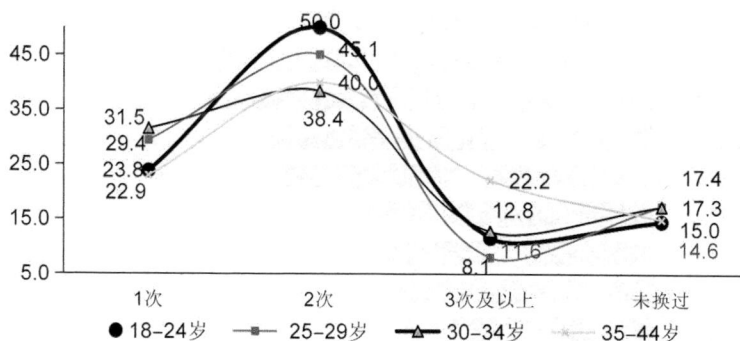

图1.23　从事目前这份工作之前换过几次工作或单位（%）

2. 工作满意度较高，专业知识提升最迫切

总体而言，70.6%的受访群体对工作较满意，青年高校教师满意度最高，外来进城务工青年最低（见图1.24）。

外来进城务工青年 ——— 48.0

总体 ——— 70.6

企业白领 ——— 72.7

公务员 ——— 77.3

青年高校教师 ——— 81.7

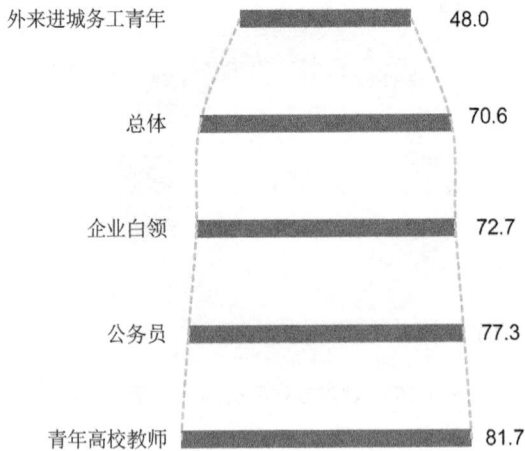

图 1.24　对工作的满意度（%）

尽管受访群体认为个人能力基本能满足工作需要，但实际仍有31.6%的受访者认为自己的专业知识亟待提升。分群体来看，高校学生侧重提升外语能力（27.8%），外来进城务工青年侧重提升交往能力（33.3%），公务员侧重创新能力（29.3%）。实际能力与理想期望的差距再次出现（见图1.25）。

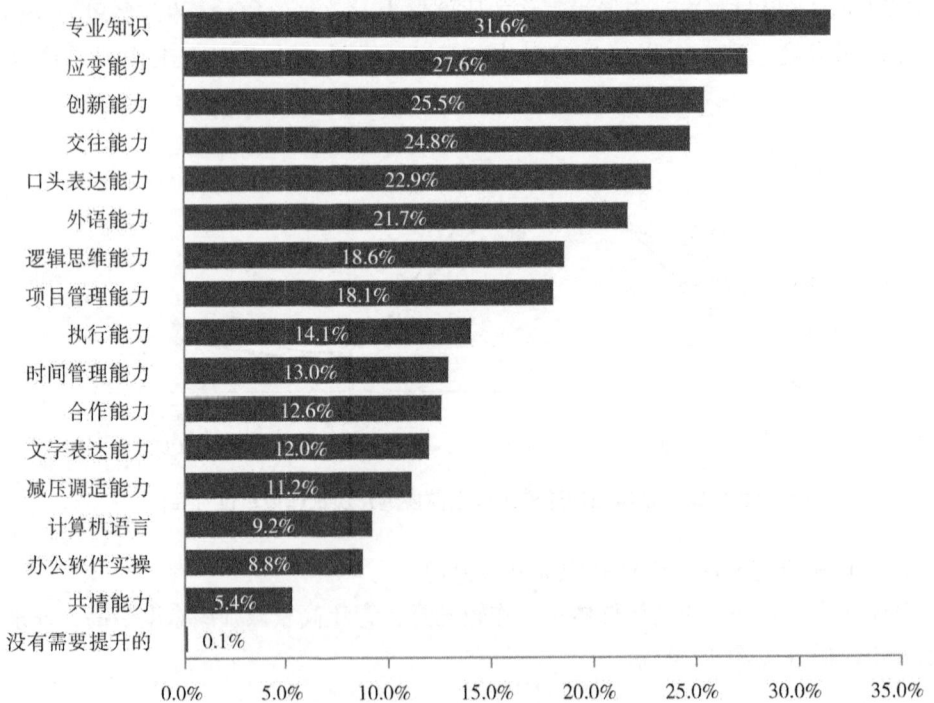

能力	百分比
专业知识	31.6%
应变能力	27.6%
创新能力	25.5%
交往能力	24.8%
口头表达能力	22.9%
外语能力	21.7%
逻辑思维能力	18.6%
项目管理能力	18.1%
执行能力	14.1%
时间管理能力	13.0%
合作能力	12.6%
文字表达能力	12.0%
减压调适能力	11.2%
计算机语言	9.2%
办公软件实操	8.8%
共情能力	5.4%
没有需要提升的	0.1%

图 1.25　亟待提升的能力

3. 知难而退的创业

近五成受访者属于创业的"知难而退派"。82.4%的受访者考虑过自己创业，48.3%的受访者表示自己"考虑过，但不知道怎么操作，不再考虑了"（见图1.26），创业只停留于意识层面，行动力、执行力较差。

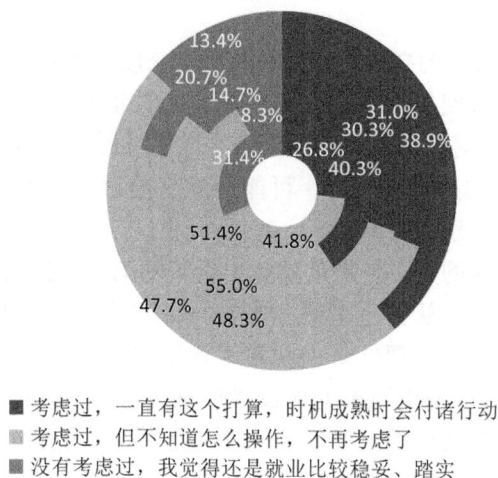

■ 考虑过，一直有这个打算，时机成熟时会付诸行动
■ 考虑过，但不知道怎么操作，不再考虑了
■ 没有考虑过，我觉得还是就业比较稳妥、踏实

图1.26 五类青年群体创业意愿

五类青年群体中，外来进城务工青年的创业意愿最强烈，为91.7%，其次为企业白领、高校教师、公务员、高校学生。51.2%的受访者创业原因是"为了得到更高的收入，使自己和家人的生活更好"（见图1.27）。但是，对于外来进城务工青年而言，受限于自身的文化水平及经验，他们的创业层次往往不高，主要集中于劳动密集型产业，如个体工商户、流动摊贩等，无法进行高新科技领域的创业实践。

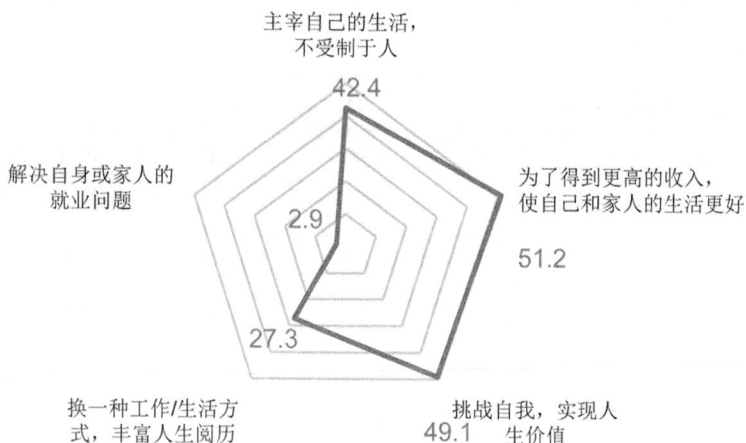

图1.27 创业动机（%）

（四）读书睡觉成周末主流消遣方式

读书、睡觉是周末最主要做的事情，各类群体差别显著。总体而言，11.6%的受访青年表示自己周末最主要做的事情是读书/学习，其次为睡懒觉（10.36%）（见表1.12）。

需要注意的是，15.8%的高校学生选择睡懒觉来度过周末，与已工作的四类青年群体形成鲜明对比。大学时期是积累知识提高能力的关键时期，高校学生一方面认为自己的能力"稍有欠缺"，另一方面以睡懒觉的方式度过周末，体现了意识与行为间的脱节。同时对"高收入"的追求与期待，可能造成高校学生初入职场的焦虑，也在一定程度上解释了青年群体高压力的原因。

与高校学生形成对比的是，外来进城务工青年的第一消遣为读书/学习。但是结合务工青年的工作情景，我们认为这里的"书"可能更多的是指网络文学。进一步分析排名前三的事项内容，可以发现外来进城务工青年的消遣事项多为"单向"消遣，成本较低。另外6.1%的务工青年周末主要是"加班"，8.8%选择"做家务"，显著高于其他四类青年群体，从侧面呈现出务工青年较空虚的周末安排。

表1.12　不同青年群体周末最主要安排（%）

	总体	高校学生	外来进城务工青年	青年高校教师	公务员	企业白领
加班	3.27	1.50	6.11	2.33	3.00	3.60
网上休闲	9.60	9.62	10.06	7.94	9.89	9.98
逛街/购物	8.22	6.25	7.78	7.17	8.61	9.81
打牌打麻将等娱乐	1.22	1.13	2.00	1.28	1.50	0.79
锻炼身体	8.96	4.92	7.67	11.89	11.89	9.31
睡懒觉	10.36	15.79	9.11	8.67	10.11	8.62
社交、找朋友玩	8.85	11.13	7.00	8.44	10.11	7.98
带小孩/教育子女	9.12	2.21	9.28	9.89	9.44	12.52
读书/学习	11.60	12.46	10.50	13.28	9.83	11.62
做家务	6.24	4.21	8.78	5.72	5.06	7.05
照顾父母	8.39	10.33	7.22	9.78	7.78	7.45
看电视	3.97	4.17	4.00	2.94	4.33	4.14
郊游	4.13	3.46	3.89	4.95	4.00	4.31
志愿服务	2.07	4.21	0.39	3.17	2.78	0.79
兼职	4.01	8.62	6.22	2.56	1.67	2.05

31.4%的受访青年平均每天花在网上的时间为3小时以上-5小时以内，其次为2小时以上-3小时以内（28.2%）、5小时以上-8小时以内（17.2%）。

39.9%的受访青年用于网上工作或学习的时间为1小时以上-2小时以内，其次为2小时以上-3小时以内（22.1%）、1小时及以下（21.4%）（见图1.28）。

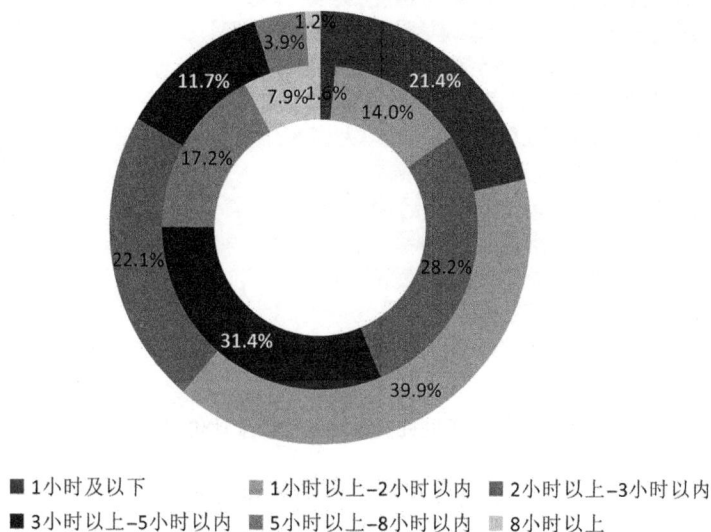

图1.28　每天花在网络上的时间VS线上工作学习的时间

分群体来看，高校学生与企业白领每天花在网络上的时间最长，其次为公务员、青年高校教师、外来进城务工青年。外来进城务工青年网络使用时间长短与6.1%的周末加班比例相互印证，此外，进城务工青年工作内容的网络接入度低，导致22.3%的进城务工青年每天花在网络上的时间不足2小时。

（五）社会信任缺失中的陌生人危机

按照关系与距离由近及远，北京青年对不同社会角色的信任度递减。北京青年群体对父母、配偶等"近圈"的信任程度最高，其次是公职人员、职业群体，对陌生人的信任度最低。参照费孝通先生差序格局的概念，以自我为中心，按照关系的亲疏或者距离的近远，由内向外形成关系体系，父母、配偶/恋人、朋友、同事/同学、邻居形成"近圈"，信任度4.07分。需要注意的是，"近圈"也有强弱之别。五类青年群体对父母、配偶/恋人的信任度较一致，对朋友、同事/同学、邻居的信任度呈现两种趋势：高校青年教师、公务员等"体制内"人员，与此类"近圈"人群间不存在直接或间接的竞争关系，生活节奏较平缓，信任度较高；外来进城务工青年、企业白领等"体制外"人员，不信任感较强烈。

公职人员信任度3.77分，仅次于"近圈"人群。公职人员的高信任度与北京青年群体的高政治认同一致，这种高信任度也可能来源于公权力的背书。职业群体信任度3.39分，北京青年对"商人""影视明星、歌星"的信任度较低。"商人""影视明星、歌星"的低信任度与高关注度形成对比。数据显示，北京青年最关注的社会角色是企

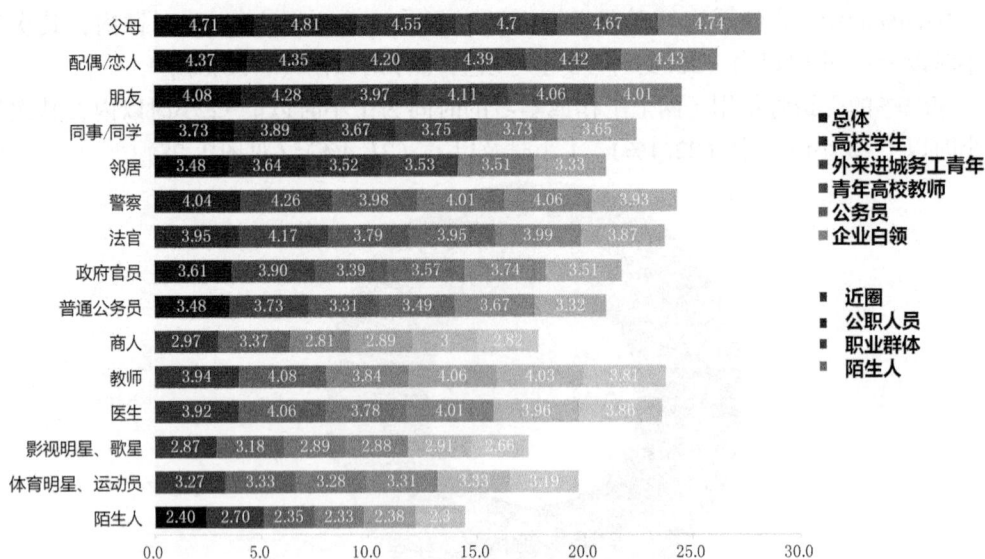

图1.29 对不同社会角色的信任度评价（分）

业家/实业家（22.2%）、父母（13.1%）和影视明星偶像（8.1%），两类群体的高关注度与低信任度可能由负面新闻导致。"陌生人"信任度最低，仅2.40分。"陌生人"是生活中每天都要接触的人群，对"陌生人"的低信任度可能反映了整体社会的信任缺失。

随着市场经济体制的建立和社会分工细化，人口急剧频繁流动，依托全知型熟人社会产生影响的关系信任受到极大冲击，基于陌生人的社会信任的建立成为社会信任重建的核心，陌生人信任危机是社会信任缺失的主要表现。结合本次调研数据分析，北京青年对陌生人的"不信任"可能由以下原因造成：首先，高流动低公平感使社会关系疏远。北京青年更换工作较频繁，42.9%的受访者在目前工作之前换过两份工作，工作更换往往伴随居住地变更，短暂的相处时间不利于建立较密切的人际关系，社会交往更加松散。认为"我在生活中很少受到不公正待遇"的比例不超过七成，公平感体验较差，人际交往中防范意味更浓。北京青年在面对陌生人时更倾向于"礼貌地疏离"。其次，高压力低获得降低社交"融洽"感。北京青年群体在进行社会融入的过程中，存在一定程度的不适应、不平衡，当个人表现无法满足心理期待或者人际关系处理与心理预设出现分歧时，青年容易将原因归结为外部的"不公正"，工作与生活中的"高压"并未带来明显的"获得感"提升，促使人际交往"融洽"感下降，青年群体转而通过"不信任"进行自我保护。此外，自媒体时代，信息纷繁，有关陌生人侵害的夸张报道、负面信息形成拟态环境，容易让青年群体产生刻板成见，造成陌生人信任危机。

第二章 北京青年价值观与生活满意度现状及发展趋势

改革开放以来，我国社会价值观发生了较大变化：就价值目标而言，由理想主义向现实主义转化；就价值主体而言，由群体本位向个体本位转化；就价值取向而言，由单一价值向多元价值转化；就价值评价而言，由排斥向宽容转化。① 以经济变革为驱动力的社会转型与社会价值观的变化有力地促进了青年价值观的嬗变。社会转型必然引起原有价值观念的变化，"人们的观念、观点和概念，一句话，人们的意识，随着人们的生活条件、人们的社会关系、人们的社会存在的改变而改变。"② 社会转型与青年价值观嬗变相伴相生，二者相互建构、互为因果。一方面，社会转型为青年价值观嬗变提供了现实基础，促使青年价值观迅速成熟和完善；另一方面，青年价值观的嬗变对社会转型具有能动的反作用，如对价值观的嬗变进行科学引导和规范，便可以激发价值主体的主观能动性和创造活力，推动社会转型，否则会阻碍社会转型。改革开放以来的青年价值观变迁，是社会转型对人的思想领域产生影响的直接体现，是社会价值观念演变的敏感折射。当前中国青年价值观呈现多元化的特征，这是中国现阶段社会矛盾和思想观念状况的集中反映。"青年价值观的现代嬗变是当代青年发展问题的主要问题"③。2016 年年底一场有关"空心病"的讨论，再次引发舆论对青年价值观的关注与讨论。④ 可以说，对青年价值观的关注与讨论从未止歇。1980 年 5 月，署名"潘晓"的读者来信《人生的路啊，怎么越走越窄》刊发在《中国青年》上，诚挚抒发了那一代青年的困惑和创伤。"潘晓讨论"在很大程度上是社会自上而下发起的，是为解决青年中存在的由理想主义与社会现实较大差距所引发的困惑、失落而展开的。这一讨论涉及人生观、价值观、世界观等各个方面，成为新时期分析我国青年价值观变迁的原点。而有关"空心病"的讨论，从某种意义上说是改革开放以来青年价值观变迁的延续，它以互联网讨论的形式，聚焦于个体的生存意义，反映出在工作、生活压力不断增大背景下青年一代的极度焦虑。⑤

---

① 范雷：《当前青年价值观变迁主要特点》，《中国青年报》，2017 年 04 月 17 日 02 版。

② 《马克思恩格斯选集》（第 1 卷），人民出版社，2012 年版，第 419–420 页。

③ 郑大俊、高立伟：《当代社会思潮与青年发展问题的思考》，《思想理论教育刊》，2009 年第 12 期。

④ 北京大学危机干预中心的徐凯文老师在一个家庭教育高峰论坛作主题演讲"时代空心病与焦虑经济学"，提出"空心病"概念。他发现北大有 30%的学生有"空心病"——缺乏价值观，不知道自己要什么，不知道自己为什么活。他因此质疑功利教育中"买椟还珠"的现象：在社会集体焦虑的背后，反映的是人们缺失的内在价值感。如果孩子从小被功利的目标推着走，长大后就会变成没有内心尺度的"空心人"。

⑤ 范雷：《当前青年价值观变迁主要特点》，《中国青年报》，2017 年 04 月 17 日 02 版。

当前我们各项事业正处于改革的"深水区"，市场经济发展过程中存在的一些负面、消极的影响给当前的青年的价值观带来冲击。一些青年政治信仰模糊，功利意识严重；一些青年价值取向扭曲，重物质利益轻无私奉献，重等价交换轻爱心付出；一些青年知行脱节，对社会主义道德的一些基本内容了解，但实际行动又是另外一种表现；更有一些青年把注意力转向自我，忽视社会发展需要，缺乏强烈的社会责任感。"空心病"的热议及后续的争议与讨论值得深思。"潘晓讨论"到"空心病"的热议，两者尽管在讨论内容、形式及社会影响上存在一定差别，但本质上都反映出青年对于所处不同现实社会的敏锐反应，以及对自身价值观的积极思考。青年是国家的建设者，青年的成长成才直接关系到国家的前途和命运，关系到整个民族的未来，"青年一代有理想、有本领、有担当，国家就有前途，民族就有希望"。在青年人的成长过程中，加强价值观的引领对青年的发展具有积极的促进作用。价值观是最核心的部分，是人和社会精神文化系统中深层的、相对稳定而起主导作用的成分，是人的精神心理活动的中枢系统。对于国家来说，全体公民的主流价值观，实际上是它的思想文化、意识形态体系中沉淀最深的最核心的内容。对于个人来说，价值观是其一生中最重要的精神追求和发展动力。

2014年，习近平总书记在纪念"五四运动"95周年之际到北京大学与广大师生促膝谈心时曾指出，青年是"标志时代的最灵敏的晴雨表"，"青年的价值取向决定了未来整个社会的价值取向"。习近平总书记特别强调，青年的价值取向决定了未来整个社会的价值取向，而青年又处在价值观形成和确立的时期，抓好这一时期的价值观养成十分重要，"这就像穿衣服扣扣子一样，如果第一粒扣子扣错了，剩余的扣子都会扣错。人生的扣子从一开始就要扣好。"[①] 因此，在多元化意识形态并存的社会背景下，面对激烈的竞争态势、残酷的社会现实、活跃的传播媒介不断推动着青年认知自我和认知社会的方式迅速转变的现实，广大青年一定要牢记习近平总书记对青年的谆谆教诲与殷切的期望，扣好人生的第一粒扣子，把树立与践行社会主义核心价值观当作自己义不容辞的责任与义务，使社会主义核心价值观成为自己的基本遵循，为实现中华民族伟大复兴的"中国梦"，贡献自己的青春力量，并实现自己的人生价值。

在报告的本部分，我们将主要描述、分析被调查的五类北京青年对社会主义核心价值观、国家价值目标、社会价值取向、个人价值准则的认同状况，以及所面临的生活压力来源和对生活的满意度等内容。

---

① 习近平：《青年要自觉践行社会主义核心价值观——在北京大学师生座谈会上的讲话》，《十八大以来重要文献选编》（中），中央文献出版社，2016年版，第6页。

一、 北京青年的价值观

（一）社会主义核心价值观的认同

总体上，北京青年的社会主义核心价值观认同得分为4.13分，达到了"比较认同"水平。不同调查主体的社会主义核心价值观认同得分差异显著。其中，高校教师得分最高（4.26分），且显著高于白领、高校学生和农民工；其次为公务员（4.23分）、白领（4.14分）和高校学生（4.07分）；农民工得分最低（3.93分），且显著低于高校教师、公务员和白领。详见表2.1和图2.1。

表2.1 不同调查主体的社会主义核心价值观认同得分及差异分析

调查主体	人数	得分	F值	p值
高校学生	400	4.07		
农民工	300	3.93		
高校教师	300	4.26	10.163	<0.001
公务员	300	4.23		
白领	700	4.14		

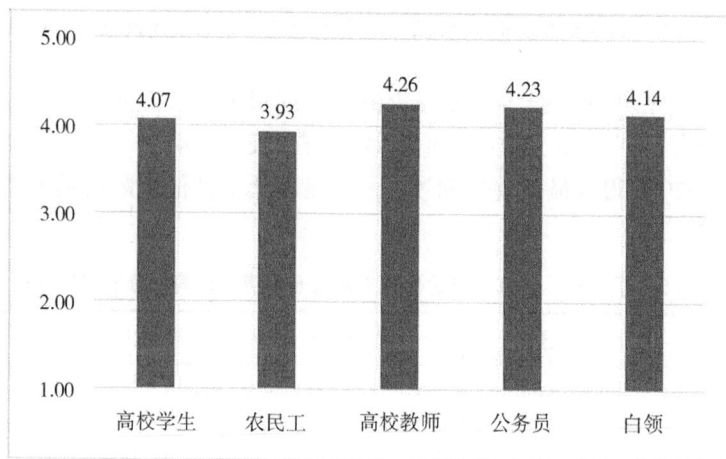

图2.1 不同调查主体的社会主义核心价值观认同得分（分）

从不同性别看，女性的社会主义核心价值观认同得分较高，为4.18分，显著高于男性（4.06分）。详见表2.2和图2.2。

表2.2　不同性别北京青年的社会主义核心价值观认同得分及差异分析

性别	人数	得分	t 值	p 值
男	897	4.06	-3.660	<0.001
女	1103	4.18		

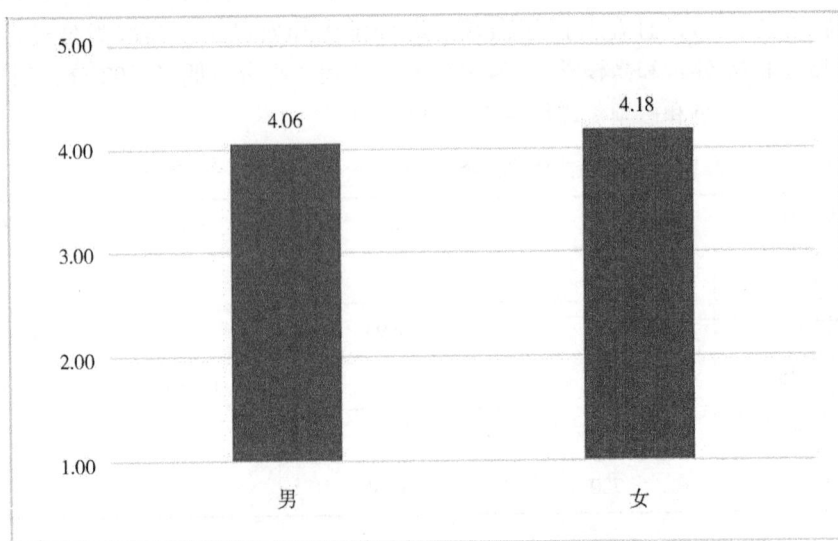

图2.2　不同性别北京青年的社会主义核心价值观认同得分（分）

不同年龄北京青年的社会主义核心价值观认同得分差异显著。其中，18-24岁和30-34岁北京青年的社会主义核心价值观认同得分较高（4.20分），其次为35-44岁（4.13分），25-29岁得分最低（3.94分），且显著低于其他年龄段的北京青年。详见表2.3和图2.3。

表2.3　不同年龄北京青年的社会主义核心价值观认同得分及差异分析

年龄	人数	得分	F 值	p 值
18-24岁	708	4.20	12.383	<0.001
25-29岁	412	3.94		
30-34岁	352	4.20		
35-44岁	528	4.13		

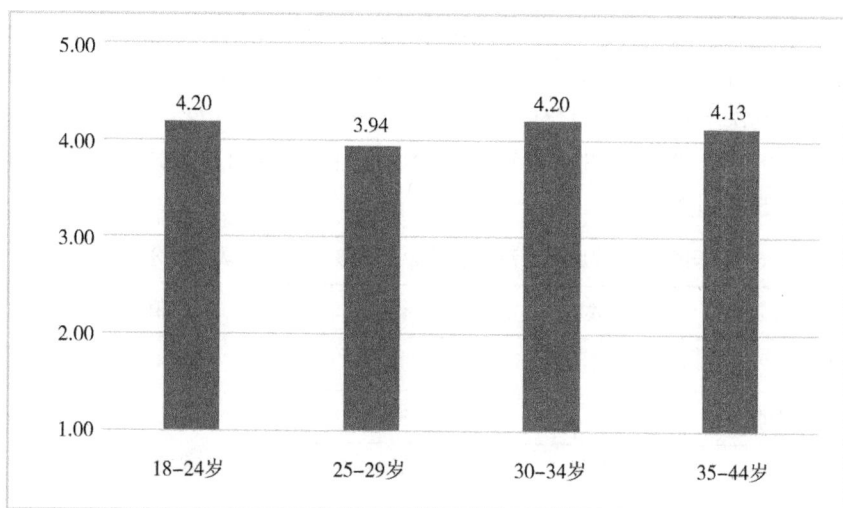

图2.3　不同年龄北京青年的社会主义核心价值观认同得分（分）

从不同婚姻状况看，已婚北京青年的社会主义核心价值观认同得分较高（4.16分），显著高于未婚的北京青年（4.09分）。详见表2.4和图2.4。

表2.4　不同婚姻状况北京青年的社会主义核心价值观认同得分及差异分析

婚姻状况	人数	得分	t 值	p 值
未婚	907	4.09	−1.998	0.046
已婚	1087	4.16		

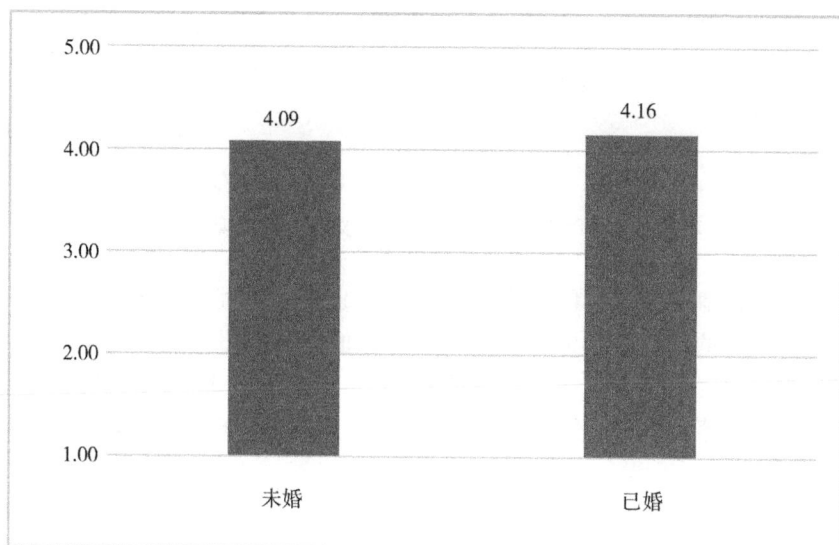

图2.4　不同婚姻状况北京青年的社会主义核心价值观认同得分（分）

不同受教育程度北京青年的社会主义核心价值观认同得分差异显著。其中，高职/大专（4.25分）和研究生及以上（4.23分）学历的北京青年的社会主义核心价值观认同得分较高，其次本科学历的北京青年（4.11分），高中/中专/中职（3.94分）和初中及以下（3.92分）学历的北京青年得分较低，且显著低于其他受教育程度的北京青年。详见表2.5和图2.5。

表2.5　不同受教育程度北京青年的社会主义核心价值观认同得分及差异分析

受教育程度	人数	得分	F 值	p 值
初中及以下	135	3.92		
高中/中专/中职	165	3.94		
高职/大专	272	4.25	9.568	<0.001
本科	1037	4.11		
研究生及以上	391	4.23		

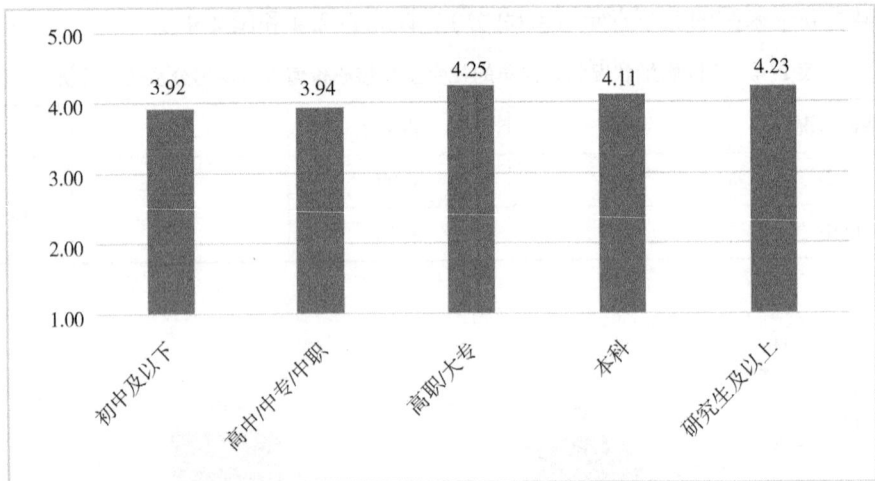

图2.5　不同受教育程度北京青年的社会主义核心价值观认同得分（分）

不同户籍所在地北京青年的社会主义核心价值观认同得分没有显著差异。其中，户籍所在地为天津的北京青年的社会主义核心价值观认同得分较高（4.23分），其次户籍所在地为河北（4.18分）和北京（4.15分），户籍所在地为其他地区的北京青年的社会主义核心价值观认同得分最低（4.06分）。详见表2.6和图2.6。

表2.6　不同户籍所在地北京青年的社会主义核心价值观认同得分及差异分析

户籍所在地	人数	得分	F 值	p 值
北京	1190	4.15		
天津	93	4.23		
河北	130	4.18	2.602	0.050
其他地区	587	4.06		

注：p 值略等于 0.05，故没有显著差异。

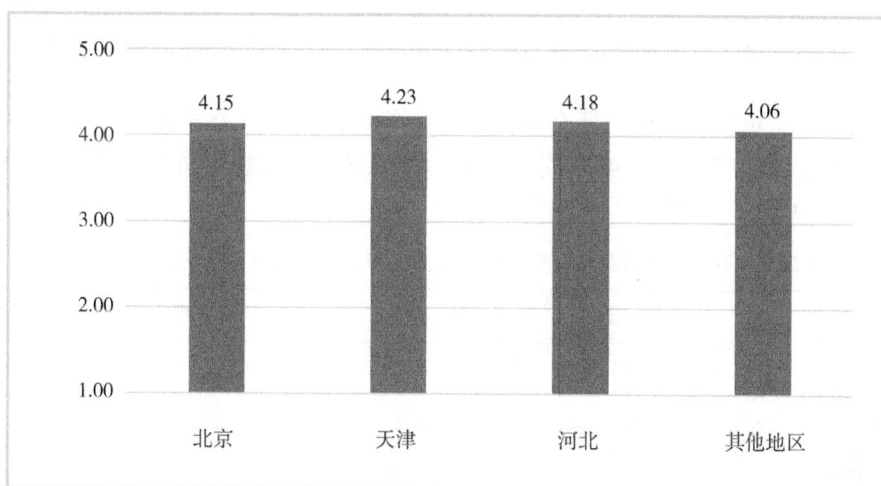

图2.6　不同户籍所在地北京青年的社会主义核心价值观认同得分（分）

在北京居住时间不同的北京青年的社会主义核心价值观认同得分差异显著。其中，1-3年（不含）（4.20分）和5-10年（不含）（4.21分）的北京青年的社会主义核心价值观认同得分较高，在北京居住0.5-1年（不含）的得分较低（3.90分）。详见表2.7和图2.7。

表2.7　在北京居住时间不同的北京青年的社会主义核心价值观认同得分及差异分析

在北京居住时间	人数	得分	F 值	p 值
0.5-1年（不含）	46	3.90		
1-3年（不含）	146	4.20		
3-5年（不含）	245	4.07	2.874	0.022
5-10年（不含）	310	4.21		
10年及以上	1253	4.12		

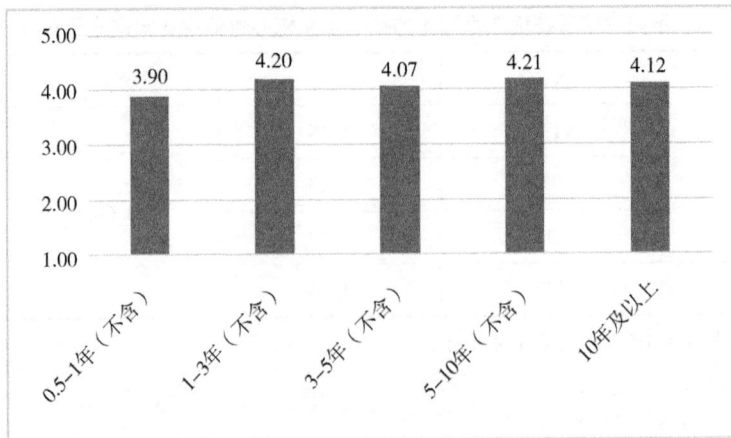

图2.7 在北京居住时间不同的北京青年的社会主义核心价值观认同得分（分）

不同政治面貌北京青年的社会主义核心价值观认同得分差异显著。其中，中共党员（4.23分）和共青团员（4.21分）的社会主义核心价值观认同得分较高，且显著高于群众（4.00分）。详见表2.8和图2.8。

表2.8 不同政治面貌北京青年的社会主义核心价值观认同得分及差异分析

政治面貌	人数	得分	F 值	p 值
中共党员	593	4.23		
共青团员	556	4.21	21.806	<0.001
群众	825	4.00		

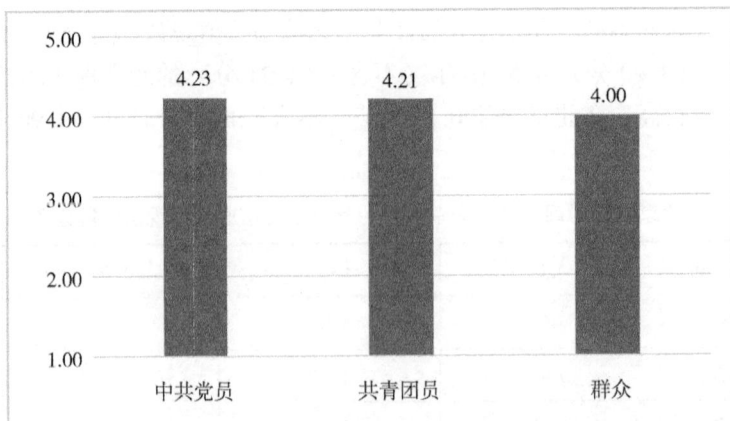

图2.8 不同政治面貌北京青年的社会主义核心价值观认同得分（分）

（二）国家价值目标的认同

总体上，北京青年的国家价值目标认同得分为 4.13 分。不同调查主体的国家价值目标认同得分差异显著。其中，高校教师得分最高（4.25 分），其次为公务员（4.23 分）、白领（4.15 分）和高校学生（4.08 分）；农民工得分最低（3.95 分），且显著低于高校教师、公务员和白领。详见表 2.9 和图 2.9。

表 2.9　不同调查主体的国家价值目标认同得分及差异分析

调查主体	人数	得分	F 值	p 值
高校学生	400	4.08		
农民工	300	3.95		
高校教师	300	4.25	7.344	<0.001
公务员	300	4.23		
白领	700	4.15		

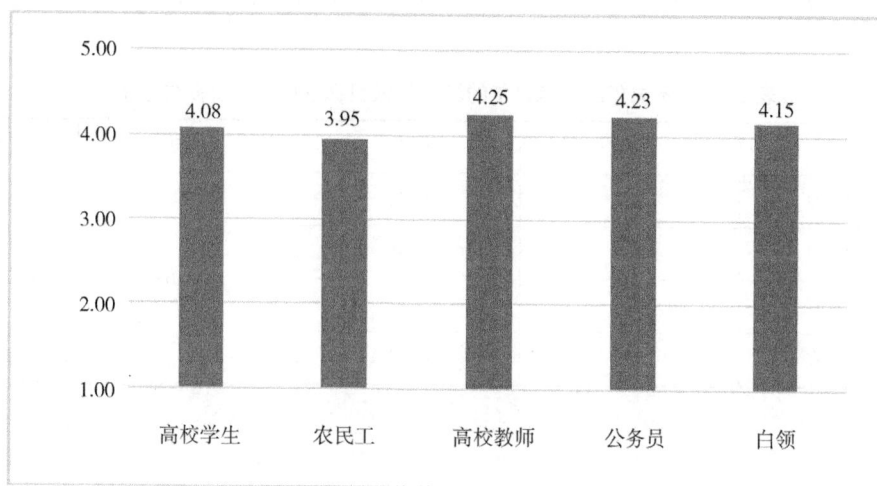

图 2.9　不同调查主体的国家价值目标认同得分（分）

从不同性别看，女性的国家价值目标认同得分较高，为 4.19 分，显著高于男性（4.07 分）。详见表 2.10 和图 2.10。

表 2.10　不同性别北京青年的国家价值目标认同得分及差异分析

性别	人数	得分	t 值	p 值
男	897	4.07		
女	1103	4.19	−3.236	<0.001

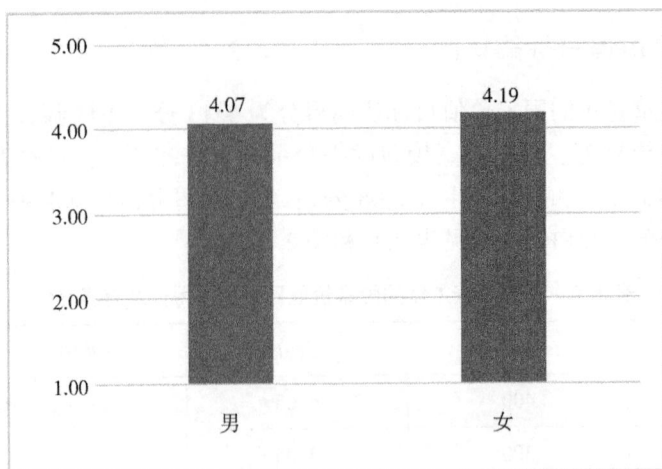

图 2.10　不同性别北京青年的国家价值目标认同得分（分）

　　不同年龄北京青年的国家价值目标认同得分差异显著。其中，18-24 岁和 30-34 岁北京青年的国家价值目标认同得分较高（4.21 分），其次为 35-44 岁（4.12 分），25-29 岁得分最低（3.95 分），且显著低于其他年龄段的北京青年。详见表 2.11 和图 2.11。

表 2.11　不同年龄北京青年的国家价值目标认同得分及差异分析

年龄	人数	得分	F 值	p 值
18-24 岁	708	4.21		
25-29 岁	412	3.95		
30-34 岁	352	4.21	10.561	<0.001
35-44 岁	528	4.12		

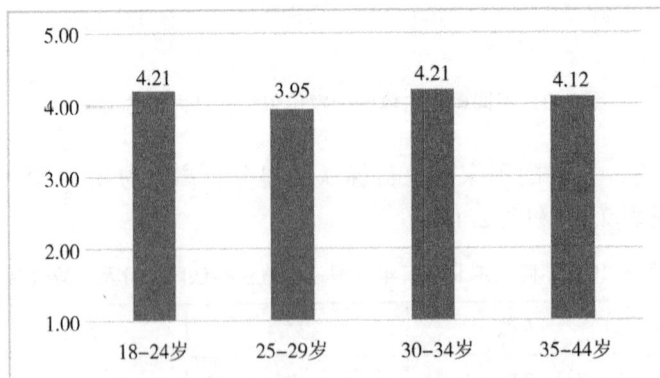

图 2.11　不同年龄北京青年的国家价值目标认同得分（分）

不同婚姻状况北京青年的国家价值目标认同得分没有显著差异。已婚北京青年的得分较高（4.16 分），未婚北京青年的得分较低（4.11 分）。详见表 2.12 和图 2.12。

表 2.12　不同婚姻状况北京青年的国家价值目标认同得分及差异分析

婚姻状况	人数	得分	t 值	p 值
未婚	907	4.11	−1.406	0.160
已婚	1087	4.16		

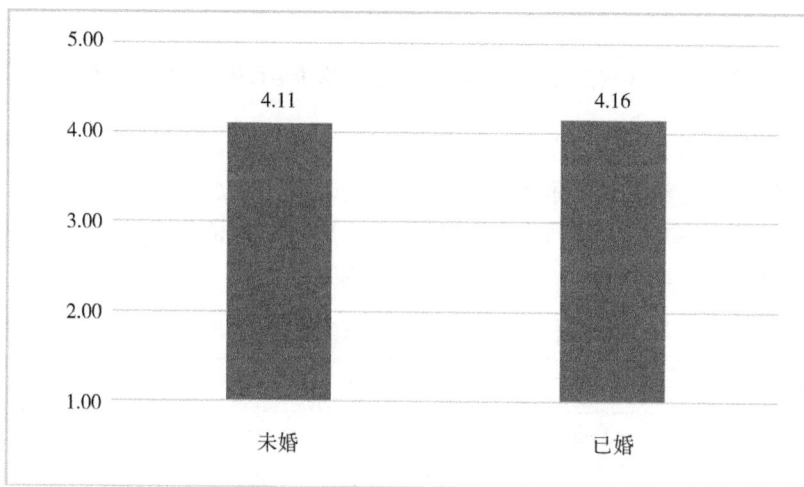

图 2.12　不同婚姻状况北京青年的国家价值目标认同得分（分）

不同受教育程度北京青年的国家价值目标认同得分差异显著。其中，高职/大专（4.24 分）和研究生及以上（4.23 分）学历的北京青年的国家价值目标认同得分较高，且显著高于初中及以下和高中/中专/中职学历的北京青年；其次本科学历的北京青年（4.12 分），初中及以下（3.96 分）和高中/中专/中职（3.95 分）学历的北京青年得分较低。详见表 2.13 和图 2.13。

表 2.13　不同受教育程度北京青年的国家价值目标认同得分及差异分析

受教育程度	人数	得分	F 值	p 值
初中及以下	135	3.96	6.800	<0.001
高中/中专/中职	165	3.95		
高职/大专	272	4.24		
本科	1037	4.12		
研究生及以上	391	4.23		

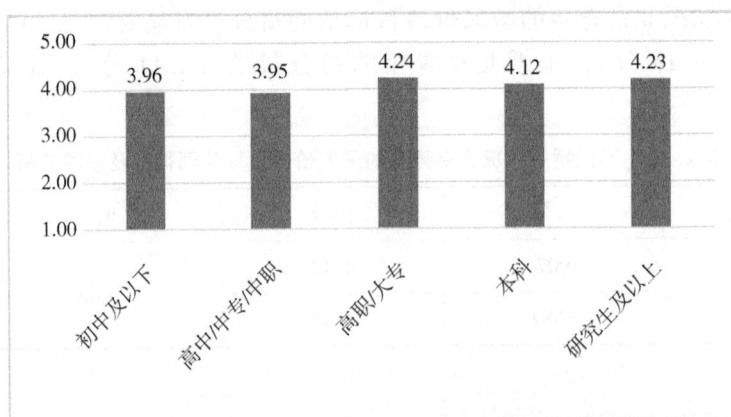

图 2.13 不同受教育程度北京青年的国家价值目标认同得分（分）

不同户籍所在地北京青年的国家价值目标认同得分没有显著差异。其中，户籍所在地为天津的北京青年的国家价值目标认同得分较高（4.23 分），其次为户籍所在地为河北（4.20 分）和北京（4.14 分），户籍所在地为其他地区的北京青年的国家价值目标认同得分最低（4.08 分）。详见表 2.14 和图 2.14。

表 2.14 不同户籍所在地北京青年的国家价值目标认同得分及差异分析

户籍所在地	人数	得分	F 值	p 值
北京	1190	4.14		
天津	93	4.23		
河北	130	4.20	1.643	0.177
其他地区	587	4.08		

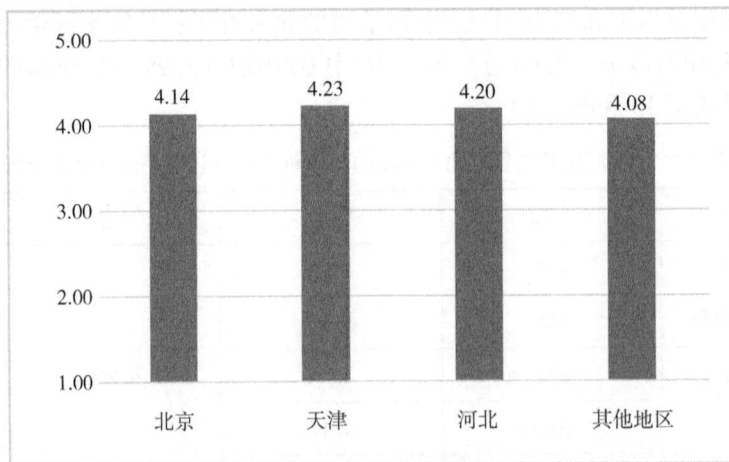

图 2.14 不同户籍所在地北京青年的国家价值目标认同得分（分）

在北京居住时间不同的北京青年的国家价值目标认同得分没有显著差异。其中，1—3年（不含）（4.23分）和5—10年（不含）（4.21分）的北京青年的国家价值目标认同得分较高，在北京居住0.5—1年（不含）的得分较低（3.95分）。详见表2.15和图2.15。

表2.15　在北京居住时间不同的北京青年的国家价值目标认同得分及差异分析

在北京居住时间	人数	得分	F 值	p 值
0.5—1年（不含）	46	3.95		
1—3年（不含）	146	4.23		
3—5年（不含）	245	4.07	2.347	0.053
5—10年（不含）	310	4.21		
10年及以上	1253	4.12		

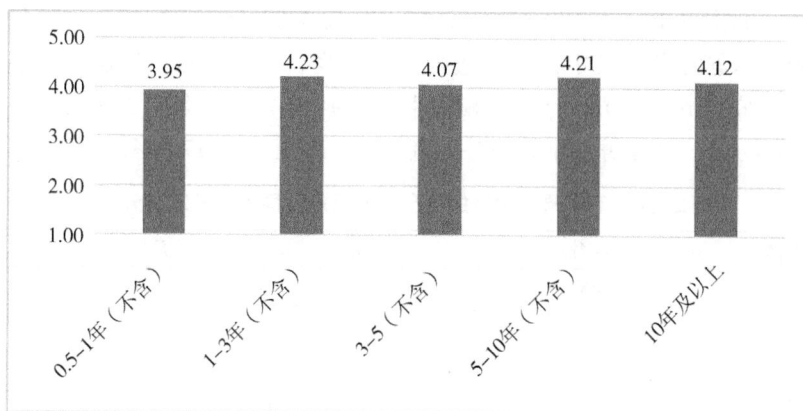

图2.15　在北京居住时间不同的北京青年的国家价值目标认同得分（分）

不同政治面貌北京青年的国家价值目标认同得分差异显著。其中，中共党员（4.23分）和共青团员（4.21分）的国家价值目标认同得分较高，且显著高于群众（4.02分）。详见表2.16和图2.16。

表2.16　不同政治面貌北京青年的国家价值目标认同得分及差异分析

政治面貌	人数	得分	F 值	p 值
中共党员	593	4.23		
共青团员	556	4.21	16.587	<0.001
群众	825	4.02		

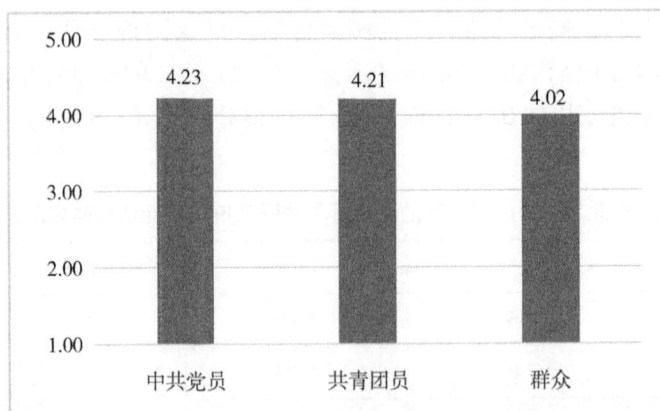

图 2.16　不同政治面貌北京青年的国家价值目标认同得分（分）

（三）社会价值取向的认同

总体上，北京青年的社会价值取向认同得分为 3.93 分。不同调查主体的社会价值取向认同得分差异显著。其中，高校教师得分最高（4.11 分），且显著高于白领和农民工；其次为公务员（4.07 分）、高校学生（3.94 分）和白领（3.91 分）；农民工得分最低（3.68 分），且显著低于其他各调查主体。详见表 2.17 和图 2.17。

表 2.17　不同调查主体的社会价值取向认同得分及差异分析

调查主体	人数	得分	F 值	p 值
高校学生	400	3.94		
农民工	300	3.68		
高校教师	300	4.11	13.165	<0.001
公务员	300	4.07		
白领	700	3.91		

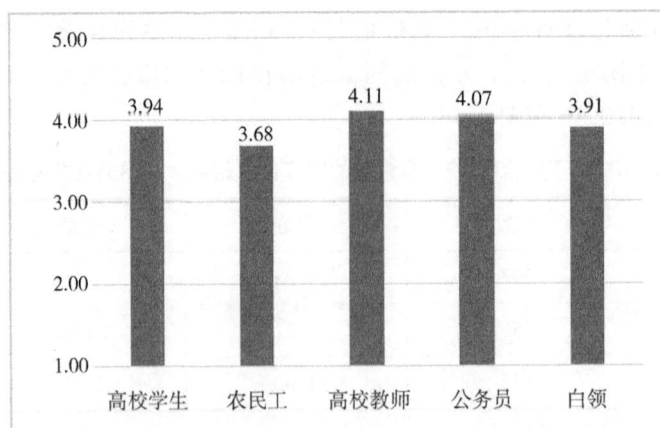

图 2.17　不同调查主体的社会价值取向认同得分（分）

从不同性别看，女性的社会价值取向认同得分较高，为 3.98 分，显著高于男性（3.88 分）。详见表 2.18 和图 2.18。

表 2.18 不同性别北京青年的社会价值取向认同得分及差异分析

性别	人数	得分	t 值	p 值
男	897	3.88	-2.591	0.010
女	1103	3.98		

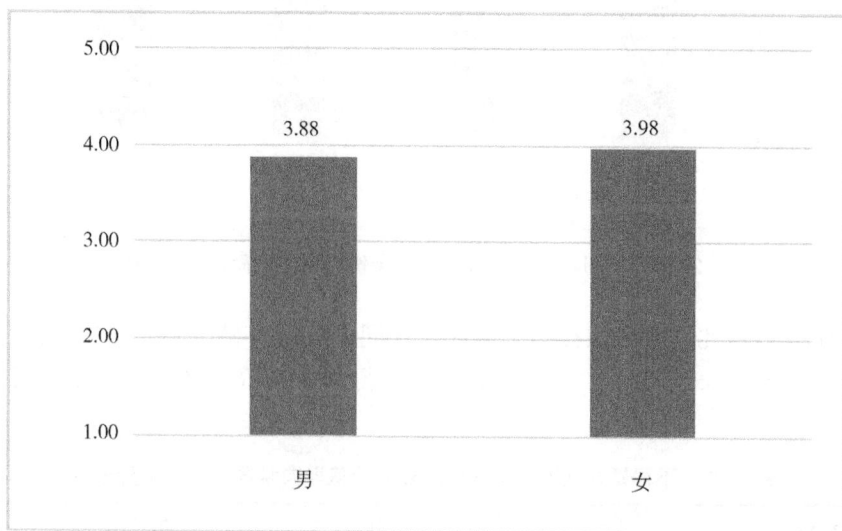

图 2.18 不同性别北京青年的社会价值取向认同得分（分）

不同年龄北京青年的社会价值取向认同得分差异显著。其中，30-34 岁（4.02 分）和 18-24 岁（4.01 分）北京青年的社会价值取向认同得分较高，其次为 35-44 岁（3.91 分），25-29 岁得分最低（3.75 分），且显著低于其他年龄段的北京青年。详见表 2.19 和图 2.19。

表 2.19 不同年龄北京青年的社会价值取向认同得分及差异分析

年龄	人数	得分	F 值	p 值
18-24 岁	708	4.01	10.698	<0.001
25-29 岁	412	3.75		
30-34 岁	352	4.02		
35-44 岁	528	3.91		

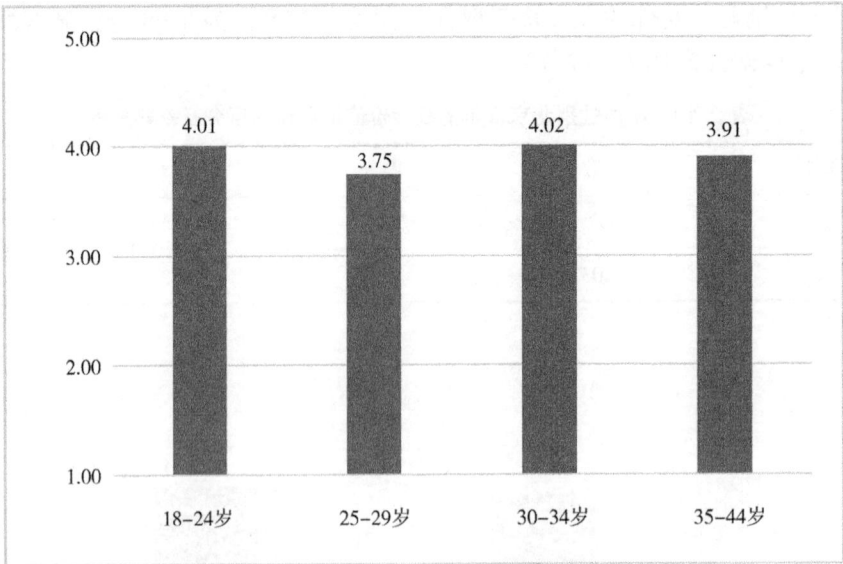

图 2.19　不同年龄北京青年的社会价值取向认同得分（分）

不同婚姻状况北京青年的社会价值取向认同得分没有显著差异。其中，已婚北京青年的得分较高（3.96 分），未婚北京青年的得分较低（3.90 分）。详见表 2.20 和图 2.20。

表 2.20　不同婚姻状况北京青年的社会价值取向认同得分及差异分析

婚姻状况	人数	得分	t 值	p 值
未婚	907	3.90	−1.414	0.158
已婚	1087	3.96		

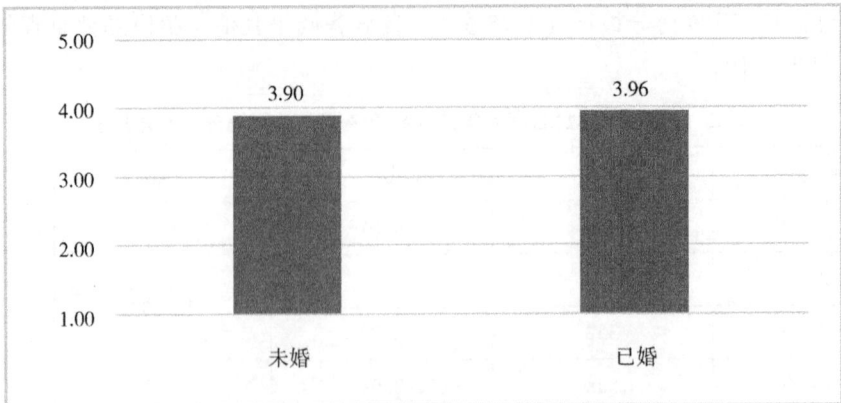

图 2.20　不同婚姻状况北京青年的社会价值取向认同得分（分）

不同受教育程度北京青年的社会价值取向认同得分差异显著。其中，高职/大专（4.09分）和研究生及以上（4.07分）学历的北京青年的社会价值取向认同得分较高，其次本科学历的北京青年（3.91分），高中/中专/中职（3.69分）和初中及以下（3.67分）学历的北京青年得分较低，且显著低于其他受教育程度的北京青年。详见表2.21和图2.21。

表2.21　不同受教育程度北京青年的社会价值取向认同得分及差异分析

受教育程度	人数	得分	F 值	p 值
初中及以下	135	3.67		
高中/中专/中职	165	3.69		
高职/大专	272	4.09	12.981	<0.001
本科	1037	3.91		
研究生及以上	391	4.07		

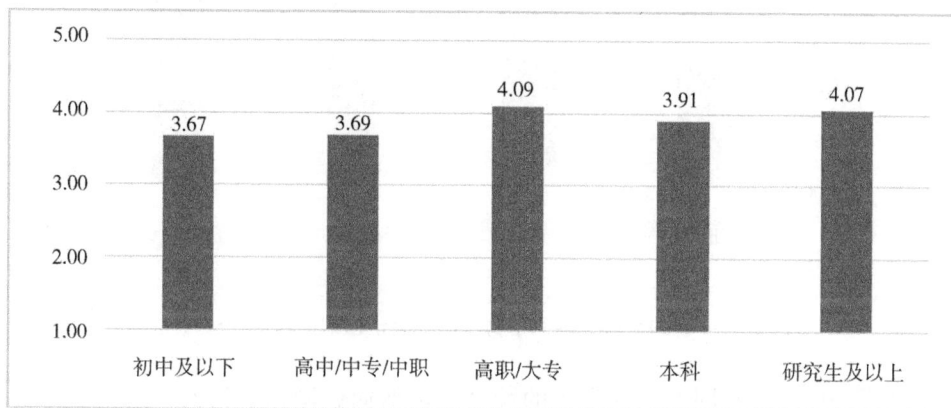

图2.21　不同受教育程度北京青年的社会价值取向认同得分（分）

不同户籍所在地北京青年的社会价值取向认同得分差异显著。其中，户籍所在地为天津（4.06分）和北京（3.98分）的北京青年的社会价值取向认同得分较高，且显著高于户籍所在地为其他地区的北京青年；其次为户籍所在地为河北（3.94分）的北京青年，户籍所在地为其他地区的北京青年的社会价值取向认同得分最低（3.81分）。详见表2.22和图2.22。

表 2.22　不同户籍所在地北京青年的社会价值取向认同得分及差异分析

户籍所在地	人数	得分	*F* 值	*p* 值
北京	1190	3.98		
天津	93	4.06		
河北	130	3.94	6.370	<0.001
其他地区	587	3.81		

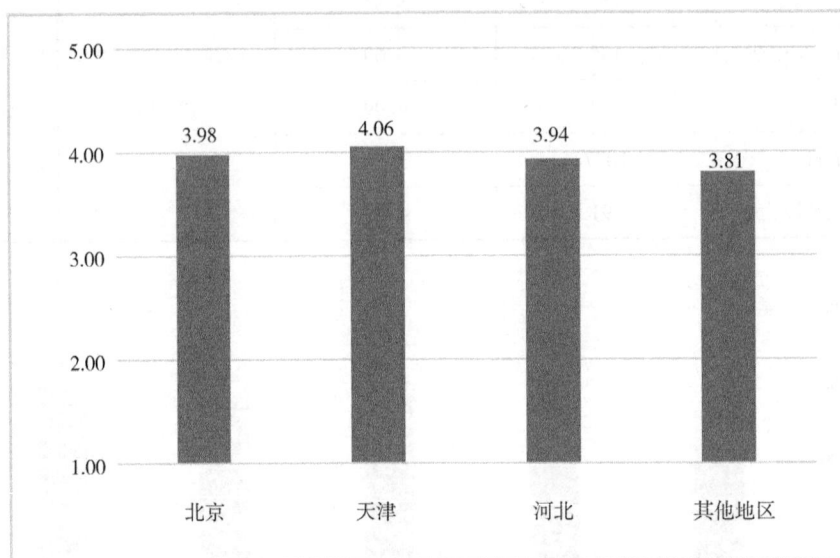

图 2.22　不同户籍所在地北京青年的社会价值取向认同得分（分）

在北京居住时间不同的北京青年的社会价值取向认同得分没有显著差异。其中，在北京居住 5-10 年（不含）（3.98 分）、10 年及以上（3.95 分）和 1-3 年（不含）（3.93 分）的北京青年的社会价值取向认同得分较高，在北京居住 0.5-1 年（不含）的得分较低（3.70 分）。详见表 2.23 和图 2.23。

表 2.23　在北京居住时间不同的北京青年的社会价值取向认同得分及差异分析

在北京居住时间	人数	得分	*F* 值	*p* 值
0.5-1 年（不含）	46	3.70		
1-3 年（不含）	146	3.93		
3-5 年（不含）	245	3.86	1.849	0.117
5-10 年（不含）	310	3.98		
10 年及以上	1253	3.95		

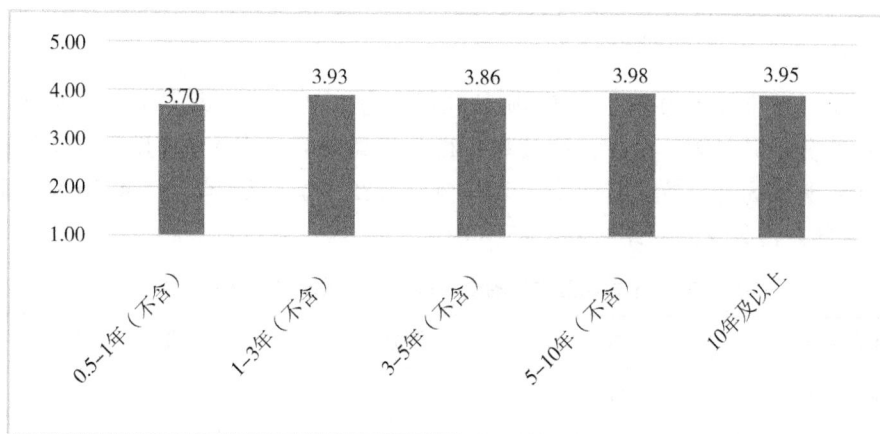

图 2.23　在北京居住时间不同的北京青年的社会价值取向认同得分（分）

不同政治面貌北京青年的社会价值取向认同得分差异显著。其中，中共党员（4.07 分）和共青团员（4.02 分）的社会价值取向认同得分较高，且显著高于群众（3.78 分）。详见表 2.24 和图 2.24。

表 2.24　不同政治面貌北京青年的社会价值取向认同得分及差异分析

政治面貌	人数	得分	F 值	p 值
中共党员	593	4.07		
共青团员	556	4.02	26.507	<0.001
群众	825	3.78		

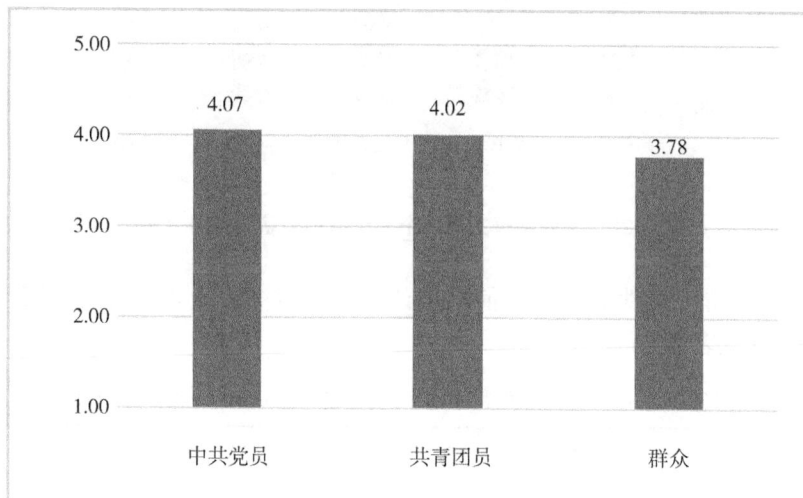

图 2.24　不同政治面貌北京青年的社会价值取向认同得分（分）

（四）个人价值准则的认同

总体上，北京青年的个人价值准则认同得分为 4.38 分。不同调查主体的个人价值准则认同得分差异显著。其中，高校教师得分最高（4.42 分），且显著高于高校学生和农民工；其次为公务员（4.38 分）和白领（4.38 分），高校学生（4.20 分）和农民工（4.16 分）得分较低。详见表 2.25 和图 2.25。

表 2.25　不同调查主体的个人价值准则认同得分及差异分析

调查主体	人数	得分	F 值	p 值
高校学生	400	4.20		
农民工	300	4.16		
高校教师	300	4.42	8.388	<0.001
公务员	300	4.38		
白领	700	4.38		

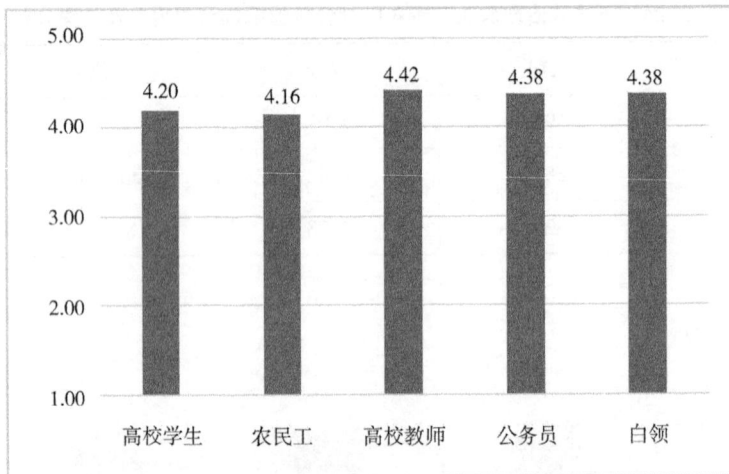

图 2.25　不同调查主体的个人价值准则认同得分（分）

从不同性别看，女性的个人价值准则认同得分较高，为 4.39 分，显著高于男性（4.23 分）。详见表 2.26 和图 2.26。

表 2.26　不同性别北京青年的个人价值准则认同得分及差异分析

性别	人数	得分	t 值	p 值
男	897	4.23	−4.328	<0.001
女	1103	4.39		

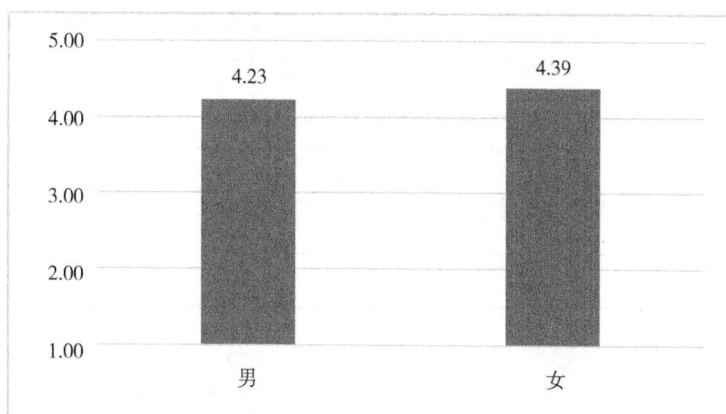

图2.26　不同性别北京青年的个人价值准则认同得分（分）

不同年龄北京青年的个人价值准则认同得分差异显著。其中，30-34岁（4.38分）、18-24岁（4.37分）和35-44岁（4.35分）北京青年的个人价值准则认同得分较高，且显著高于25-29岁北京青年的得分（4.13分）。详见表2.27和图2.27。

表2.27　不同年龄北京青年的个人价值准则认同得分及差异分析

年龄	人数	得分	*F* 值	*p* 值
18-24 岁	708	4.37		
25-29 岁	412	4.13		
30-34 岁	352	4.38	10.623	<0.001
35-44 岁	528	4.35		

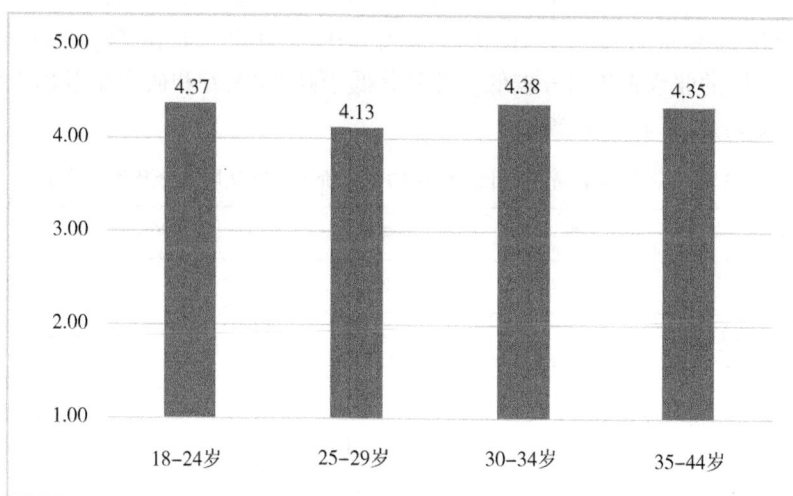

图2.27　不同年龄北京青年的个人价值准则认同得分（分）

从不同婚姻状况看，已婚北京青年的个人价值准则认同得分较高（4.36分），显著高于未婚的北京青年（4.26分）。详见表2.28和图2.28。

表2.28　不同婚姻状况北京青年的个人价值准则认同得分及差异分析

婚姻状况	人数	得分	t 值	p 值
未婚	907	4.26	−2.749	0.006
已婚	1087	4.36		

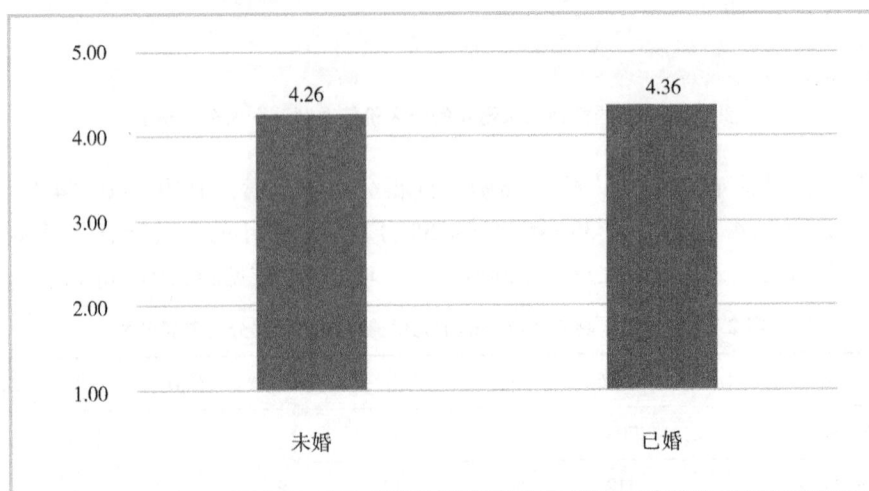

图2.28　不同婚姻状况北京青年的个人价值准则认同得分（分）

不同受教育程度北京青年的个人价值准则认同得分差异显著。其中，高职/大专（4.41分）和研究生及以上（4.40分）学历的北京青年的个人价值准则认同得分较高，其次本科学历的北京青年（4.31分），高中/中专/中职（4.18分）和初中及以下（4.13分）学历的北京青年得分较低，且显著低于高职/大专和研究生及以上学历的北京青年。详见表2.29和图2.29。

表2.29　不同受教育程度北京青年的个人价值准则认同得分及差异分析

受教育程度	人数	得分	F 值	p 值
初中及以下	135	4.13		
高中/中专/中职	165	4.18		
高职/大专	272	4.41	5.218	<0.001
本科	1037	4.31		
研究生及以上	391	4.40		

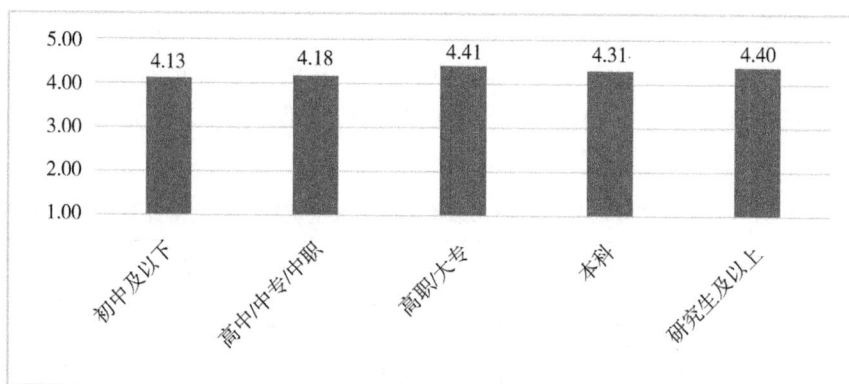

图 2.29 不同受教育程度北京青年的个人价值准则认同得分（分）

不同户籍所在地北京青年的个人价值准则认同得分没有显著差异。其中，户籍所在地为天津（4.41分）和河北（4.40分）的北京青年的个人价值准则认同得分较高，户籍所在地为北京（4.31分）和其他地区（4.30分）的北京青年的个人价值准则认同得分较低。详见表2.30和图2.30。

表 2.30 不同户籍所在地北京青年的个人价值准则认同得分及差异分析

户籍所在地	人数	得分	F 值	p 值
北京	1190	4.31		
天津	93	4.41		
河北	130	4.40	1.092	0.351
其他地区	587	4.30		

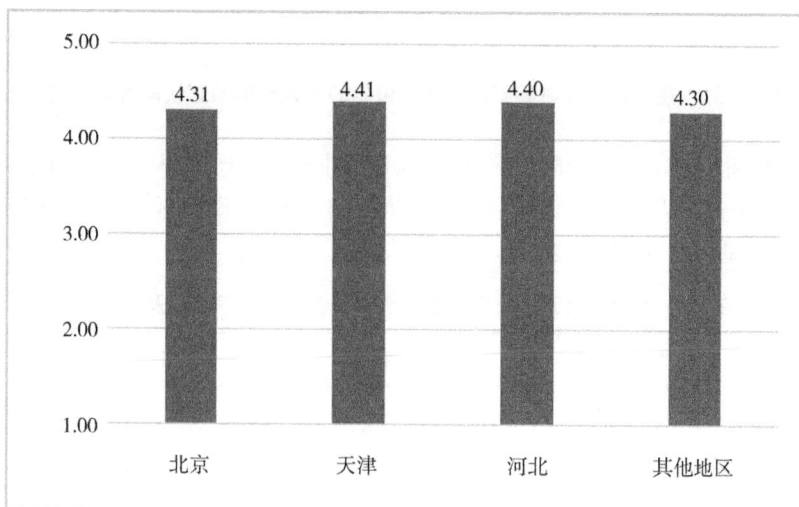

图 2.30 不同户籍所在地北京青年的个人价值准则认同得分（分）

在北京居住时间不同的北京青年的个人价值准则认同得分差异显著。其中，5-10年（不含）（4.45分）和1-3年（不含）（4.43分）的北京青年的个人价值准则认同得分较高，在北京居住0.5-1年（不含）的得分较低（4.07分）。详见表2.31和图2.31。

表2.31　在北京居住时间不同的北京青年的个人价值准则认同得分及差异分析

在北京居住时间	人数	得分	F 值	p 值
0.5-1年（不含）	46	4.07		
1-3年（不含）	146	4.43		
3-5年（不含）	245	4.30	4.876	0.001
5-10年（不含）	310	4.45		
10年及以上	1253	4.28		

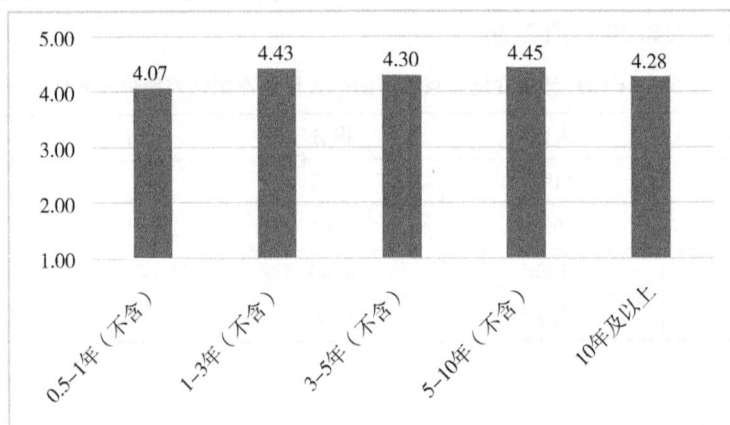

图2.31　在北京居住时间不同的北京青年的个人价值准则认同得分（分）

不同政治面貌北京青年的个人价值准则认同得分差异显著。其中，共青团员（4.40分）和中共党员（4.39分）的个人价值准则认同得分较高，且显著高于群众（4.21分）。详见表2.32和图2.32。

表2.32　不同政治面貌北京青年的个人价值准则认同得分及差异分析

政治面貌	人数	得分	F 值	p 值
中共党员	593	4.39		
共青团员	556	4.40	13.060	<0.001
群众	825	4.21		

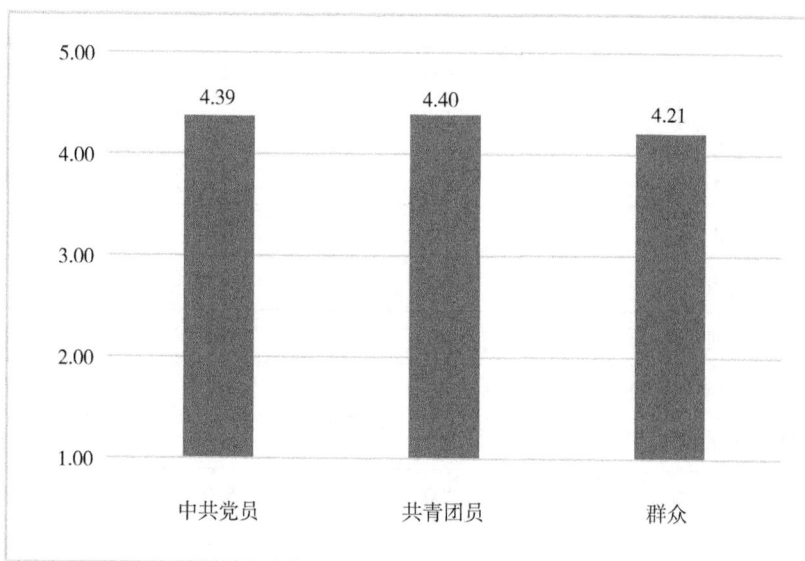

图 2.32 不同政治面貌北京青年的个人价值准则认同得分（分）

二、 北京青年的生活压力

总体上，被调查的北京青年生活中面临的最主要的压力依次是工作压力太大（15.9%）、收入太少（13.7%）和买不起住房/房贷太多（13.4%），还有部分北京青年的生活压力来源于子女抚养和教育（9.7%）、职级/职务得不到晋升（8.6%）、父母照料（赡养）（8.5%），另外还有少数的北京青年的生活压力是学业压力太大（5.1%）、没有生活目标（5.0%）、身材或相貌不如意（4.4%）、创业艰难/创业无门（4.2%）、身体不好（3.3%）、找不到对象（2.9%）、失业或找不到工作（2.8%）、没有北京户口（2.2%）和其他（0.5）。详见表2.33和图2.33。

表2.33 北京青年的生活压力调查

	人数	百分比（%）	排序
收入太少	822	13.7	2
买不起住房/房贷太多	805	13.4	3
没有北京户口	133	2.2	14
找不到对象	172	2.9	12
失业或找不到工作	170	2.8	13
工作压力太大	952	15.9	1

续表

	人数	百分比（%）	排序
学业压力太大	305	5.1	7
身体不好	196	3.3	11
身材或相貌不如意	265	4.4	9
子女抚养和教育	581	9.7	4
创业艰难/创业无门	251	4.2	10
职级/职务得不到晋升	513	8.6	5
父母照料（赡养）	507	8.5	6
没有生活目标	300	5.0	8
其他	28	0.5	15

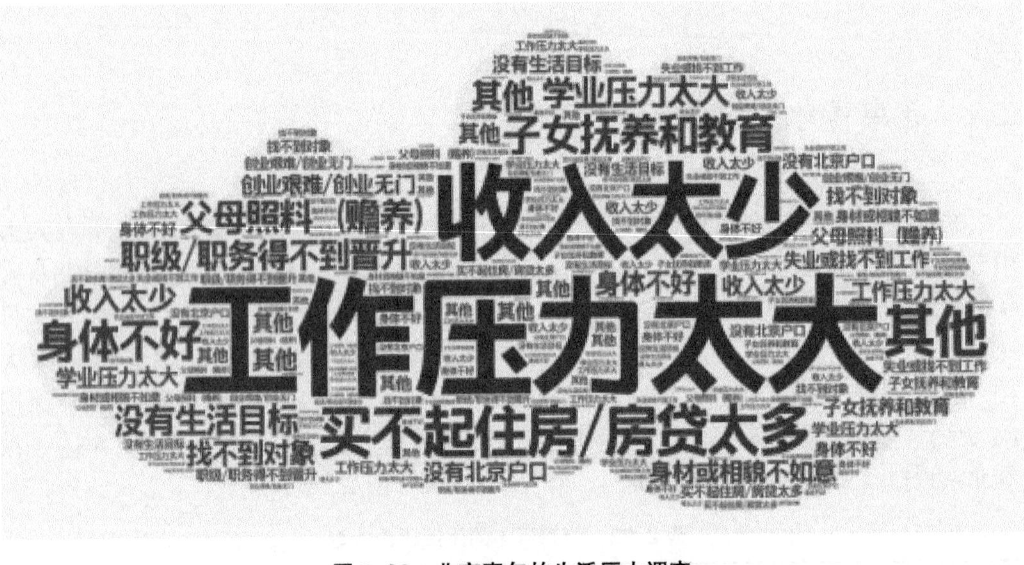

图2.33　北京青年的生活压力调查

不同调查主体的生活压力不尽相同。其中，高校学生的主要生活压力依次是学业压力太大（17.9%）、收入太少（12.5%）和没有生活目标（11.2%），农民工的主要生活压力依次是收入太少（18.9%）、买不起住房/房贷太多（16.2%）和工作压力太大（14.0%），高校教师的主要生活压力依次是工作压力太大（18.4%）、买不起住房/房贷太多（16.2%）和职级/职务得不到晋升（12.9%），公务员的主要生活压力依次是工作压力太大（17.6%）、买不起住房/房贷太多（13.7%）和收入太少（13.2%），白领的主要生活压力依次是工作压力太大（20.7%）、买不起住房/房贷太多（14.6%）和收入太少（13.4%）。详见表2.34和图2.34。

表 2.34　不同调查主体的生活压力　　　　　　　　　　　　单位:%

	高校学生	农民工	高校教师	公务员	白领
收入太少	12.5	18.9	11.3	13.2	13.4
买不起住房/房贷太多	6.9	16.2	16.2	13.7	14.6
没有北京户口	1.7	4.7	1.8	0.4	2.4
找不到对象	7.2	2.7	1.4	2.2	1.4
失业或找不到工作	5.6	4.1	1.9	1.6	1.7
工作压力太大	5.7	14.0	18.4	17.6	20.7
学业压力太大	17.9	2.2	2.8	2.1	1.2
身体不好	3.8	2.6	3.3	2.9	3.4
身材或相貌不如意	10.8	3.7	2.6	3.2	2.4
子女抚养和教育	1.3	9.1	12.0	12.9	12.3
创业艰难/创业无门	5.6	4.8	2.1	3.0	4.5
职级/职务得不到晋升	3.8	5.4	12.9	12.9	8.9
父母照料（赡养）	3.8	8.2	10.0	10.4	9.7
没有生活目标	11.2	3.4	3.2	3.9	3.4
其他	2.2	0.0	0.0	0.0	0.1

图例：■ 高校学生 ▨ 农民工 ▨ 高校教师 ▨ 公务员 ■ 白领

压力类型	高校学生	农民工	高校教师	公务员	白领
收入太少	12.5	18.9	11.3	13.2	13.4
买不起住房/房贷太多	6.9	16.2	16.2	13.7	14.6
没有北京户口	1.7	4.7	1.8	0.4	2.4
找不到对象	7.2	2.7	1.4	2.2	1.4
失业或找不到工作	5.6	4.1	1.9	1.6	1.7
工作压力太大	5.7	14.0	18.4	17.6	20.7
学业压力太大	17.9	2.2	2.8	2.1	1.2
身体不好	3.8	2.6	3.3	2.9	3.4
身材或相貌不如意	10.8	3.7	2.6	3.2	2.4
子女抚养和教育	1.3	9.1	12.0	12.9	12.3
创业艰难/创业无门	5.6	4.8	2.1	3.0	4.5
职级/职务得不到晋升	3.8	5.4	12.9	12.9	8.9
父母照料（赡养）	3.8	8.2	10.0	10.4	9.7
没有生活目标	11.2	3.4	3.2	3.9	3.4
其他	2.2	0.0	0.0	0.0	0.1

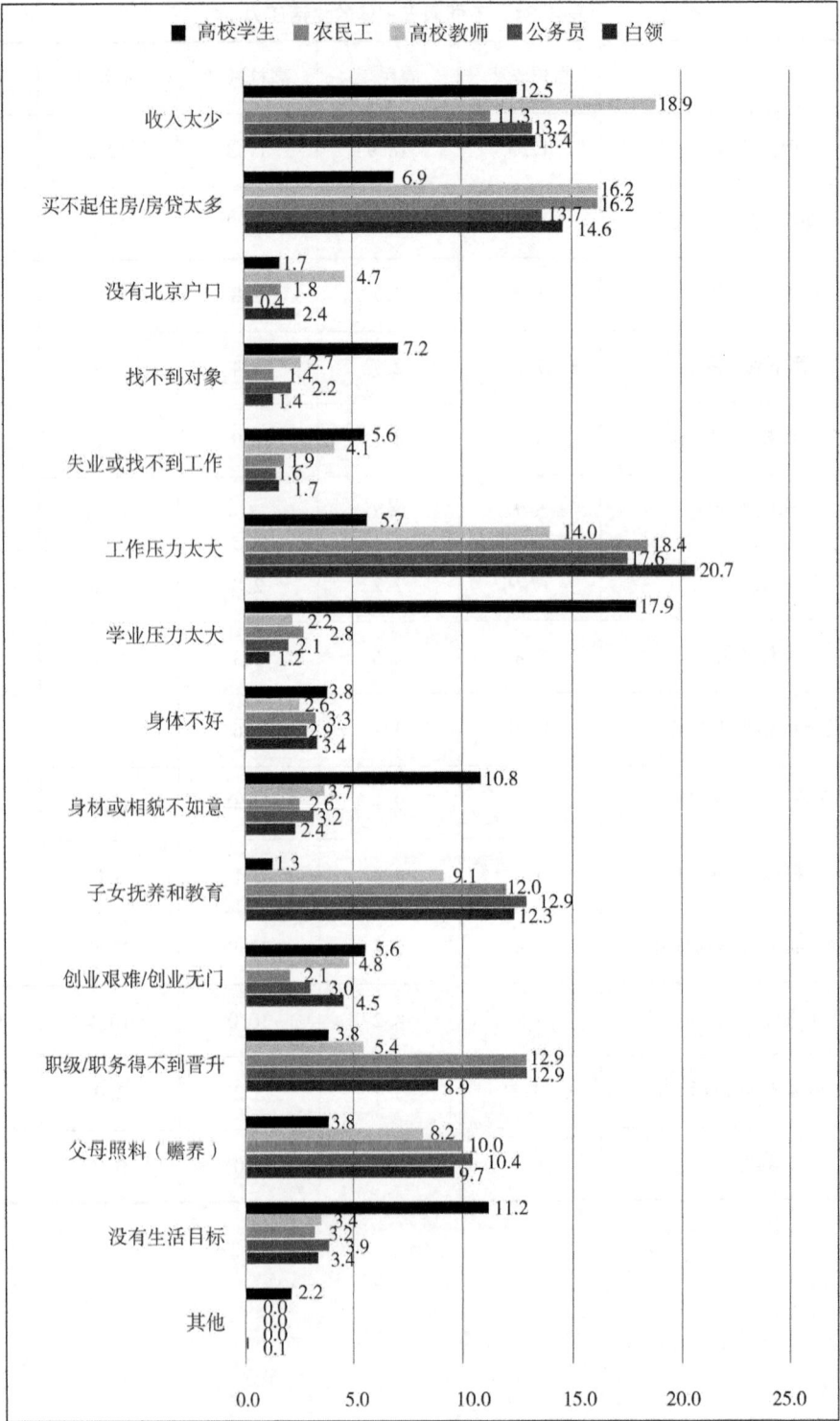

图 2.34　不同调查主体的生活压力（%）

不同性别北京青年的生活压力基本一致。其中，男性的主要生活压力依次是工作压力太大（17.1%）、买不起住房/房贷太多（14.5%）和收入太少（13.8%），女性的主要生活压力依次是工作压力太大（14.9%）、收入太少（13.6%）和买不起住房/房贷太多（12.5%）。详见表2.35和图2.35。

表2.35 不同性别北京青年的生活压力　　　　　　　　单位:%

	男	女
收入太少	13.8	13.6
买不起住房/房贷太多	14.5	12.5
没有北京户口	2.4	2.1
找不到对象	2.2	3.4
失业或找不到工作	2.6	3.0
工作压力太大	17.1	14.9
学业压力太大	2.8	7.0
身体不好	3.6	3.0
身材或相貌不如意	2.4	6.1
子女抚养和教育	11.7	8.1
创业艰难/创业无门	3.8	4.5
职级/职务得不到晋升	9.7	7.6
父母照料（赡养）	9.6	7.5
没有生活目标	3.8	6.0
其他	0.1	0.8

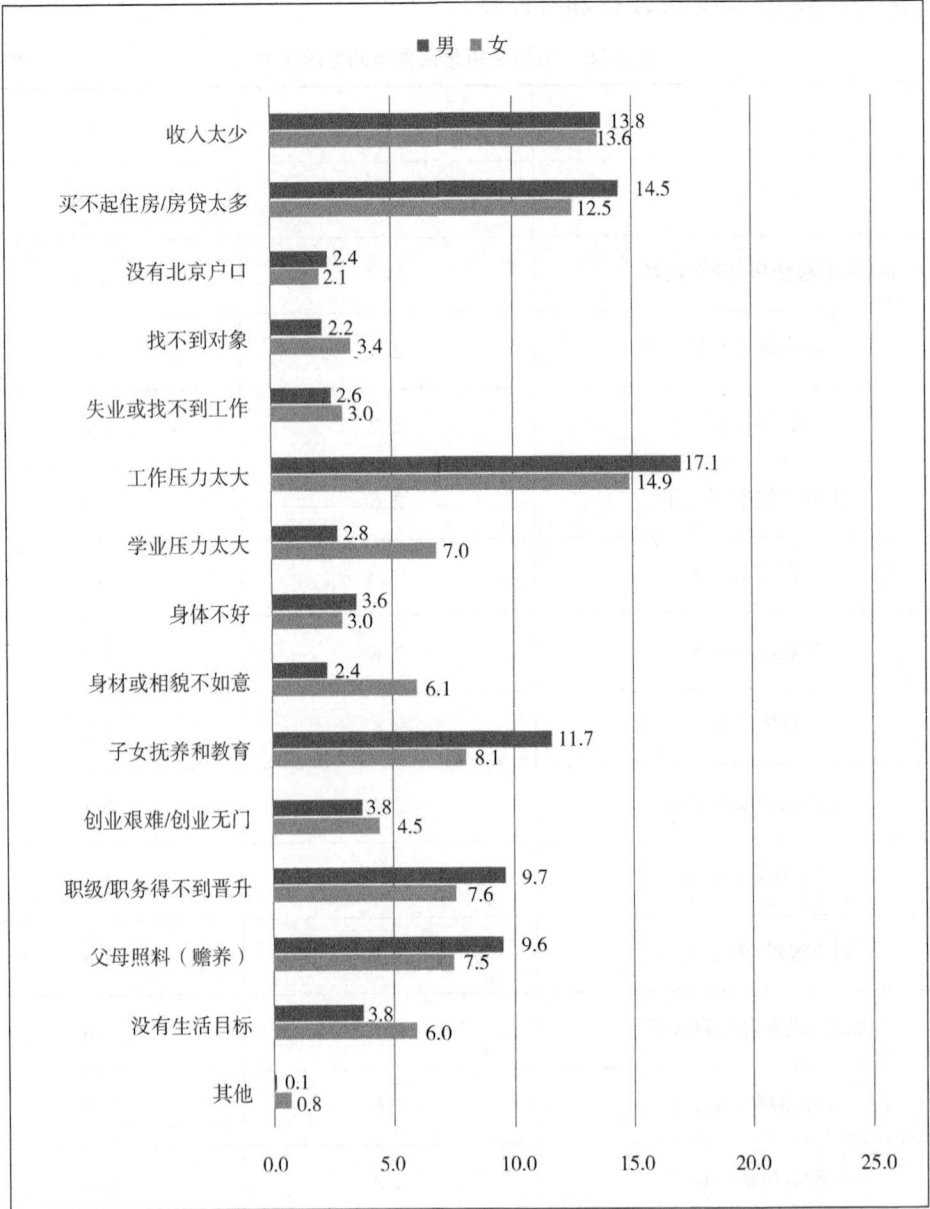

图 2.35 不同性别北京青年的生活压力（%）

不同年龄北京青年的生活压力不尽相同。其中，18-24 岁北京青年的主要生活压力依次是收入太少（15.4%）、买不起住房/房贷太多（11.3%）和学业压力太大（11.0%），25-29 岁北京青年的主要生活压力依次是工作压力太大（18.9%）、买不起住房/房贷太多（16.7%）和收入太少（15.0%），30-34 岁北京青年的主要生活压力依次是工作压力太大（20.2%）、子女抚养和教育（15.8%）和买不起住房/房贷太多（14.3%），35-44 岁北京青年的主要生活压力依次是工作压力太大（18.0%）、子女抚养和教育（17.9%）和买不起住房/房贷太多（13.1%）。详见表2.36 和图2.36。

表2.36　不同年龄北京青年的生活压力　　　　　　单位:%

	18-24 岁	25-29 岁	30-34 岁	35-44 岁
收入太少	15.4	15.0	10.6	12.4
买不起住房/房贷太多	11.3	16.7	14.3	13.1
没有北京户口	1.9	2.7	1.7	2.6
找不到对象	6.0	2.0	1.1	0.4
失业或找不到工作	4.0	2.7	1.2	2.4
工作压力太大	10.4	18.9	20.2	18.0
学业压力太大	11.0	1.9	2.2	1.6
身体不好	3.1	2.7	3.6	3.8
身材或相貌不如意	8.1	3.2	2.8	1.5
子女抚养和教育	1.2	8.5	15.8	17.9
创业艰难/创业无门	5.2	3.7	3.8	3.5
职级/职务得不到晋升	6.0	9.1	9.9	10.6
父母照料（赡养）	6.0	8.4	9.8	10.8
没有生活目标	9.1	4.4	2.7	1.5
其他	1.2	0.0	0.2	0.0

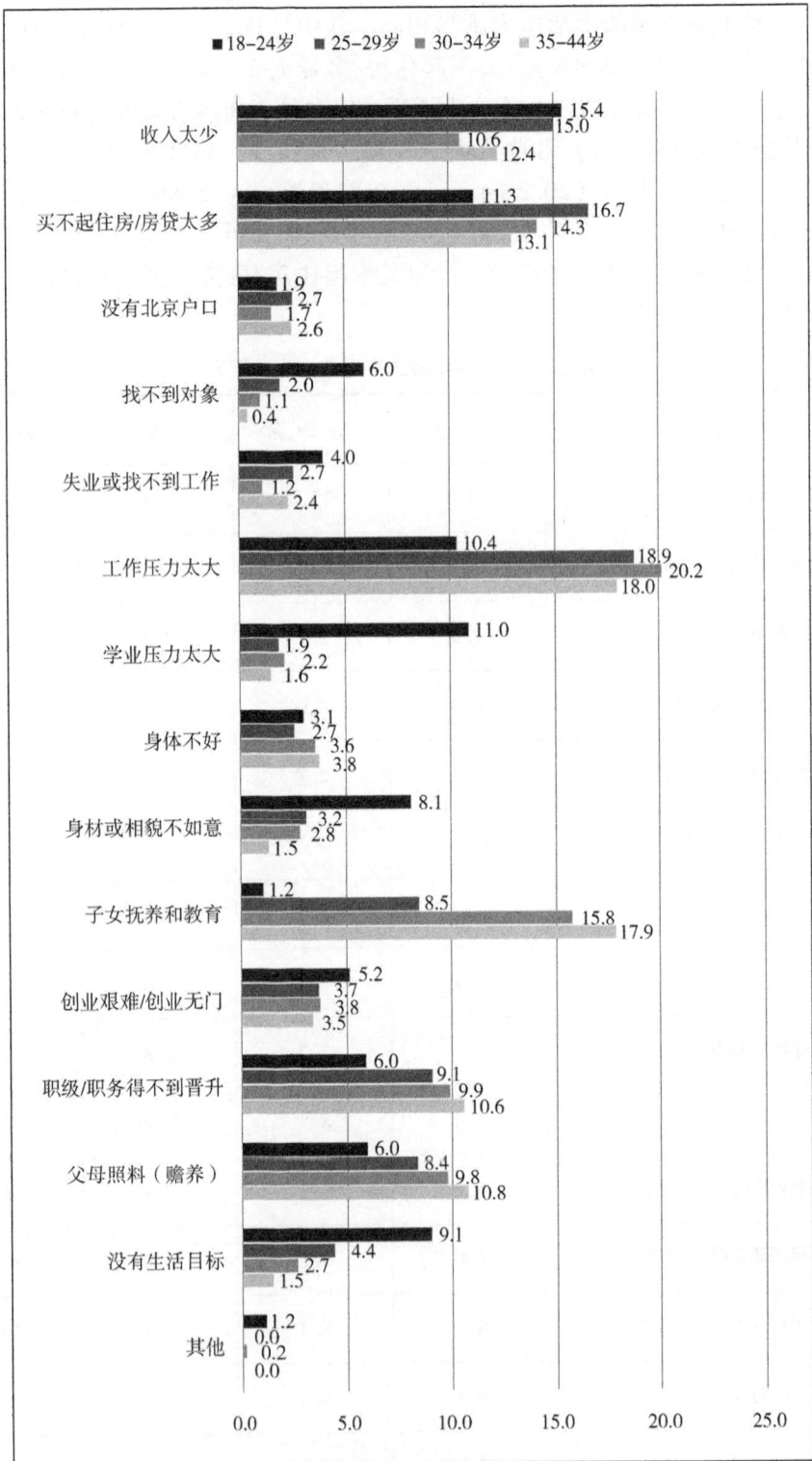

图例：■18~24岁 ■25~29岁 ■30~34岁 ■35~44岁

收入太少
- 15.4
- 15.0
- 10.6
- 12.4

买不起住房/房贷太多
- 11.3
- 16.7
- 14.3
- 13.1

没有北京户口
- 1.9
- 2.7
- 1.7
- 2.6

找不到对象
- 6.0
- 2.0
- 1.1
- 0.4

失业或找不到工作
- 4.0
- 2.7
- 1.2
- 2.4

工作压力太大
- 10.4
- 18.9
- 20.2
- 18.0

学业压力太大
- 11.0
- 1.9
- 2.2
- 1.6

身体不好
- 3.1
- 2.7
- 3.6
- 3.8

身材或相貌不如意
- 8.1
- 3.2
- 2.8
- 1.5

子女抚养和教育
- 1.2
- 8.5
- 15.8
- 17.9

创业艰难/创业无门
- 5.2
- 3.7
- 3.8
- 3.5

职级/职务得不到晋升
- 6.0
- 9.1
- 9.9
- 10.6

父母照料（赡养）
- 6.0
- 8.4
- 9.8
- 10.8

没有生活目标
- 9.1
- 4.4
- 2.7
- 1.5

其他
- 1.2
- 0.0
- 0.2
- 0.0

图 2.36　不同年龄北京青年的生活压力（%）

不同婚姻状况北京青年的生活压力不尽相同。其中,未婚北京青年的主要生活压力依次是收入太少(16.1%)、买不起住房/房贷太多(12.9%)和工作压力太大(11.9%),已婚北京青年的主要生活压力依次是工作压力太大(19.2%)、子女抚养和教育(17.4%)和买不起住房/房贷太多(13.8%)。详见表2.37和图2.37。

表2.37 不同婚姻状况北京青年的生活压力 单位:%

	未婚	已婚
收入太少	16.1	11.7
买不起住房/房贷太多	12.9	13.8
没有北京户口	2.4	2.1
找不到对象	6.2	0.1
失业或找不到工作	3.7	2.1
工作压力太大	11.9	19.2
学业压力太大	9.1	1.7
身体不好	3.1	3.5
身材或相貌不如意	7.1	2.2
子女抚养和教育	0.6	17.4
创业艰难/创业无门	4.8	3.7
职级/职务得不到晋升	6.7	10.1
父母照料(赡养)	6.2	10.3
没有生活目标	8.4	2.1
其他	1.0	0.1

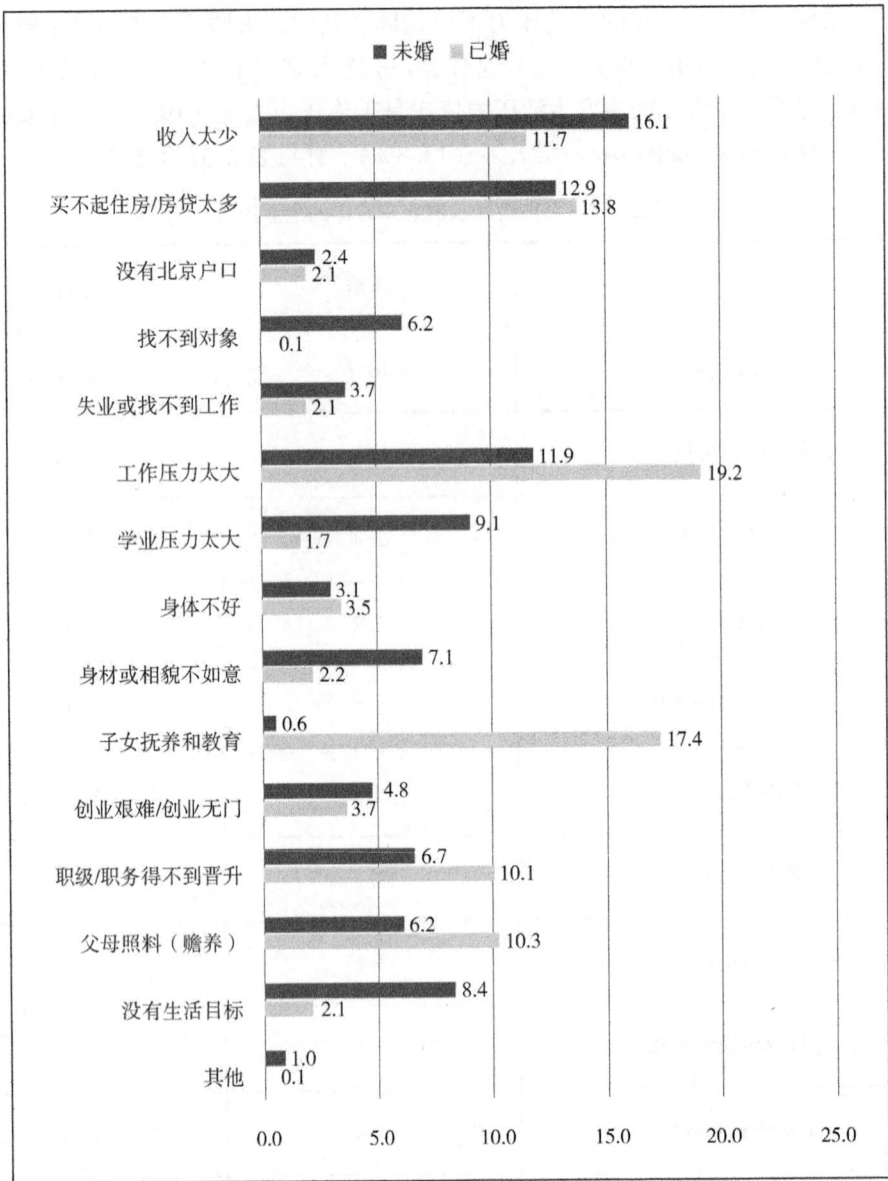

图 2.37　不同婚姻状况北京青年的生活压力（%）

不同受教育程度北京青年的生活压力不尽相同。其中，初中及以下和高中/中专/中职学历的北京青年的主要生活压力依次是收入太少、买不起住房/房贷太多和工作压力太大，高职/大专学历的北京青年的主要生活压力依次是学业压力太大（20.8%）、身材或相貌不如意（13.4%）和没有生活目标（13.4%），本科学历的北京青年的主要生活压力依次是工作压力太大（17.9%）、买不起住房/房贷太多（14.6%）和收入太少（13.5%），研究生及以上学历的北京青年的主要生活压力依次是工作压力太大（19.3%）、买不起住房/房贷太多（14.2%）及子女抚养和教育（12.6%）。详见表2.38 和图2.38。

表 2.38 不同受教育程度北京青年的生活压力 单位:%

	初中及以下	高中/中专/中职	高职/大专	本科	研究生及以上
收入太少	18.0	19.6	12.7	13.5	10.9
买不起住房/房贷太多	15.6	16.8	4.7	14.6	14.2
没有北京户口	5.2	4.2	0.1	2.3	1.6
找不到对象	3.5	2.0	7.7	2.1	1.8
失业或找不到工作	4.0	4.2	4.4	2.5	1.7
工作压力太大	13.3	14.5	5.3	17.9	19.3
学业压力太大	3.2	1.4	20.8	3.0	2.0
身体不好	2.2	2.8	4.2	3.1	3.7
身材或相貌不如意	5.2	2.4	13.4	2.9	2.7
子女抚养和教育	7.4	10.5	0.0	11.3	12.6
创业艰难/创业无门	5.2	4.4	5.1	4.1	3.2
职级/职务得不到晋升	5.7	5.3	3.1	9.4	12.5
父母照料（赡养）	7.4	8.9	2.2	9.4	10.4
没有生活目标	4.2	2.8	13.4	3.9	3.4
其他	0.0	0.0	2.9	0.1	0.0

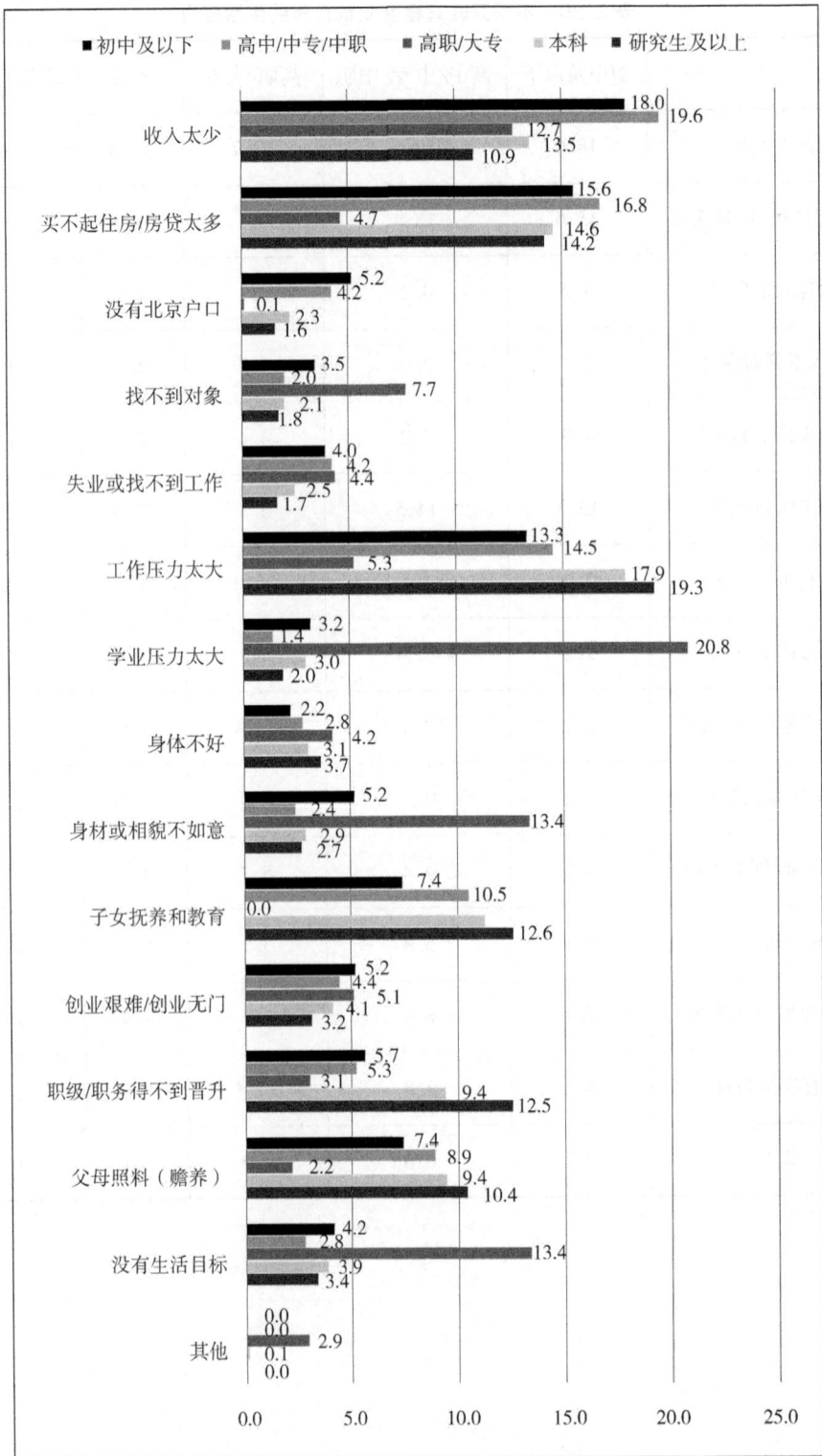

图例：■ 初中及以下　■ 高中/中专/中职　■ 高职/大专　■ 本科　■ 研究生及以上

收入太少
- 18.0
- 19.6
- 12.7
- 13.5
- 10.9

买不起住房/房贷太多
- 15.6
- 16.8
- 4.7
- 14.6
- 14.2

没有北京户口
- 5.2
- 4.2
- 0.1
- 2.3
- 1.6

找不到对象
- 3.5
- 2.0
- 7.7
- 2.1
- 1.8

失业或找不到工作
- 4.0
- 4.2
- 4.4
- 2.5
- 1.7

工作压力太大
- 13.3
- 14.5
- 5.3
- 17.9
- 19.3

学业压力太大
- 3.2
- 1.4
- 20.8
- 3.0
- 2.0

身体不好
- 2.2
- 2.8
- 4.2
- 3.1
- 3.7

身材或相貌不如意
- 5.2
- 2.4
- 13.4
- 2.9
- 2.7

子女抚养和教育
- 7.4
- 10.5
- 0.0
- 11.0
- 12.6

创业艰难/创业无门
- 5.2
- 4.4
- 5.1
- 4.1
- 3.2

职级/职务得不到晋升
- 5.7
- 5.3
- 3.1
- 9.4
- 12.5

父母照料（赡养）
- 7.4
- 8.9
- 2.2
- 9.4
- 10.4

没有生活目标
- 4.2
- 2.8
- 13.4
- 3.9
- 3.4

其他
- 0.0
- 0.0
- 2.9
- 0.1
- 0.0

图 2.38　不同受教育程度北京青年的生活压力（%）

　　不同户籍所在地北京青年的生活压力基本一致。其中，北京户籍的北京青年的主要生活压力依次是工作压力太大（15.9%）、收入太少（12.4%）和买不起住房/房贷太多（10.5%），天津和河北户籍的北京青年的主要生活压力依次是买不起住房/房贷太多、收入太少和工作压力太大，其他地区户籍的北京青年的主要生活压力依次是买不起住房/房贷太多（17.4%）、工作压力太大（16.1%）和收入太少（15.7%）。详见表2.39和图2.39。

表2.39　不同户籍所在地北京青年的生活压力　　　　　　　单位:%

	北京	天津	河北	其他地区
收入太少	12.4	15.4	15.4	15.7
买不起住房/房贷太多	10.5	17.2	19.5	17.4
没有北京户口	0.3	5.0	5.6	5.0
找不到对象	3.3	2.9	2.1	2.2
失业或找不到工作	2.7	6.1	4.6	2.2
工作压力太大	15.9	15.1	15.1	16.1
学业压力太大	7.2	2.9	2.1	1.8
身体不好	4.0	1.8	1.5	2.4
身材或相貌不如意	5.6	3.6	2.8	2.5
子女抚养和教育	9.7	7.2	11.0	9.8
创业艰难/创业无门	4.1	5.7	3.6	4.1
职级/职务得不到晋升	9.5	6.8	5.1	7.7
父母照料（赡养）	8.4	7.5	8.2	8.7
没有生活目标	5.7	2.9	3.3	4.2
其他	0.8	0.0	0.0	0.1

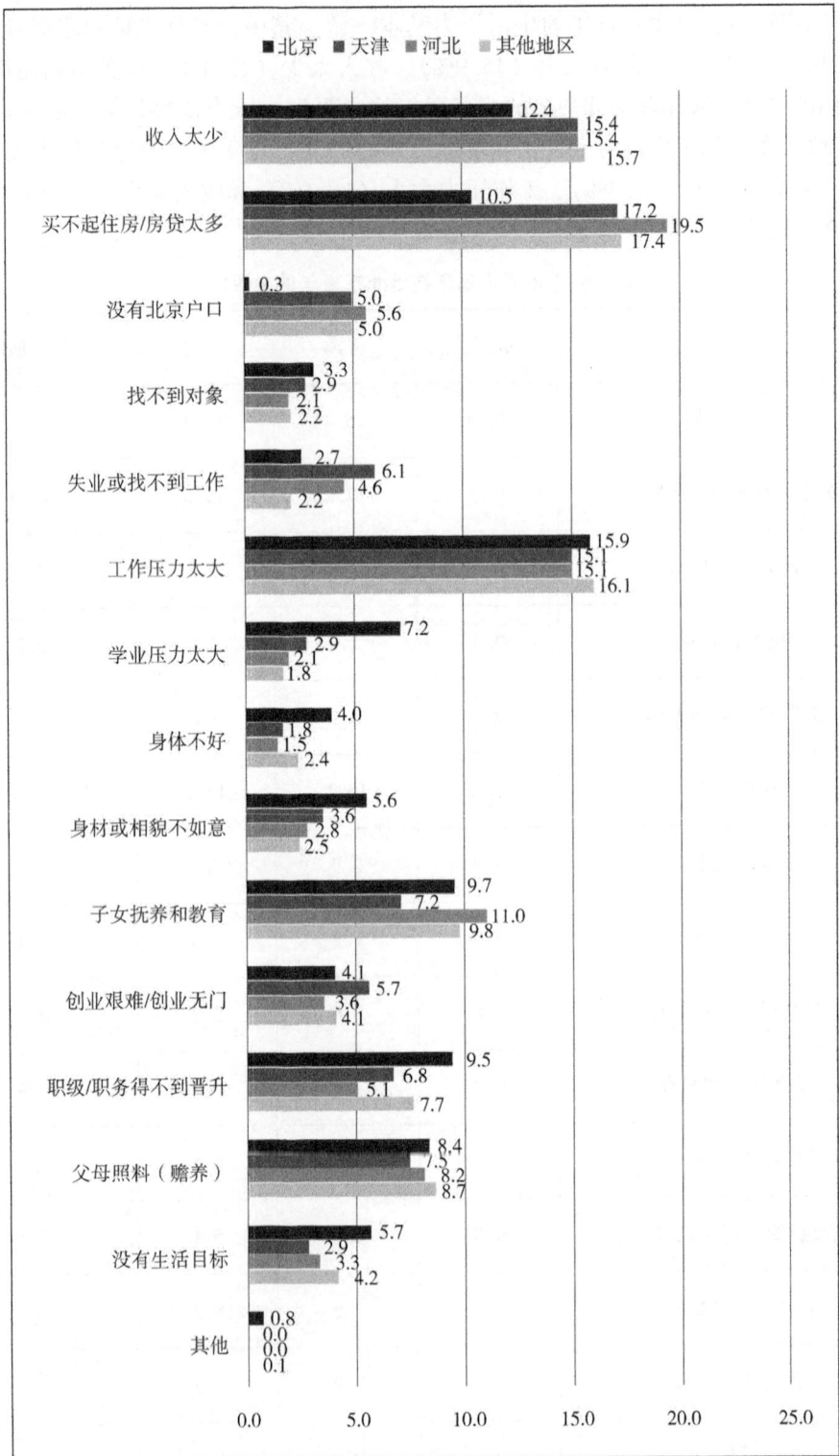

图 2.39　不同户籍所在地北京青年的生活压力（%）

在北京居住时间不同的北京青年的生活压力不尽相同。其中，在北京居住 0.5—1 年（不含）、1—3 年（不含）和 3—5 年（不含）的北京青年的主要生活压力依次是买不起住房/房贷太多、收入太少和工作压力太大，在北京居住 5—10 年（不含）的北京青年的主要生活压力依次是工作压力太大（20.8%）、买不起住房/房贷太多（17.3%）和收入太少（13.2%），在北京居住 10 年及以上的北京青年的主要生活压力依次是工作压力太大（15.2%）、收入太少（13.1%）和买不起住房/房贷太多（10.9%）。详见表 2.40 和图 2.40。

表 2.40　在北京居住时间不同的北京青年的生活压力　　单位:%

	0.5—1 年（不含）	1—3 年（不含）	3—5 年（不含）	5—10 年（不含）	10 年及以上
收入太少	18.1	16.2	15.0	13.2	13.1
买不起住房/房贷太多	18.1	17.6	18.1	17.3	10.9
没有北京户口	5.8	4.3	4.2	2.7	1.3
找不到对象	3.6	3.7	2.7	0.8	3.3
失业或找不到工作	5.1	4.6	3.1	1.7	2.8
工作压力太大	13.0	13.0	15.1	20.8	15.2
学业压力太大	1.4	3.9	3.3	1.9	6.5
身体不好	2.2	1.6	2.4	3.0	3.7
身材或相貌不如意	5.1	5.3	3.3	1.6	5.2
子女抚养和教育	5.1	4.6	7.3	12.4	10.2
创业艰难/创业无门	5.1	5.9	3.8	3.7	4.2
职级/职务得不到晋升	4.3	6.8	7.6	8.6	9.1
父母照料（赡养）	8.7	6.8	9.5	9.6	8.1
没有生活目标	4.3	5.7	4.2	2.8	5.6
其他	0.0	0.0	0.3	0.0	0.7

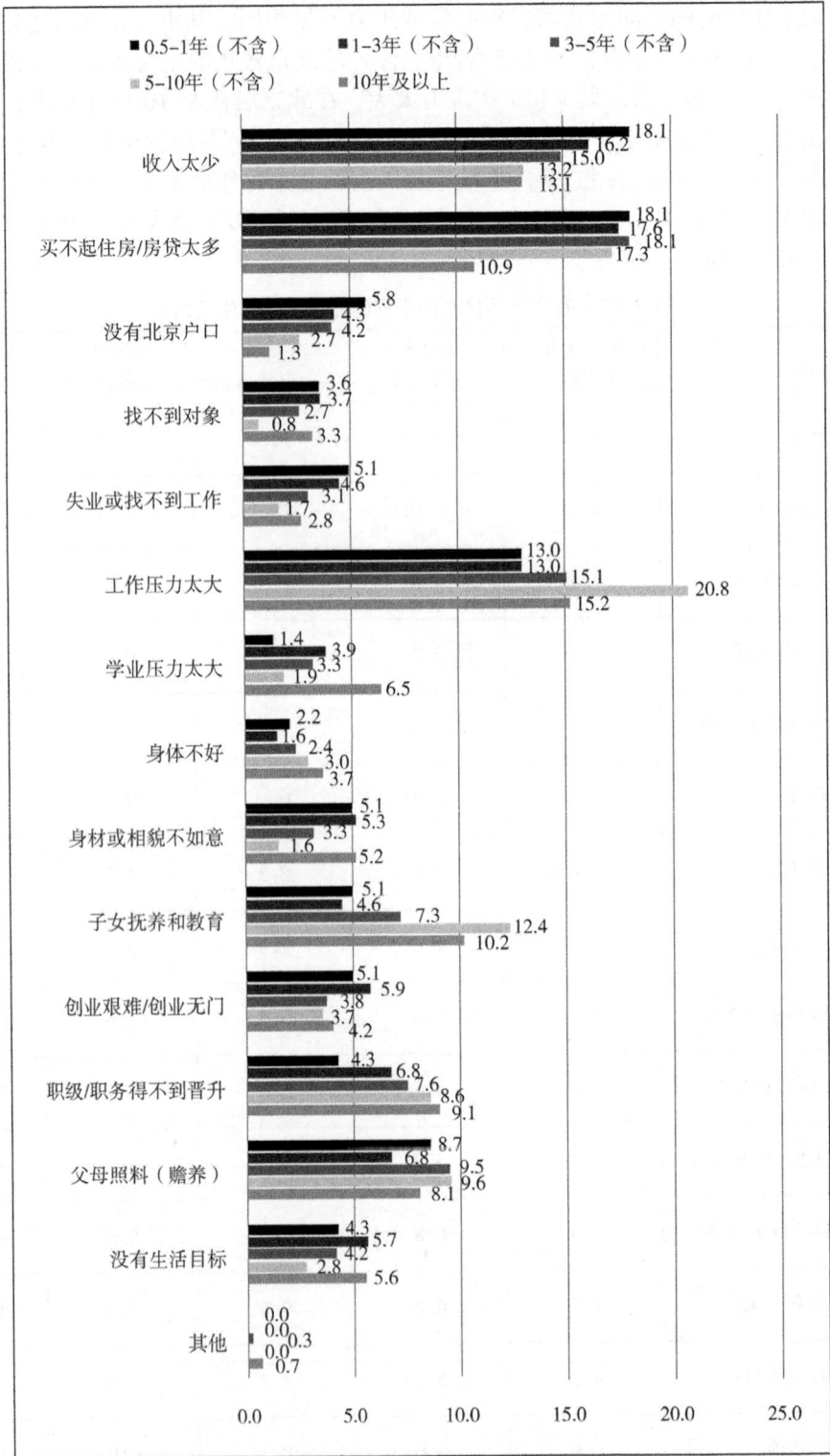

图2.40　在北京居住时间不同的北京青年的生活压力（%）

不同政治面貌北京青年的生活压力不尽相同。其中中共党员的主要生活压力依次是工作压力太大（18.1%）、买不起住房/房贷太多（14.2%）和子女抚养和教育（13.2%），共青团员的主要生活压力依次是收入太少（15.0%）、学业压力太大（12.5%）和工作压力太大（10.7%），群众的主要生活压力依次是工作压力太大（17.7%）、买不起住房/房贷太多（15.1%）和收入太少（14.3%）。详见表2.41和图2.41。

表2.41　不同政治面貌北京青年的生活压力　　　　单位:%

	中共党员	共青团员	群众
收入太少	11.8	15.0	14.3
买不起住房/房贷太多	14.2	10.2	15.1
没有北京户口	1.4	1.8	3.0
找不到对象	2.0	6.0	1.5
失业或找不到工作	1.9	4.2	2.5
工作压力太大	18.1	10.7	17.7
学业压力太大	2.6	12.5	1.9
身体不好	3.5	3.0	3.2
身材或相貌不如意	3.0	8.3	2.7
子女抚养和教育	13.2	1.8	12.4
创业艰难/创业无门	3.1	5.3	4.2
职级/职务得不到晋升	12.1	5.1	8.2
父母照料（赡养）	9.6	5.3	9.8
没有生活目标	3.6	9.3	3.2
其他	0.0	1.5	0.1

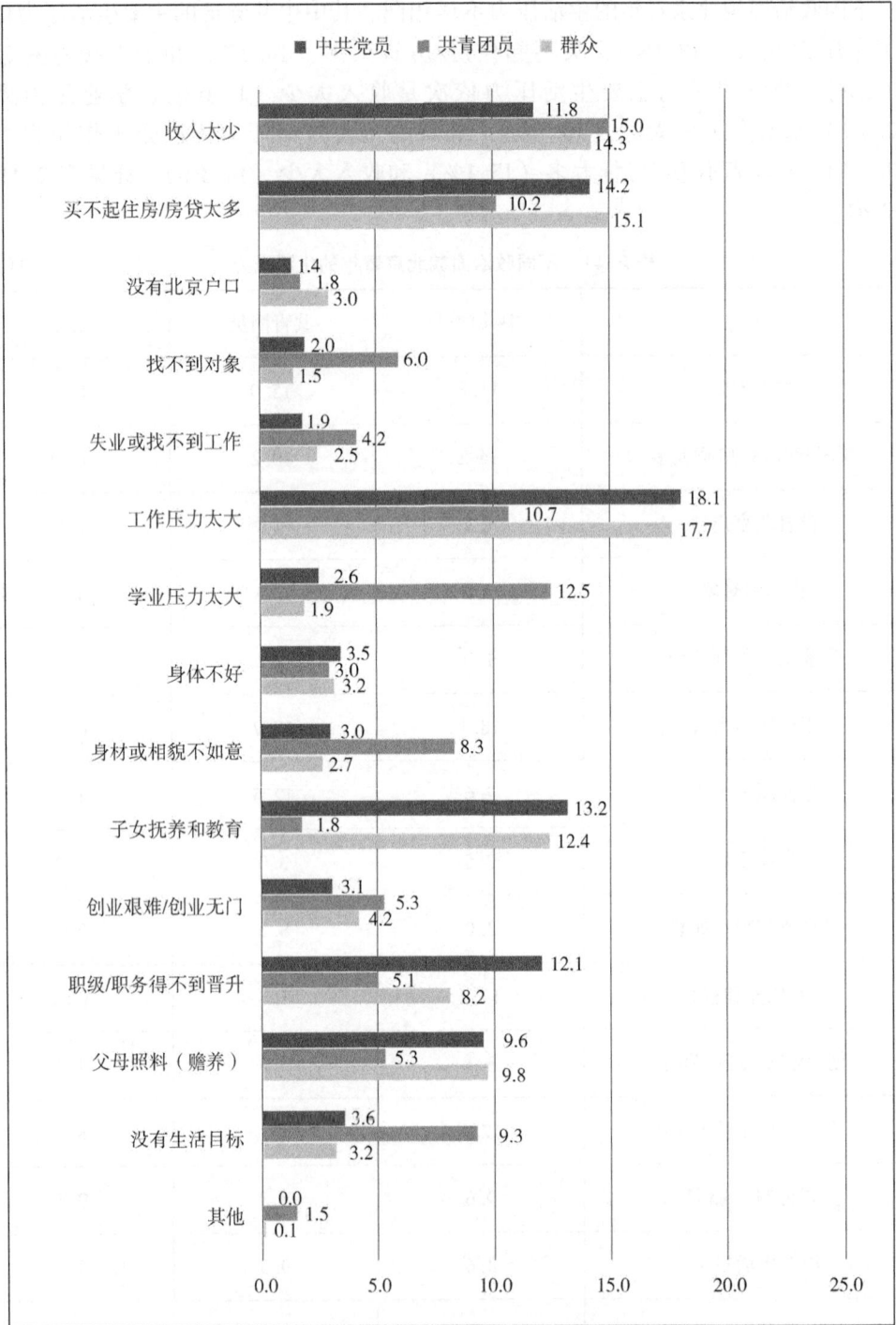

图 2.41　不同政治面貌北京青年的生活压力（%）

三、 北京青年的生活满意度

总体上，在被调查的北京青年中有 47.6% 对自己目前的生活感到满意（"非常满意"和"比较满意"），有 13.8% 对自己目前的生活不满意（"很不满意"和"不太满意"）。不同调查主体的生活满意度差异显著，$p<0.001$。其中，高校教师的满意度最高，有 62.3% 的人对自己目前的生活感到满意；其次为公务员（58.0%）、白领（46.5%）和高校学生（46.1%）；农民工的满意度最低，只有 27.0% 的人对自己目前的生活感到满意。详见表 2.42 和图 2.42。

表 2.42 不同调查主体的生活满意度

调查主体	人数	选项百分比（%）				
		很不满意	不太满意	一般	比较满意	非常满意
高校学生	400	2.3	17.0	34.8	37.3	8.8
农民工	300	3.7	19.7	49.7	25.3	1.7
高校教师	300	1.3	5.7	30.7	57.3	5.0
公务员	300	0.7	7.3	34.0	53.0	5.0
白领	700	1.3	10.4	41.7	43.1	3.4
总体	2000	1.8	12.0	38.7	42.9	4.7

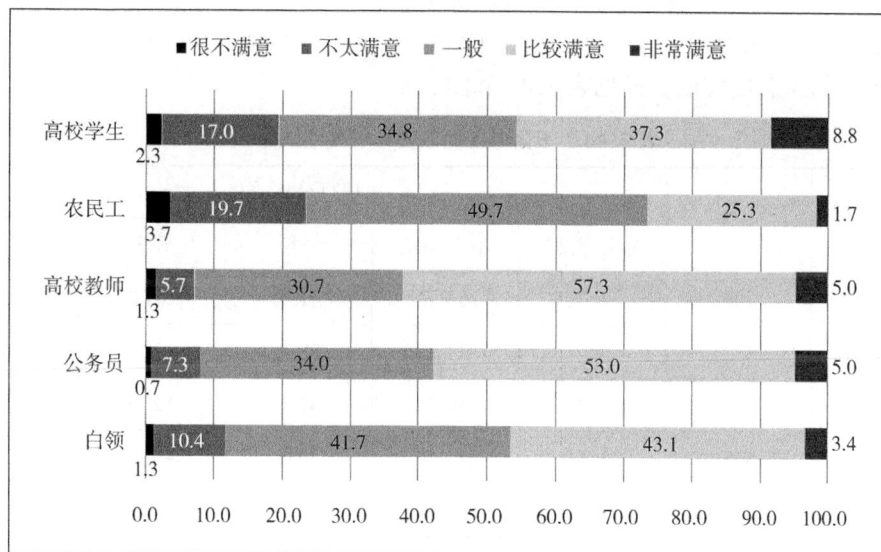

图 2.42 不同调查主体的生活满意度（%）

73

不同性别北京青年的生活满意度没有显著差异，$p>0.05$。分别有47.8%的男性和47.4%的女性北京青年对自己目前的生活感到满意。详见表2.43和图2.43。

表2.43　不同性别北京青年的生活满意度

性别	人数	选项百分比（%）				
		很不满意	不太满意	一般	比较满意	非常满意
男	897	1.8	11.1	39.2	43.9	3.9
女	1103	1.7	12.6	38.3	42.1	5.3
总体	2000	1.8	12.0	38.7	42.9	4.7

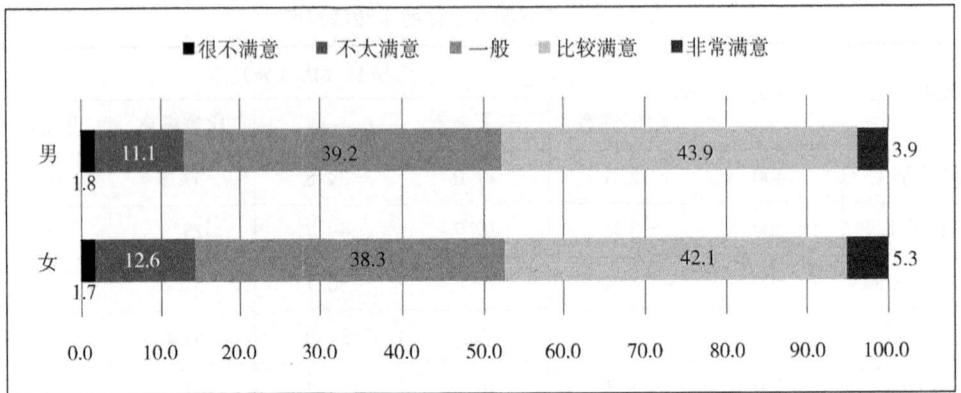

图2.43　不同性别北京青年的生活满意度（%）

不同年龄北京青年的生活满意度差异显著，$p<0.001$。其中，30-34岁北京青年的满意度最高（57.4%），35-44岁（47.5%）、25-29岁（46.8%）和18-24岁（43.2%）的满意度较低。详见表2.44和图2.44。

表2.44　不同年龄北京青年的生活满意度

年龄	人数	选项百分比（%）				
		很不满意	不太满意	一般	比较满意	非常满意
18-24岁	708	1.3	13.8	41.7	37.0	6.2
25-29岁	412	3.6	11.4	38.1	43.9	2.9
30-34岁	352	1.4	10.2	31.0	52.0	5.4
35-44岁	528	1.1	11.0	40.3	43.9	3.6
总体	2000	1.8	12.0	38.7	42.9	4.7

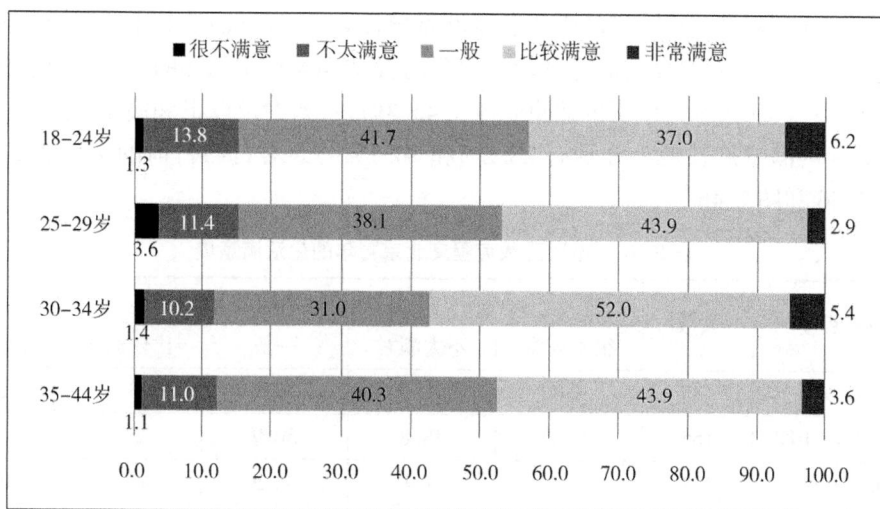

图2.44　不同年龄北京青年的生活满意度（%）

不同婚姻状况北京青年的生活满意度差异显著，$p<0.001$。其中，已婚北京青年的满意度较高（53.6%），未婚北京青年的满意度较低（40.5%）。详见表2.45和图2.45。

表2.45　不同婚姻状况北京青年的生活满意度

婚姻状况	人数	选项百分比（%）				
		很不满意	不太满意	一般	比较满意	非常满意
未婚	907	2.1	15.0	42.4	35.3	5.2
已婚	1087	1.5	9.5	35.4	49.3	4.3
总体	1994	1.8	12.0	38.7	42.9	4.7

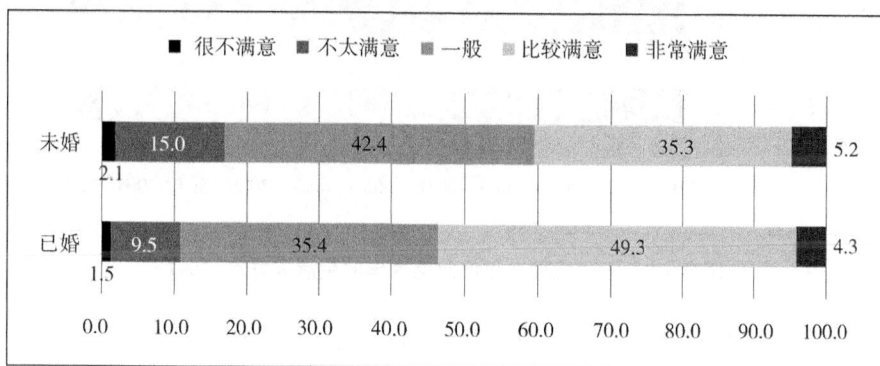

图2.45　不同婚姻状况北京青年的生活满意度（%）

　　不同受教育程度北京青年的生活满意度差异显著，$p < 0.001$。其中，研究生及以上和高职/大专学历北京青年的满意度较高，分别有 62.4% 和 58.1% 的人对自己目前的生活感到满意；其次为本科学历的北京青年（45.3%）；初中及以下和高中/中专/中职学历北京青年的满意度较低，分别有 28.2% 和 26.1% 的人对自己目前的生活感到满意。详见表 2.46 和图 2.46。

表 2.46　不同受教育程度北京青年的生活满意度

受教育程度	人数	选项百分比（%）				
		很不满意	不太满意	一般	比较满意	非常满意
初中及以下	135	3.0	20.7	48.1	25.2	3.0
高中/中专/中职	165	4.2	18.8	50.9	25.5	0.6
高职/大专	272	1.1	5.9	34.9	47.4	10.7
本科	1037	1.5	12.6	40.6	41.7	3.6
研究生及以上	391	1.3	8.4	27.9	56.5	5.9
总体	2000	1.8	12.0	38.7	42.9	4.7

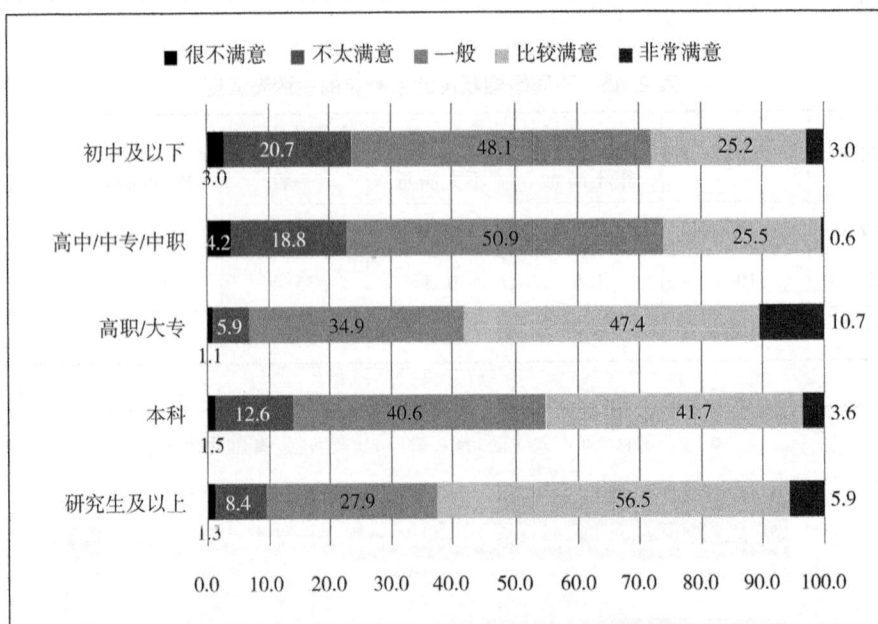

图 2.46　不同受教育程度北京青年的生活满意度（%）

　　不同户籍所在地北京青年的生活满意度差异显著，$p < 0.001$。其中，北京户籍的北京青年满意度最高，有 56.5% 的人对自己目前的生活感到满意；其次为其他地区户籍的北京青年（38.2%）；河北和天津户籍的北京青年满意度较低，分别有 25.4% 和 24.8% 的人对自己目前的生活感到满意。详见表 2.47 和图 2.47。

表 2.47　不同户籍所在地北京青年的生活满意度

户籍所在地	人数	选项百分比（%）				
		很不满意	不太满意	一般	比较满意	非常满意
北京	1190	1.3	7.6	34.6	50.1	6.4
天津	93	3.2	30.1	41.9	23.7	1.1
河北	130	2.3	26.2	46.2	23.1	2.3
其他地区	587	2.2	14.8	44.8	35.8	2.4
总体	2000	1.8	12.0	38.7	42.9	4.7

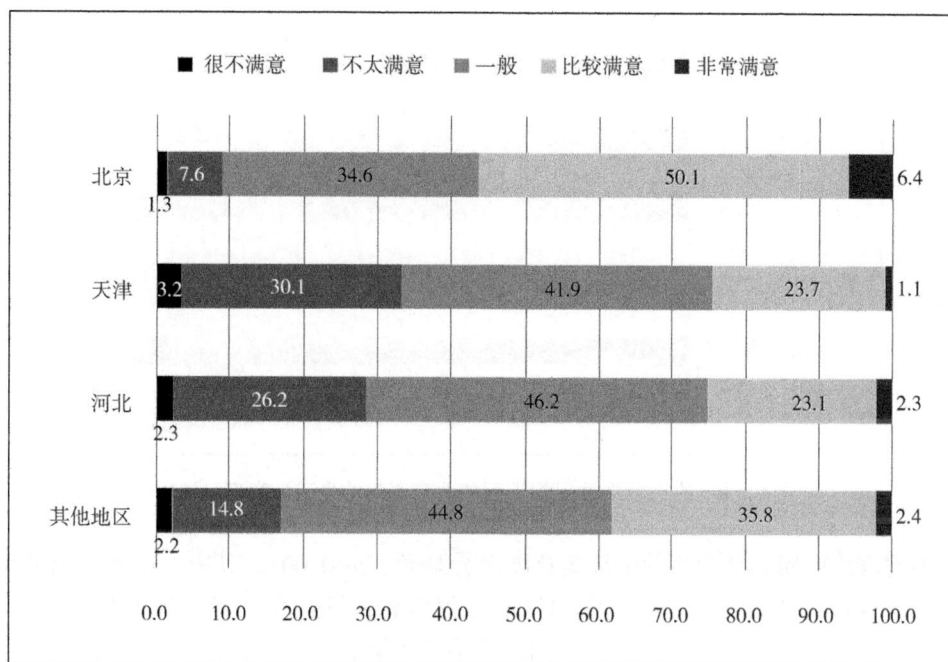

图 2.47　不同户籍所在地北京青年的生活满意度（%）

在北京居住时间不同的北京青年的生活满意度差异显著，$p < 0.001$。其中，在北京居住 10 年及以上的北京青年的满意度最高，有 54.1% 的人对自己目前的生活感到满意；其次为在北京居住 5-10 年（不含）（47.5%）和 3-5 年（不含）（35.1%）的北京青年；在北京居住 0.5-1 年（不含）（23.9%）和 1-3 年（不含）（20.6%）的北京青年的满意度较低。详见表 2.48 和图 2.48。

表 2.48　在北京居住时间不同的北京青年的生活满意度

在北京居住的时间	人数	选项百分比（%）				
		很不满意	不太满意	一般	比较满意	非常满意
0.5-1 年（不含）	46	2.2	23.9	50.0	23.9	0.0
1-3 年（不含）	146	2.1	30.8	46.6	19.2	1.4
3-5 年（不含）	245	3.3	15.1	46.5	31.8	3.3
5-10 年（不含）	310	1.0	8.7	42.9	46.5	1.0
10 年及以上	1253	1.6	9.5	34.8	47.6	6.5
总体	2000	1.8	12.0	38.7	42.9	4.7

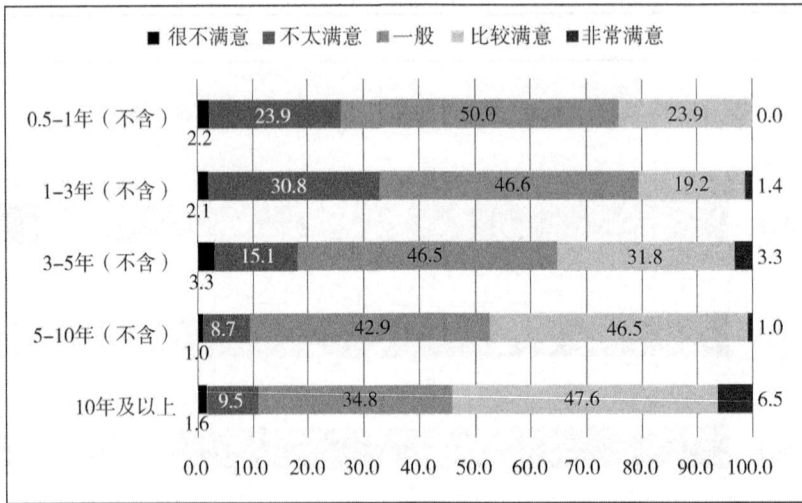

图 2.48　在北京居住时间不同的北京青年的生活满意度（%）

不同政治面貌北京青年的生活满意度差异显著，$p<0.001$。其中，中共党员的满意度较高，有 60.0% 的人对自己目前的生活感到满意；群众和共青团员的满意度较低，分别有 42.8% 和 42.1% 的人对自己目前的生活感到满意。详见表 2.49 和图 2.49。

表 2.49　不同政治面貌北京青年的生活满意度

政治面貌	人数	选项百分比（%）				
		很不满意	不太满意	一般	比较满意	非常满意
中共党员	593	0.5	7.1	32.4	54.6	5.4
共青团员	556	2.2	13.5	42.3	35.3	6.8
群众	825	2.4	13.8	41.0	40.0	2.8
总体	1974	1.8	12.0	38.7	42.9	4.7

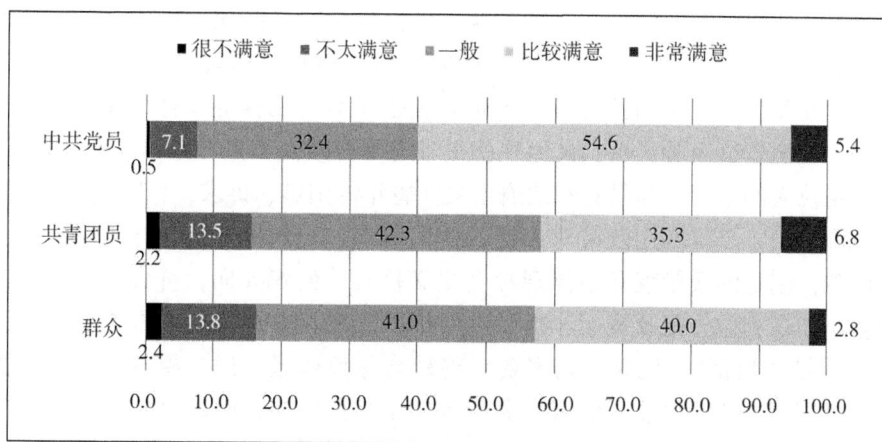

图2.49　不同政治面貌北京青年的生活满意度（%）

四、　结论与思考

社会主义核心价值观是中国共产党在长期的社会发展实践中总结出来的，是在建设有中国特色的社会主义条件下形成的主导价值观或价值观体系，包含着国家、社会、个人的主导价值观，以明确社会主义的价值目标、价值导向以及公民的行为准则、道德规范等丰富的内容，对全体中国人民的价值观念具有统领意义。社会主义核心价值观涉及思想理论、理想信念、道德准则、精神风尚等方方面面，集中体现着社会主义意识形态的本质属性，是激励中华民族奋发向上的精神力量，是维系各民族团结和睦的精神纽带，是党团结带领全国各族人民开拓创新的鲜明旗帜，是中国特色社会主义制度的内在精神和生命之魂。践行社会主义核心价值观，是团结全党全国人民共同奋斗的精神动力，对于社会的进步与青年的成长、发展有着重大的意义。

总体而言，被调查的北京青年群体的价值观的主流是积极、健康、向上的，对社会主义核心价值观、国家价值目标、社会价值取向、个人价值准则都比较认同。青年群体对国家的前途十分关心，认识到个人的命运与国家的发展是紧密相连的。在价值观与政治思想方面，他们热爱党，热爱社会主义，拥护党的路线方针政策，对坚持走中国特色社会主义道路、实现全面建设小康社会的宏伟目标充满信心。尽管面临着不少的工作、生活压力，但多数青年对生活还是充满热情与信心。

社会主义核心价值观的培育与践行是一个系统工程，需要综合运用政策、法律、舆论、教育等多种路径方能达到理想的效果。要针对当前青年在成长与发展过程中面临的各种现实问题，多管齐下，切实加强社会主义核心价值观在青年群体中的认同与践行的力度。

一是政策的调控。在核心价值观的培育与践行过程中，政策的调控具有极大的权威性、引导性及广泛性。政策总是和人们的切身利益紧密联系在一起，是社会利益关系的调节器。任何政策的制定、贯彻和执行，都要与充分体现人民的根本利益的社会主义核心价值观保持一致。如果政策调控的方向与核心价值观导向是一致的，那么，这种政策调控就为青年主动接受核心价值观提供了有力的社会支持。相反，如果二者差距较大，甚至背道而驰，核心价值观就很难得到群众尤其是青年群体的认同。譬如，在贫富差距拉大的今天，如果党和政府不关注青年的困难、诉求，"以人为本"的核心价值观就难以确立。要利用政策对人们的价值取向进行调控，引导青年树立社会主义核心价值观，制定的政策就必须体现社会主义核心价值观导向，符合广大人民群众的根本利益。如在利益分配政策上，既要贯彻按劳分配、多劳多得的根本原则，又要鼓励"先富"带"后富"，同时，国家要完善社会保障体系，通过税收、价格、福利等经济杠杆的调节，使国民收入的再次分配倾向于社会整体，促进"共同富裕"的核心价值观的形成。在奖励政策上，要重视奖励那些见义勇为、扶正祛邪的行为和现象，使奖励政策体现着"公平正义"的核心价值观。

二是舆论的引导。在社会主义核心价值观培育与践行过程中，社会舆论的作用不可低估。社会舆论依据理性的价值目标和标准，对人们的言行进行评价，对符合社会主义核心价值观导向的行为和现象予以赞扬、歌颂，对不符合甚至与社会主义核心价值观导向相抵触的行为和现象予以谴责、鞭挞，引导青年认同社会主义核心价值观。塑造典型和舆论批评是社会舆论发挥作用的重要形式。好的典型是社会主义核心价值观的高度形象化，是全社会学习的范例，对广大青年具有强大的鼓舞和激励作用。舆论批评是社会主义核心价值观的又一种形象化体现，社会舆论对那些违背社会主义核心价值观导向的思想和行为，应毫不留情地予以谴责，提高它们的"失范成本"，真正发挥社会舆论的扬正抑邪作用。

三是思想教育。如果说政策、舆论、法律等是一种外在的引导和约束，那么，价值观教育则是一种内在的启发和引导，使社会主义核心价值观深入青年内心，转化为青年的自觉认同。要使社会主义核心价值观的培育达到理想的效果，必须处理好情与理的关系。价值观是情与理的统一，价值目标、价值标准是一种外在于主体、不以人的主观意志为转移的客观要求，它可以以理性的形式存在于人的思想观念中。而价值感情是以心理体验的方式反映主客体之间的价值关系，表达主体对客体的价值态度。强烈的情感能够促使青年产生认同社会主义核心价值观的强大精神动力。以往的价值观教育中，重视理论灌输，忽视情感培育，这是造成一些青年知行分离的一个重要原因。社会主义核心价值观的培育必须重视情感的熏陶和培育，内化于心，使青年对社会主义核心价值观的认同与践行真正做到知行合一。

四是法治建设。政策、社会舆论及思想教育对人的约束是"软性"的，更多的是要求人们自律。由于缺乏强制性，它很难保障人们协调一致地认同核心价值观。法律约束则是"硬性"的，法律使一些最基本的社会价值取向明晰化、规范化、权威化，为青年人提供具体的行为模式，而且着眼于对每个人的行为及后果的约束。社会上的一些丑恶现象未能得到有效的遏制，公平正义的核心价值观未能完全实现，其重要原因之一就在于转型时期法规不全，执法不力。发展社会主义市场经济，必须注重自主、竞争、平等、公正、诚信等观念，这也是社会主义核心价值观的内在要求，这些要求应在法律中得到体现。应通过法律的形式，把能够用法律形式固定下来的有关核心价值观的内容固定下来。譬如，为了弘扬正气，鼓励和保护见义勇为的行为，可考虑从法律上明确对这种行为的认定和奖励；为了防止国家公职人员侵吞国家财产，应制定相应的财产申报制度；对各种违法的行为要坚决依法惩处等。总之，要根据社会主义核心价值观的培育与践行过程中出现的新情况新问题，及时制定和颁布一些新的法律规范，约束人们的行为，而且真正做到有法必依、执法必严。

五是自身的修养。社会主义核心价值观的培育与践行不仅需要外在因素的制约和引导，而且还必须是主体不断加强自身修养而自觉内化的过程。首先，广大青年需要认真学习和掌握社会主义核心价值观的思想精髓，培养和增强对社会主义核心价值观的亲近感和认同感。其次是加强实践锻炼。价值观作为一种"实践精神"是不能脱离实践的，只有在反复的实践中，促进对社会主义核心价值观的深切感悟，社会主义核心价值观才能逐渐被青年人认识、理解，最终得以践行。最后自觉地进行自我陶冶。"吾日三省吾身""见贤思齐，见不贤而内自省""慎独"等都是提倡个体主动进行自身修养，主动净化自己的灵魂。青年人要在日常生活和社会实践中，不断地反省和检查自己的言行是否符合社会主义核心价值观的要求，主动地进行自我修正和调整，使自己的言行不断趋向社会主义核心价值观，与社会主义核心价值观导向保持一致。

总之，加强社会主义核心价值观的践行，是增强民族凝聚力、形成价值共识、实现团结和谐的精神力量，是中国特色社会主义建设中面临的一项重要的战略任务。青年人要从自身做起，积极践行社会主义核心价值观，发挥社会主义核心价值观在自己成长、发展过程中的价值引领和精神支柱的力量，并在实现中华民族伟大复兴征程中绽放青春光彩。

第三章　北京青年婚恋与家庭现状及发展趋势

"男大当婚，女大当嫁"是中国人在婚姻家庭上奉行的一个重要的价值观念。经历改革开放40多年的洗礼，中国的婚姻家庭制度发生了巨大变化，体现出社会由封闭向开放、由落后向先进转型的特点和趋势。其具体表现为：（1）婚姻纳入私人生活范围。改革开放以前，中国人在婚姻观念上表现出浓厚的政治色彩、阶级色彩，使得婚姻表现为明显的国家化特征。改革开放后，人们逐渐将婚姻纳入私人生活范围，使婚姻成为实现自我价值的一种重要生活体现。人们择偶时对职业、收入等经济因素及容貌、身材等生理因素的考虑在不断增多，对文化素质的要求也越来越高，这种择偶观念上的变化，反映出社会大环境的变迁。（2）家庭人口规模越来越小。中国传统的家庭观念以儿孙绕膝、四世同堂为美，因此家庭的人口规模一直比较大。改革开放前户均人口数亦呈上升趋势。随着社会交往的加深、社会公共服务设施的日益增多、社会生产力水平的提高，这种大家庭的局面必然受到冲击。改革开放后，中国的每户平均人口就呈逐年下降趋势。户均人口数的减少必然使得家庭类型也发生了相应的变化，即核心家庭的数量不断增长。核心家庭的普遍盛行，反映了新中国成立后特别是新时期以来中国传统大家庭观念的淡化、自我意识的增强。（3）夫妻关系趋向平等。家庭关系中夫妻关系最为重要，改革开放以来的变化与改革前的变化趋势相一致，就是夫妻间的平等意识不断增强，各自的独立性渐渐增加，与整个国家生活的民主化趋势相一致。在父母与子女的关系上，尤其是与成年子女的关系上，相互独立性也明显增强。传统的那种父母把子女看成私有财产而加以任意支配的思想意识明显减弱。正是因为这种家庭成员独立意识的增强，所以无论是父母，还是子女，都愿意已婚子女和父母分开住。父母和子女从相互依赖中走出，各自独立地融入社会浪潮中，这正是现代发达国家的普遍做法。中国家庭关系发生的上述变化正好符合了这一发展规律。

结婚成家是青年继续社会化道路上最为重大的任务之一，也是青年从原生家庭走向新的家庭的分水岭。[①] 张华教授在《当代中国青年恋爱婚姻家庭发展百年回眸》一文中指出，青年作为当代中国婚姻革命的亲历者和弄潮儿，用100年的时间冲破了先辈们几千年不曾跨越的藩篱，在形式与观念层面实现了与现代世界全面接轨。在享受前所未有的自由和权利的同时，也注定要承担这种急剧变革带来的阵痛和困惑。改革开放以来，中国社会进入东西方文化交流碰撞、各种社会思潮激荡、人口大规模流动、

[①]　风笑天：《城市在职青年的婚姻期望与婚姻实践》，《青年研究》，2006年第2期。

社会经济成分、就业方式、价值观念多元化发展的阶段。追逐着文明富裕的梦想大胆闯世界的青年，自我意识、主体意识全面觉醒，表现在恋爱婚姻家庭领域，"我的感情、我的婚姻、我的生活我做主"已成不可阻挡之势。青年恋爱婚姻自主权得到了空前充分的保障，也面临许多新的问题与尴尬。她将改革开放以来青年在恋爱、婚姻与家庭方面的变化概括为"张扬的自由恋爱、开放的性观念、附加条件不断增加的婚姻、不再稳固的家庭、由强制走向自觉的低生育率"。① 全国妇联中国婚姻家庭研究会、中国社会工作协会婚介行业委员会和百合网联合发布的《2010 年中国人婚恋状况调查报告》显示，中国约有 1.8 亿适龄青年在为择偶忙碌，交友难、婚恋难已成为社会关注的热点问题。② 最近这些年来，春节期间青年被"催婚"的现象不绝于耳，原本困扰青年尤其是大龄青年"个人"的婚恋问题逐渐演变成为广受关注的社会问题，其中，择偶难、"剩男剩女"又成为关注的焦点。原国家人口和计划生育委员会及世纪佳缘网站联合发布的《2012—2013 年中国男女婚恋观调研报告》显示，中国非婚人口数量巨大，18 岁以上非婚人口达到 2.39 亿，而在经济发达的广东省，非婚人口性别数量差距高达 165 万，成为差距最大的省份。全国处于适婚年龄段的"70 后""80 后""90 后"人口中存在男女比例不平衡的问题，并且年龄越大比例失衡越严重。"70 后"非婚人口男女性别比高达 206∶100，"80 后"非婚人口男女比例为 136∶100，"90 后"非婚人口男女比例为 110∶100；70 后、80 后、90 后非婚人口中男性比女性共计多出 2315 万。③ 除择偶难、"剩男剩女"问题外，随着二胎政策的放开，"二胎"生还是不生，又成为摆在已成家的青年夫妻甚至是双方父母面前的一道难题。2014 年，允许"双独"和"单独"夫妻生育二胎的政策调整，给许多家庭带来了"福音"。与爷爷、奶奶、外公、外婆们的热心期待相反，可以合法生育二胎的 80 后、90 后的城市青年（当然也包括少数的 70 后高龄青年冒险生育），面对 70 后充满羡慕的目光，内心却充满着纠结，许多年轻的父母并不再认为"子女越多越好"，生育二胎甚至是一胎的意愿与实际的生育行为并没有想象的那么高。④ 而主动选择"二人世界（即所谓丁克家庭）"的青年更在乎自己的人生能否活得精彩，对"儿孙满堂"的"天伦之乐"没有太大兴趣。

　　基于上述的这些考虑，课题组在定量问卷调查的问题设计上，主要涉及择偶条件、"剩男剩女"出现的原因、理想家庭子女数量等内容，达到描述、分析五类北京青年群体的恋爱观、婚姻观和家庭观。

---

　　① 张华：《当代中国青年恋爱婚姻家庭发展百年回眸》，《北京青年研究》，2015 年第 4 期。

　　② 沈涛、李先勇、袁方城：《武汉青年婚恋交友状况调查报告》，《中国青年研究》，2012 年第 3 期。

　　③ 《2012—2013 年中国男女婚恋观调研报告》，登录自百度百科。

　　④ 2019 年 1 月 21 日国家统计局发布的 2018 年全年中国人口数据显示，2018 年全年我国出生人口 1523 万人，人口出生率为 10.94‰。从首次全面实施二孩政策的 2016 年看，出生人口为 1786 万人，比 2015 年的 1655 万人高出 131 万人，但是到了 2017 年，出生人口为 1723 万，出现下降趋势。尽管 2018 年全年出生人口数继续维持在 1500 万以上的水平，已比 2017 年的出生人口有较明显的下降（数据来源：国家统计局网站（http://www.stats.gov.cn/）2016—2019 年发布的上一年国民经济和社会发展统计公报）。显然，人们的生育意愿和生育行为受到多方面的经济社会因素影响，房价高、养育成本高、托育服务短缺、女性职业发展压力大等因素导致有生育能力的人尤其是青年人不（再）打算生育。

一、 北京青年的择偶观念

总体上，被调查的北京青年的择偶观按照重要性排序依次是人品（4.59分）、身心健康（4.54分）、责任（4.48分）、孝顺老人（4.47分）、性格（4.44分）、价值观（4.40分）、上进心（4.38分）、感情（4.38分）、能交流（4.32分）和能力（4.21分）等。详见表3.1和图3.1。

表3.1　北京青年的择偶观

项目	得分	排序	项目	得分	排序
人品	4.59	1	稳定的工作	4.13	11
身心健康	4.54	2	兴趣	3.95	12
责任	4.48	3	（高）收入/经济基础	3.90	13
孝顺老人	4.47	4	学历	3.81	14
性格	4.44	5	年龄相仿	3.69	15
价值观	4.40	6	房子	3.69	16
上进心	4.38	7	家庭背景	3.67	17
感情	4.38	8	相貌/身材	3.64	18
能交流	4.32	9	北京户口	3.43	19
能力	4.21	10	老家相近	3.32	20

图3.1　北京青年的择偶观

不同调查主体的择偶观不尽相同。其中，高校学生择偶时最看重的依次是人品、责任、身心健康、孝顺老人、性格，农民工择偶时最看重的依次是人品、身心健康、孝顺老人、责任、上进心，高校教师择偶时最看重的依次是人品、身心健康、责任、性格、孝顺老人，公务员择偶时最看重的依次是人品、身心健康、责任、孝顺老人、性格，白领择偶时最看重的依次是人品、身心健康、性格、责任、孝顺老人。详见表3.2和图3.2。

表3.2 不同调查主体的择偶观 单位：分

	高校学生	农民工	高校教师	公务员	白领
家庭背景	3.48	3.53	3.78	3.70	3.77
学历	3.55	3.60	3.98	3.91	3.92
（高）收入/经济基础	3.71	3.76	3.97	3.95	4.02
性格	4.35	4.22	4.56	4.48	4.52
人品	4.40	4.51	4.73	4.62	4.65
价值观	4.35	4.20	4.53	4.40	4.46
感情	4.32	4.24	4.46	4.43	4.42
房子	3.63	3.63	3.71	3.70	3.74
稳定的工作	4.07	4.09	4.18	4.18	4.15
身心健康	4.36	4.49	4.63	4.53	4.62
能力	4.20	4.07	4.30	4.27	4.21
责任	4.38	4.41	4.59	4.49	4.51
上进心	4.33	4.31	4.46	4.39	4.41
相貌/身材	3.67	3.51	3.71	3.71	3.62
兴趣	4.04	3.84	4.10	4.02	3.87
能交流	4.25	4.24	4.46	4.29	4.34
孝顺老人	4.36	4.44	4.54	4.49	4.50
年龄相仿	3.89	3.48	3.77	3.61	3.67
北京户口	3.77	3.31	3.49	3.42	3.26
老家相近	3.58	3.26	3.37	3.25	3.22

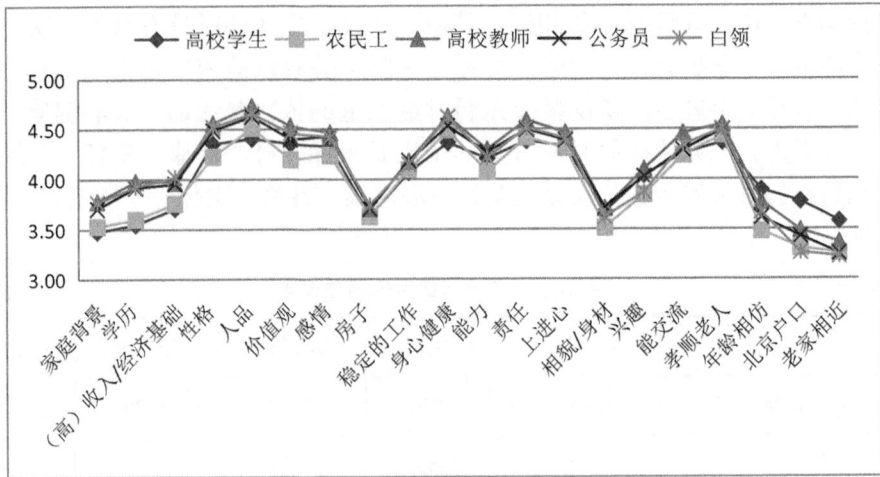

图 3.2　不同调查主体的择偶观（分）

不同性别北京青年的择偶观不尽相同。其中，男性择偶时最看重的依次是人品、身心健康、孝顺老人、性格、责任，女性择偶时最看重的依次是人品、责任、身心健康、孝顺老人、价值观。详见表 3.3 和图 3.3。

表 3.3　不同性别北京青年的择偶观　　　　　　　　　　　　　　单位：分

	男	女
家庭背景	3.58	3.73
学历	3.71	3.88
（高）收入/经济基础	3.73	4.04
性格	4.32	4.54
人品	4.48	4.67
价值观	4.22	4.55
感情	4.29	4.46
房子	3.56	3.80
稳定的工作	3.97	4.27
身心健康	4.44	4.62
能力	3.98	4.40
责任	4.30	4.62
上进心	4.19	4.54
相貌/身材	3.61	3.66
兴趣	3.82	4.06
能交流	4.18	4.43
孝顺老人	4.35	4.56
年龄相仿	3.64	3.73
北京户口	3.28	3.55
老家相近	3.18	3.45

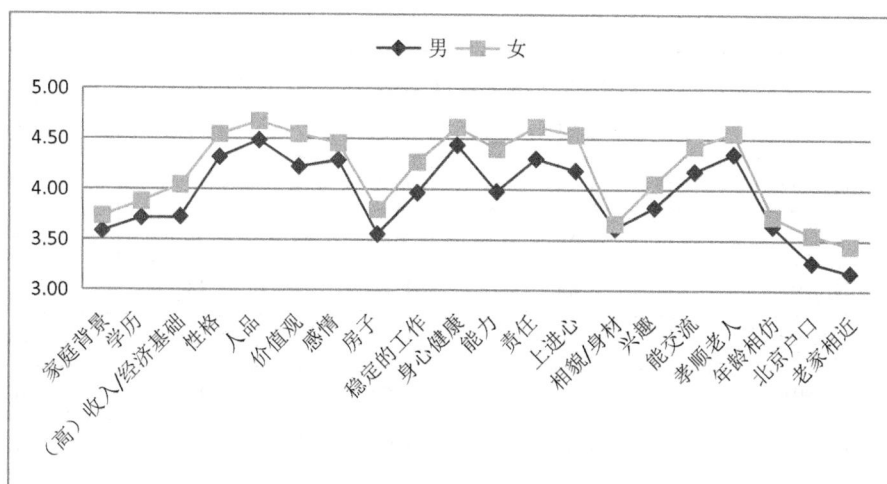

图 3.3　不同性别北京青年的择偶观（分）

不同年龄北京青年的择偶观不尽相同。其中，18-24 岁北京青年择偶时最看重的依次是人品、责任、身心健康、孝顺老人、性格与上进心，25-29 岁北京青年择偶时最看重的依次是人品、身心健康、孝顺老人、性格、责任，30-34 岁北京青年择偶时最看重的依次是人品、身心健康、责任、感情、性格，35-44 岁北京青年择偶时最看重的依次是身心健康、人品、孝顺老人、责任、性格。详见表 3.4 和图 3.4。

表 3.4　不同年龄北京青年的择偶观　　　　　　　　　　　　单位：分

	18-24 岁	25-29 岁	30-34 岁	35-44 岁
家庭背景	3.61	3.59	3.77	3.72
学历	3.75	3.66	3.95	3.90
（高）收入/经济基础	3.90	3.77	4.03	3.91
性格	4.53	4.26	4.51	4.42
人品	4.64	4.42	4.67	4.59
价值观	4.53	4.21	4.48	4.33
感情	4.48	4.14	4.53	4.34
房子	3.69	3.49	3.76	3.81
稳定的工作	4.19	3.90	4.18	4.20
身心健康	4.58	4.33	4.57	4.61
能力	4.36	4.02	4.24	4.15
责任	4.61	4.24	4.54	4.44

续表

	18-24 岁	25-29 岁	30-34 岁	35-44 岁
上进心	4.53	4.22	4.41	4.30
相貌/身材	3.73	3.49	3.72	3.58
兴趣	4.10	3.77	4.02	3.86
能交流	4.44	4.13	4.38	4.25
孝顺老人	4.56	4.27	4.48	4.48
年龄相仿	3.84	3.52	3.70	3.62
北京户口	3.58	3.20	3.40	3.42
老家相近	3.55	3.18	3.32	3.14

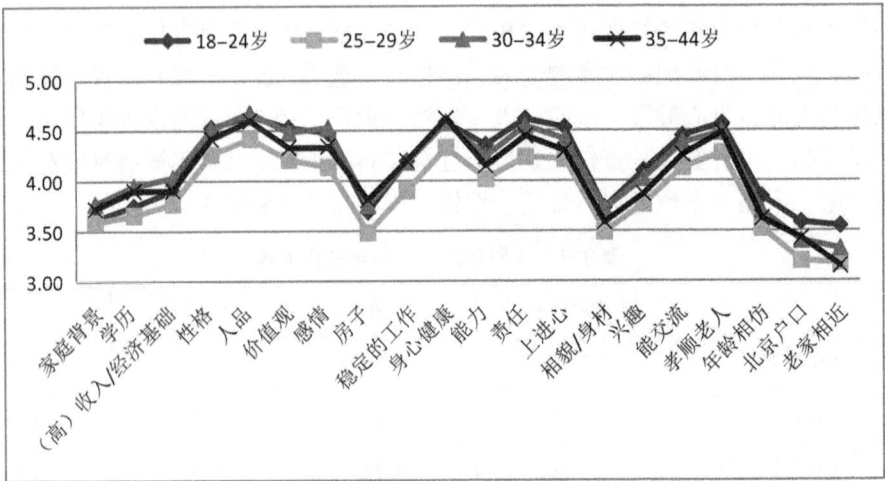

图 3.4　不同年龄北京青年的择偶观（分）

不同婚姻状况北京青年的择偶观基本一致。其中，未婚北京青年择偶时最看重的依次是人品、责任、身心健康、孝顺老人、性格和价值观，已婚北京青年择偶时最看重的依次是人品、身心健康、孝顺老人、责任、性格。详见表 3.5 和图 3.5。

表 3.5　不同婚姻状况北京青年的择偶观　　　　　　单位：分

	未婚	已婚
家庭背景	3.54	3.77
学历	3.67	3.92
（高）收入/经济基础	3.82	3.97
性格	4.43	4.45

续表

	未婚	已婚
人品	4.55	4.62
价值观	4.43	4.38
感情	4.37	4.39
房子	3.60	3.77
稳定的工作	4.09	4.17
身心健康	4.47	4.59
能力	4.24	4.19
责任	4.49	4.48
上进心	4.41	4.36
相貌/身材	3.64	3.65
兴趣	3.98	3.94
能交流	4.34	4.30
孝顺老人	4.46	4.48
年龄相仿	3.72	3.67
北京户口	3.45	3.42
老家相近	3.40	3.26

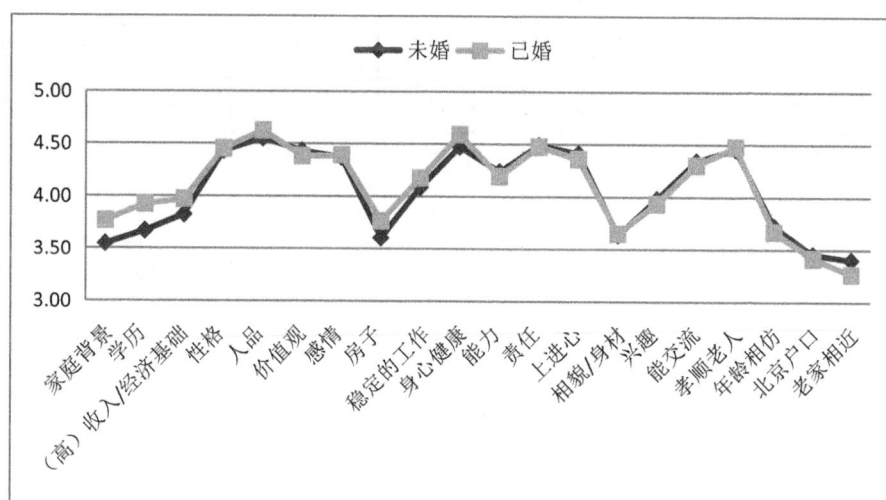

图3.5　不同婚姻状况北京青年的择偶观（分）

　　不同受教育程度北京青年的择偶观不尽相同。其中，初中及以下学历的北京青年择偶时最看重的依次是人品、孝顺老人、身心健康、责任、上进心，高中/中专/中职学历的北京青年择偶时最看重的依次是身心健康、人品、孝顺老人、责任、上进心，高职/大专学历的北京青年择偶时最看重的依次是人品、责任、孝顺老人、身心健康、性格与上进心，本科学历的北京青年择偶时最看重的依次是人品、身心健康、性格、责任、孝顺老人，研究生及以上学历的北京青年择偶时最看重的依次是人品、身心健康、责任、性格、孝顺老人。详见表 3.6 和图 3.6。

表 3.6　不同受教育程度北京青年的择偶观　　　　　单位：分

	初中及以下	高中/中专/中职	高职/大专	本科	研究生及以上
家庭背景	3.50	3.56	3.57	3.72	3.69
学历	3.59	3.61	3.53	3.88	3.95
（高）收入/经济基础	3.78	3.74	3.83	3.94	3.95
性格	4.25	4.20	4.58	4.42	4.57
人品	4.56	4.47	4.64	4.55	4.72
价值观	4.23	4.17	4.57	4.37	4.52
感情	4.24	4.24	4.54	4.35	4.46
房子	3.62	3.63	3.74	3.71	3.66
稳定的工作	4.12	4.07	4.28	4.11	4.14
身心健康	4.44	4.53	4.60	4.51	4.60
能力	4.13	4.02	4.44	4.17	4.26
责任	4.40	4.42	4.64	4.42	4.58
上进心	4.31	4.31	4.58	4.33	4.44
相貌/身材	3.52	3.51	3.72	3.63	3.70
兴趣	3.99	3.73	4.18	3.88	4.07
能交流	4.24	4.24	4.47	4.26	4.43
孝顺老人	4.44	4.43	4.61	4.41	4.55
年龄相仿	3.46	3.50	4.02	3.66	3.70
北京户口	3.36	3.27	4.03	3.33	3.38
老家相近	3.20	3.31	3.66	3.27	3.28

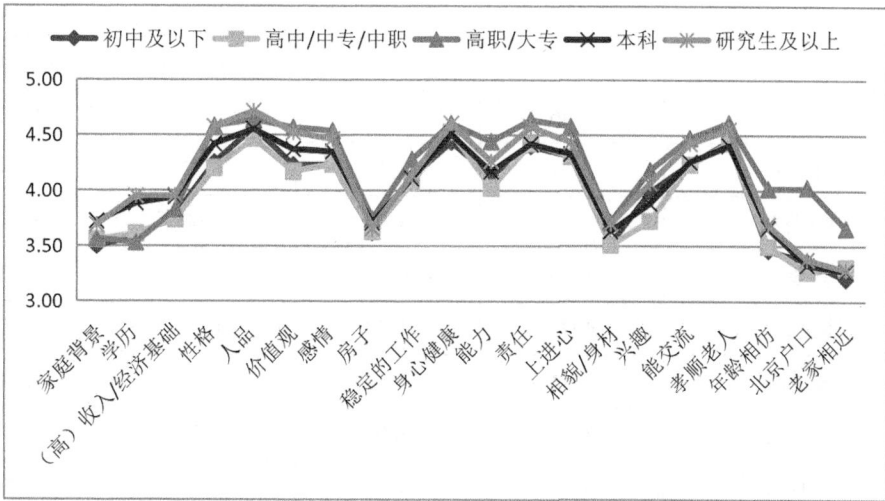

图3.6　不同受教育程度北京青年的择偶观（分）

不同户籍所在地北京青年的择偶观不尽相同。其中，北京户籍的北京青年择偶时最看重的依次是人品、身心健康、责任、孝顺老人、性格，天津户籍的北京青年择偶时最看重的依次是身心健康、人品、上进心、责任、性格，河北户籍的北京青年择偶时最看重的依次是人品、身心健康、责任、孝顺老人、性格，其他地区户籍的北京青年择偶时最看重的依次是人品、身心健康、孝顺老人、责任、性格。详见表3.7和图3.7。

表3.7　不同户籍所在地北京青年的择偶观　　　　　　　　　单位：分

	北京	天津	河北	其他地区
家庭背景	3.64	3.91	3.75	3.66
学历	3.78	3.97	3.80	3.84
（高）收入/经济基础	3.87	4.05	3.95	3.93
性格	4.43	4.49	4.45	4.45
人品	4.55	4.58	4.69	4.65
价值观	4.39	4.45	4.38	4.42
感情	4.38	4.34	4.37	4.40
房子	3.65	3.87	3.87	3.70
稳定的工作	4.12	4.17	4.12	4.15
身心健康	4.49	4.58	4.66	4.59
能力	4.22	4.28	4.26	4.17

	北京	天津	河北	其他地区
责任	4.46	4.53	4.52	4.50
上进心	4.37	4.55	4.42	4.38
相貌/身材	3.64	3.90	3.69	3.59
兴趣	3.96	4.09	3.91	3.92
能交流	4.29	4.43	4.33	4.35
孝顺老人	4.44	4.47	4.50	4.51
年龄相仿	3.72	3.94	3.59	3.61
北京户口	3.52	3.77	3.28	3.22
老家相近	3.33	3.81	3.34	3.22

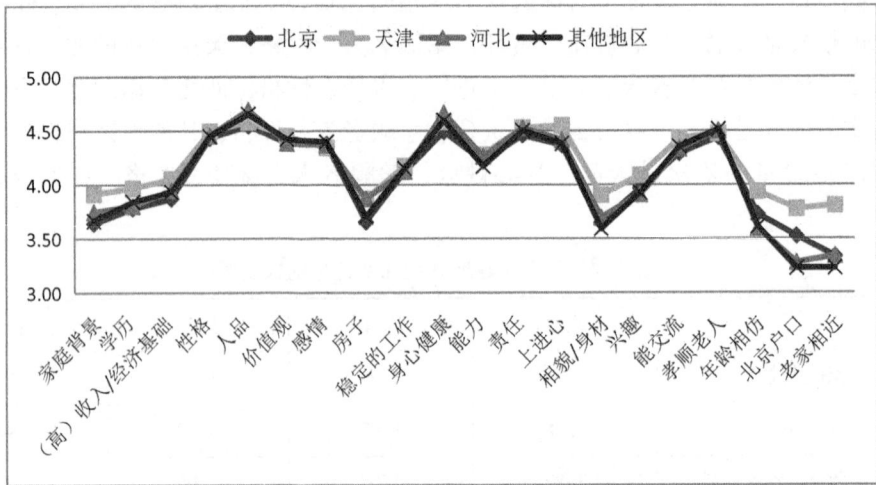

图 3.7 不同户籍所在地北京青年的择偶观（分）

在北京居住时间不同的北京青年的择偶观不尽相同。其中，在北京居住 0.5-1 年（不含）的北京青年择偶时最看重的依次是人品、身心健康、上进心、孝顺老人、价值观，在北京居住 1-3 年（不含）的北京青年择偶时最看重的依次是人品、孝顺老人、身心健康、责任、上进心，在北京居住 3-5 年（不含）的北京青年择偶时最看重的依次是人品、身心健康、责任、孝顺老人、性格，在北京居住 5-10 年（不含）的北京青年择偶时最看重的依次是人品、身心健康、责任、性格、孝顺老人，在北京居住 10 年及以上的北京青年择偶时最看重的依次是人品、身心健康、责任、孝顺老人、性格。详见表 3.8 和图 3.8。

表 3.8　在北京居住时间不同的北京青年的择偶观　　　　　单位：分

	0.5-1 年 （不含）	1-3 年 （不含）	3-5 年 （不含）	5-10 年 （不含）	10 年 及以上
家庭背景	3.74	3.71	3.52	3.77	3.66
学历	3.76	3.85	3.70	3.93	3.79
（高）收入/经济基础	3.70	4.05	3.78	3.93	3.91
性格	4.33	4.55	4.42	4.55	4.41
人品	4.52	4.71	4.64	4.66	4.55
价值观	4.37	4.53	4.40	4.48	4.37
感情	4.22	4.47	4.36	4.50	4.35
房子	3.43	3.84	3.51	3.78	3.70
稳定的工作	3.98	4.24	3.95	4.18	4.15
身心健康	4.48	4.65	4.49	4.65	4.51
能力	4.20	4.32	4.05	4.26	4.22
责任	4.33	4.64	4.49	4.58	4.44
上进心	4.46	4.60	4.34	4.45	4.34
相貌/身材	3.72	3.74	3.54	3.62	3.65
兴趣	3.85	3.99	3.89	3.90	3.98
能交流	4.24	4.55	4.26	4.35	4.30
孝顺老人	4.43	4.66	4.46	4.51	4.43
年龄相仿	3.57	3.71	3.56	3.70	3.72
北京户口	3.30	3.48	3.10	3.35	3.51
老家相近	3.24	3.56	3.24	3.25	3.33

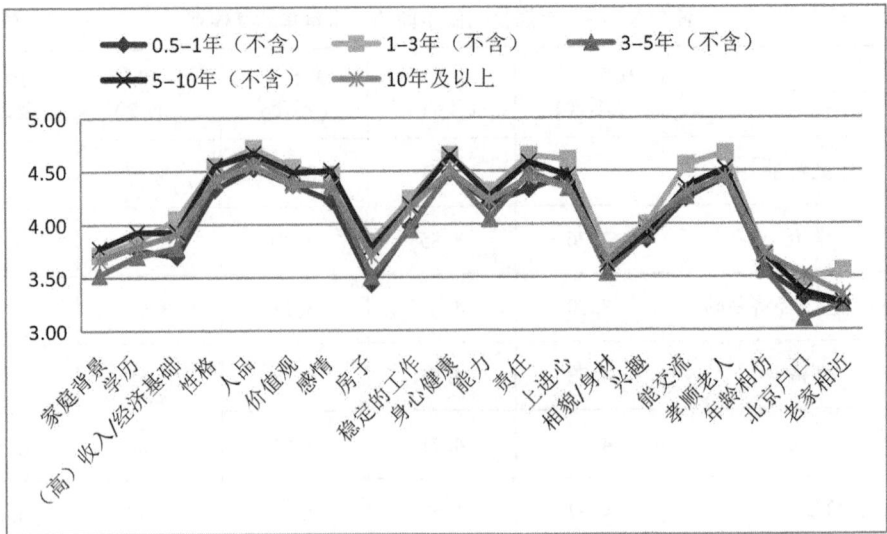

图3.8　在北京居住时间不同的北京青年的择偶观（分）

不同政治面貌北京青年的择偶观不尽相同。其中，中共党员择偶时最看重的依次是人品、身心健康、孝顺老人、责任、性格，共青团员择偶时最看重的依次是人品、责任、身心健康、孝顺老人、价值观，群众择偶时最看重的依次是人品、身心健康、责任、孝顺老人、性格。详见表3.9和图3.9。

表3.9　不同政治面貌北京青年的择偶观 　　　　　　　　　　　单位：分

	中共党员	共青团员	群众
家庭背景	3.71	3.60	3.67
学历	3.92	3.72	3.77
（高）收入/经济基础	3.94	3.87	3.88
性格	4.48	4.54	4.33
人品	4.63	4.67	4.50
价值观	4.43	4.57	4.26
感情	4.42	4.47	4.28
房子	3.68	3.68	3.69
稳定的工作	4.13	4.19	4.08

续表

	中共党员	共青团员	群众
身心健康	4.56	4.58	4.48
能力	4.25	4.33	4.09
责任	4.50	4.62	4.36
上进心	4.40	4.56	4.24
相貌/身材	3.67	3.72	3.56
兴趣	4.01	4.10	3.80
能交流	4.35	4.43	4.21
孝顺老人	4.51	4.57	4.36
年龄相仿	3.66	3.88	3.58
北京户口	3.45	3.62	3.27
老家相近	3.27	3.57	3.19

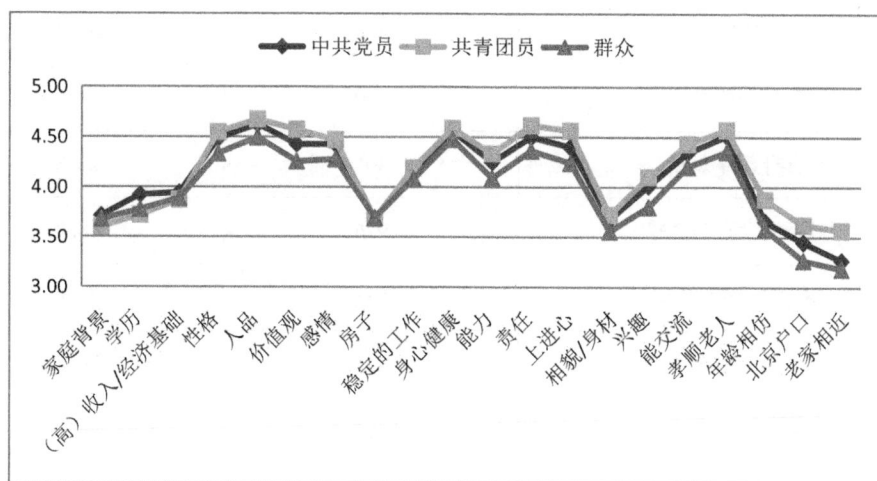

图 3.9　不同政治面貌北京青年的择偶观（分）

二、 北京青年的择偶态度

（一） 对"剩男剩女"原因的看法

总体上，被调查的北京青年认为社会上出现所谓的"剩男剩女"（大龄未婚青年现象）的主要原因依次是择偶条件过高（58.0%）、经济压力过大（50.4%）、对婚姻没有安全感（48.8%）、工作太忙（43.6%）、个人生活圈子太小（39.9%）、买不起房（34.6%）、崇尚单身生活（32.9%）、自身条件不足（28.0%）、不会与异性相处（26.8%）、有冲突时不肯妥协（24.8%）、是否结婚不重要（21.1%）、父母干涉（20.8%）、自身条件太好（20.3%）和男少女多（13.0%）。详见表3.10和图3.10。

表3.10 北京青年对"剩男剩女"原因的看法

	人数	百分比（%）
个人生活圈子太小	798	39.9
工作太忙	871	43.6
择偶条件过高	1159	58.0
崇尚单身生活	657	32.9
经济压力过大	1008	50.4
自身条件不足	560	28.0
自身条件太好	405	20.3
对婚姻没有安全感	976	48.8
不会与异性相处	535	26.8
父母干涉	415	20.8
有冲突时不肯妥协	496	24.8
买不起房	691	34.6
男少女多	259	13.0
是否结婚不重要	421	21.1

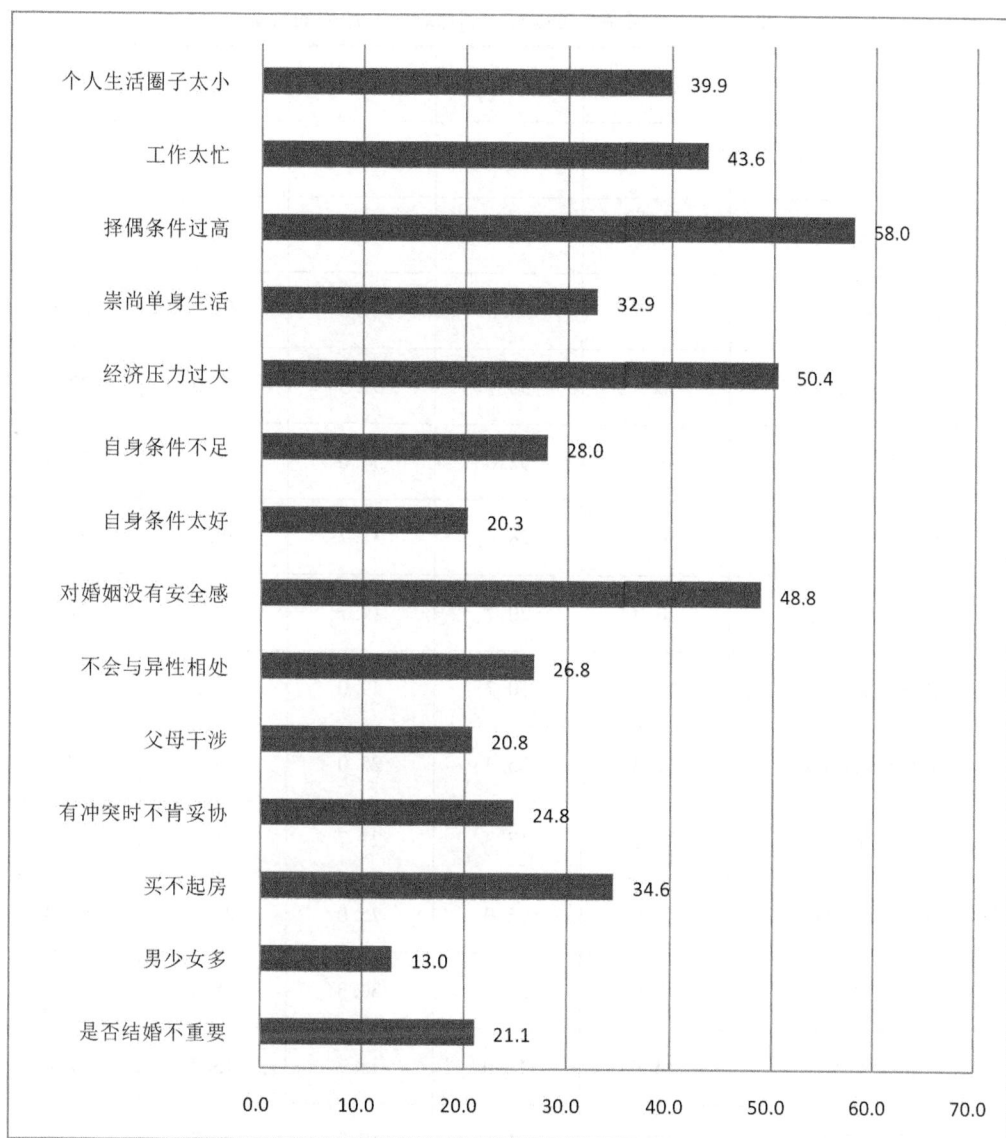

图 3.10　北京青年对"剩男剩女"原因的看法（%）

不同调查主体对"剩男剩女"原因的看法不尽相同。其中，高校学生认为主要原因依次是择偶条件过高、对婚姻没有安全感和工作太忙，农民工、高校教师和白领认为主要原因依次是择偶条件过高、经济压力过大和对婚姻没有安全感，公务员认为主要原因依次是择偶条件过高、对婚姻没有安全感和经济压力过大。详见表 3.11 和图 3.11。

表3.11 不同调查主体对"剩男剩女"原因的看法 单位:%

	高校学生	农民工	高校教师	公务员	白领
个人生活圈子太小	34.5	41.0	41.0	41.0	41.6
工作太忙	41.8	36.3	46.7	41.0	47.4
择偶条件过高	53.5	53.3	61.0	60.7	60.0
崇尚单身生活	33.3	30.7	31.3	36.0	32.9
经济压力过大	38.8	52.0	54.0	48.7	55.6
自身条件不足	30.3	28.7	31.7	29.7	24.1
自身条件太好	20.3	20.7	19.7	18.7	21.0
对婚姻没有安全感	44.0	50.7	49.0	49.3	50.4
不会与异性相处	32.3	25.3	25.0	19.7	28.0
父母干涉	26.5	17.3	21.7	21.3	18.3
有冲突时不肯妥协	22.5	25.0	25.0	23.7	26.4
买不起房	32.0	39.3	30.3	35.0	35.6
男少女多	13.0	12.0	15.7	13.3	12.0
是否结婚不重要	27.8	21.7	18.7	20.7	18.1

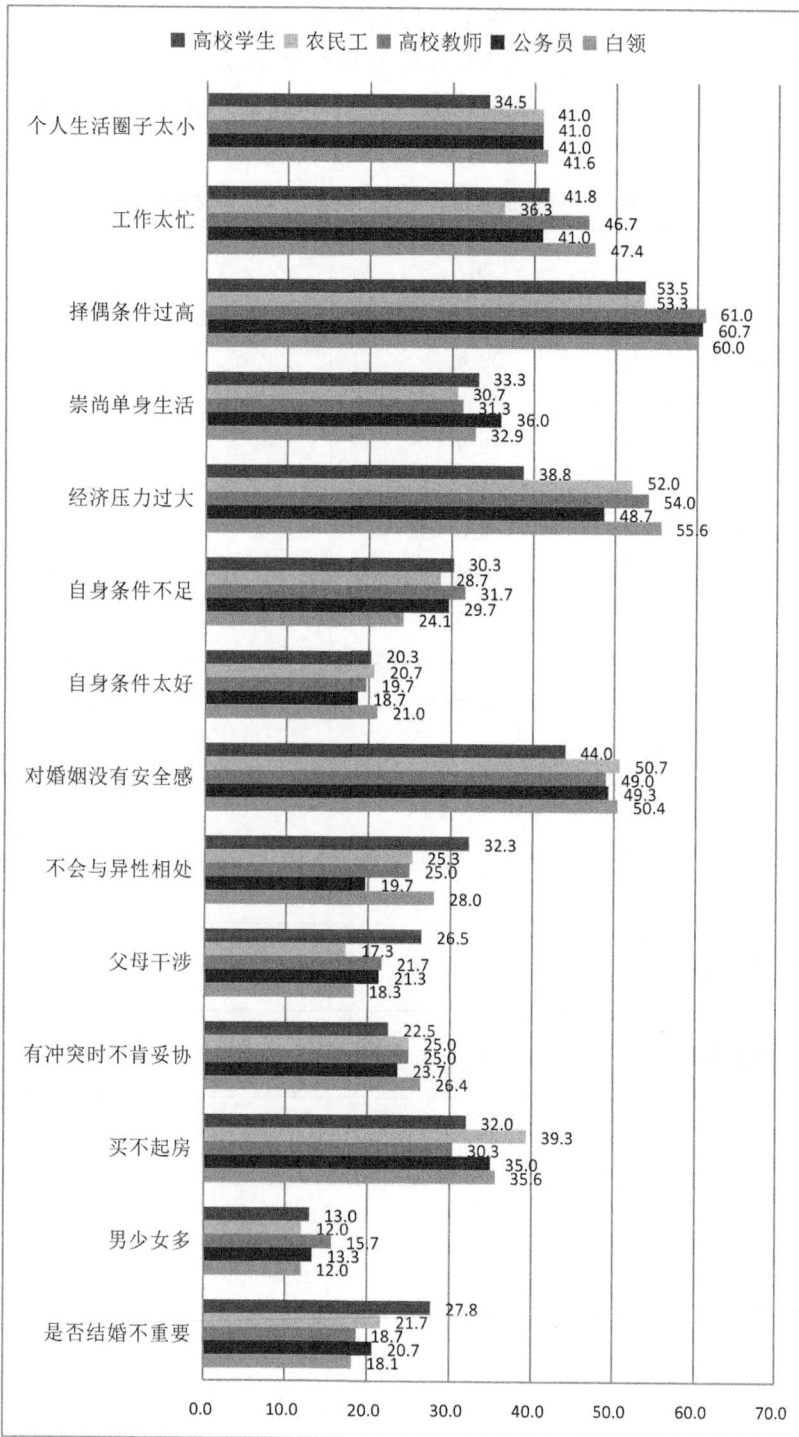

图 3.11　不同调查主体对"剩男剩女"原因的看法（%）

不同性别北京青年对"剩男剩女"原因的看法基本一致。其中，男性认为主要原因依次是择偶条件过高、经济压力过大和对婚姻没有安全感，女性认为主要原因依次是择偶条件过高、对婚姻没有安全感和经济压力过大。详见表3.12和图3.12。

表 3.12　不同性别北京青年对"剩男剩女"原因的看法　　　　　　单位:%

	男	女
个人生活圈子太小	39.8	40.0
工作太忙	39.9	46.5
择偶条件过高	58.6	57.4
崇尚单身生活	30.0	35.2
经济压力过大	51.7	49.3
自身条件不足	29.1	27.1
自身条件太好	21.9	18.9
对婚姻没有安全感	41.8	54.5
不会与异性相处	27.6	26.0
父母干涉	18.7	22.4
有冲突时不肯妥协	24.1	25.4
买不起房	37.9	31.8
男少女多	14.6	11.6
是否结婚不重要	17.7	23.8

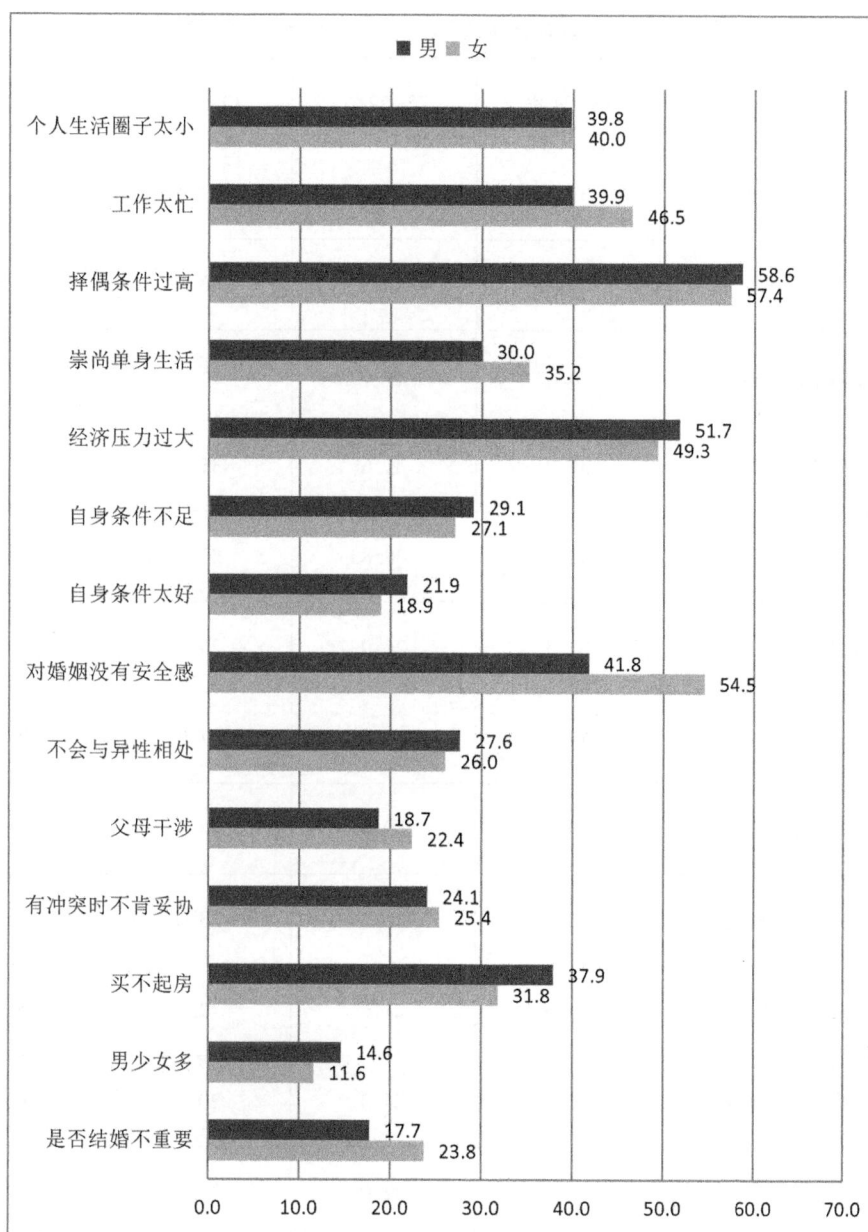

图 3.12　不同性别北京青年对"剩男剩女"原因的看法（%）

　　不同年龄北京青年对"剩男剩女"原因的看法不尽相同。其中，18-24 岁和 25-29 岁北京青年认为主要原因依次是择偶条件过高、对婚姻没有安全感和经济压力过大，30-34 岁北京青年认为主要原因依次是择偶条件过高、经济压力过大和工作太忙，35-44 岁北京青年认为主要原因依次是择偶条件过高、经济压力过大和对婚姻没有安全感。详见表 3.13 和图 3.13。

表 3.13　不同年龄北京青年对"剩男剩女"原因的看法　　　单位:%

	18-24 岁	25-29 岁	30-34 岁	35-44 岁
个人生活圈子太小	37.1	42.0	39.2	42.4
工作太忙	42.8	41.3	46.0	44.7
择偶条件过高	56.4	54.4	55.7	64.4
崇尚单身生活	36.2	31.6	31.0	30.7
经济压力过大	47.6	48.8	55.4	52.1
自身条件不足	32.5	26.0	25.9	25.0
自身条件太好	19.1	16.3	17.0	27.1
对婚姻没有安全感	49.9	49.5	44.9	49.4
不会与异性相处	31.4	28.4	23.0	21.8
父母干涉	24.9	21.6	19.0	15.7
有冲突时不肯妥协	26.1	24.3	20.7	26.1
买不起房	33.3	32.0	34.1	38.4
男少女多	11.9	14.1	13.1	13.4
是否结婚不重要	26.8	21.4	15.9	16.5

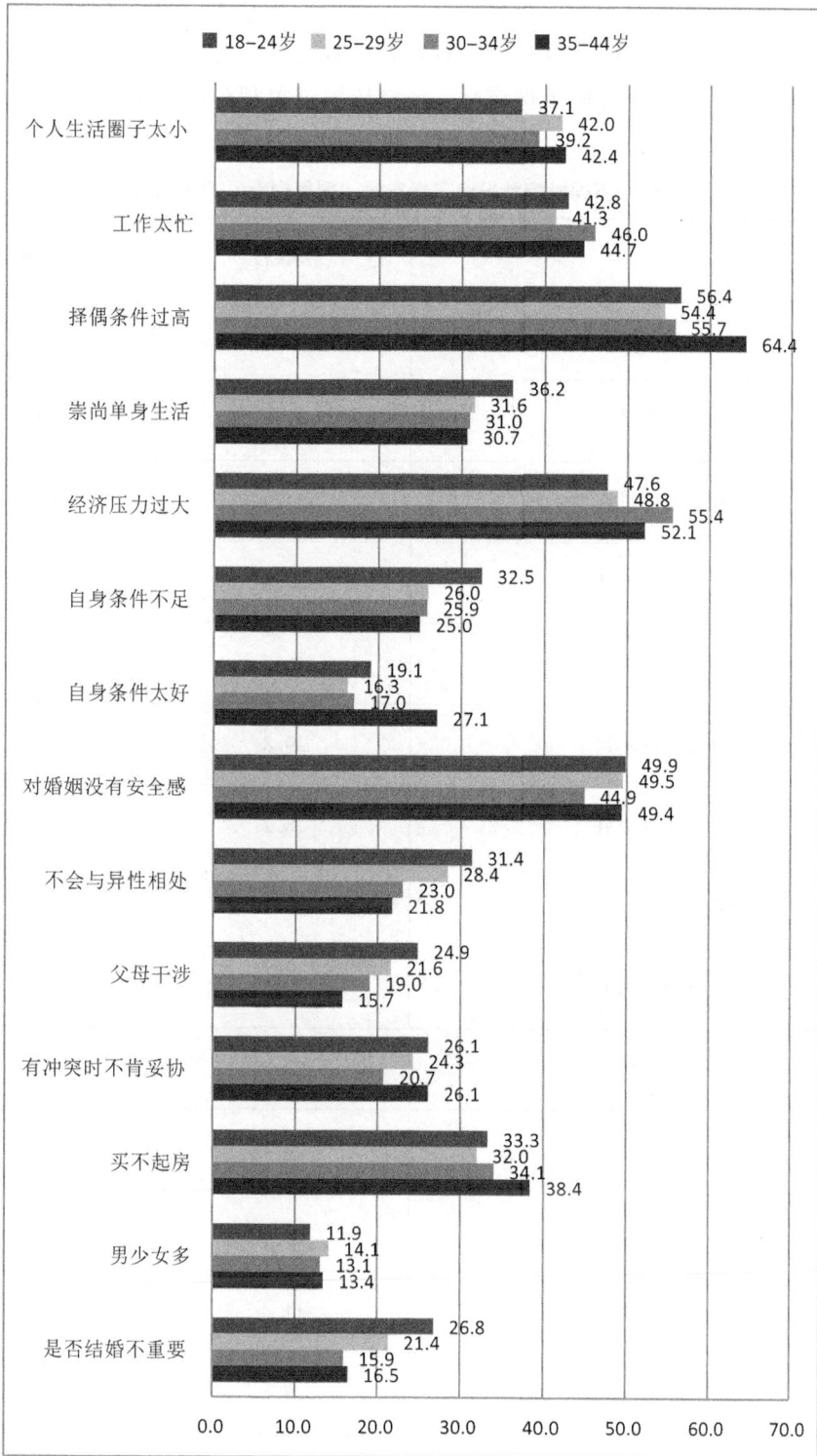

图 3.13　不同年龄北京青年对"剩男剩女"原因的看法（%）

不同婚姻状况北京青年对"剩男剩女"原因的看法基本一致。其中，未婚北京青年认为主要原因依次是择偶条件过高、对婚姻没有安全感和经济压力过大，已婚北京青年认为主要原因依次是择偶条件过高、经济压力过大和对婚姻没有安全感。详见表3.14和图3.14。

表 3.14　不同婚姻状况北京青年对"剩男剩女"原因的看法　　　　单位:%

	未婚	已婚
个人生活圈子太小	37.6	41.9
工作太忙	42.0	44.9
择偶条件过高	54.9	60.7
崇尚单身生活	33.8	32.0
经济压力过大	46.6	53.4
自身条件不足	29.8	26.6
自身条件太好	18.2	22.0
对婚姻没有安全感	49.6	48.1
不会与异性相处	29.3	24.6
父母干涉	22.6	19.0
有冲突时不肯妥协	24.7	24.9
买不起房	33.0	35.9
男少女多	11.4	14.3
是否结婚不重要	25.8	17.1

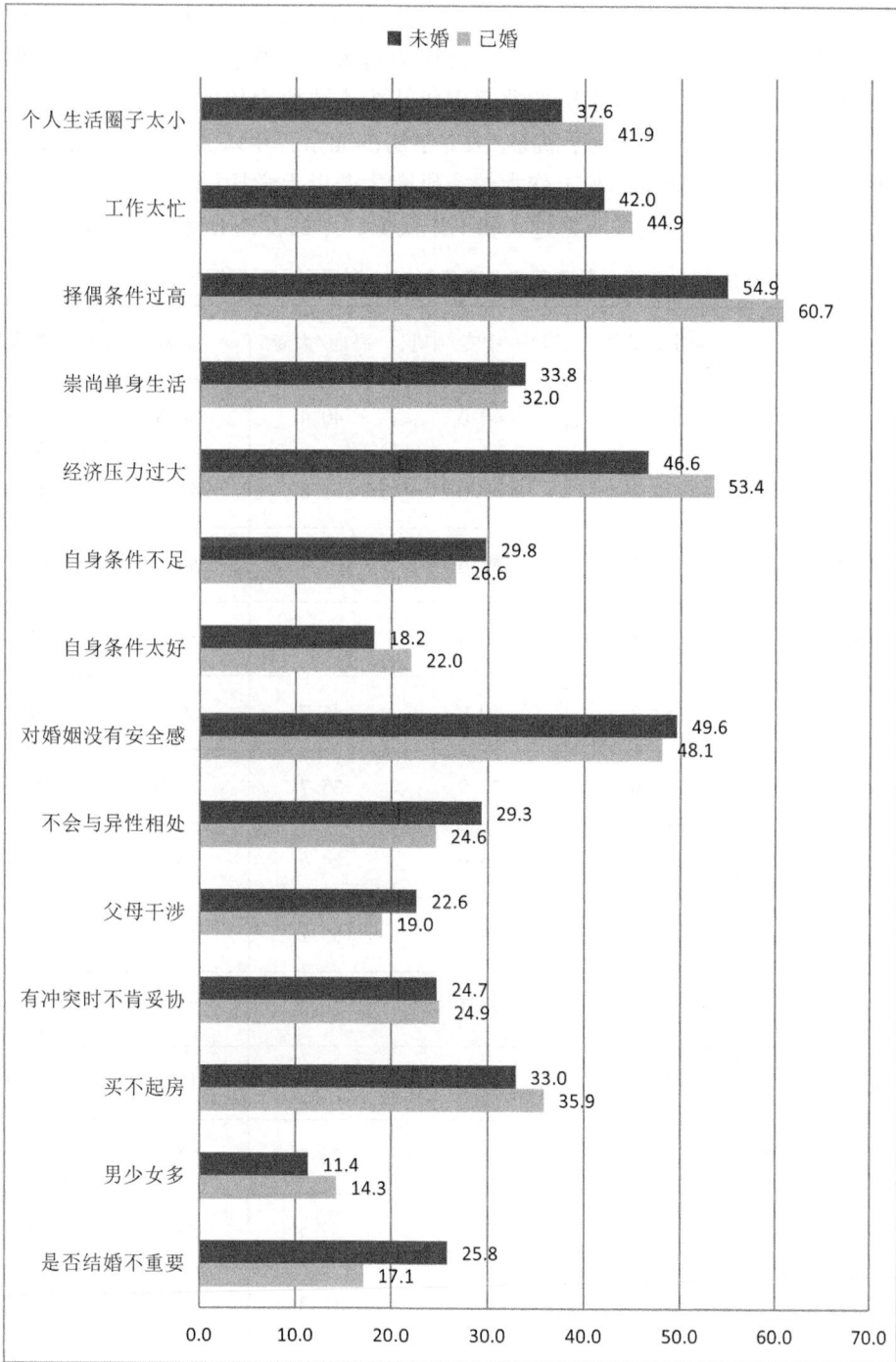

图 3.14　不同婚姻状况北京青年对"剩男剩女"原因的看法（%）

不同受教育程度北京青年对"剩男剩女"原因的看法不尽相同。其中，初中及以下学历的北京青年认为主要原因依次是经济压力过大、对婚姻没有安全感和择偶条件过高，高中/中专/中职、本科学历的北京青年认为主要原因依次是择偶条件过高、经济压力过大和对婚姻没有安全感，高职/大专学历的北京青年认为主要原因依次是择偶条件过高、对婚姻没有安全感和工作太忙，研究生及以上学历的北京青年认为主要原因依次是择偶条件过高、经济压力过大和工作太忙。详见表3.15和图3.15。

表3.15　不同受教育程度北京青年对"剩男剩女"原因的看法　　　单位：%

	初中及以下	高中/中专/中职	高职/大专	本科	研究生及以上
个人生活圈子太小	42.2	40.0	40.4	38.5	42.5
工作太忙	34.8	37.6	51.8	41.9	47.6
择偶条件过高	48.1	57.6	65.4	56.4	60.4
崇尚单身生活	31.1	30.3	40.1	31.3	33.5
经济压力过大	53.3	50.9	46.7	50.2	52.2
自身条件不足	29.6	27.9	35.7	25.0	30.2
自身条件太好	17.8	23.0	24.6	20.1	17.4
对婚姻没有安全感	53.3	48.5	55.1	47.2	47.3
不会与异性相处	24.4	26.1	39.0	24.8	24.6
父母干涉	20.7	14.5	33.8	17.7	22.3
有冲突时不肯妥协	25.2	24.8	26.5	24.2	25.1
买不起房	43.0	36.4	37.5	33.6	31.5
男少女多	15.6	9.1	17.3	11.8	13.8
是否结婚不重要	21.5	21.8	32.4	18.3	19.9

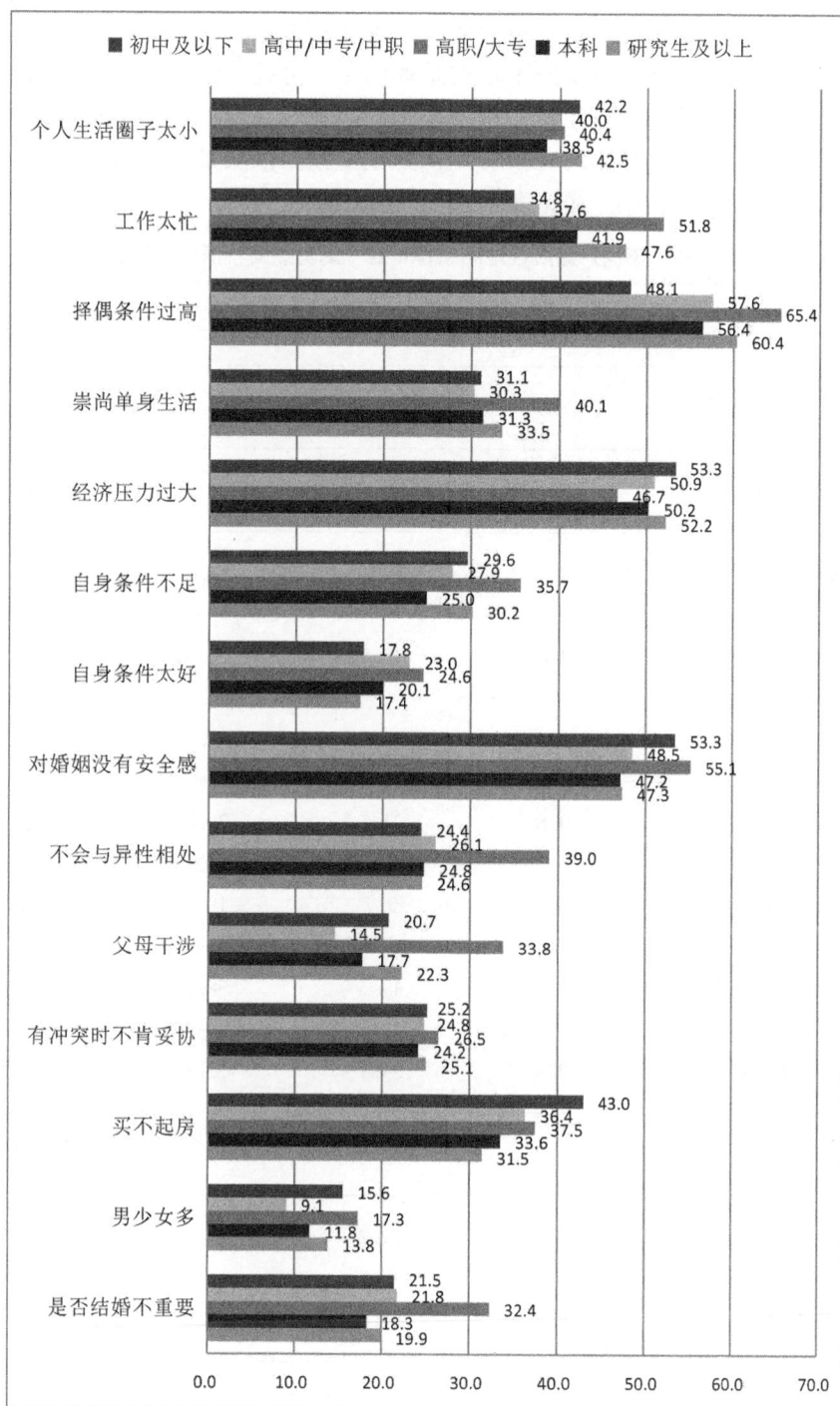

图3.15　不同受教育程度北京青年对"剩男剩女"原因的看法（%）

不同户籍所在地北京青年对"剩男剩女"原因的看法不尽相同。其中，北京和其他地区户籍的北京青年认为主要原因依次是择偶条件过高、经济压力过大和对婚姻没有安全感，天津户籍的北京青年认为主要原因依次是对婚姻没有安全感、择偶条件过高和经济压力过大，河北户籍的北京青年认为主要原因依次是择偶条件过高、经济压力过大和个人生活圈子太小。详见表 3.16 和图 3.16。

表 3.16　不同户籍所在地北京青年对"剩男剩女"原因的看法　　　　单位：%

	北京	天津	河北	其他地区
个人生活圈子太小	37.8	30.1	45.4	44.5
工作太忙	45.0	34.4	36.2	43.6
择偶条件过高	58.7	38.7	53.1	60.6
崇尚单身生活	34.0	35.5	26.9	31.3
经济压力过大	49.2	38.7	51.5	54.3
自身条件不足	29.6	21.5	20.8	27.4
自身条件太好	20.1	9.7	19.2	22.5
对婚姻没有安全感	48.2	49.5	38.5	52.3
不会与异性相处	27.3	24.7	23.1	26.7
父母干涉	23.7	12.9	12.3	17.9
有冲突时不肯妥协	24.5	17.2	24.6	26.6
买不起房	32.2	26.9	35.4	40.4
男少女多	15.0	10.8	10.8	9.5
是否结婚不重要	22.4	26.9	15.4	18.7

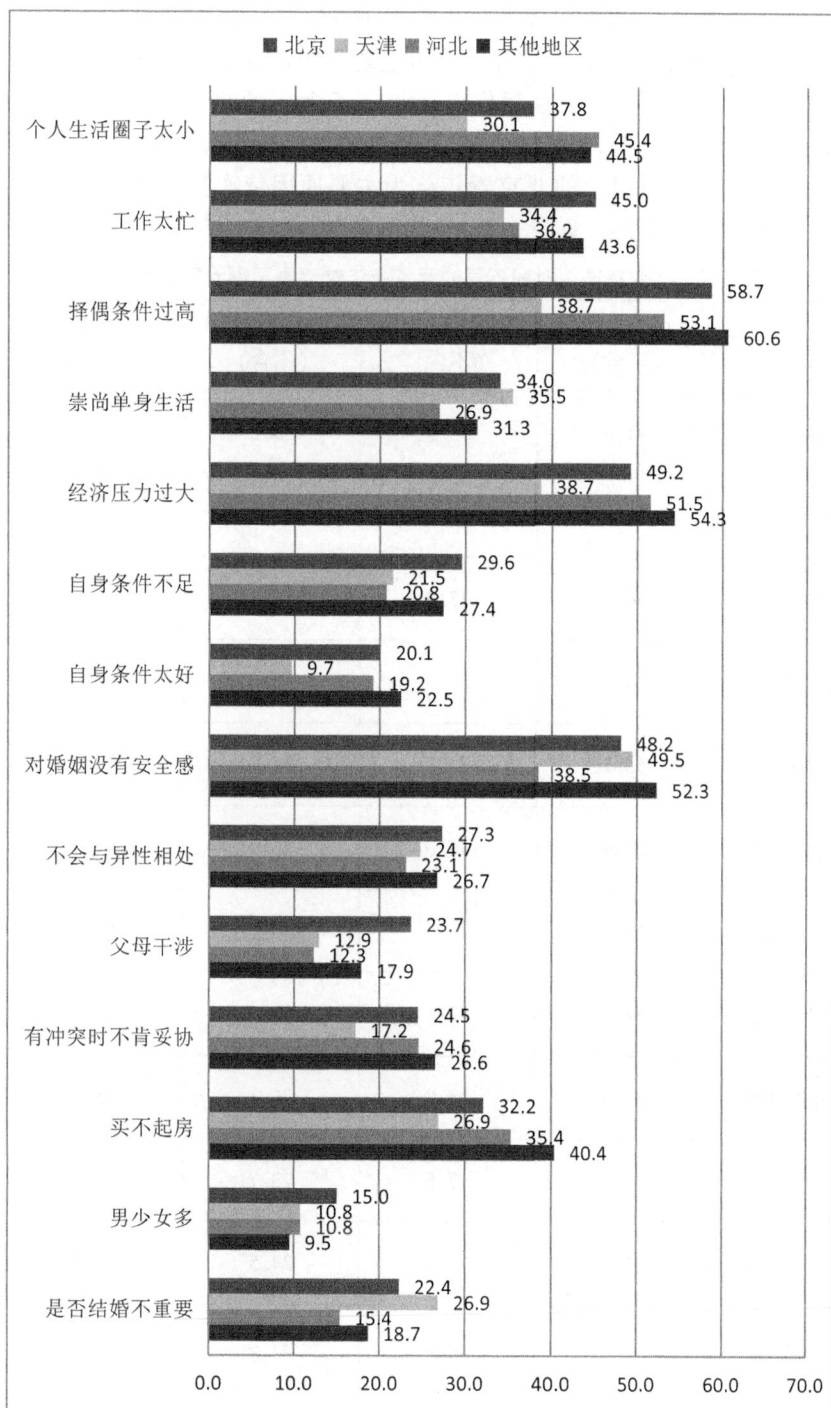

图 3.16　不同户籍所在地北京青年对"剩男剩女"原因的看法（%）

在北京居住时间不同的北京青年对"剩男剩女"原因的看法基本一致。其中，在北京居住0.5-1年（不含）的北京青年认为主要原因依次是经济压力过大、择偶条件过高和对婚姻没有安全感，在北京居住1-3年（不含）的北京青年认为主要原因依次是对婚姻没有安全感、择偶条件过高和经济压力过大，在北京居住3-5年（不含）、5-10年（不含）和10年及以上的北京青年认为主要原因依次是择偶条件过高、经济压力过大和对婚姻没有安全感。详见表3.17和图3.17。

表3.17 在北京居住时间不同的北京青年对"剩男剩女"原因的看法　　　　单位:%

	0.5-1年（不含）	1-3年（不含）	3-5年（不含）	5-10年（不含）	10年及以上
个人生活圈子太小	41.3	35.6	39.2	42.3	39.9
工作太忙	34.8	32.2	38.0	44.8	46.0
择偶条件过高	54.3	47.3	56.3	61.3	58.8
崇尚单身生活	34.8	29.5	33.9	27.1	34.4
经济压力过大	58.7	43.8	54.7	55.5	48.8
自身条件不足	23.9	26.0	26.9	21.0	30.3
自身条件太好	19.6	15.8	16.7	19.4	21.7
对婚姻没有安全感	52.2	52.1	49.4	48.1	48.4
不会与异性相处	32.6	24.0	26.1	23.9	27.7
父母干涉	21.7	17.8	23.7	16.1	21.6
有冲突时不肯妥协	21.7	22.6	24.5	25.5	25.1
买不起房	43.5	30.8	33.9	35.5	34.6
男少女多	4.3	8.2	11.4	10.0	14.8
是否结婚不重要	23.9	16.4	20.0	14.8	23.2

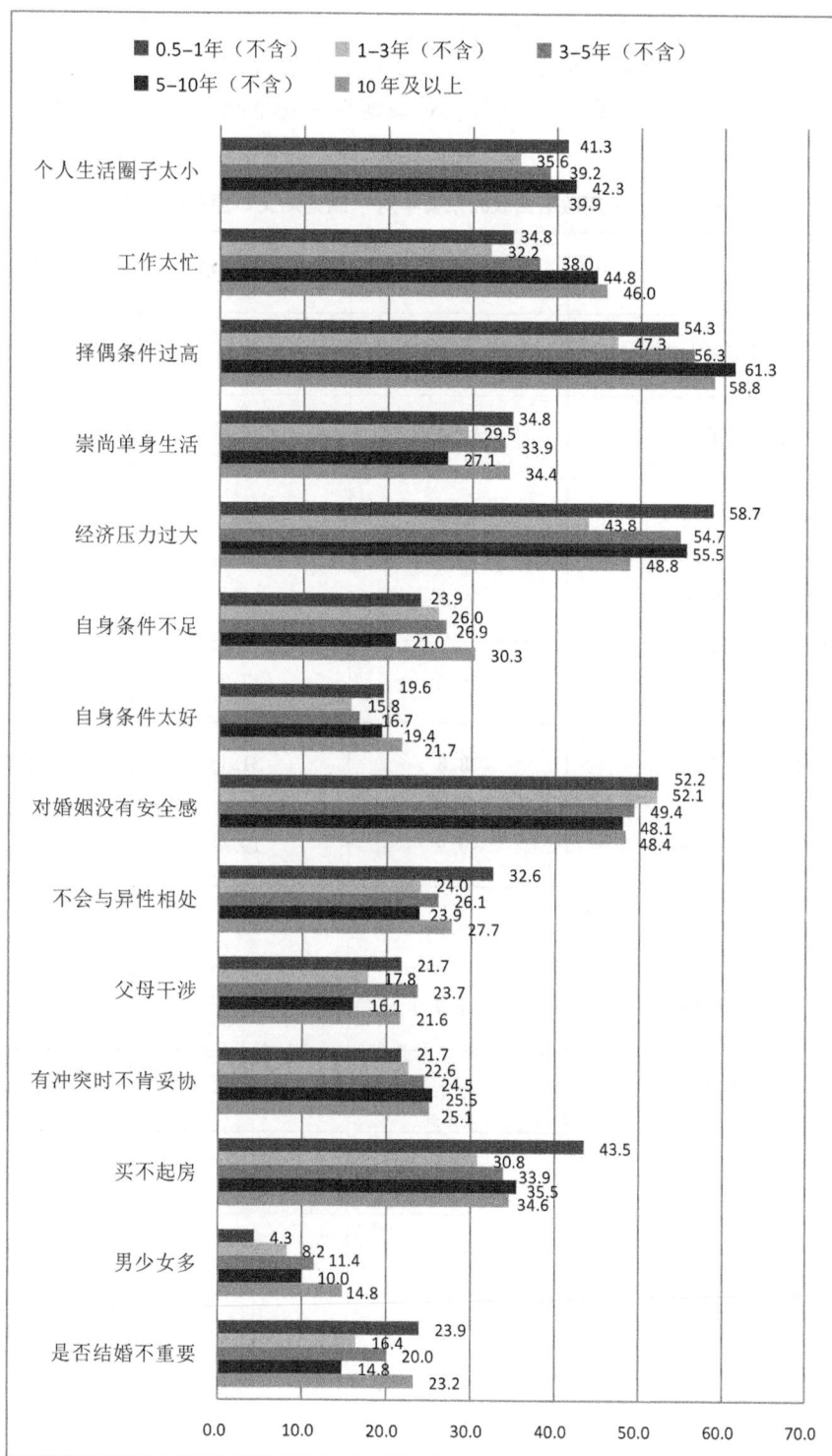

图 3.17　在北京居住时间不同的北京青年对"剩男剩女"原因的看法（%）

不同政治面貌的北京青年对"剩男剩女"原因的看法基本一致。其中，中共党员和群众认为主要原因依次是择偶条件过高、经济压力过大和对婚姻没有安全感，共青团员认为主要原因依次是择偶条件过高、对婚姻没有安全感和经济压力过大。详见表3.18和图3.18。

表3.18　不同政治面貌北京青年对"剩男剩女"原因的看法　　　　单位:%

	中共党员	共青团员	群众
个人生活圈子太小	41.8	37.9	40.2
工作太忙	42.3	44.6	44.0
择偶条件过高	59.5	58.3	56.5
崇尚单身生活	35.9	35.8	28.8
经济压力过大	48.6	47.5	53.6
自身条件不足	28.8	31.1	25.5
自身条件太好	19.9	19.4	21.0
对婚姻没有安全感	45.2	53.1	48.7
不会与异性相处	21.9	35.4	24.6
父母干涉	19.6	28.4	16.7
有冲突时不肯妥协	24.6	26.1	24.5
买不起房	32.5	33.1	37.6
男少女多	14.0	13.1	11.9
是否结婚不重要	18.9	26.4	19.3

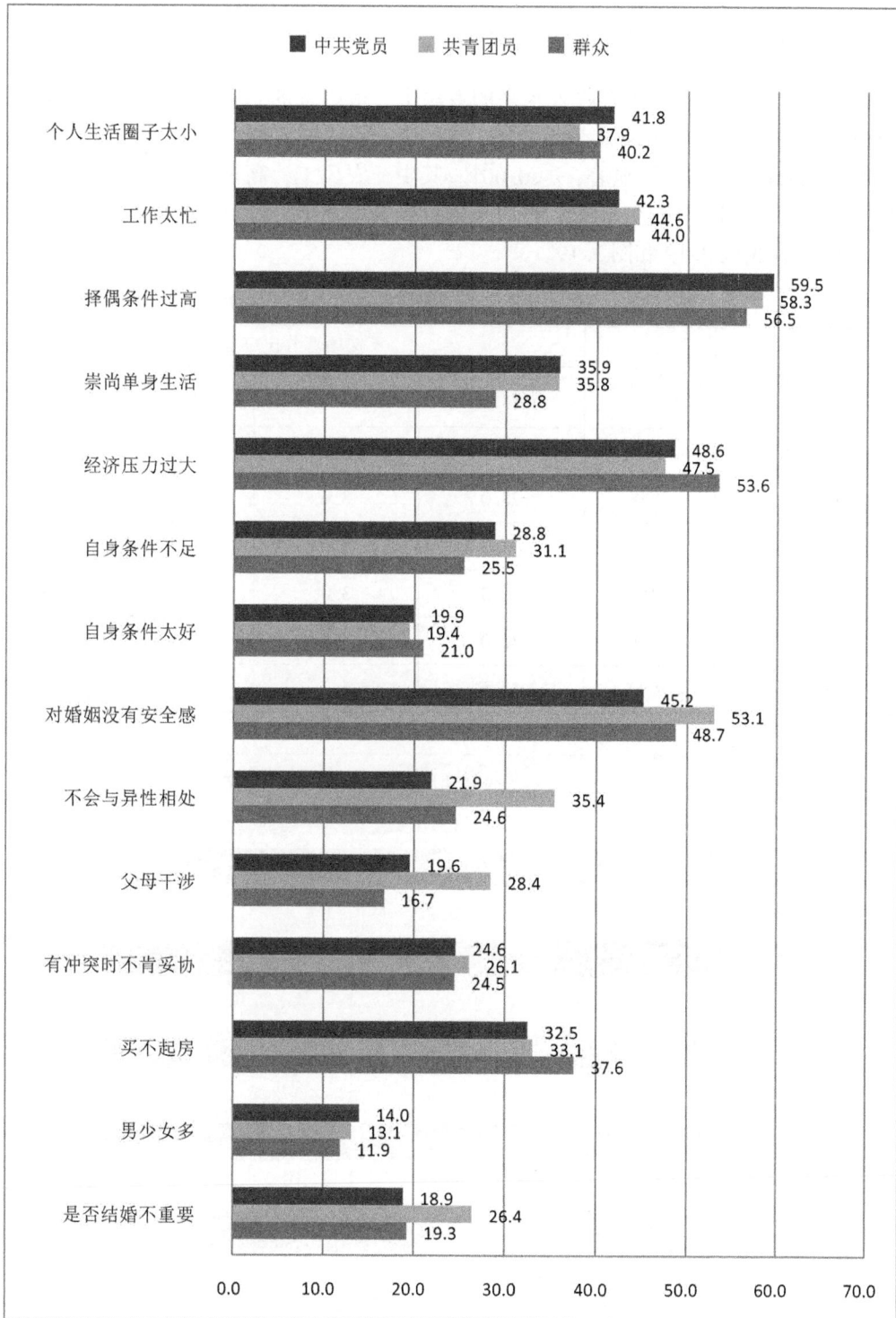

图 3. 18　不同政治面貌北京青年对"剩男剩女"原因的看法（%）

（二）对择偶时的男女收入水平的看法

总体上，在择偶时对男女收入水平的看法上，被调查的北京青年中有36.3%选择男女收入水平一样，有30%认为无所谓，28.5%选择男强女弱，选择女强男弱的只有5.3%。不同调查主体差异显著，$p<0.001$。其中，农民工、高校教师、公务员和白领选择男女收入水平一样的人数比例均最大，高校学生选择无所谓的人数比例最大（38.3%）。详见表3.19和图3.19。

表3.19　不同调查主体择偶时对男女收入水平的看法

调查主体	人数	选项百分比（%）			
		男强女弱	女强男弱	男女收入水平一样	无所谓
高校学生	400	24.8	5.3	31.8	38.3
农民工	300	28.0	8.0	39.7	24.3
高校教师	300	27.3	9.0	37.3	26.3
公务员	300	31.3	3.0	42.3	23.3
白领	700	30.0	3.6	34.4	32.0
总体	2000	28.5	5.3	36.3	30.0

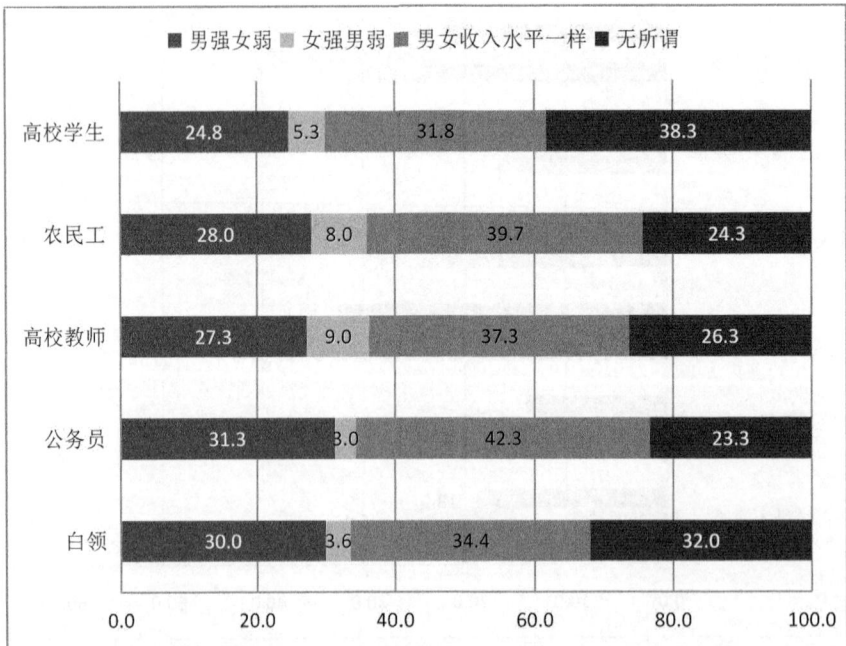

图3.19　不同调查主体择偶时对男女收入水平的看法（%）

不同性别北京青年择偶时对男女收入水平的看法差异显著，p<0.05。其中，选择男女收入水平一样的比例女性大于男性，选择无所谓、男强女弱和女强男弱的人数比例女性均小于男性。详见表3.20和图3.20。

表3.20　不同性别北京青年择偶时对男女收入水平的看法

性别	人数	选项百分比（%）			
		男强女弱	女强男弱	男女收入水平一样	无所谓
男	897	30.7	5.5	32.9	31.0
女	1103	26.7	5.2	39.1	29.1
总体	2000	28.5	5.3	36.3	30.0

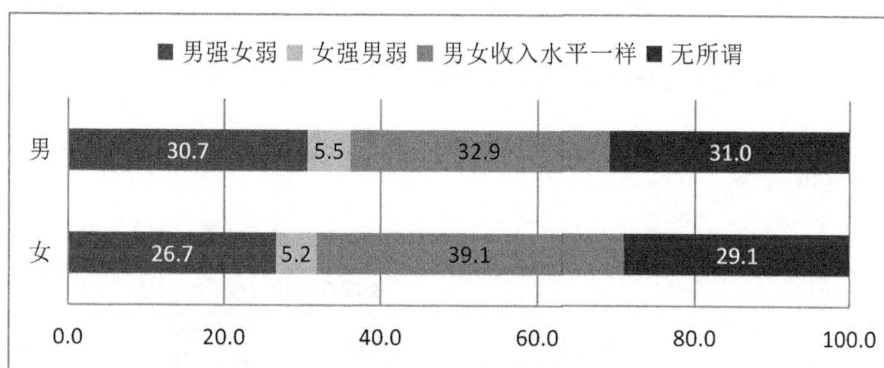

图3.20　不同性别北京青年择偶时对男女收入水平的看法（%）

不同年龄北京青年择偶时对男女收入水平的看法差异显著，p<0.05。其中，30-34岁（37.2%）、35-44岁（36.7%）和18-24岁（36.6%）的北京青年选择男女收入水平一样的人数比例较高，25-29岁北京青年选择男女收入水平一样的人数比例相对较低（34.5%），且25-29岁北京青年选择女强男弱的人数比例也较其他年龄段的高（9.2%）。详见表3.21和图3.21。

表3.21　不同年龄北京青年择偶时对男女收入水平的看法

年龄	人数	选项百分比（%）			
		男强女弱	女强男弱	男女收入水平一样	无所谓
18-24 岁	708	27.8	4.0	36.6	31.6
25-29 岁	412	29.9	9.2	34.5	26.5
30-34 岁	352	28.1	4.3	37.2	30.4
35-44 岁	528	28.4	4.7	36.7	30.1
总体	2000	28.5	5.3	36.3	30.0

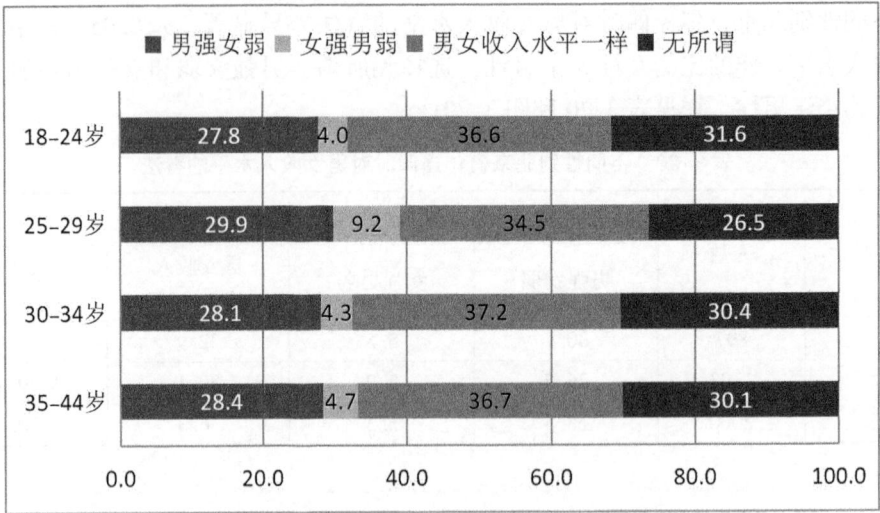

图 3.21　不同年龄北京青年择偶时对男女收入水平的看法（%）

不同婚姻状况北京青年择偶时对男女收入水平的看法没有显著差异，$p>0.05$。详见表 3.22 和图 3.22。

表 3.22　不同婚姻状况北京青年择偶时对男女收入水平的看法

婚姻状况	人数	选项百分比（%）			
		男强女弱	女强男弱	男女收入水平一样	无所谓
未婚	907	28.2	5.2	35.7	30.9
已婚	1087	28.5	5.3	36.9	29.3
总体	1994	28.5	5.3	36.3	30.0

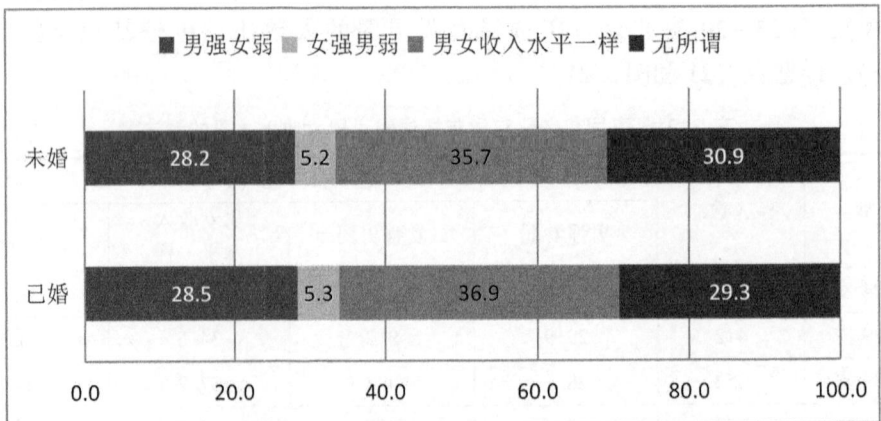

图 3.22　不同婚姻状况北京青年择偶时对男女收入水平的看法（%）

不同受教育程度北京青年择偶时对男女收入水平的看法差异显著，*p*<0.05。其中，初中及以下学历的北京青年选择男女收入水平一样的人数比例最高（41.5%），其次为研究生及以上（39.4%）、高职/大专（39.0%）和高中/中专/中职（38.2%）学历的北京青年，本科学历的北京青年选择男女收入水平一样的人数比例相对较低（33.5%）。详见表3.23和图3.23。

表3.23　不同受教育程度北京青年择偶时对男女收入水平的看法

受教育程度	人数	选项百分比（%）			
		男强女弱	女强男弱	男女收入水平一样	无所谓
初中及以下	135	27.4	6.7	41.5	24.4
高中/中专/中职	165	28.5	9.1	38.2	24.2
高职/大专	272	25.4	1.5	39.0	34.2
本科	1037	29.5	5.6	33.5	31.4
研究生及以上	391	28.1	5.1	39.4	27.4
总体	2000	28.5	5.3	36.3	30.0

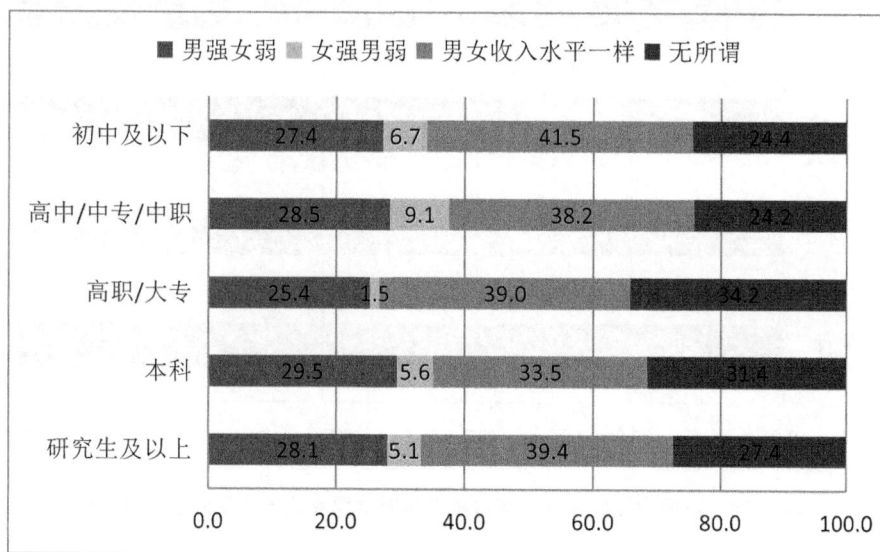

图3.23　不同受教育程度北京青年择偶时对男女收入水平的看法（%）

不同户籍所在地北京青年择偶时对男女收入水平的看法差异显著，*p*<0.001。其中，北京（38.1%）和其他地区（36.1%）户籍的北京青年选择男女收入水平一样的人数比例较高，天津（39.8%）和河北（36.9%）户籍的北京青年选择无所谓的人数比例相对较高。详见表3.24和图3.24。

表 3.24　不同户籍所在地北京青年择偶时对男女收入水平的看法

户籍所在地	人数	选项百分比（%）			
		男强女弱	女强男弱	男女收入水平一样	无所谓
北京	1190	28.7	5.5	38.1	27.7
天津	93	21.5	11.8	26.9	39.8
河北	130	26.9	8.5	27.7	36.9
其他地区	587	29.3	3.2	36.1	31.3
总体	2000	28.5	5.3	36.3	30.0

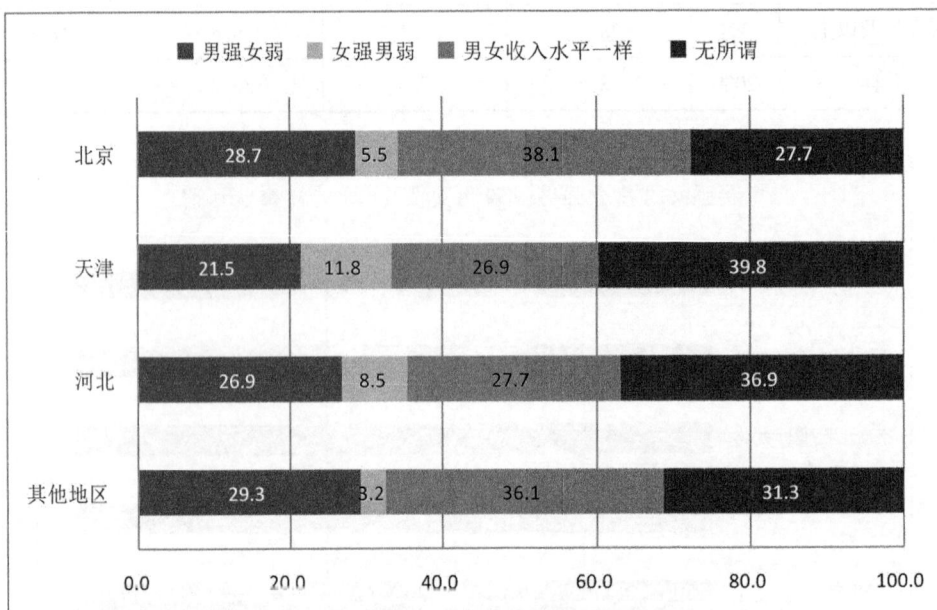

图 3.24　不同户籍所在地北京青年择偶时对男女收入水平的看法（%）

在北京居住时间不同的北京青年择偶时对男女收入水平的看法差异显著，$p<0.01$。其中，在北京居住 0.5-1 年（不含）、1-3 年（不含）和 3-5 年（不含）的北京青年选择男女收入水平一样和无所谓的人数比例较高，在北京居住 5-10 年（不含）的北京青年选择男强女弱和男女收入水平一样的人数比例较高，在北京居住 10 年及以上的北京青年选择男女收入水平一样的人数比例较高。详见表 3.25 和图 3.25。

表 3.25　在北京居住时间不同的北京青年择偶时对男女收入水平的看法

在北京居住的时间	人数	选项百分比（%）			
		男强女弱	女强男弱	男女收入水平一样	无所谓
0.5–1 年（不含）	46	21.7	6.5	37.0	34.8
1–3 年（不含）	146	18.5	6.8	35.6	39.0
3–5 年（不含）	245	29.8	5.3	33.5	31.4
5–10 年（不含）	310	35.8	1.3	34.2	28.7
10 年及以上	1253	27.8	6.1	37.4	28.7
总体	2000	28.5	5.3	36.3	30.0

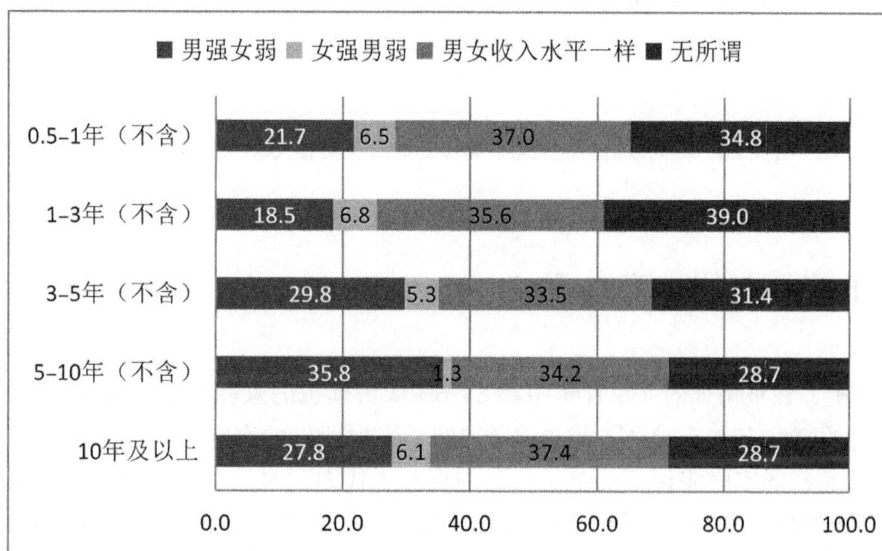

图 3.25　在北京居住时间不同的北京青年择偶时对男女收入水平的看法（%）

不同政治面貌北京青年择偶时对男女收入水平的看法差异显著，$p<0.05$。其中，中共党员选择男女收入水平一样（37.3%）和男强女弱（32.5%）的人数比例较高，共青团员和群众选择男女收入水平一样和无所谓的人数比例较高。详见表 3.26 和图 3.26。

表 3.26　不同政治面貌北京青年择偶时对男女收入水平的看法

政治面貌	人数	选项百分比（%）			
		男强女弱	女强男弱	男女收入水平一样	无所谓
中共党员	593	32.5	5.2	37.3	25.0
共青团员	556	26.4	4.0	36.2	33.5
群众	825	27.2	6.2	35.5	31.2
总体	1974	28.5	5.3	36.3	30.0

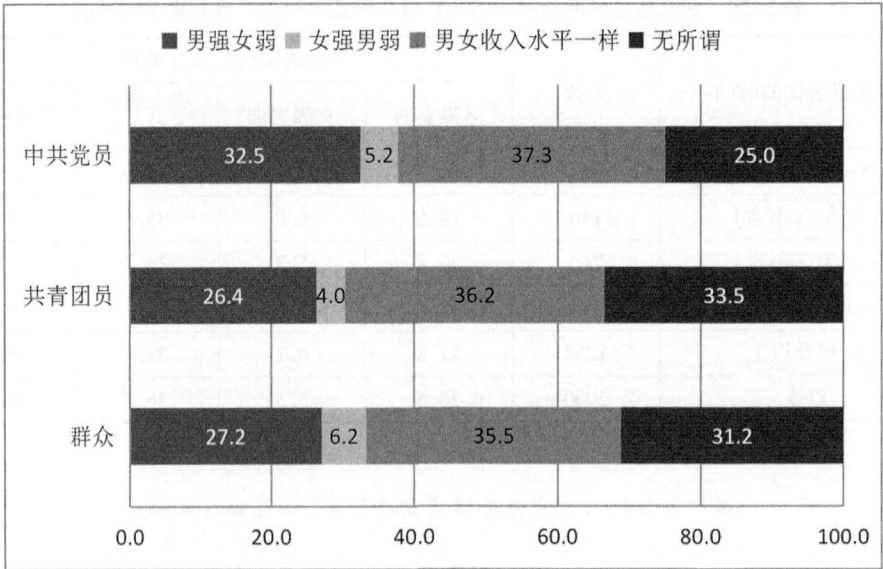

图 3.26　不同政治面貌北京青年择偶时对男女收入水平的看法（%）

三、 北京青年的生育态度

总体上，在被调查的北京青年中有 64.6%认为理想的家庭有 2 个孩子，有 31.2%认为理想的家庭有 1 个孩子，另外还有 1.8%认为理想的家庭有 3 个或更多的孩子，2.4%认为理想的家庭应该不要孩子。不同调查主体差异显著，*p*<0.001。其中，高校教师认为理想的家庭有 2 个孩子的人数比例最高（71.7%），其次为公务员（68.0%）、农民工（66.0%）和白领（64.9%），高校学生认为理想的家庭有 2 个孩子的人数比例最低（55.3%）。详见表 3.27 和图 3.27。

表 3.27　不同调查主体对理想家庭有几个孩子的看法

调查主体	人数	选项百分比（%）			
		1 个孩子	2 个孩子	3 个或更多的孩子	不要孩子
高校学生	400	38.5	55.3	0.8	5.5
农民工	300	29.0	66.0	3.3	1.7
高校教师	300	25.3	71.7	2.0	1.0
公务员	300	29.7	68.0	1.7	0.7
白领	700	31.1	64.9	1.7	2.3
总体	2000	31.2	64.6	1.8	2.4

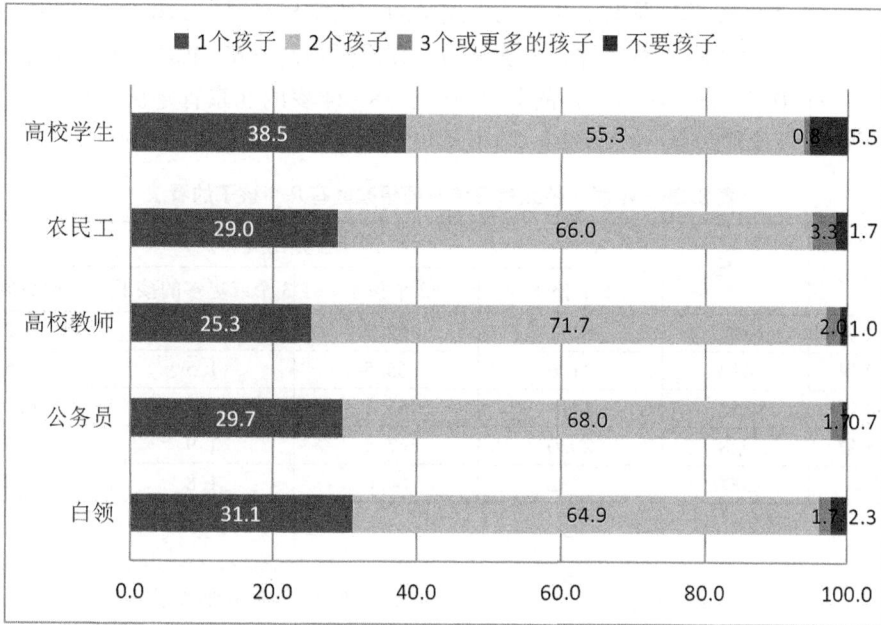

图 3.27　不同调查主体对理想家庭有几个孩子的看法（%）

不同性别北京青年对理想家庭有几个孩子的看法没有显著差异，$p>0.05$。详见表 3.28 和图 3.28。

表 3.28　不同性别北京青年对理想家庭有几个孩子的看法

性别	人数	选项百分比（%）			
		1 个孩子	2 个孩子	3 个或更多的孩子	不要孩子
男	897	29.9	66.1	2.1	1.9
女	1103	32.3	63.4	1.5	2.8
总体	2000	31.2	64.6	1.8	2.4

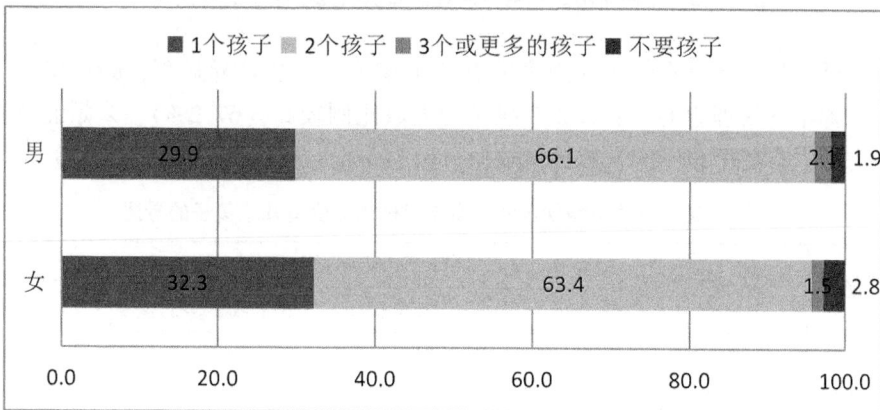

图 3.28　不同性别北京青年对理想家庭有几个孩子的看法（%）

不同年龄北京青年对理想家庭有几个孩子的看法差异显著，$p<0.05$。其中，35-44岁的北京青年认为理想的家庭有2个孩子的人数比例最高（67.4%），其次为25-29岁（65.5%）和30-34岁（63.1%）的北京青年，18-24岁的北京青年认为理想的家庭有2个孩子的人数比例最低（62.7%）。详见表3.29和图3.29。

表 3.29　不同年龄北京青年对理想家庭有几个孩子的看法

年龄	人数	选项百分比（%）			
		1个孩子	2个孩子	3个或更多的孩子	不要孩子
18-24 岁	708	31.1	62.7	2.0	4.2
25-29 岁	412	31.6	65.5	1.5	1.5
30-34 岁	352	34.4	63.1	1.7	0.9
35-44 岁	528	29.0	67.4	1.9	1.7
总体	2000	31.2	64.6	1.8	2.4

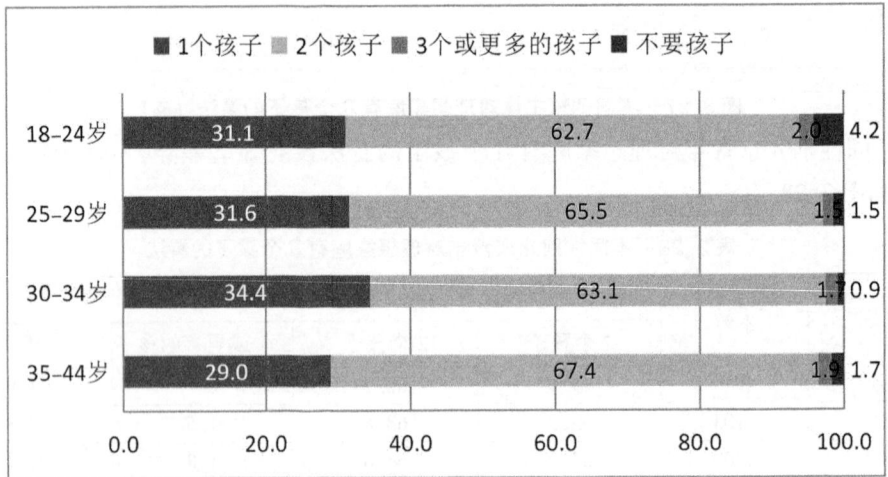

图 3.29　不同年龄北京青年对理想家庭有几个孩子的看法（%）

不同婚姻状况北京青年对理想家庭有几个孩子的看法差异显著，$p<0.001$。其中，已婚北京青年认为理想的家庭有2个孩子的人数比例较高（67.2%），未婚北京青年认为理想的家庭有2个孩子的人数比例较低（61.4%）。详见表3.30和图3.30。

表 3.30　不同婚姻状况北京青年对理想家庭有几个孩子的看法

婚姻状况	人数	选项百分比（%）			
		1个孩子	2个孩子	3个或更多的孩子	不要孩子
未婚	907	32.5	61.4	1.8	4.3
已婚	1087	30.3	67.2	1.8	0.7
总体	1994	31.2	64.6	1.8	2.4

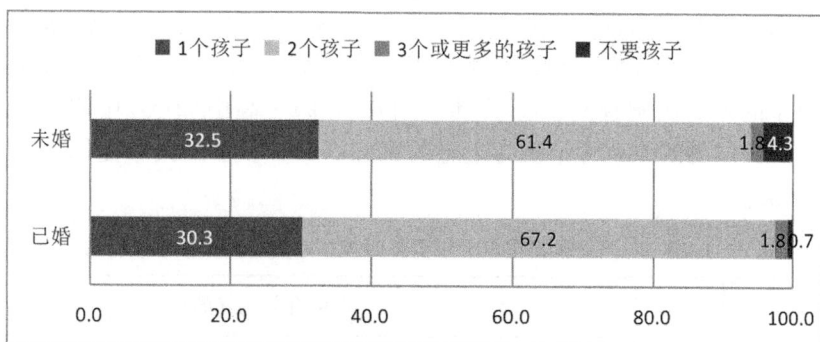

图 3.30 不同婚姻状况北京青年对理想家庭有几个孩子的看法（%）

不同生育状况北京青年对理想家庭有几个孩子的看法差异显著，$p<0.001$。其中，生了 2 个及以上孩子的北京青年认为理想的家庭有 2 个孩子的人数比例较高（94.7%），生了 1 个孩子（63.7%）和没有生育（60.9%）的北京青年认为理想的家庭有 2 个孩子的人数比例相对较低。详见表 3.31 和图 3.31。

表 3.31 不同生育状况北京青年对理想家庭有几个孩子的看法

生育状况	人数	选项百分比（%）			
		1 个孩子	2 个孩子	3 个或更多的孩子	不要孩子
0 个	69	33.3	60.9	1.4	4.3
1 个	893	34.0	63.7	1.6	0.7
2 个及以上	131	1.5	94.7	3.8	0.0
总体	1093	31.2	64.6	1.8	2.4

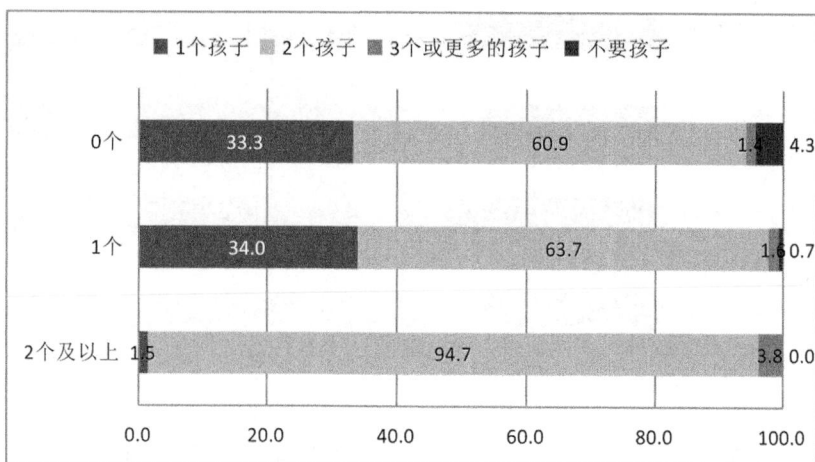

图 3.31 不同生育状况北京青年对理想家庭有几个孩子的看法（%）

不同受教育程度北京青年对理想家庭有几个孩子的看法差异显著，$p<0.001$。其中，研究生及以上（68.8%）和初中及以下（68.1%）学历的北京青年认为理想的家庭有2个孩子的人数比例较高，高职/大专（65.4%）、高中/中专/中职（64.2%）和本科（62.4%）学历的北京青年认为理想的家庭有2个孩子的人数比例较低。详见表3.32和图3.32。

表3.32 不同受教育程度北京青年对理想家庭有几个孩子的看法

受教育程度	人数	选项百分比（%）			
		1个孩子	2个孩子	3个或更多的孩子	不要孩子
初中及以下	135	25.9	68.1	4.4	1.5
高中/中专/中职	165	31.5	64.2	2.4	1.8
高职/大专	272	28.3	65.4	0.4	5.9
本科	1037	33.8	62.4	1.7	2.1
研究生及以上	391	28.1	68.8	1.8	1.3
总体	2000	31.2	64.6	1.8	2.4

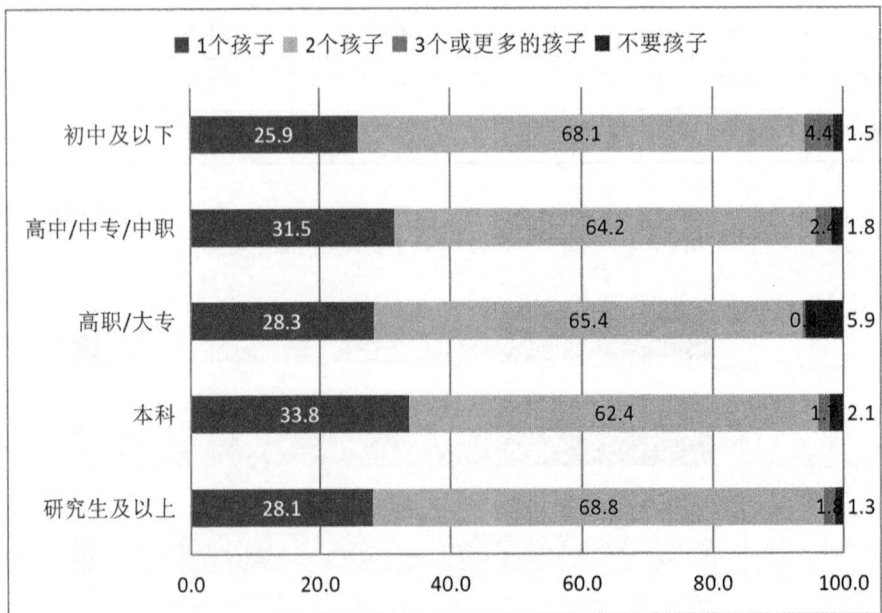

图3.32 不同受教育程度北京青年对理想家庭有几个孩子的看法（%）

不同户籍所在地北京青年对理想家庭有几个孩子的看法差异显著，$p<0.05$。其中，其他地区（67.3%）、北京（64.6%）和河北（61.5%）户籍的北京青年认为理想的家庭有 2 个孩子的人数比例相对较高，天津户籍的北京青年认为理想的家庭有 2 个孩子的人数比例相对较低（51.6%）。详见表 3.33 和图 3.33。

表 3.33　不同户籍所在地北京青年对理想家庭有几个孩子的看法

户籍所在地	人数	选项百分比（%）			
		1 个孩子	2 个孩子	3 个或更多的孩子	不要孩子
北京	1190	31.7	64.6	1.5	2.2
天津	93	44.1	51.6	1.1	3.2
河北	130	36.2	61.5	0.8	1.5
其他地区	587	27.1	67.3	2.7	2.9
总体	2000	31.2	64.6	1.8	2.4

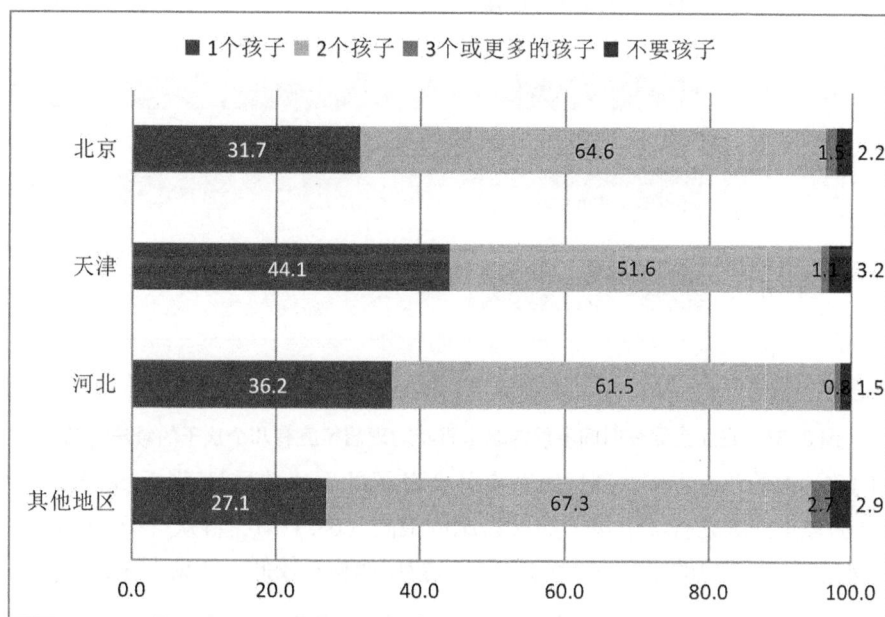

图 3.33　不同户籍所在地北京青年对理想家庭有几个孩子的看法（%）

在北京居住时间不同的北京青年对理想家庭有几个孩子的看法差异显著，$p<0.05$。其中，在北京居住 0.5-1 年（不含）的北京青年认为理想的家庭有 2 个孩子的人数比例最高（82.6%），其次为在北京居住 5-10 年（不含）的北京青年（72.3%），在北京居住 3-5 年（不含）（66.1%）、10 年及以上（62.2%）和 1-3 年（不含）（61.0%）的北京青年认为理想的家庭有 2 个孩子的人数比例较低。详见表 3.34 和图 3.34。

表 3.34　在北京居住时间不同的北京青年对理想家庭有几个孩子的看法

在北京居住的时间	人数	选项百分比（%）			
		1 个孩子	2 个孩子	3 个或更多的孩子	不要孩子
0.5~1 年（不含）	46	15.2	82.6	2.2	0.0
1~3 年（不含）	146	34.2	61.0	2.7	2.1
3~5 年（不含）	245	30.2	66.1	1.2	2.4
5~10 年（不含）	310	24.2	72.3	2.6	1.0
10 年及以上	1253	33.4	62.2	1.6	2.9
总体	2000	31.2	64.6	1.8	2.4

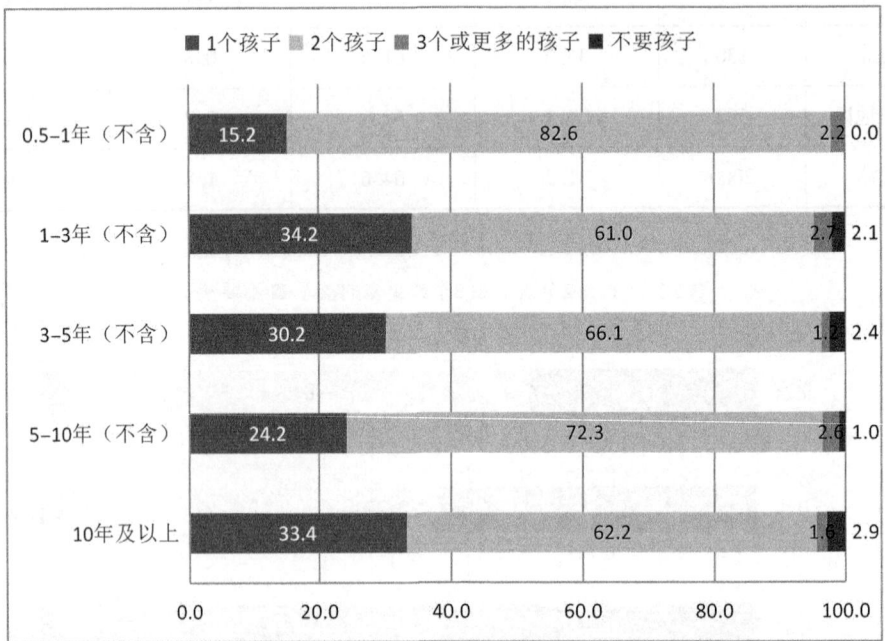

图 3.34　在北京居住时间不同的北京青年对理想家庭有几个孩子的看法（%）

不同政治面貌北京青年对理想家庭有几个孩子的看法差异显著，$p<0.01$。其中，中共党员认为理想的家庭有 2 个孩了的人数比例最高（68.1%），群众（63.4%）和共青团员（62.9%）认为理想的家庭有 2 个孩子的人数比例相对较低。详见表 3.35 和图 3.35。

表 3.35　不同政治面貌北京青年对理想家庭有几个孩子的看法

政治面貌	人数	选项百分比（%）			
		1 个孩子	2 个孩子	3 个或更多的孩子	不要孩子
中共党员	593	29.3	68.1	1.7	0.8
共青团员	556	31.5	62.9	1.3	4.3
群众	825	32.2	63.4	2.2	2.2
总体	1974	31.2	64.6	1.8	2.4

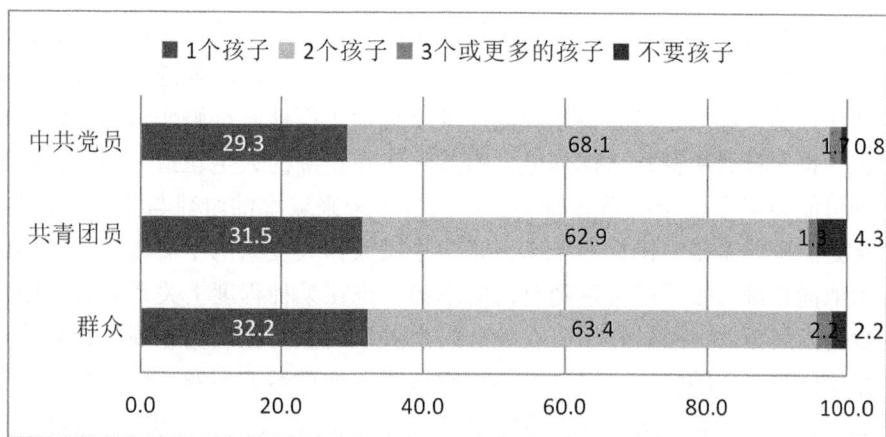

图3.35　不同政治面貌北京青年对理想家庭有几个孩子的看法（%）

四、 结论与思考

如果说家庭是组成一个社会的基本细胞，那么婚恋则是这个细胞的细胞核。婚恋问题是大多数青年人一生当中的两个重要阶段，从某种意义上而言，婚恋问题不仅关系到个人的生活是否幸福，还关系到社会是否和谐与稳定。择偶标准不仅受到个人意愿和偏好的影响，还受到政治、经济、社会等一系列因素的影响，不同时代的人们的择偶标准、婚恋状况从侧面反映了所处时代的基本面貌特征。从我们课题组调查的数据来看，虽然择偶观随着时代的变迁而改变，但是其中的核心观念却具有较高的稳定性和传承性，大多数青年依旧将人品、身心健康、责任、孝顺老人、性格、价值观、上进心、感情等因素作为重要的择偶标准。总体而言，所调查的北京青年群体对婚恋问题的态度是积极的，婚恋主流价值观是健康的。

当然，随着社会的发展尤其是以互联网络技术为主导的各种新型社交媒体的不断涌现，一方面为青年的择偶方式提供了多样化的选择途径，给予了青年多样化的发布和获取择偶信息的平台，另一方面也对青年的择偶观带来了一定的冲击与负面的影响，"宁愿坐在宝马车里哭，也不要坐在自行车上笑"就反映了当下社会里的一些（年轻）人在择偶的时候往往过于关注对方的经济条件与物质需求的满足，是功利心、虚荣心与精神匮乏的体现。一些青年人由于缺乏正确婚恋观的指导，加上多元社会文化的侵蚀和大众传媒尤其是网络社交媒体的负面引导以及市场经济的消极影响，婚恋观出现了一定的扭曲和偏差，这不仅对青年的身心健康不利，也影响着社会的安定。针对少数青年扭曲和偏差的婚恋观，需要在青年中加强社会主义核心价值观的培育与践行，加强对青年婚恋观的引领，指导当代青年正确认识爱情的本质，摆正爱情的位置，引导他们树立正确的婚恋观。一方面，在中国现阶段，自由、平等、主体意识等思想观念深入人心，人们尤其是青年人在执着于追求个人的权利和自由的同时也在一定程度上影响了社会的秩序和规范，引导青年树立正确的婚恋观对营造良好的社会氛围，塑造优良的民族品德都是至关重要的。另一方面，树立正确婚恋观是确保青年未来婚姻家庭生活幸福的关键。正确的婚恋观能使青年男女正面地看待婚恋行为，以保证自己的婚恋行为符合社会道德和法律规范，引导青年在正确的人生轨道上前进；而错误的婚恋观则可能会误导青年的婚恋行为，影响青年未来家庭的组建与家庭生活的幸福。当代青年是国家的希望，民族的未来，是中华民族伟大复兴的中流砥柱，他们的婚恋观的价值取向正确与否不仅关系到自己的幸福，也在某种程度上关系着整个中国社会婚姻家庭的发展方向。引导青年人在处理婚恋关系时坚持正确婚恋观的指导作用，明确婚姻是责任与义务的统一，促进青年正确认识并处理婚恋问题，恪守社会主义婚姻家庭道德，建立以爱情为基础的婚姻，夫妻双方相互忠诚，履行相应的责任与义务，正确看待金钱与名利，划清是与非、荣与辱、美与丑的界限，从而确保未来婚姻家庭生活的幸福，进而促进社会的和谐发展。

而"剩男剩女"问题则是这些年婚恋领域出现的一个引发社会关注的现象。从课题组调查的数据看，被调查的北京青年认为这种现象出现的原因主要是择偶条件过高、经济压力过大、对婚姻没有安全感、工作太忙、个人生活圈子太小、买不起房、崇尚单身生活、自身条件不足、不会与异性相处等。尽管调查数据显示，人品、身心健康、责任、孝顺老人、性格、价值观、上进心、感情等因素依然是青年择偶的主流标准，但也不得不承认，"婚姻匹配"存在的客观事实，从宏观来看，婚姻匹配与整个婚姻市场中男女数量比例、社会文化传统、法律政策相关；从微观来看，婚姻匹配与个人的择偶心理、意愿、好恶、社会地位、受教育程度等有关。而且，婚姻匹配往往遵循的是"男找低""女找高"的婚姻梯度模式。虽说这种梯度来自男女的性别不平等，但却是普遍存在的婚恋模式，其现实意义表现在，男性乐于选择某一（些）方面弱于自己的女性，以（试图）获得在家庭中的支配地位；女性也倾向于选择在某一（些）方面强于自己的男性，以便在组建家庭之后（试图）获得保护或安全感，以提升自身层次。"当这种心理和行为已经成为一种稳定的社会文化制度，婚姻梯度的意义则不仅限于某一个人或某一家庭，而是对整个社会婚姻结构产生影响，婚姻挤压就是婚姻梯度造成的重大影响之一。"① 其结果之一就是"剩男剩女"的出现。因此，对于"剩男剩女"现象，除了要关注人口性别比这种社会结构性的因素以及尊重那些确实崇尚单身生活的人的选择外，对于真心希望恋爱、结婚、成家的男女青年来说，更主要的还是要树立正确的婚恋观，承认"婚姻匹配"存在的事实；在择偶标准上要认识到自己的优势和不足，不要盲目地设置或提出过高的条件或要求，从而尽早找到属于自己的人生伴侣。

至于理想家庭的孩子数量，尽管 64.6% 的被调查北京青年认为应该有 2 个孩子

① 朱伟、徐家庆：《近年来社会学视角下婚姻匹配研究中几个基本概念的阐释》，《北京青年研究》，2015 年第 1 期。

（极少数青年希望有 3 个或更多的孩子），但也有 31.2% 的青年认为有 1 个孩子就可以了，还有少数青年表示不要孩子。客观地说，就课题组本次的研究而言，难以对"全面二孩"政策施行以来，北京青年整体的生育意愿与生育水平进行判断与推论，但就国家统计局及一些地方统计局公布的数据看，虽然实施"全面二孩"政策的意义重大，但对生育行为的影响小于预期，效果不尽如人意。这种情况说明生育政策的放宽对生育行为的有利影响并不像预期的那么大，而自 20 世纪 80 年代以来形成的以"不婚不育、晚育独生"为基本特征的生育文化对年青一代生育行为的影响可能更为深刻。"80后 90 后基本上是独生子女，他们的生育意愿普遍较低，身为独生子女的他们有自己减压式的生活方式，一般也更倾向于选择做独生子女父母，这就是生育的社会遗传和文化惯性。"[1] 因此，除了加强对"全面二孩"政策的宣传及各种政策性的鼓励与支持外，还需要加强对适龄青年、育龄青年进行科学的生育文化教育，形成与接受适度的生育观，而不是一味地考虑生育对自己生活造成的压力、负担、成本、羁绊、不自由等不利影响所造成的少育和不育的低生育观，从而提高青年人的生育意愿与生育水平，以缓解人口老龄化问题及减少未来的社会风险。

---

① 穆光宗：《"全面二孩"政策实施效果如何》，《人民论坛》，2018 年 5 月 7 日。

第四章　北京青年就业与创业现状及发展趋势

随着经济全球化、知识经济发展和技术革新进步，当今世界的职业环境发生了剧烈而快速的变化，这些变化深刻地影响着个体的职业生涯发展。[①] 在这种变迁的背景下，作为新生代青年个体，在职业生涯发展上面对着诸多的挑战和前所未有的危机[②]。青年的职业生涯环境迅速发生变化，很多职业工作岗位开始减少甚至消失，职业的工作的内容发生着天翻地覆的变化，对比分析 2015 版《中华人民共和国职业分类大典》中的 1481 个职业和 1999 版《中华人民共和国职业分类大典》的 1838 个职业，我们可以发现其中新增职业 347 个，取消职业 894 个。国家有编制的"铁饭碗"职业减少，职业的稳定性面临巨大挑战，这就要求青年要拥有一种终身学习、积极应变的意识。还要看到，随着信息技术的发展，职业的跨领域、跨界的实现可能性越来越大，青年进行职业选择也在发生重大变化，职业选择的自由度增大，不再只将职业视为工作的一部分，而是将之与生活相关联，成为人生的价值和意义所在，因此青年对职业生涯发展的关注更多是从工作本身的关注到对实现个人价值和个人成长的关注[③]。同时，随着国家对青年创业的引导和支持的力度增大，青年创业已经成为青年职业发展的一种重要形式，这使得当今青年在职业发展中面临着更多的挑战和更多的机遇。

在这种环境下，青年在职业的发展过程中存在哪些困惑和危机，在进行职业选择和职业生涯规划的过程中有什么样新的需求和策略，这些需要我们进行深入全面的考察，以探索政府在青年职业和创业发展过程中如何为青年提供有效的支持和引导。所以本调研从青年就业中的职业选择、职业稳定性及离职原因、职业能力提升及创业过程中的创业动机、创业兴趣及限制因素等方面对青年的就业与创业进行考察。

一、 北京青年的职业选择

总体上，被调查的北京青年职业选择时考虑的重要的因素依次是高收入（14.7%）、能实现个人的价值（12.7%）、能发挥自己的能力（12.2%）、符合个人兴趣（9.4%）、能

---

① Baruch, Y. : 《The development and validation of a measure for protean career orientation. 》《International Journal of Human Resource Management》, 2014 年第 25 卷第 19 期。
② 田喜洲、刘美玲：《基于个体优势的工作重塑》，《心理科学进展》，2017 年第 25 卷第 9 期。
③ 田宏杰：《易变性职业生涯定向：当代青年生涯发展的自主管理倾向》，《北京青年研究》，2019 年第 1 期。

提升能力（8.2%）、良好的工作安全性（7.9%）、工作氛围（7.3%）、能够积累经验（5.8%）、需要具有责任心（4.8%）、没有太大的压力（4.5%）、地理位置便利（4.3%）、时间安排灵活（4.2%）、职业声望好受人尊敬（4.2%）。详见表4.1和图4.1。

表4.1　北京青年在职业选择时的考虑因素

	人数	百分比（%）	排序
高收入	882	14.7	1
没有太大的压力	272	4.5	10
良好的工作安全性	474	7.9	6
职业声望好受人尊敬	251	4.2	13
时间安排灵活	252	4.2	12
能实现个人的价值	760	12.7	2
需要具有责任心	287	4.8	9
能发挥自己的能力	733	12.2	3
能提升能力	489	8.2	5
能够积累经验	345	5.8	8
地理位置便利	260	4.3	11
工作氛围	435	7.3	7
符合个人兴趣	560	9.3	4

图4.1　北京青年在职业选择时的考虑因素

不同调查主体在职业选择时的考虑因素不尽相同。其中，高校学生考虑的最重要因素依次是高收入、符合个人兴趣、工作氛围；农民工和白领考虑的最重要因素依次是高收入、能实现个人的价值、能发挥自己的能力；高校教师考虑的最重要因素依次是能发挥自己的能力、能实现个人的价值、高收入；公务员考虑的最重要因素依次是能实现个人的价值、高收入、能发挥自己的能力。选项百分比结果详见表4.2和图4.2。

表4.2 不同调查主体在职业选择时的考虑因素（%）

	高校学生	农民工	高校教师	公务员	白领
高收入	15.4	14.4	11.8	13.4	16.2
没有太大的压力	5.2	4.6	5.0	4.8	3.9
良好的工作安全性	7.2	9.2	7.1	8.2	8.0
职业声望好受人尊敬	5.4	3.6	5.1	4.7	3.1
时间安排灵活	4.8	4.7	4.1	4.7	3.5
能实现个人的价值	9.6	12.6	13.0	14.4	13.6
需要具有责任心	5.3	5.2	5.7	5.2	3.7
能发挥自己的能力	8.6	12.2	13.2	13.2	13.4
能提升能力	5.8	7.9	9.6	7.2	9.4
能够积累经验	5.3	6.8	5.8	6.2	5.3
地理位置便利	5.5	4.2	3.1	4.0	4.4
工作氛围	9.7	6.1	6.9	6.6	6.8
符合个人兴趣	12.3	8.6	9.7	7.3	8.7

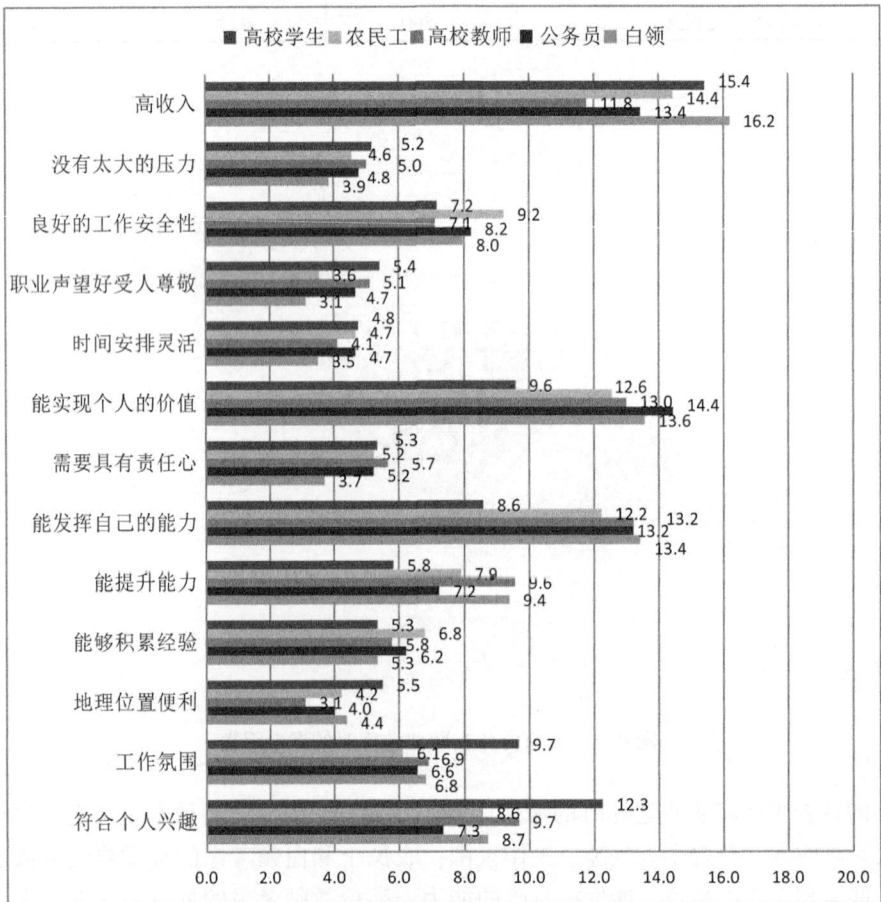

图4.2 不同调查主体在职业选择时的考虑因素（%）

　　不同性别北京青年在职业选择时的考虑因素基本一致。男性和女性考虑的最重要因素依次是高收入、能实现个人的价值、能发挥自己的能力。选项百分比结果详见表4.3和图4.3。

表4.3　不同性别北京青年在职业选择时的考虑因素（%）

	男	女
高收入	14.7	14.7
没有太大的压力	4.9	4.2
良好的工作安全性	8.1	7.7
职业声望好受人尊敬	4.6	3.8
时间安排灵活	4.2	4.2
能实现个人的价值	13.2	12.2
需要具有责任心	4.9	4.7
能发挥自己的能力	12.6	11.9
能提升能力	8.9	7.6
能够积累经验	6.0	5.6
地理位置便利	3.8	4.8
工作氛围	5.9	8.3
符合个人兴趣	8.2	10.2

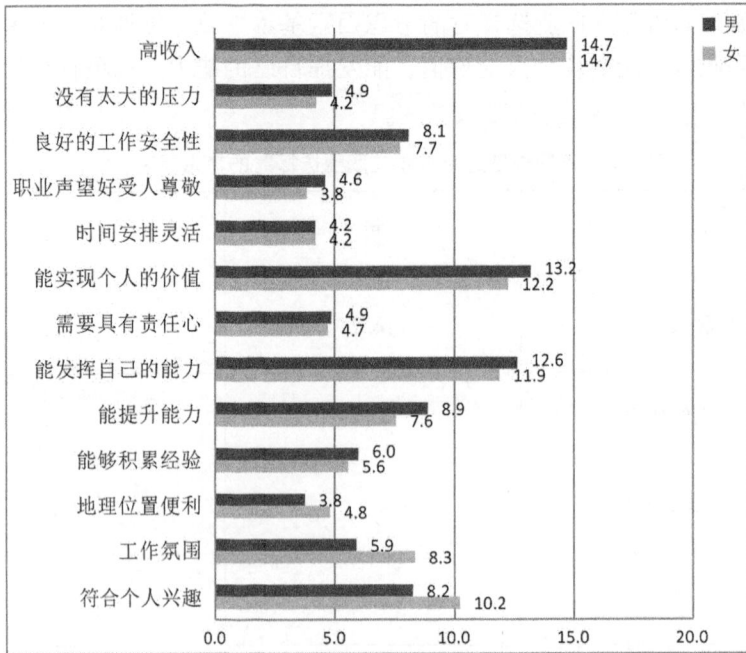

图 4.3　不同性别北京青年在职业选择时的考虑因素（%）

不同年龄北京青年在职业选择时的考虑因素不尽相同。其中，18-24 岁北京青年考虑的最重要因素依次是高收入、符合个人兴趣、能实现个人的价值，25-29 岁和 30-34 岁北京青年考虑的最重要因素依次是高收入、能实现个人的价值、能发挥自己的能力，35-44 岁北京青年考虑的最重要因素依次是能发挥自己的能力、高收入、能实现个人的价值。详见表 4.4 和图 4.4。

表 4.4　不同年龄北京青年在职业选择时的考虑因素（%）

	18-24 岁	25-29 岁	30-34 岁	35-44 岁
高收入	15.3	13.8	14.4	14.8
没有太大的压力	4.9	4.4	5.1	3.7
良好的工作安全性	7.3	7.9	7.7	8.8
职业声望好受人尊敬	4.3	3.7	4.7	4.0
时间安排灵活	4.7	4.8	2.9	3.9
能实现个人的价值	10.5	13.3	14.1	14.0
需要具有责任心	5.6	4.6	4.0	4.4
能发挥自己的能力	10.0	10.7	13.8	15.3
能提升能力	6.8	10.0	8.8	8.1
能够积累经验	6.1	6.0	5.6	5.2
地理位置便利	4.7	3.7	3.7	4.8
工作氛围	8.9	7.4	7.0	5.0
符合个人兴趣	10.8	9.6	8.1	8.0

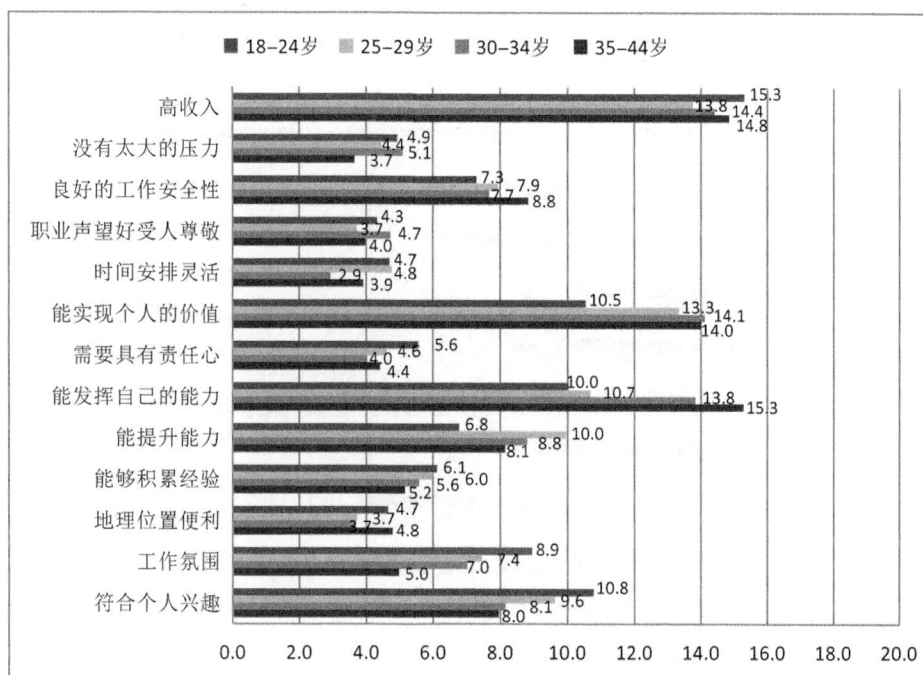

图 4.4　不同年龄北京青年在职业选择时的考虑因素（%）

不同婚姻状况北京青年在职业选择时的考虑因素不尽相同。其中，未婚北京青年考虑的最重要因素依次是高收入、能实现个人的价值、符合个人兴趣，已婚北京青年考虑的最重要因素依次是高收入、能实现个人的价值、能发挥自己的能力。详见表 4.5 和图 4.5。

表 4.5　不同婚姻状况北京青年在职业选择时的考虑因素（%）

	未婚	已婚
高收入	15.0	14.5
没有太大的压力	4.9	4.2
良好的工作安全性	7.3	8.3
职业声望好受人尊敬	4.2	4.1
时间安排灵活	4.6	3.9
能实现个人的价值	10.9	14.2
需要具有责任心	5.0	4.6
能发挥自己的能力	10.3	13.8
能提升能力	7.2	8.9
能够积累经验	6.0	5.5
地理位置便利	5.0	3.8
工作氛围	8.8	5.9
符合个人兴趣	10.7	8.3

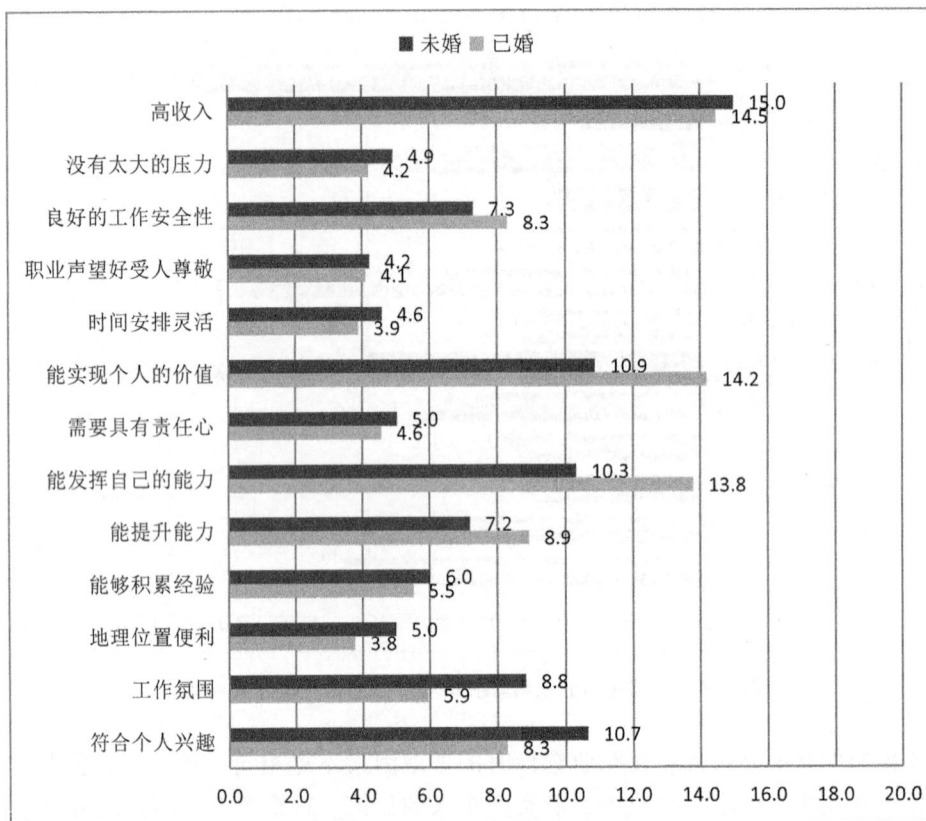

图4.5　不同婚姻状况北京青年在职业选择时的考虑因素（%）

不同受教育程度北京青年在职业选择时的考虑因素不尽相同。其中，初中及以下、高中/中专/中职、本科学历的北京青年考虑的最重要因素依次是高收入、能实现个人的价值、能发挥自己的能力，高职/大专学历的北京青年考虑的最重要因素依次是高收入、符合个人兴趣、工作氛围，研究生及以上学历的北京青年考虑的最重要因素依次是能实现个人的价值、能发挥自己的能力、高收入。详见表4.6和图4.6。

表4.6　不同受教育程度北京青年在职业选择时的考虑因素（%）

	初中及以下	高中/中专/中职	高职/大专	本科	研究生及以上
高收入	15.1	13.9	18.0	14.3	13.6
没有太大的压力	4.9	4.2	4.8	4.8	3.7
良好的工作安全性	9.9	8.7	6.0	8.0	8.0
职业声望好受人尊敬	3.5	3.6	3.7	4.1	5.1
时间安排灵活	3.7	5.5	4.0	4.3	3.7
能实现个人的价值	12.8	12.3	9.3	13.0	14.2

续表

	初中及以下	高中/中专/中职	高职/大专	本科	研究生及以上
需要具有责任心	5.4	5.1	4.8	4.5	5.2
能发挥自己的能力	12.1	12.3	8.9	12.3	14.2
能提升能力	8.9	7.1	5.4	8.6	9.0
能够积累经验	5.4	7.9	5.5	5.7	5.2
地理位置便利	4.7	3.8	4.7	4.7	3.2
工作氛围	5.7	6.5	10.4	7.2	6.1
符合个人兴趣	7.9	9.1	14.5	8.3	9.0

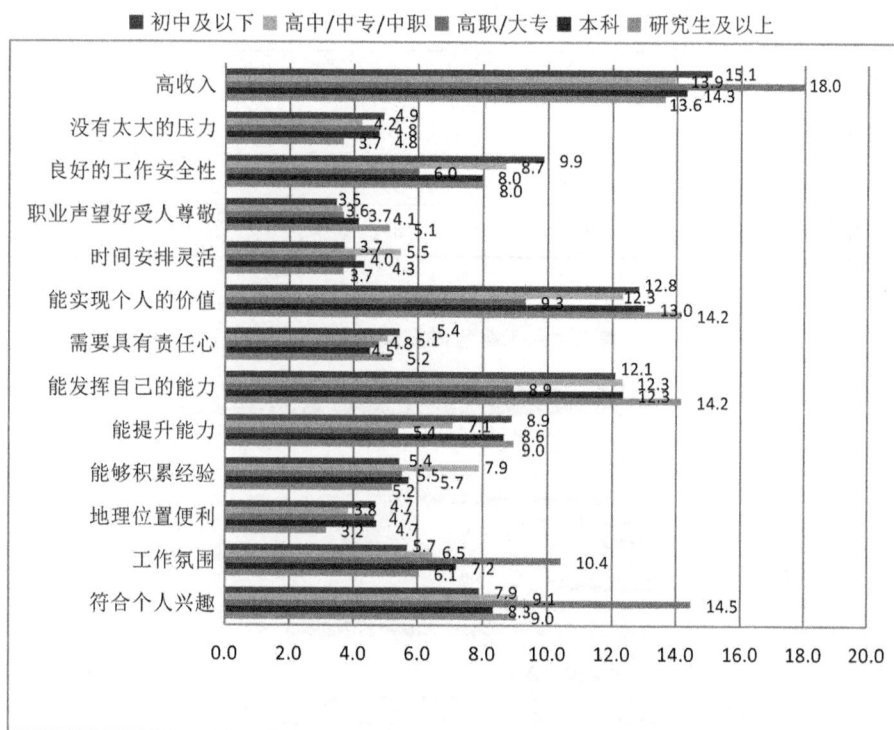

图4.6　不同受教育程度北京青年在职业选择时的考虑因素（%）

不同户籍所在地北京青年在职业选择时的考虑因素不尽相同。其中，北京和天津户籍的北京青年考虑的最重要因素依次是高收入、能实现个人的价值、能发挥自己的能力，河北户籍的北京青年考虑的最重要因素依次是能实现个人的价值、高收入、能发挥自己的能力，其他地区户籍的北京青年考虑的最重要因素依次是高收入、能发挥自己的能力、能实现个人的价值。详见表4.7和图4.7。

表4.7 不同户籍所在地北京青年在职业选择时的考虑因素（%）

	北京	天津	河北	其他地区
高收入	14.4	13.6	13.6	15.7
没有太大的压力	4.9	3.6	4.6	3.9
良好的工作安全性	7.7	7.5	10.3	7.9
职业声望好受人尊敬	4.8	5.4	5.6	2.5
时间安排灵活	4.5	5.4	3.8	3.6
能实现个人的价值	12.8	11.5	13.8	12.3
需要具有责任心	4.8	4.7	5.1	4.6
能发挥自己的能力	12.2	10.0	12.8	12.4
能提升能力	7.5	7.5	8.7	9.5
能够积累经验	5.5	6.5	6.4	5.9
地理位置便利	4.1	7.9	3.8	4.4
工作氛围	7.3	8.2	5.1	7.4
符合个人兴趣	9.5	8.2	6.2	9.9

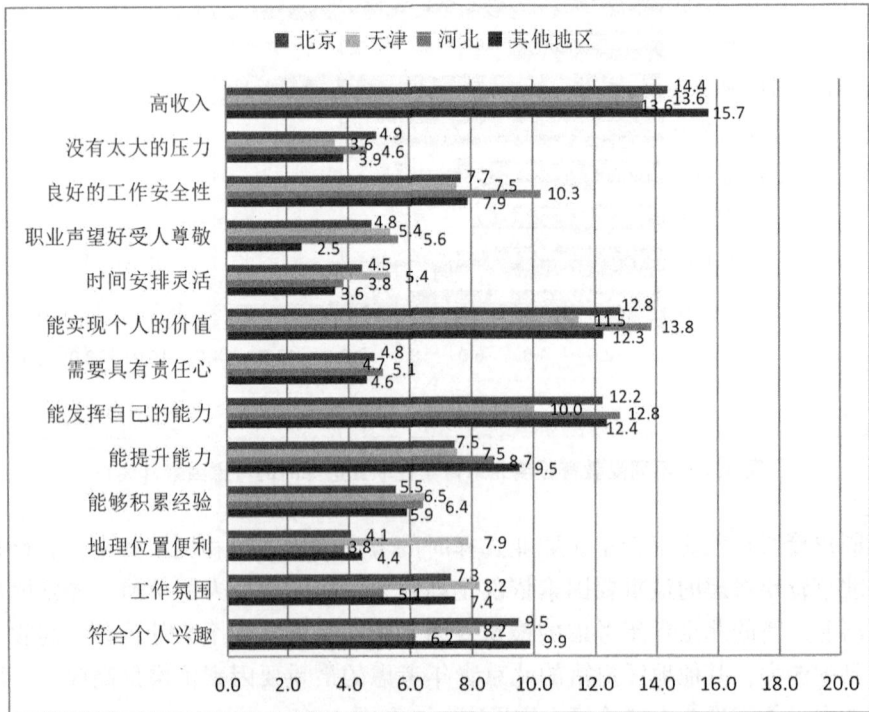

图4.7 不同户籍所在地北京青年在职业选择时的考虑因素（%）

　　在北京居住时间不同的北京青年在职业选择时的考虑因素基本一致。其中，在北京居住 0.5-1 年（不含）、1-3 年（不含）、5-10 年（不含）和 10 年及以上的北京青年考虑的最重要因素依次是高收入、能实现个人的价值、能发挥自己的能力，在北京居住 3-5 年（不含）的北京青年考虑的最重要因素依次是能实现个人的价值、高收入、能发挥自己的能力。详见表 4.8 和图 4.8。

表 4.8　在北京居住时间不同的北京青年在职业选择时的考虑因素（%）

	0.5-1 年（不含）	1-3 年（不含）	3-5 年（不含）	5-10 年（不含）	10 年及以上
高收入	15.2	13.7	13.2	16.8	14.6
没有太大的压力	4.3	4.1	4.2	4.1	4.8
良好的工作安全性	10.1	8.7	7.3	7.3	8.0
职业声望好受人尊敬	3.6	5.0	3.5	2.5	4.7
时间安排灵活	4.3	6.2	4.1	3.2	4.2
能实现个人的价值	13.0	10.5	13.5	14.4	12.3
需要具有责任心	2.9	5.5	6.4	3.0	4.9
能发挥自己的能力	12.3	10.3	11.4	14.1	12.1
能提升能力	6.5	8.0	10.2	9.2	7.6
能够积累经验	7.2	5.7	6.3	6.6	5.4
地理位置便利	2.2	5.7	3.7	3.9	4.5
工作氛围	9.4	8.0	6.9	6.2	7.4
符合个人兴趣	8.7	8.7	9.3	8.7	9.6

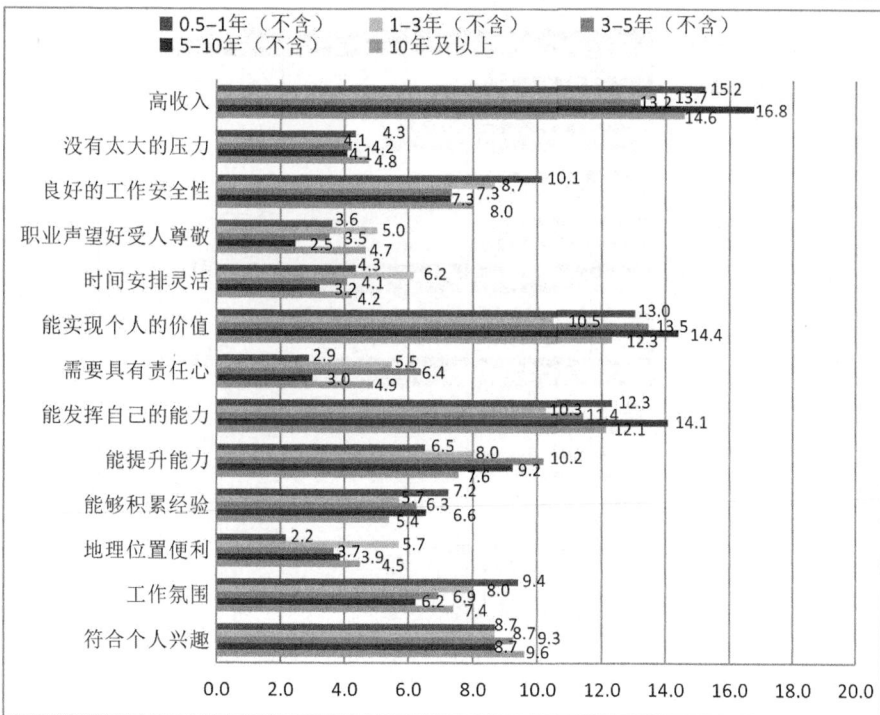

图 4.8　在北京居住时间不同的北京青年在职业选择时的考虑因素（%）

  不同政治面貌的北京青年在职业选择时的考虑因素基本一致。其中，中共党员考虑的最重要因素依次是能实现个人的价值、能发挥自己的能力、高收入，共青团员考虑的最重要因素依次是高收入、符合个人兴趣、能实现个人的价值，群众考虑的最重要因素依次是高收入、能实现个人的价值、能发挥自己的能力。详见表4.9和图4.9。

表4.9 不同政治面貌北京青年在职业选择时的考虑因素（%）

	中共党员	共青团员	群众
高收入	13.3	16.1	14.8
没有太大的压力	4.6	4.7	4.2
良好的工作安全性	7.1	7.4	8.8
职业声望好受人尊敬	4.7	4.2	3.8
时间安排灵活	4.3	4.1	4.2
能实现个人的价值	14.2	10.7	12.8
需要具有责任心	4.7	5.1	4.6
能发挥自己的能力	13.6	10.3	12.4
能提升能力	8.8	6.8	8.6
能够积累经验	6.0	5.3	6.0
地理位置便利	3.5	4.6	4.7
工作氛围	7.1	9.3	6.1
符合个人兴趣	8.1	11.4	9.0

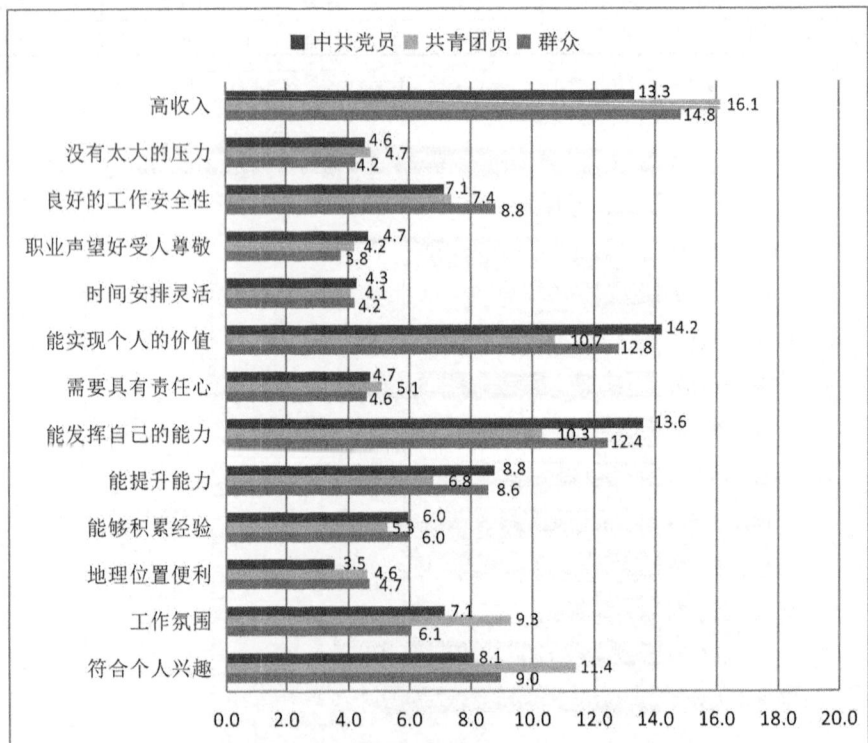

图4.9 不同政治面貌北京青年在职业选择时的考虑因素（%）

二、 北京青年的职业转换

(一) 换工作的次数

总体上，在被调查的北京青年中有 42.9% 换过 2 次工作，有 26.6% 换过 1 次工作，另外还有 16.0% 没换过工作，有 14.5% 换过 3 次及以上工作。不同调查主体差异显著，$p<0.001$。其中，公务员、高校教师换过 1 次工作的人数比例相对较高，农民工和白领换过 2 次工作的人数比例相对较高，农民工换过 3 次及以上工作的人数比例相对较高，公务员和高校教师没换过工作的人数比例相对较高。详见表 4.10 和图 4.10。

表 4.10 不同调查主体换工作的次数

调查主体	人数	选项百分比（%）			
		1 次	2 次	3 次及以上	这是第一份工作，未换过
农民工	300	19.0	48.3	24.3	8.3
高校教师	300	29.7	39.3	10.7	20.3
公务员	300	32.0	38.3	5.0	24.7
白领	700	26.1	44.1	16.0	13.7
总体	1600	26.6	42.9	14.5	16.0

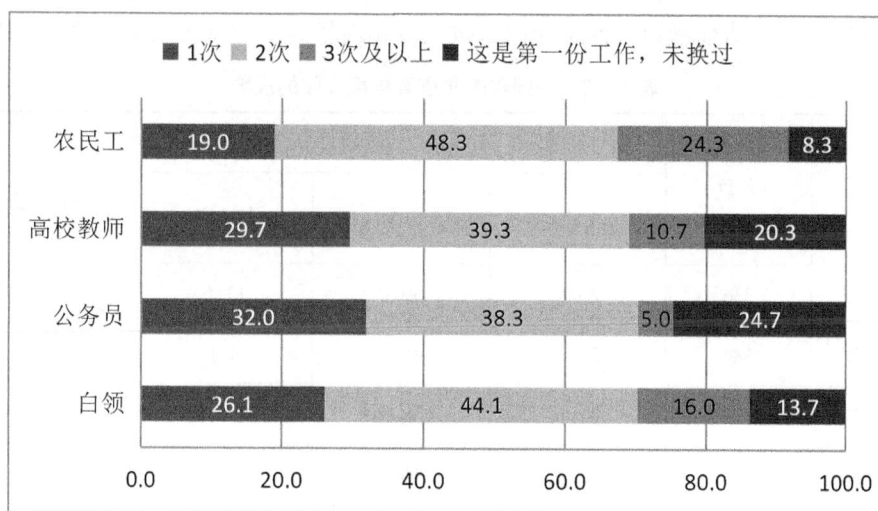

图 4.10 不同调查主体换工作的次数 （%）

不同性别北京青年换工作的次数没有显著差异，$p>0.05$。详见表4.11和图4.11。

表 4.11　不同性别北京青年换工作的次数

性别	人数	选项百分比（%）			
		1次	2次	3次及以上	这是第一份工作，未换过
男	800	26.3	41.8	16.5	15.5
女	800	26.9	44.1	12.5	16.5
总体	1600	26.6	42.9	14.5	16.0

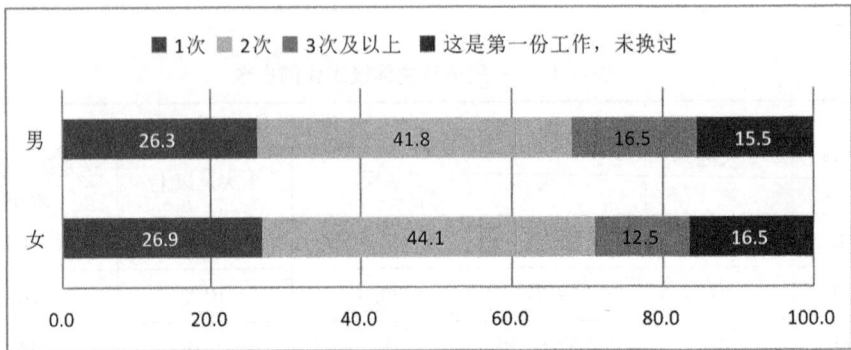

图 4.11　不同性别北京青年换工作的次数（%）

不同年龄北京青年换工作的次数差异显著，$p<0.001$。其中，30-34岁北京青年换过1次工作的人数比例相对较高，18-24岁北京青年换过2次工作的人数比例相对较高，35-44岁北京青年换过3次工作的人数比例相对较高。详见表4.12和图4.12。

表 4.12　不同年龄北京青年换工作的次数

年龄	人数	选项百分比（%）			
		1次	2次	3次及以上	这是第一份工作，未换过
18-24岁	336	23.8	50.0	11.6	14.6
25-29岁	384	29.4	45.1	8.1	17.4
30-34岁	352	31.5	38.4	12.8	17.3
35-44岁	528	22.9	40.0	22.2	15.0
总体	1600	26.6	42.9	14.5	16.0

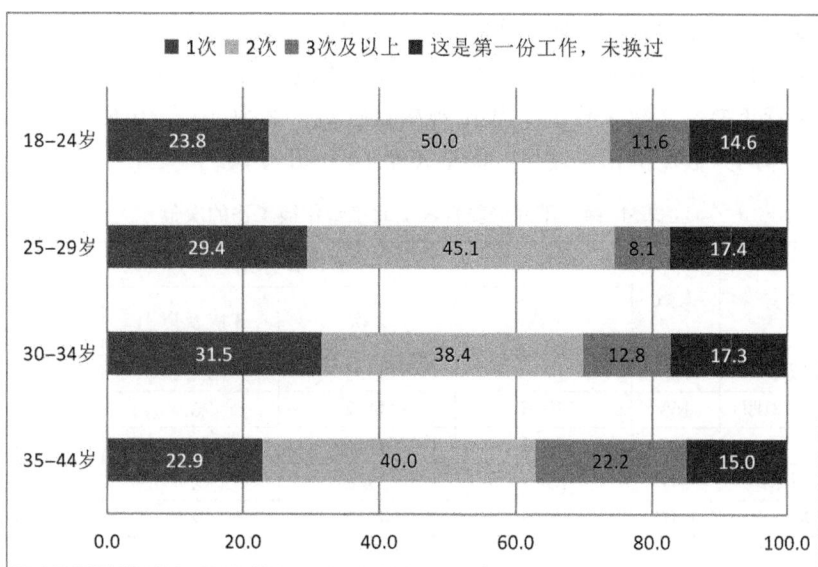

图 4.12 不同年龄北京青年换工作的次数（%）

不同婚姻状况北京青年换工作的次数没有显著差异，$p>0.05$。详见表 4.13 和图 4.13。

表 4.13 不同婚姻状况北京青年换工作的次数

婚姻状况	人数	选项百分比（%）			
		1 次	2 次	3 次及以上	这是第一份工作，未换过
未婚	511	25.4	44.8	12.3	17.4
已婚	1084	27.2	41.9	15.5	15.4
总体	1595	26.6	42.9	14.5	16.0

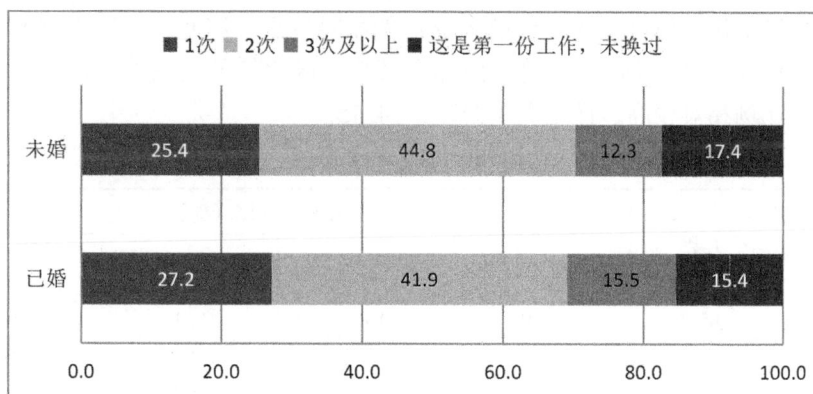

图 4.13 不同婚姻状况北京青年换工作的次数（%）

不同受教育程度北京青年换工作的次数差异显著，$p<0.001$。其中，研究生及以上和本科学历的北京青年没换过工作、换过1次工作的人数比例相对较高，初中及以下学历的北京青年换过2次工作的人数比例相对较高，高中/中专/中职学历的北京青年换过3次工作的人数比例相对较高。详见表4.14和图4.14。

表4.14　不同受教育程度北京青年换工作的次数

受教育程度	人数	选项百分比（%）			
		1次	2次	3次及以上	这是第一份工作，未换过
初中及以下	135	17.0	53.3	21.5	8.1
高中/中专/中职	165	20.6	44.2	26.7	8.5
本科	909	27.0	42.6	13.4	17.1
研究生及以上	391	31.5	39.6	9.5	19.4
总体	1600	26.6	42.9	14.5	16.0

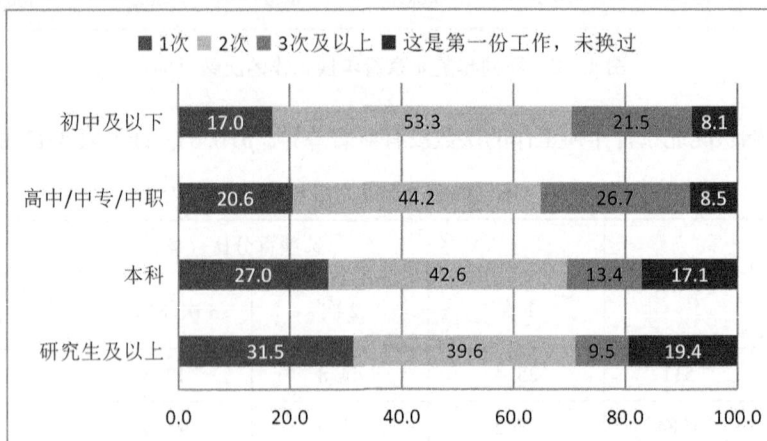

图4.14　不同受教育程度北京青年换工作的次数（%）

不同户籍所在地北京青年换工作的次数差异显著，$p<0.001$。其中，北京户籍的北京青年没换过工作、换过1次工作的人数比例相对较高，河北、天津户籍的北京青年换过2次工作的人数比例相对较高，河北和其他地区户籍的北京青年换过3次及以上工作的人数比例相对较高。详见表4.15和图4.15。

表4.15　不同户籍所在地北京青年换工作的次数

户籍所在地	人数	选项百分比（%）			
		1次	2次	3次及以上	这是第一份工作，未换过
北京	859	31.0	40.2	9.1	19.8
天津	72	25.0	50.0	18.1	6.9
河北	108	13.0	53.7	25.9	7.4
其他地区	561	22.6	44.2	20.1	13.0
总体	1600	26.6	42.9	14.5	16.0

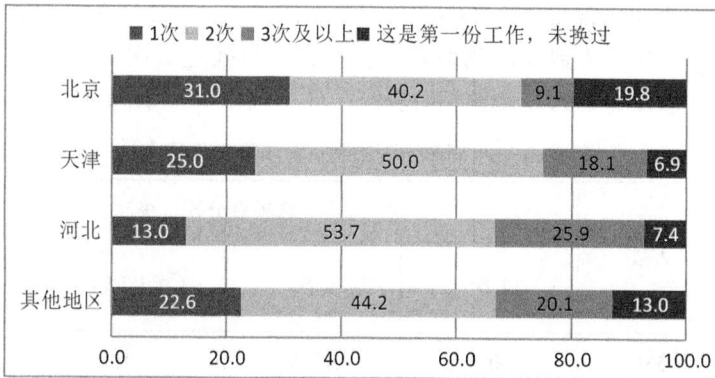

图 4.15　不同户籍所在地北京青年换工作的次数（%）

在北京居住时间不同的北京青年换工作的次数差异显著，$p<0.001$。其中，在北京居住 10 年及以上的北京青年没换过工作的人数比例相对较高，在北京居住 0.5-1 年（不含）和 10 年及以上的北京青年换过 1 次工作的人数比例相对较高，在北京居住 1-3 年（不含）的北京青年换过 2 次工作的人数比例相对较高。详见表 4.16 和图 4.16。

表 4.16　在北京居住时间不同的北京青年换工作的次数

在北京居住的时间	人数	选项百分比（%）			
		1 次	2 次	3 次及以上	这是第一份工作，未换过
0.5-1 年（不含）	43	30.2	51.2	9.3	9.3
1-3 年（不含）	109	14.7	56.9	16.5	11.9
3-5 年（不含）	206	22.8	51.0	15.5	10.7
5-10 年（不含）	304	25.0	43.8	17.8	13.5
10 年及以上	938	29.1	38.9	13.2	18.8
总体	1600	26.6	42.9	14.5	16.0

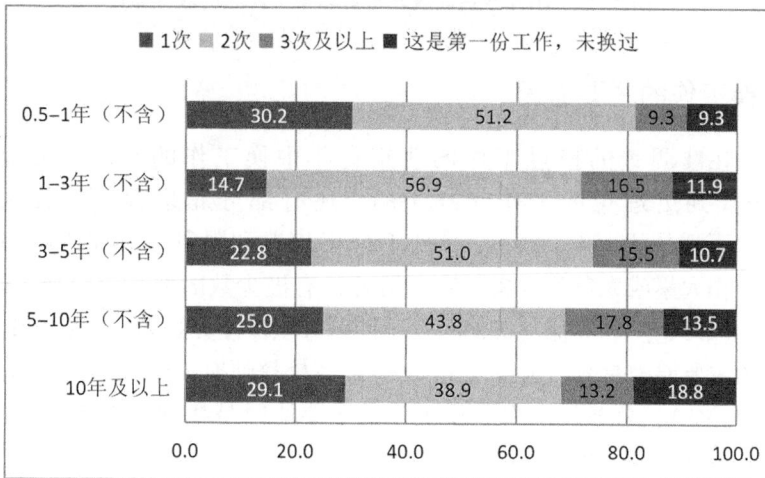

图 4.16　在北京居住时间不同的北京青年换工作的次数（%）

不同政治面貌北京青年换工作的次数差异显著，*p*<0.001。其中，中共党员没换过工作和换过1次工作的人数比例相对较高，共青团员换过2次工作的人数比例相对较高，群众换过3次工作的人数比例相对较高。详见表4.17和图4.17。

表4.17　不同政治面貌北京青年换工作的次数

政治面貌	人数	选项百分比（%）			
		1次	2次	3次及以上	这是第一份工作，未换过
中共党员	561	30.1	40.5	7.8	21.6
共青团员	237	20.7	57.0	10.5	11.8
群众	783	25.4	41.1	20.4	13.0
总体	1581	26.6	42.9	14.5	16.0

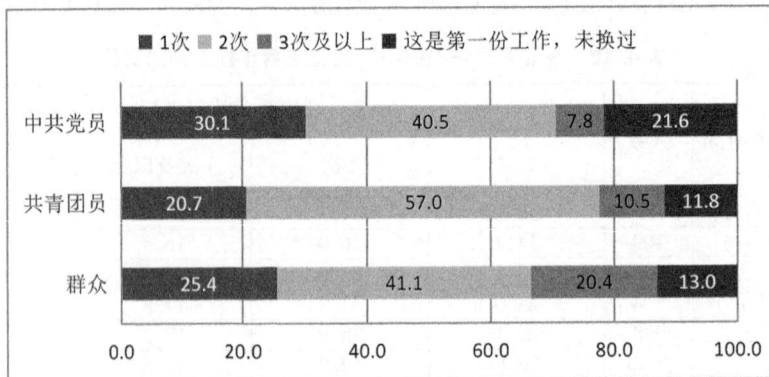

图4.17　不同政治面貌北京青年换工作的次数（%）

（二）换工作的主要原因

总体上，在被调查的换过工作的北京青年中换工作的原因主要是收入太少（25.1%）和找到更理想的工作（21.1%），还有部分北京青年选择工作不稳定（12.0%）、学不到技术（11.2%）、受到不公正待遇和限制（10.6%）、工作环境差（9.0%）和工作太累或太危险（8.3%），另外还有极少数的北京青年换工作是因为单位破产/倒闭（2.5%）和其他（0.2%）。不同调查主体差异显著，*p*<0.001。其中，农民工换工作的主要原因是收入太少（30.5%），高校教师换工作的主要原因是找到更理想的工作（24.3%），公务员和白领换工作的主要原因是找到更理想的工作和收入太少。详见表4.18和图4.18。

表 4.18　不同调查主体换工作的主要原因

调查主体	人数	选项百分比（%）								
		收入太少	工作太累或太危险	学不到技术	工作环境差	工作不稳定	受到不公正待遇和限制	单位破产/倒闭	找到更理想的工作	其他
农民工	275	30.5	12.7	11.6	10.5	10.2	9.8	1.8	12.7	0.0
高校教师	239	15.5	10.5	11.7	10.0	14.2	13.4	0.4	24.3	0.0
公务员	226	22.6	5.3	11.1	8.4	13.3	10.6	2.7	26.1	0.0
白领	604	27.5	6.5	10.9	8.1	11.4	9.9	3.5	21.7	0.5
总体	1344	25.1	8.3	11.2	9.0	12.0	10.6	2.5	21.1	0.2

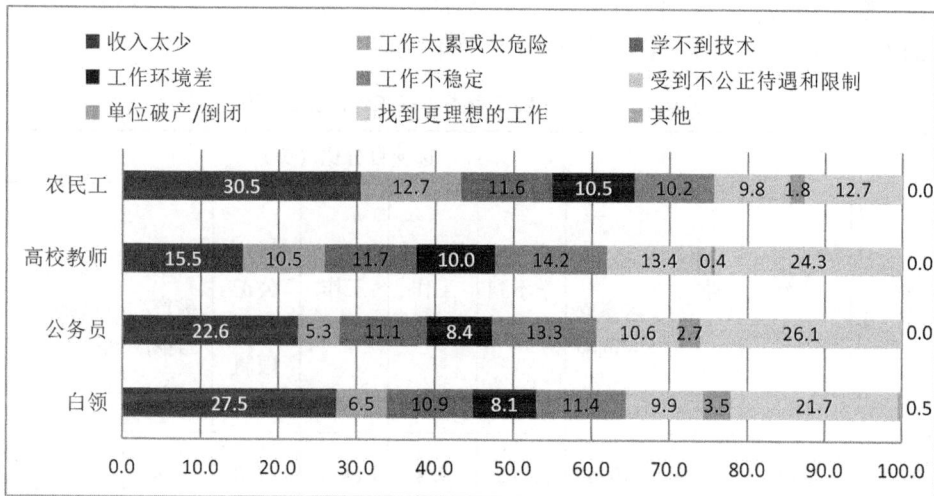

图 4.18　不同调查主体换工作的主要原因（%）

不同性别北京青年换工作的主要原因没有显著差异，$p > 0.05$。详见表 4.19 和图 4.19。

表 4.19　不同性别北京青年换工作的主要原因

性别	人数	选项百分比（%）								
		收入太少	工作太累或太危险	学不到技术	工作环境差	工作不稳定	受到不公正待遇和限制	单位破产/倒闭	找到更理想的工作	其他
男	676	28.1	7.4	10.8	8.0	12.4	10.8	2.5	19.8	0.1
女	668	22.2	9.1	11.7	10.0	11.5	10.5	2.4	22.3	0.3
总体	1344	25.1	8.3	11.2	9.0	12.0	10.6	2.5	21.1	0.2

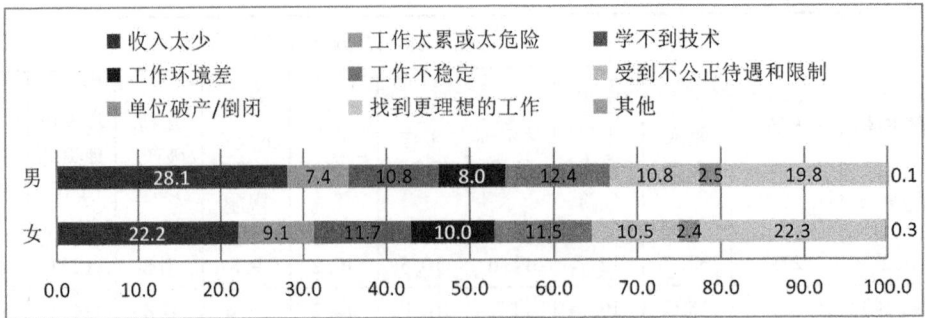

图4.19 不同性别北京青年换工作的主要原因（%）

不同年龄北京青年换工作的主要原因差异显著，$p<0.01$。其中，35-44 岁和 30-34 岁的北京青年选择换工作的主要原因是收入太少的人数比例相对较高，18-24 岁的北京青年选择换工作的主要原因是工作太累或太危险、学不到技术、工作环境差和工作不稳定的人数比例相对较高。详见表 4.20 和图 4.20。

表4.20 不同年龄北京青年换工作的主要原因

年龄	人数	选项百分比（%）								
		收入太少	工作太累或太危险	学不到技术	工作环境差	工作不稳定	受到不公正待遇和限制	单位破产/倒闭	找到更理想的工作	其他
18-24 岁	287	23.3	10.5	12.2	9.8	14.3	11.8	1.4	16.4	0.3
25-29 岁	317	22.4	8.2	11.4	9.1	12.3	12.0	1.9	22.4	0.3
30-34 岁	291	26.5	8.9	11.7	9.3	7.9	9.3	3.4	22.7	0.3
35-44 岁	449	27.4	6.5	10.2	8.2	12.9	9.8	2.9	22.0	0.0
总体	1344	25.1	8.3	11.2	9.0	12.0	10.6	2.5	21.1	0.2

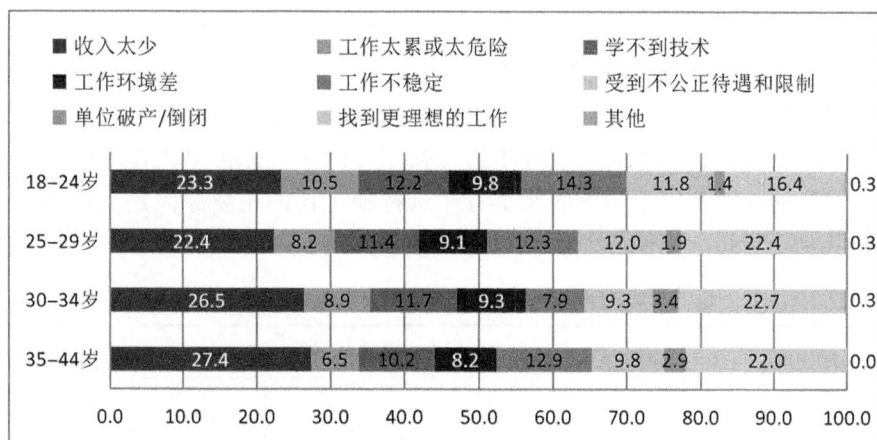

图 4.20 不同年龄北京青年换工作的主要原因（%）

不同婚姻状况北京青年换工作的主要原因差异显著，$p<0.001$。其中，已婚北京青年选择换工作的主要原因是收入太少和找到更理想的工作的人数比例相对较高，未婚北京青年选择换工作的主要原因是工作太累或太危险、学不到技术、工作环境差、工作不稳定和受到不公正待遇和限制的人数比例相对较高。详见表 4.21 和图 4.21。

表 4.21 不同婚姻状况北京青年换工作的主要原因

婚姻状况	人数	选项百分比（%）								
		收入太少	工作太累或太危险	学不到技术	工作环境差	工作不稳定	受到不公正待遇和限制	单位破产/倒闭	找到更理想的工作	其他
未婚	422	23.5	9.7	11.6	9.7	13.3	12.1	1.9	18.0	0.2
已婚	917	26.0	7.6	11.1	8.5	11.3	9.9	2.7	22.6	0.2
总体	1339	25.1	8.3	11.2	9.0	12.0	10.6	2.5	21.1	0.2

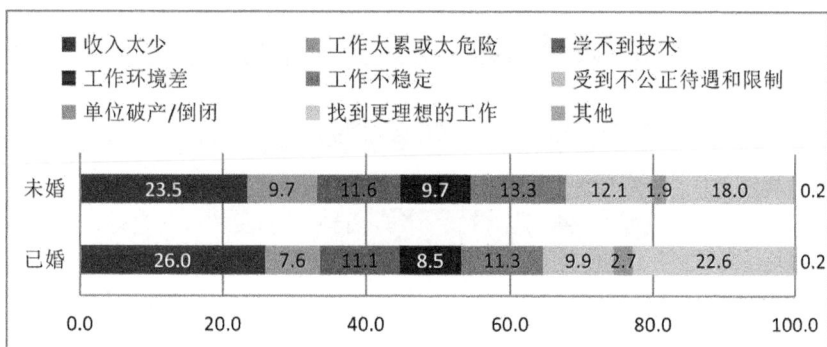

图 4.21 不同婚姻状况北京青年换工作的主要原因（%）

不同受教育程度北京青年换工作的主要原因差异显著，$p<0.001$。其中，初中及以下学历的北京青年选择换工作的主要原因是收入太少的人数比例相对较高，高中/中专/中职学历的北京青年选择换工作的主要原因是工作太累或太危险和学不到技术的人数比例相对较高，本科学历的北京青年选择换工作的主要原因是工作不稳定的人数比例相对较高，研究生及以上学历的北京青年选择换工作的主要原因是受到不公正待遇和限制、找到更理想的工作的人数比例相对较高。详见表4.22和图4.22。

表4.22 不同受教育程度北京青年换工作的主要原因

受教育程度	人数	选项百分比（%）								
		收入太少	工作太累或太危险	学不到技术	工作环境差	工作不稳定	受到不公正待遇和限制	单位破产/倒闭	找到更理想的工作	其他
初中及以下	124	33.1	8.9	9.7	10.5	8.9	12.1	3.2	13.7	0.0
高中/中专/中职	151	28.5	15.9	13.2	10.6	11.3	7.9	0.7	11.9	0.0
本科	754	26.7	6.1	11.8	7.8	13.1	9.4	3.2	21.5	0.4
研究生及以上	315	16.8	9.5	9.5	10.5	10.8	14.3	1.3	27.3	0.0
总体	1344	25.1	8.3	11.2	9.0	12.0	10.6	2.5	21.1	0.2

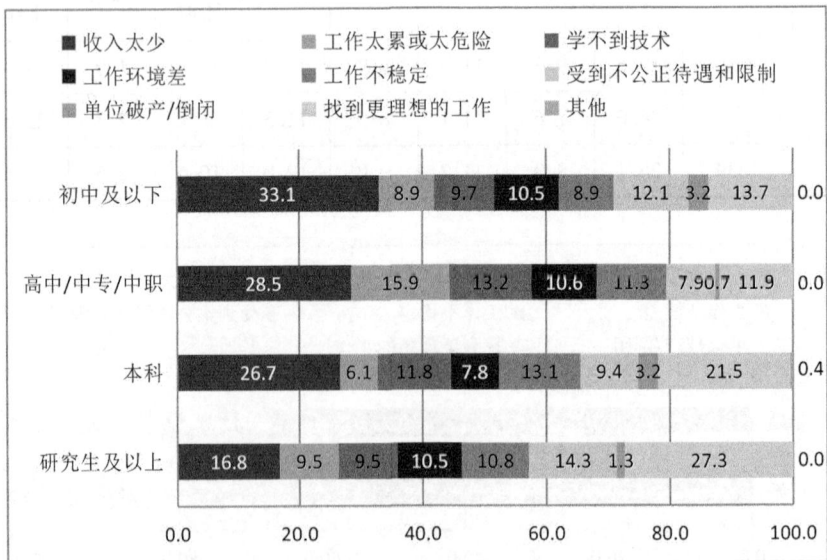

图4.22 不同受教育程度北京青年换工作的主要原因（%）

不同户籍所在地北京青年换工作的主要原因差异显著，$p<0.001$。其中，北京户籍的北京青年选择换工作的主要原因是受到不公正待遇和限制人数比例相对较高，天津户籍的北京青年选择换工作的主要原因是工作太累或太危险、学不到技术、工作环境差的人数比例相对较高，河北户籍的北京青年选择换工作的主要原因是收入太少、找到更理想的工作的人数比例相对较高。详见表 4.23 和图 4.23。

表 4.23　不同户籍所在地北京青年换工作的主要原因

户籍所在地	人数	选项百分比（%）								
		收入太少	工作太累或太危险	学不到技术	工作环境差	工作不稳定	受到不公正待遇和限制	单位破产/倒闭	找到更理想的工作	其他
北京	689	24.2	7.4	10.6	9.1	11.8	11.3	2.2	23.2	0.1
天津	67	26.9	13.4	13.4	10.4	11.9	10.4	3.0	10.4	0.0
河北	100	31.0	7.0	9.0	8.0	12.0	5.0	4.0	24.0	0.0
其他地区	488	25.0	9.0	12.3	8.8	12.3	10.9	2.5	18.9	0.4
总体	1344	25.1	8.3	11.2	9.0	12.0	10.6	2.5	21.1	0.2

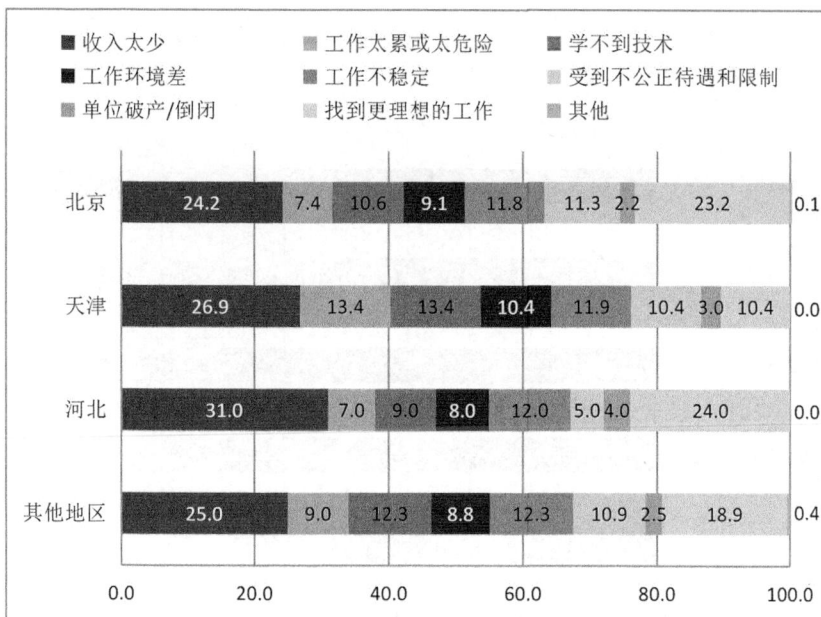

图 4.23　不同户籍所在地北京青年换工作的主要原因（%）

在北京居住时间不同的北京青年换工作的主要原因差异显著，*p*<0.001。在北京居住 0.5-1 年（不含）的北京青年选择换工作的主要原因是学不到技术、找到更理想的工作的人数比例相对较高，在北京居住 1-3 年（不含）的北京青年选择换工作的主要原因是受到不公正待遇和限制的人数比例相对较高，在北京居住 3-5 年（不含）的北京青年选择换工作的主要原因是工作环境差、工作不稳定的人数比例相对较高，在北京居住 5-10 年（不含）的北京青年选择换工作的主要原因是收入太少的人数比例相对较高，在北京居住 10 年及以上的北京青年选择换工作的主要原因是工作太累或太危险的人数比例相对较高。详见表 4.24 和图 4.24。

表 4.24　在北京居住时间不同的北京青年换工作的主要原因

在北京居住的时间	人数	选项百分比（%）								
		收入太少	工作太累或太危险	学不到技术	工作环境差	工作不稳定	受到不公正待遇和限制	单位破产/倒闭	找到更理想的工作	其他
0.5-1 年（不含）	39	17.9	2.6	15.4	7.7	15.4	12.8	2.6	25.6	0.0
1-3 年（不含）	96	19.8	8.3	9.4	7.3	13.5	15.6	2.1	21.9	2.1
3-5 年（不含）	184	21.2	7.1	11.4	12.5	17.4	9.2	1.1	19.6	0.5
5-10 年（不含）	263	32.7	7.2	10.6	8.4	11.4	7.2	3.4	19.0	0.0
10 年及以上	762	24.5	9.2	11.4	8.7	10.5	11.4	2.5	21.8	0.0
总体	1344	25.1	8.3	11.2	9.0	12.0	10.6	2.5	21.1	0.2

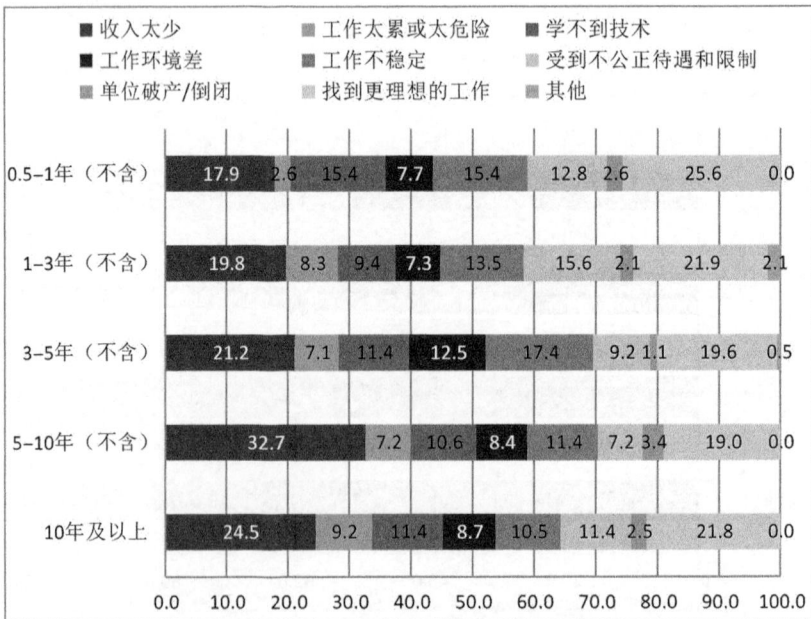

图 4.24　在北京居住时间不同的北京青年换工作的主要原因（%）

不同政治面貌北京青年换工作的主要原因差异显著，$p<0.001$。其中，中共党员选择换工作的主要原因是受到不公正待遇和限制、找到更理想的工作的人数比例相对较高，共青团员选择换工作的主要原因是工作太累或太危险、工作环境差、工作不稳定的人数比例相对较高，群众选择换工作的主要原因是收入太少、学不到技术的人数比例相对较高。详见表 4.25 和图 4.25。

表 4.25 不同政治面貌北京青年换工作的主要原因

政治面貌	人数	选项百分比（%）								
		收入太少	工作太累或太危险	学不到技术	工作环境差	工作不稳定	受到不公正待遇和限制	单位破产/倒闭	找到更理想的工作	其他
中共党员	440	22.3	7.5	8.9	9.1	12.7	12.7	2.3	24.5	0.0
共青团员	209	18.7	11.5	12.4	12.9	13.9	12.4	1.4	15.8	1.0
群众	681	29.5	7.9	12.5	7.9	10.4	8.5	2.9	20.1	0.1
总体	1330	25.1	8.3	11.2	9.0	12.0	10.6	2.5	21.1	0.2

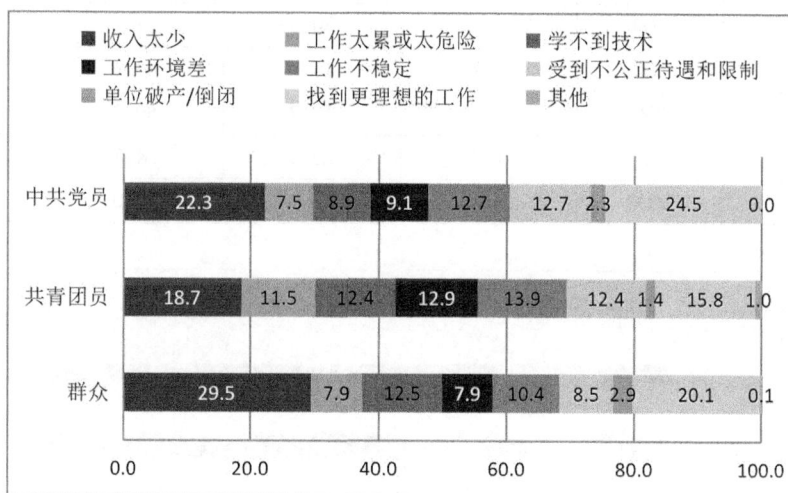

图 4.25 不同政治面貌北京青年换工作的主要原因（%）

三、 北京青年的职业能力提升

（一） 对现有的知识适用程度的看法

总体上，在被调查的北京青年中有 68.8% 认为自己现有的知识可以满足未来工作的需要（"完全满足"和"基本满足"），有 31.3% 认为自己现有的知识不能满足未来工作的需要（"欠缺较大"和"稍有欠缺"）。不同调查主体差异显著，$p <$ 0.001。其中，高校教师（81.3%）、公务员（79.6%）和白领（75.7%）认为自己现有的知识可以满足未来工作需要的人数比例较高，农民工（60.0%）和高校学生（45.8%）认为自己现有的知识可以满足未来工作需要的人数比例较低。详见表 4.26 和图 4.26。

表 4.26　不同调查主体现有的知识是否可以满足未来工作的需要

调查主体	人数	选项百分比（%）			
		欠缺较大	稍有欠缺	基本满足	完全满足
高校学生	400	10.5	43.8	40.0	5.8
农民工	300	9.7	30.3	51.3	8.7
高校教师	300	0.7	18.0	69.3	12.0
公务员	300	1.7	18.7	69.3	10.3
白领	700	1.9	22.4	64.3	11.4
总体	2000	4.6	26.7	59.0	9.8

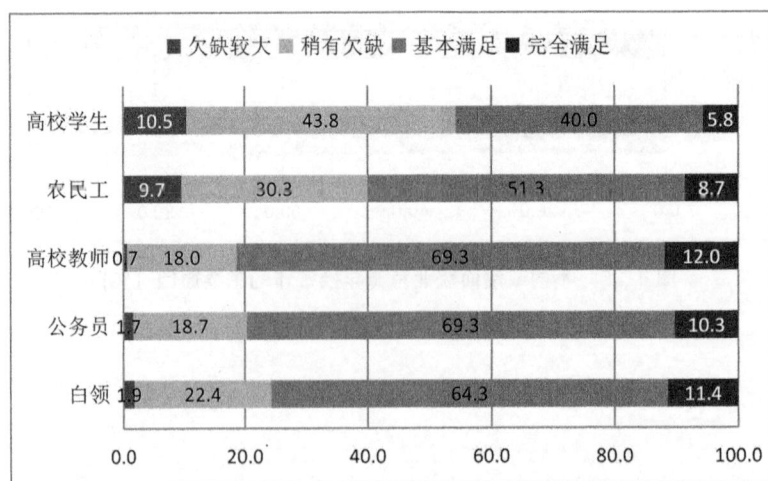

图 4.26　不同调查主体现有的知识是否可以满足未来工作的需要（%）

　　不同性别北京青年现有知识满足未来工作需要的情况差异显著，*p*<0.001。其中，男性认为自己现有的知识可以满足未来工作需要的人数比例较高（75.9%），女性认为自己现有的知识可以满足未来工作需要的人数比例较低（63.1%）。详见表 4.27 和图 4.27。

表 4.27　不同性别北京青年现有的知识是否可以满足未来工作的需要

性别	人数	选项百分比（%）			
		欠缺较大	稍有欠缺	基本满足	完全满足
男	897	3.8	20.3	64.2	11.7
女	1103	5.2	31.8	54.8	8.3
总体	2000	4.6	26.7	59.0	9.8

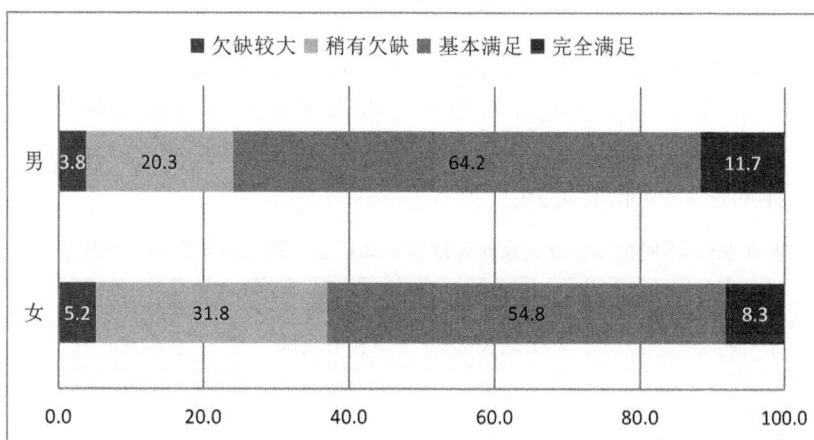

图 4.27　不同性别北京青年现有的知识是否可以满足未来工作的需要（%）

　　不同年龄北京青年现有知识满足未来工作需要的情况差异显著，*p*<0.001。其中，30-34 岁（79.0%）、35-44 岁（77.4%）和 25-29 岁（73.3%）的北京青年认为自己现有的知识可以满足未来工作需要的人数比例较高，18-24 岁北京青年认为自己现有的知识可以满足未来工作需要的人数比例较低（54.6%）。详见表 4.28 和图 4.28。

表 4.28　不同年龄北京青年现有的知识是否可以满足未来工作的需要

年龄	人数	选项百分比（%）			
		欠缺较大	稍有欠缺	基本满足	完全满足
18-24 岁	708	8.3	37.0	48.0	6.6
25-29 岁	412	3.6	23.1	63.6	9.7
30-34 岁	352	1.1	19.9	68.8	10.2
35-44 岁	528	2.5	20.1	63.6	13.8
总体	2000	4.6	26.7	59.0	9.8

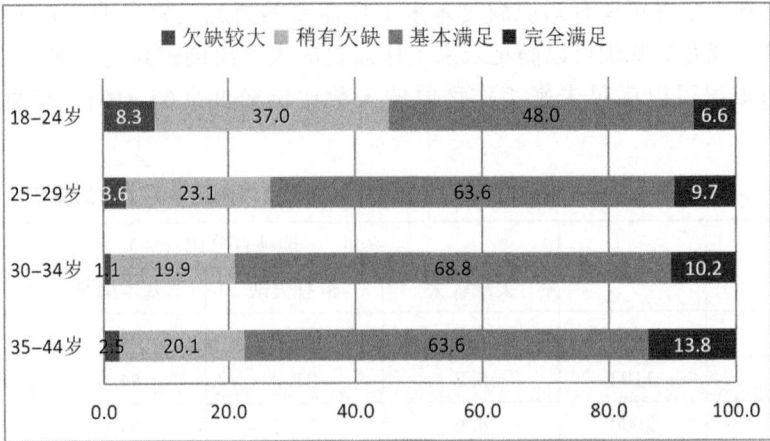

图 4.28 不同年龄北京青年现有的知识是否可以满足未来工作的需要（%）

不同婚姻状况北京青年现有知识满足未来工作需要的情况差异显著，$p<0.001$。其中，已婚北京青年认为自己现有的知识可以满足未来工作需要的人数比例较高（78.2%），未婚北京青年认为自己现有的知识可以满足未来工作需要的人数比例较低（57.8%）。详见表 4.29 和图 4.29。

表 4.29 不同婚姻状况北京青年现有的知识是否可以满足未来工作的需要

婚姻状况	人数	选项百分比（%）			
		欠缺较大	稍有欠缺	基本满足	完全满足
未婚	907	7.6	34.6	50.7	7.1
已婚	1087	2.0	19.9	66.1	12.1
总体	1994	4.6	26.7	59.0	9.8

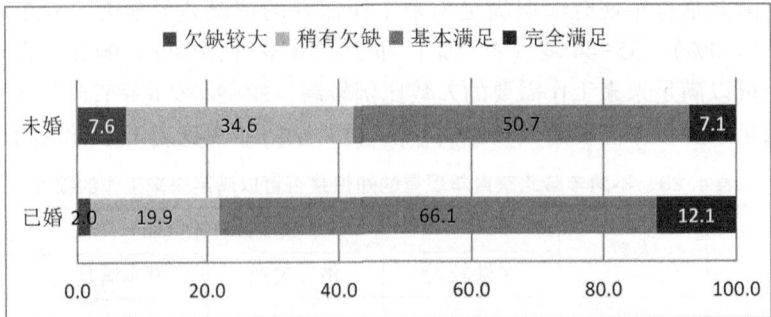

图 4.29 不同婚姻状况北京青年现有的知识是否可以满足未来工作的需要（%）

不同受教育程度北京青年现有知识满足未来工作需要的情况差异显著，$p<0.001$。其中，研究生及以上（82.9%）和本科（73.3%）学历的北京青年认为自己现有的知识可以满足未来工作需要的人数比例较高，初中及以下（61.5%）和高中/中专/中职

（58.8%）学历的北京青年认为自己现有的知识可以满足未来工作需要的人数比例居中，高职/大专学历的北京青年认为自己现有的知识可以满足未来工作需要的人数比例最低（41.2%）。详见表4.30和图4.30。

表4.30　不同受教育程度北京青年现有的知识是否可以满足未来工作的需要

受教育程度	人数	选项百分比（%）			
		欠缺较大	稍有欠缺	基本满足	完全满足
初中及以下	135	8.1	30.4	54.8	6.7
高中/中专/中职	165	10.9	30.3	48.5	10.3
高职/大专	272	11.8	47.1	37.5	3.7
本科	1037	2.7	24.0	63.0	10.3
研究生及以上	391	0.5	16.6	69.3	13.6
总体	2000	4.6	26.7	59.0	9.8

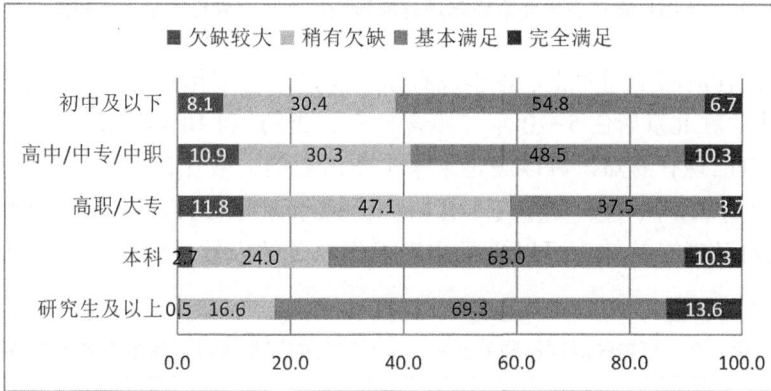

图4.30　不同受教育程度北京青年现有的知识是否可以满足未来工作的需要（%）

不同户籍所在地北京青年现有知识满足未来工作需要的情况没有显著差异，$p > 0.05$。其中，北京户籍的北京青年认为自己现有的知识可以满足未来工作需要的人数比例相对较高（71.3%），河北户籍的北京青年认为自己现有的知识可以满足未来工作需要的人数比例相对较低（58.4%）。详见表4.31和图4.31。

表4.31　不同户籍所在地北京青年现有的知识是否可以满足未来工作的需要

户籍所在地	人数	选项百分比（%）			
		欠缺较大	稍有欠缺	基本满足	完全满足
北京	1190	3.9	24.8	60.4	10.9
天津	93	7.5	23.7	60.2	8.6
河北	130	6.2	35.4	51.5	6.9
其他地区	587	5.1	29.0	57.6	8.3
总体	2000	4.6	26.7	59.0	9.8

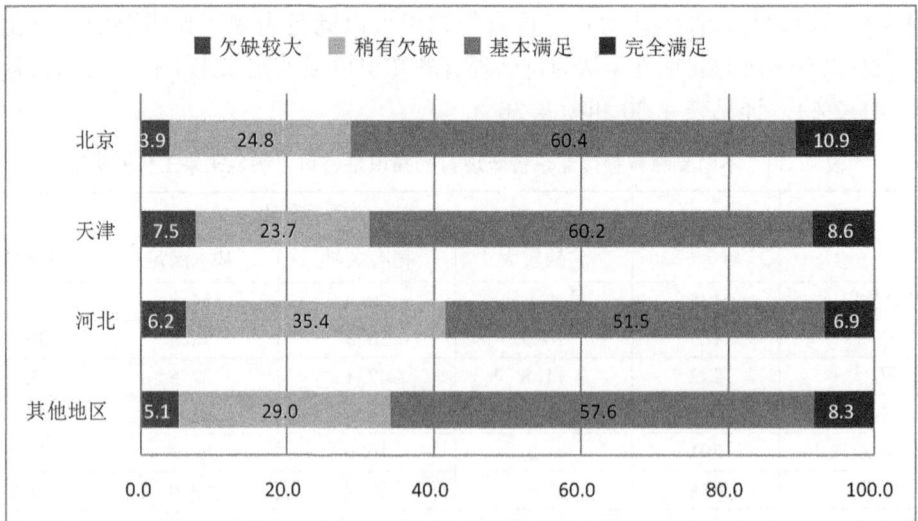

图 4.31　不同户籍所在地北京青年现有的知识是否可以满足未来工作的需要 （%）

在北京居住时间不同的北京青年现有知识满足未来工作需要的情况差异显著，$p<0.001$。其中，在北京居住 5-10 年（不含）（72.2%）和 10 年及以上（71.5%）的北京青年认为自己现有的知识可以满足未来工作需要的人数比例较高，在北京居住 3-5 年（不含）（61.2%）、0.5-1 年（不含）（56.5%）和 1-3 年（不含）（54.8%）的北京青年认为自己现有的知识可以满足未来工作需要的人数比例较低。详见表 4.32 和图 4.32。

表 4.32　在北京居住时间不同的北京青年现有的知识是否可以满足未来工作的需要

在北京居住的时间	人数	选项百分比 （%）			
		欠缺较大	稍有欠缺	基本满足	完全满足
0.5-1 年（不含）	46	10.9	32.6	47.8	8.7
1-3 年（不含）	146	8.2	37.0	50.0	4.8
3-5 年（不含）	245	5.3	33.5	54.7	6.5
5-10 年（不含）	310	3.9	23.9	66.1	6.1
10 年及以上	1253	3.9	24.6	59.5	12.0
总体	2000	4.6	26.7	59.0	9.8

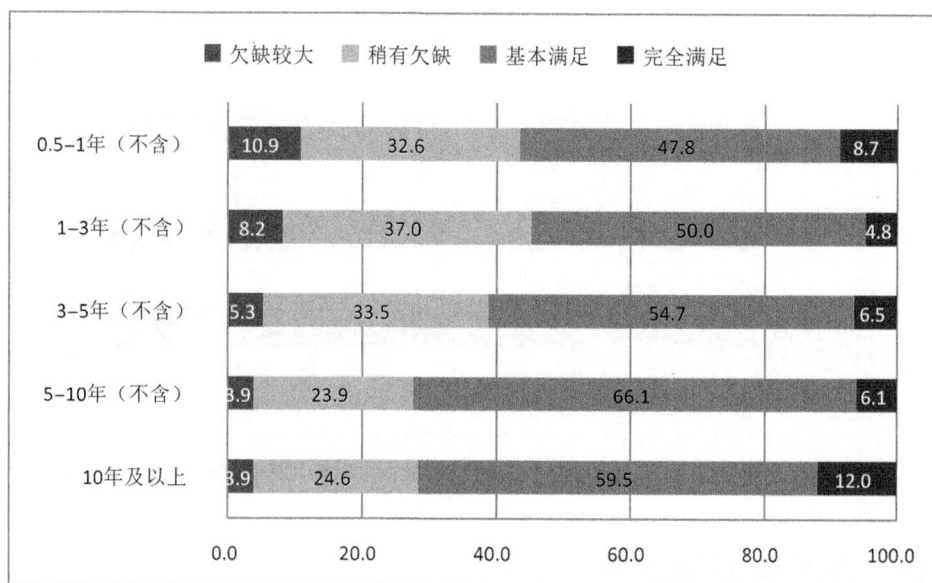

图 4.32 在北京居住时间不同的北京青年现有的知识是否可以满足未来工作的需要（%）

不同政治面貌北京青年现有知识满足未来工作需要的情况差异显著，$p<0.001$。其中，中共党员认为自己现有的知识可以满足未来工作需要的人数比例最高（80.1%），群众认为自己现有的知识可以满足未来工作需要的人数比例较高（71.7%），共青团员认为自己现有的知识可以满足未来工作需要的人数比例较低（52.5%）。详见表 4.33和图 4.33。

表 4.33 不同政治面貌北京青年现有的知识是否可以满足未来工作的需要

政治面貌	人数	选项百分比（%）			
		欠缺较大	稍有欠缺	基本满足	完全满足
中共党员	593	2.0	17.9	67.1	13.0
共青团员	556	9.0	38.5	46.2	6.3
群众	825	3.4	25.0	61.6	10.1
总体	1974	4.6	26.7	59.0	9.8

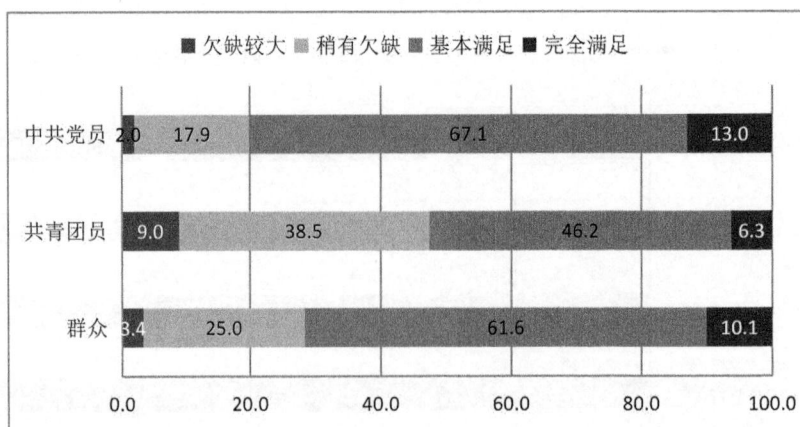

图 4.33　不同政治面貌北京青年现有的知识是否可以满足未来工作的需要（%）

（二）职业能力提升需求

总体上，被调查的北京青年认为为了更好地适应生活和工作，自己在以下几个方面的能力亟须提升，选择人数百分比从高到低依次是专业知识（31.6%）、应变能力（27.6%）、创新能力（25.5%）、交往能力（24.8%）、口头表达能力（22.9%）、外语能力（21.7%）、逻辑思维能力（18.6%）、项目管理能力（18.1%）、执行能力（14.1%）、时间管理能力（13.0%）、合作能力（12.6%）、文字表达能力（12.0%）、减压调适能力（11.2%）、计算机语言（9.2%）、办公软件实操（8.8%）、共情能力（5.4%）。详见表 4.34 和图 4.34。

表 4.34　北京青年的能力提升需求

	人数	百分比（%）
外语能力	434	21.7
文字表达能力	240	12.0
逻辑思维能力	372	18.6
交往能力	495	24.8
共情能力	107	5.4
口头表达能力	457	22.9
创新能力	509	25.5
执行能力	281	14.1
合作能力	252	12.6
应变能力	551	27.6

续表

	人数	百分比（%）
减压调适能力	223	11.2
办公软件实操	175	8.8
计算机语言	184	9.2
专业知识	632	31.6
项目管理能力	361	18.1
时间管理能力	259	13.0

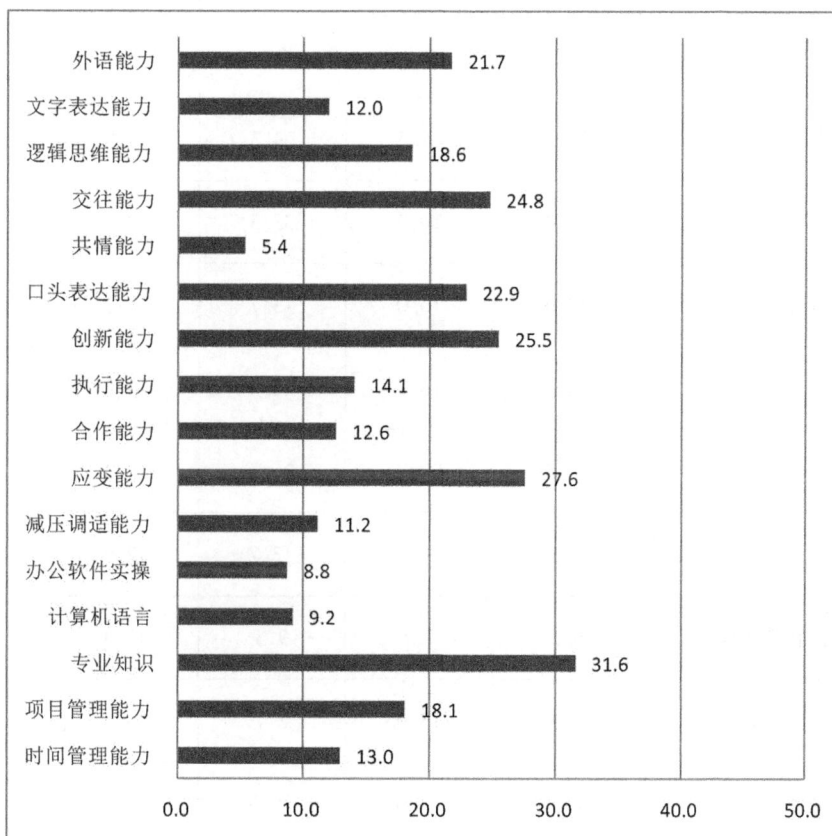

图4.34　北京青年的能力提升需求（%）

　　不同调查主体的能力提升需求不尽相同。其中，高校学生认为自己的专业知识、外语能力、应变能力亟须提升，农民工认为自己的专业知识、交往能力、应变能力亟须提升，高校教师认为自己的专业知识、创新能力、应变能力亟须提升，公务员认为自己的创新能力、应变能力、交往能力亟须提升，白领认为自己的专业知识、应变能力、创新能力亟须提升。选项百分比结果详见表4.35和图4.35。

表 4.35　不同调查主体的能力提升需求（%）

	高校学生	农民工	高校教师	公务员	白领
外语能力	27.8	17.3	20.3	18.3	22.2
文字表达能力	10.3	11.0	14.3	12.7	12.2
逻辑思维能力	15.5	18.0	22.0	20.7	18.3
交往能力	20.5	33.3	22.3	25.0	24.5
共情能力	5.3	5.3	6.3	5.7	4.9
口头表达能力	24.5	24.3	24.3	22.0	21.0
创新能力	15.0	20.0	33.3	29.3	28.8
执行能力	10.0	16.0	13.7	17.3	14.3
合作能力	7.3	16.7	14.0	15.0	12.3
应变能力	25.0	27.3	26.3	28.7	29.2
减压调适能力	9.3	9.0	13.7	12.0	11.7
办公软件实操	9.5	7.7	9.3	12.3	7.0
计算机语言	7.3	13.0	8.7	10.3	8.4
专业知识	32.0	34.0	36.0	24.0	31.8
项目管理能力	8.0	18.3	12.7	22.7	24.0
时间管理能力	12.0	12.7	15.3	10.7	13.6

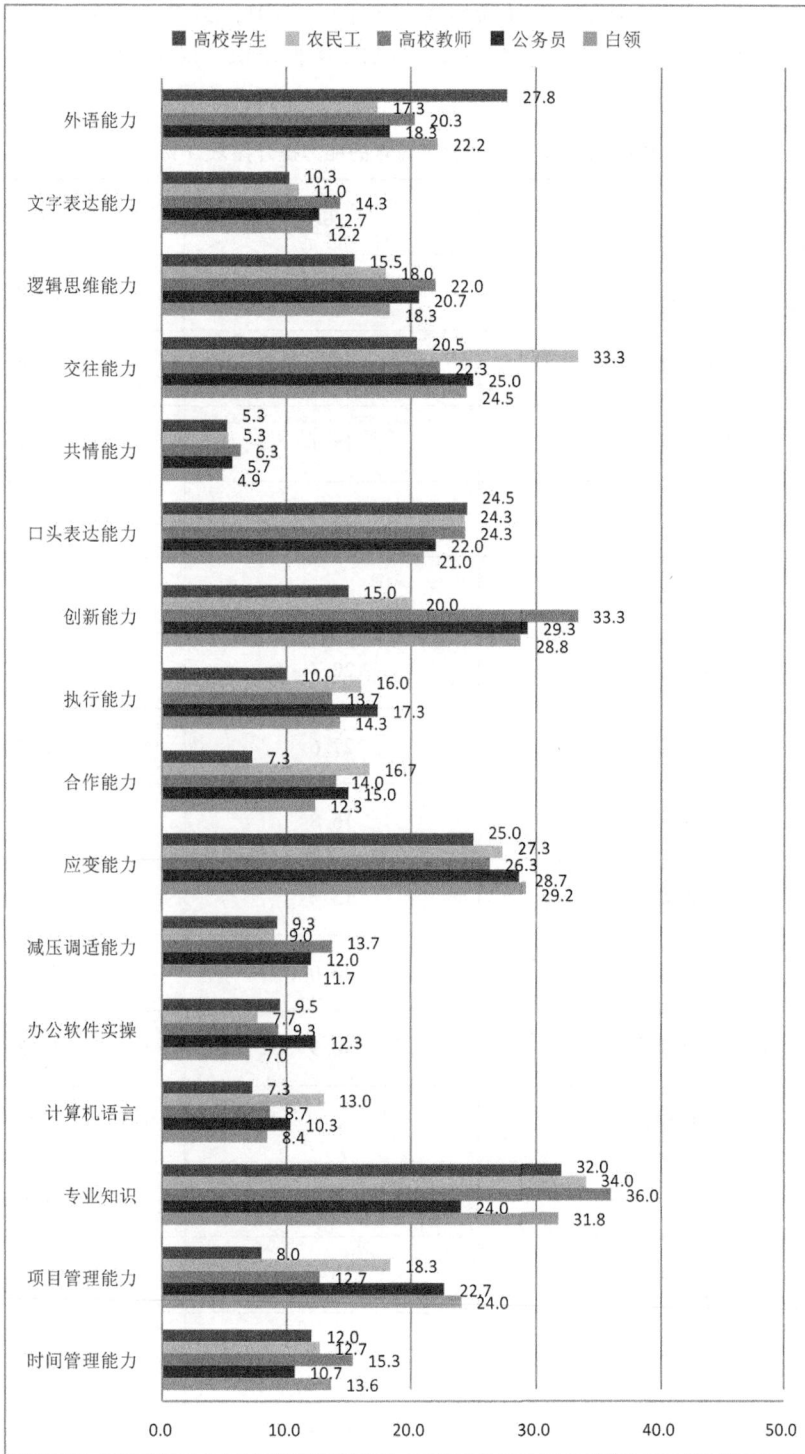

图 4.35 不同调查主体的能力提升需求（%）

图例：■ 高校学生 ▨ 农民工 ▨ 高校教师 ■ 公务员 ▨ 白领

外语能力：27.8 / 17.3 / 20.3 / 18.3 / 22.2
文字表达能力：10.3 / 11.0 / 14.3 / 12.7 / 12.2
逻辑思维能力：15.5 / 18.0 / 22.0 / 20.7 / 18.3
交往能力：20.5 / 33.3 / 22.3 / 25.0 / 24.5
共情能力：5.3 / 5.3 / 6.3 / 5.7 / 4.9
口头表达能力：24.5 / 24.3 / 24.3 / 22.0 / 21.0
创新能力：15.0 / 20.0 / 33.3 / 29.3 / 28.8
执行能力：10.0 / 16.0 / 13.7 / 17.3 / 14.3
合作能力：7.3 / 16.7 / 14.0 / 15.0 / 12.3
应变能力：25.0 / 27.3 / 26.3 / 28.7 / 29.2
减压调适能力：9.3 / 9.0 / 13.7 / 12.0 / 11.7
办公软件实操：9.5 / 7.7 / 9.3 / 12.3 / 7.0
计算机语言：7.3 / 13.0 / 8.7 / 10.3 / 8.4
专业知识：32.0 / 34.0 / 36.0 / 24.0 / 31.8
项目管理能力：8.0 / 18.3 / 12.7 / 22.7 / 24.0
时间管理能力：12.0 / 12.7 / 15.3 / 10.7 / 13.6

不同性别北京青年的能力提升需求不尽相同。其中，男性认为自己的专业知识、创新能力、应变能力亟须提升，女性认为自己的专业知识、应变能力、口头表达能力亟须提升。详见表 4.36 和图 4.36。

表 4.36　不同性别北京青年的能力提升需求（%）

	男	女
外语能力	17.9	24.8
文字表达能力	12.2	11.9
逻辑思维能力	18.1	19.1
交往能力	25.1	24.5
共情能力	5.6	5.2
口头表达能力	20.4	24.9
创新能力	27.6	23.7
执行能力	16.8	11.8
合作能力	13.2	12.2
应变能力	26.0	28.9
减压调适能力	10.9	11.3
办公软件实操	8.1	9.3
计算机语言	9.7	8.8
专业知识	30.8	32.3
项目管理能力	22.5	14.4
时间管理能力	13.2	12.8

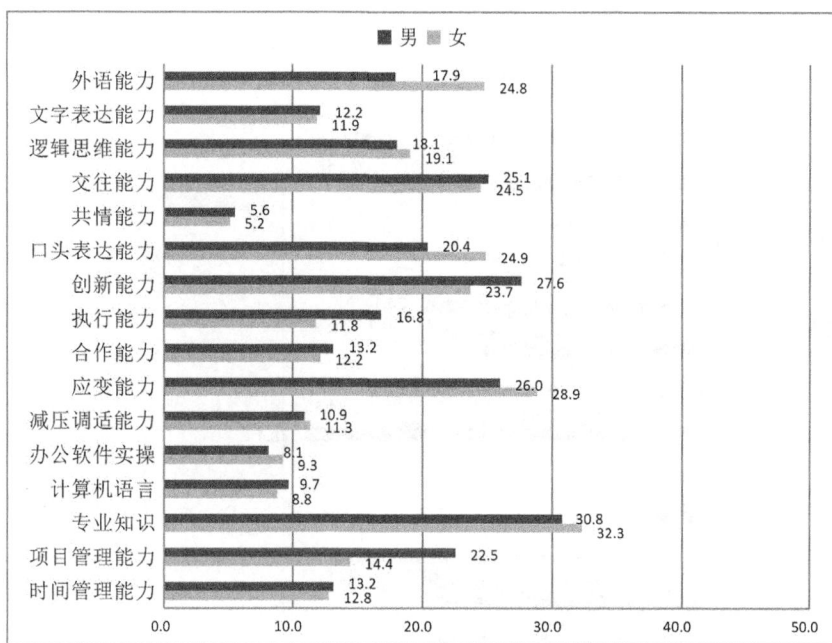

图 4.36　不同性别北京青年的能力提升需求（%）

不同年龄北京青年的能力提升需求不尽相同。其中，18-24 岁北京青年认为自己的专业知识、外语能力、口头表达能力亟须提升，25-29 岁北京青年认为自己的应变能力、专业知识、创新能力亟须提升，30-34 岁北京青年认为自己的专业知识、创新能力、应变能力亟须提升，35-44 岁北京青年认为自己的专业知识、应变能力、交往能力亟须提升。详见表 4.37 和图 4.37。

表 4.37　不同年龄北京青年的能力提升需求（%）

	18-24 岁	25-29 岁	30-34 岁	35-44 岁
外语能力	26.4	18.4	25.1	15.7
文字表达能力	12.0	14.6	10.8	10.8
逻辑思维能力	20.1	20.4	17.9	15.7
交往能力	23.9	24.3	21.7	28.4
共情能力	5.1	5.6	6.8	4.5
口头表达能力	26.4	22.6	20.5	19.9
创新能力	20.2	26.0	31.6	28.0
执行能力	12.0	14.8	12.8	17.0
合作能力	10.6	14.3	13.4	13.4
应变能力	25.3	28.2	27.4	30.3
减压调适能力	9.9	14.1	11.7	10.2
办公软件实操	10.6	6.8	8.8	7.8
计算机语言	9.5	8.5	10.0	8.9
专业知识	30.9	27.4	32.2	35.4
项目管理能力	11.4	17.0	23.1	24.4
时间管理能力	13.8	13.6	11.4	12.3

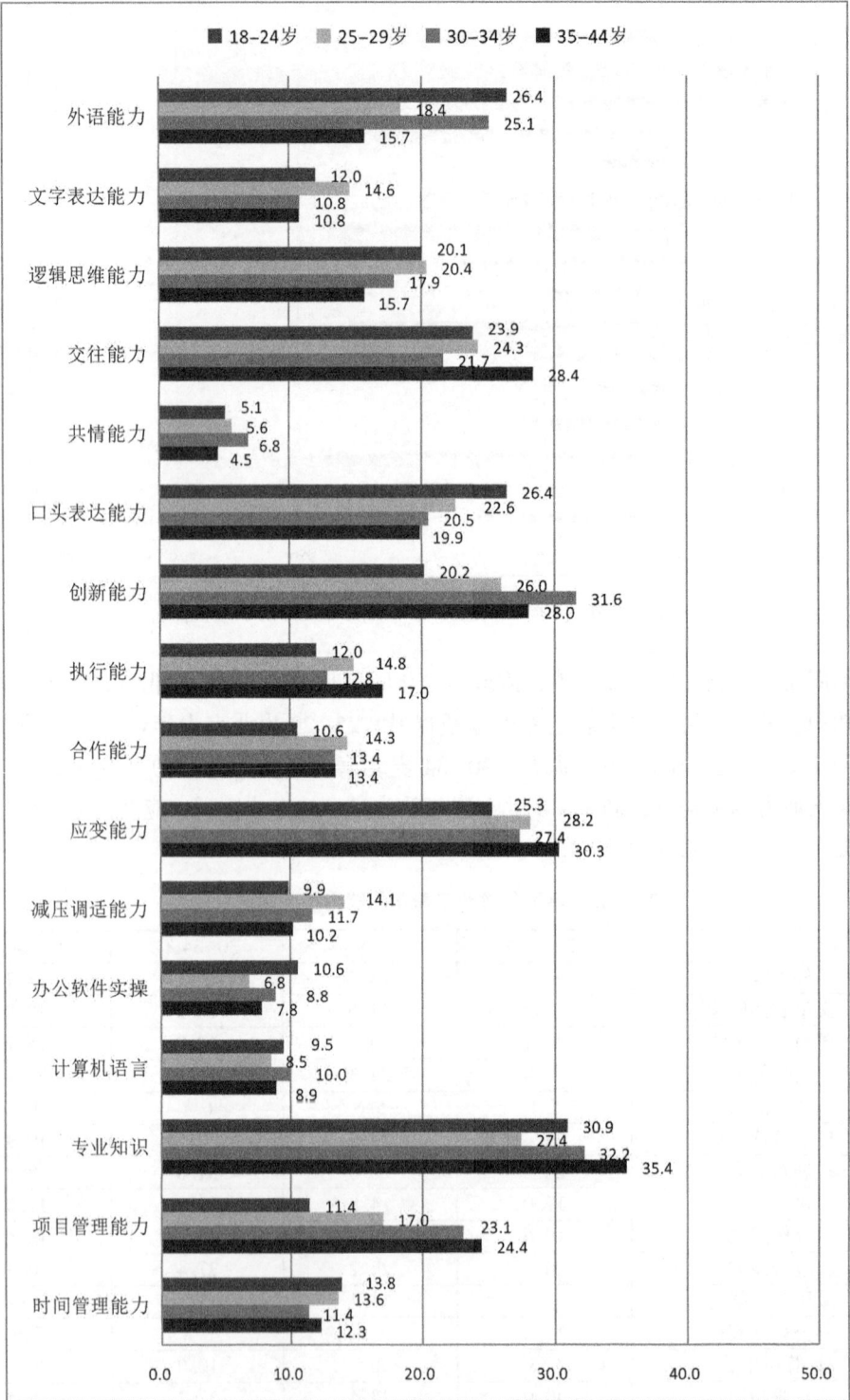

图 4.37　不同年龄北京青年的能力提升需求（%）

　　不同婚姻状况北京青年的能力提升需求不尽相同。其中，未婚北京青年认为自己的专业知识、应变能力、外语能力亟须提升，已婚北京青年认为自己的专业知识、创新能力、应变能力亟须提升。详见表4.38和图4.38。

表4.38　不同婚姻状况北京青年的能力提升需求（%）

	未婚	已婚
外语能力	25.0	19.0
文字表达能力	11.8	12.1
逻辑思维能力	19.1	18.3
交往能力	24.5	25.0
共情能力	5.0	5.7
口头表达能力	24.9	21.1
创新能力	20.3	29.7
执行能力	11.7	15.9
合作能力	11.5	13.5
应变能力	26.7	28.4
减压调适能力	10.1	12.1
办公软件实操	9.0	8.6
计算机语言	8.8	9.5
专业知识	31.1	32.0
项目管理能力	12.7	22.7
时间管理能力	14.3	11.9

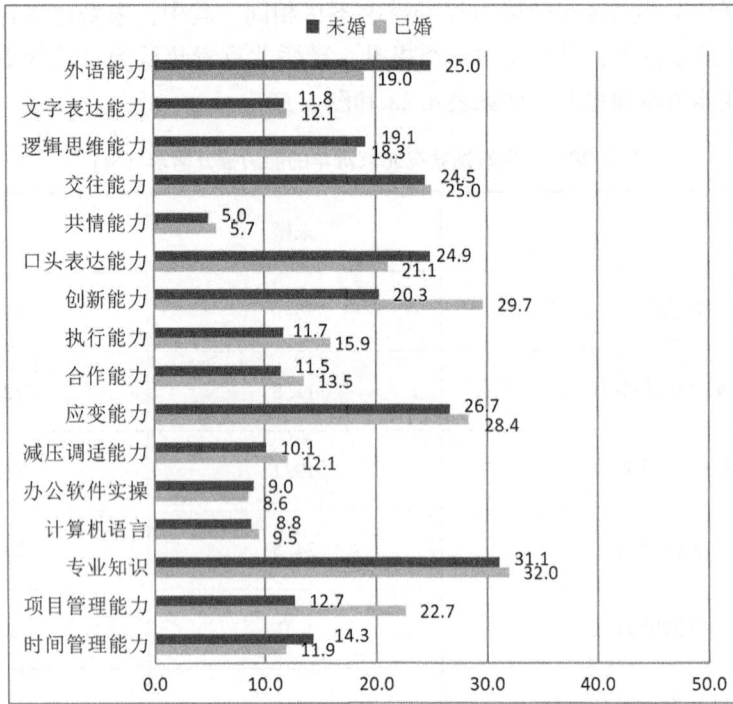

图 4.38 不同婚姻状况北京青年的能力提升需求（%）

不同受教育程度北京青年的能力提升需求不尽相同。其中，初中及以下学历的北京青年认为自己的专业知识、交往能力、逻辑思维能力和应变能力亟须提升，高中/中专/中职学历的北京青年认为自己的专业知识、交往能力、应变能力亟须提升，高职/大专学历的北京青年认为自己的专业知识、外语能力、应变能力亟须提升，本科和研究生及以上学历的北京青年认为自己的专业知识、创新能力、应变能力亟须提升。详见表 4.39 和图 4.39。

表 4.39 不同受教育程度北京青年的能力提升需求（%）

	初中及以下	高中/中专/中职	高职/大专	本科	研究生及以上
外语能力	20.0	15.2	34.6	19.0	23.3
文字表达能力	10.4	11.5	12.1	11.5	14.1
逻辑思维能力	23.0	13.9	18.4	17.6	21.8
交往能力	32.6	33.9	25.4	23.1	22.1
共情能力	3.7	6.7	3.3	5.8	5.6
口头表达能力	22.2	26.1	27.9	21.5	21.8
创新能力	20.7	19.4	16.5	27.1	31.5
执行能力	16.3	15.8	9.2	14.2	15.6
合作能力	16.3	17.0	7.4	11.9	15.1
应变能力	23.0	30.9	30.5	26.8	27.7

续表

	初中及以下	高中/中专/中职	高职/大专	本科	研究生及以上
减压调适能力	5.2	12.1	11.0	10.8	13.8
办公软件实操	8.1	7.3	10.3	9.5	6.4
计算机语言	12.6	13.3	6.3	9.4	7.9
专业知识	33.3	34.5	38.6	29.0	31.8
项目管理能力	20.0	17.0	7.0	20.2	20.0
时间管理能力	11.1	13.9	13.2	12.8	13.3

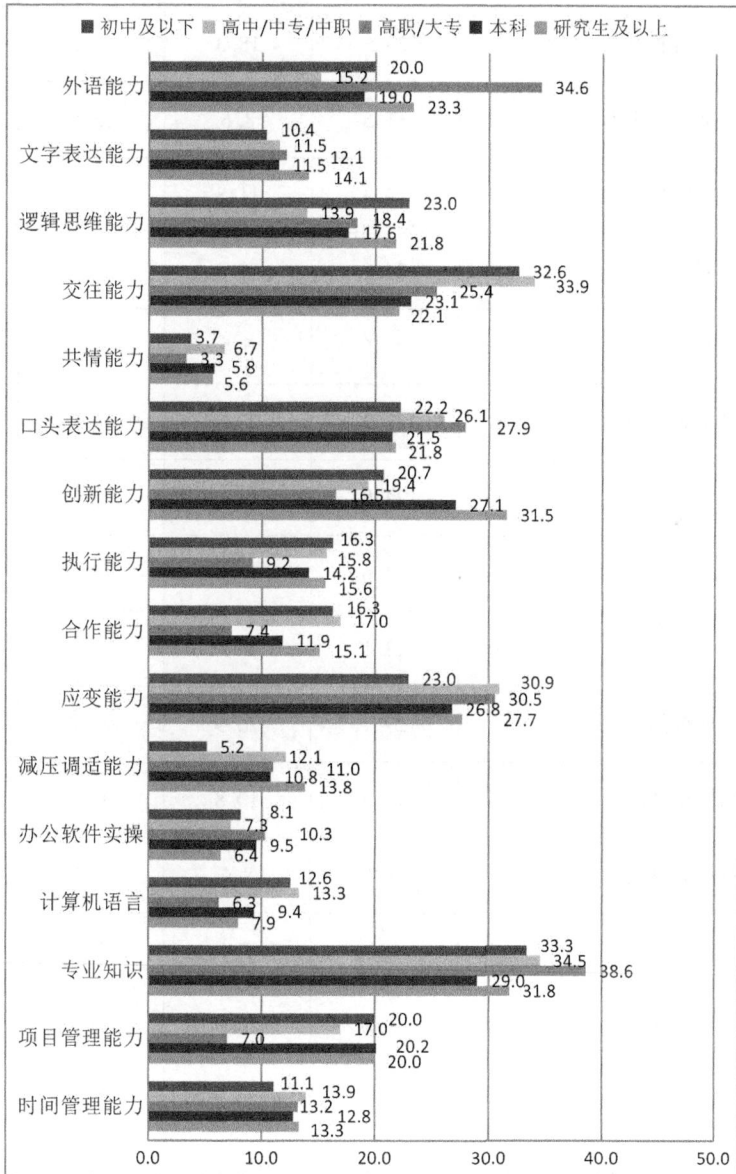

图 4.39　不同受教育程度北京青年的能力提升需求（%）

　　不同户籍所在地北京青年的能力提升需求不尽相同。其中，北京户籍的北京青年认为自己的专业知识、应变能力、创新能力亟须提升，天津户籍的北京青年认为自己的应变能力、专业知识、口头表达能力亟须提升，河北户籍的北京青年认为自己的专业知识、应变能力、交往能力亟须提升，其他地区户籍的北京青年认为自己的专业知识、创新能力、应变能力亟须提升。详见表4.40和图4.40。

表4.40　不同户籍所在地北京青年的能力提升需求（%）

	北京	天津	河北	其他地区
外语能力	23.5	18.3	14.6	20.1
文字表达能力	11.5	8.6	13.8	13.1
逻辑思维能力	19.3	11.8	14.6	19.3
交往能力	24.1	19.4	25.4	26.7
共情能力	5.0	6.5	8.5	5.3
口头表达能力	22.9	25.8	16.9	23.7
创新能力	24.8	18.3	23.8	28.3
执行能力	14.6	11.8	15.4	12.9
合作能力	13.1	9.7	10.8	12.4
应变能力	27.7	26.9	27.7	27.4
减压调适能力	12.4	10.8	9.2	9.2
办公软件实操	9.7	8.6	7.7	7.2
计算机语言	9.1	5.4	7.7	10.4
专业知识	29.6	26.9	33.8	35.9
项目管理能力	16.7	20.4	18.5	20.3
时间管理能力	12.6	15.1	10.8	13.8

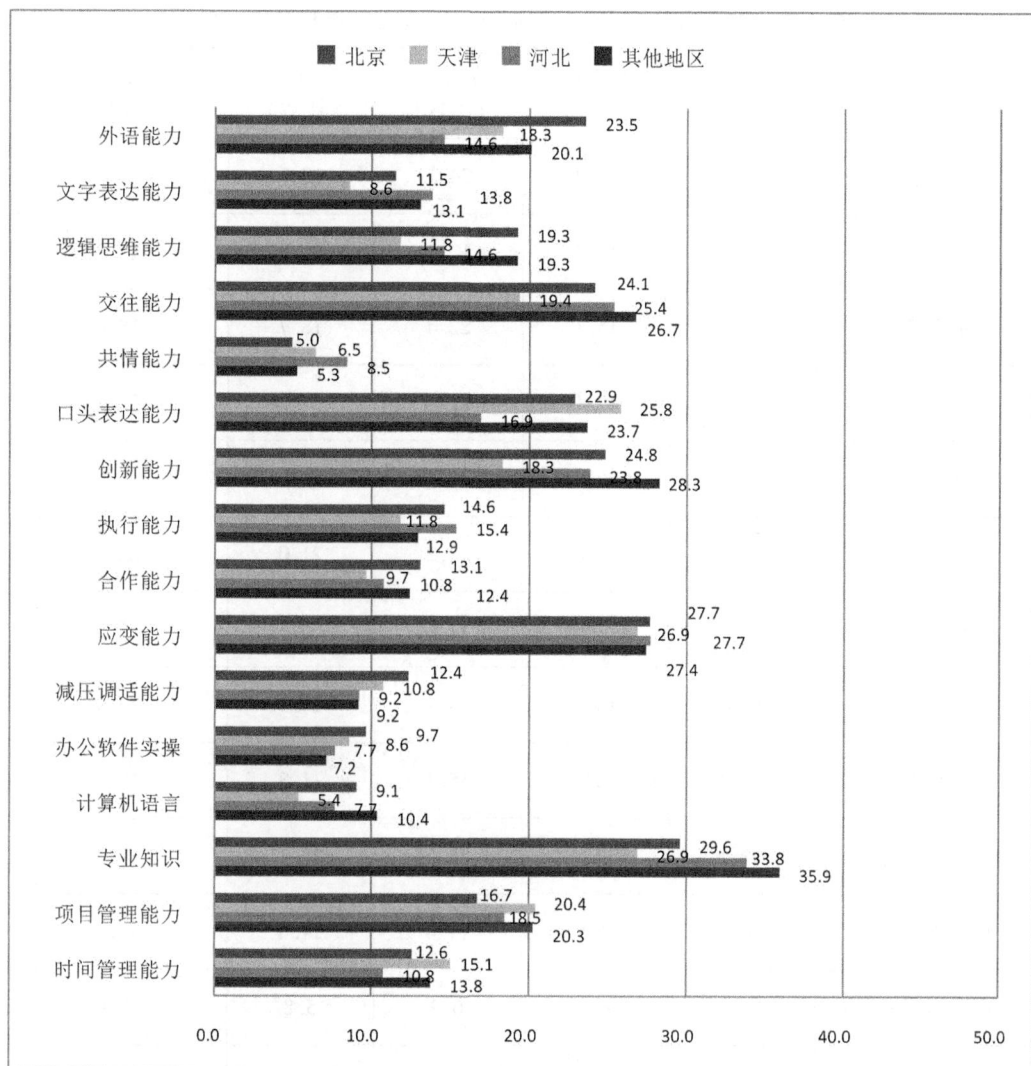

图 4.40 不同户籍所在地北京青年的能力提升需求（%）

在北京居住时间不同的北京青年的能力提升需求不尽相同。其中，在北京居住 0.5-1 年（不含）的北京青年认为自己的专业知识、口头表达能力、交往能力亟须提升，在北京居住 1-3 年（不含）的北京青年认为自己的应变能力、专业知识、口头表达能力及创新能力亟须提升，在北京居住 3-5 年（不含）的北京青年认为自己的专业知识、口头表达能力、应变能力亟须提升，在北京居住 5-10 年（不含）的北京青年认为自己的创新能力、专业知识、交往能力亟须提升，在北京居住 10 年及以上的北京青年认为自己的专业知识、应变能力、创新能力亟须提升。详见表 4.41 和图 4.41。

表 4.41 在北京居住时间不同的北京青年的能力提升需求（%）

	0.5–1 年（不含）	1–3 年（不含）	3–5 年（不含）	5–10 年（不含）	10 年及以上
外语能力	17.4	14.4	24.1	18.7	23.0
文字表达能力	13.0	12.3	12.2	12.9	11.7
逻辑思维能力	15.2	15.1	22.4	18.7	18.4
交往能力	30.4	17.1	22.4	27.7	25.2
共情能力	4.3	8.2	5.7	3.9	5.4
口头表达能力	32.6	22.6	28.2	21.0	22.0
创新能力	21.7	22.6	17.6	33.5	25.5
执行能力	13.0	16.4	13.1	14.5	13.9
合作能力	15.2	8.9	15.1	11.3	12.8
应变能力	17.4	30.8	25.3	27.1	28.1
减压调适能力	6.5	9.6	11.4	11.0	11.5
办公软件实操	13.0	8.9	6.9	5.8	9.7
计算机语言	2.2	10.3	13.1	7.4	9.0
专业知识	47.8	26.7	30.6	30.6	32.0
项目管理能力	21.7	16.4	16.3	25.2	16.7
时间管理能力	15.2	11.0	17.1	14.8	11.8

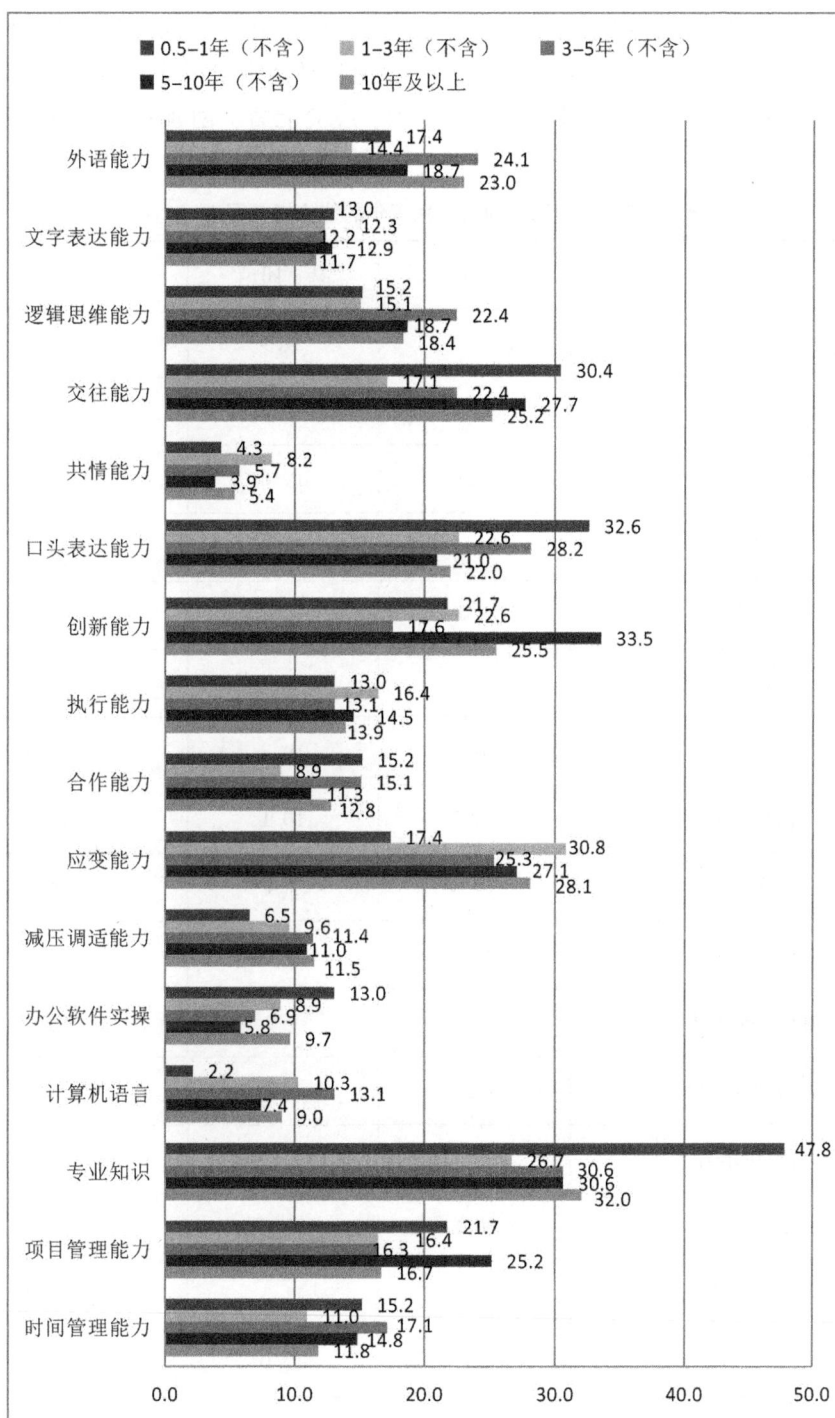

图 4.41 在北京居住时间不同的北京青年的能力提升需求（%）

不同政治面貌北京青年的能力提升需求不尽相同。其中，中共党员认为自己的专业知识、创新能力、应变能力亟须提升，共青团员认为自己的专业知识、应变能力、外语能力亟须提升，群众认为自己的专业知识、应变能力、创新能力亟须提升。详见表4.42和图4.42。

表 4.42　不同政治面貌北京青年的能力提升需求（%）

	中共党员	共青团员	群众
外语能力	18.7	27.9	19.5
文字表达能力	12.0	11.2	12.6
逻辑思维能力	20.4	19.6	16.7
交往能力	23.6	25.0	25.6
共情能力	6.4	4.7	5.0
口头表达能力	22.9	26.4	20.4
创新能力	30.0	19.8	26.0
执行能力	16.7	10.1	14.9
合作能力	14.0	9.4	14.1
应变能力	26.1	29.5	27.5
减压调适能力	12.6	9.9	10.9
办公软件实操	11.1	8.8	7.2
计算机语言	8.9	8.6	10.1
专业知识	30.2	32.7	32.5
项目管理能力	19.1	11.3	21.7
时间管理能力	12.5	12.9	13.2

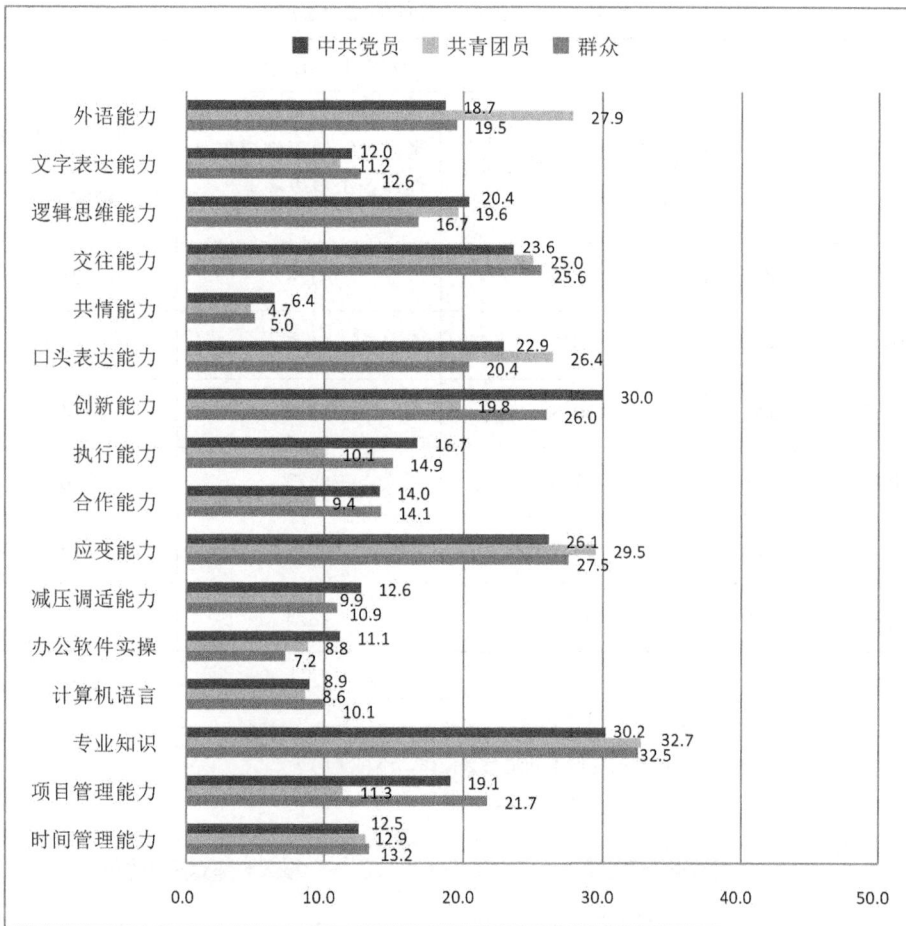

图 4.42　不同政治面貌北京青年的能力提升需求（%）

四、　北京青年的创业情况

（一）　创业意愿

总体上，在被调查的北京青年中有 48.3% "考虑过创业，但不知道怎么操作，就不再考虑了"，有 34.2% "考虑过创业，一直有这个打算，时机成熟时会付诸行动"，另外还有 17.5% "没有考虑过创业，觉得还是就业比较稳妥、踏实"。不同调查主体差异显著，$p<0.001$。其中，农民工和白领 "考虑过创业，一直有这个打算，时机成熟时会付诸行动" 的人数比例相对较高，高校教师 "考虑过创业，但不知道怎么操作，不再考虑了" 的人数比例相对较高，高校学生 "没有考虑过创业，觉得还是就业比较稳妥、踏实" 的人数比例相对较高。详见表 4.43 和图 4.43。

表 4.43　不同调查主体的创业意愿

调查主体	人数	选项百分比（%）		
		考虑过，一直有这个打算，时机成熟时会付诸行动	考虑过，但不知道怎么操作，不再考虑了	没有考虑过，我觉得还是就业比较稳妥、踏实
高校学生	400	26.8	41.8	31.5
农民工	300	40.3	51.3	8.3
高校教师	300	30.3	55.0	14.7
公务员	300	31.0	48.3	20.7
白领	700	38.9	47.7	13.4
总体	2000	34.2	48.3	17.5

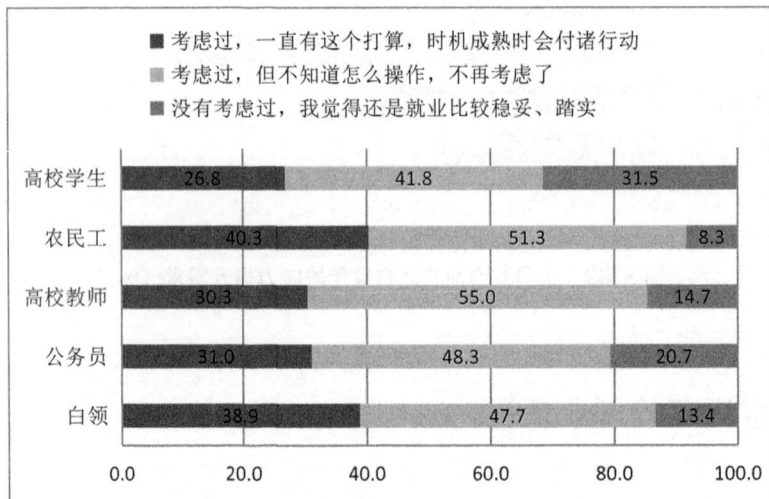

图 4.43　不同调查主体的创业意愿（%）

　　不同性别北京青年的创业意愿差异显著，$p<0.001$。其中，男性"考虑过创业，但不知道怎么操作，就不再考虑了"和"考虑过创业，一直有这个打算，时机成熟时会付诸行动"的人数比例相对较高，女性"没有考虑过创业，觉得还是就业比较稳妥、踏实"的人数比例相对较高。详见表 4.44 和图 4.44。

表 4.44 不同性别北京青年的创业意愿

性别	选项百分比（%）		
	考虑过，一直有这个打算，时机成熟时会付诸行动	考虑过，但不知道怎么操作，不再考虑了	没有考虑过，我觉得还是就业比较稳妥、踏实
男	36.3	49.7	13.9
女	32.5	47.1	20.5
总体	34.2	48.3	17.6

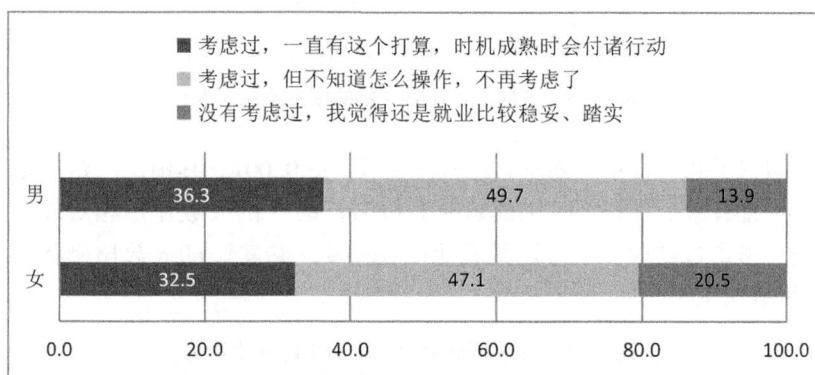

图 4.44 不同性别北京青年的创业意愿（%）

不同年龄北京青年的创业意愿差异显著，$p<0.001$。其中，30-34 岁的北京青年"考虑过创业，一直有这个打算，时机成熟时会付诸行动"的人数比例相对较高，25-29 岁的北京青年"考虑过创业，但不知道怎么操作，不再考虑了"的人数比例相对较高，18-24 岁和 35-44 岁的北京青年"没有考虑过创业，觉得还是就业比较稳妥、踏实"的人数比例较高。详见表 4.45 和图 4.45。

表 4.45 不同年龄北京青年的创业意愿

年龄	人数	选项百分比（%）		
		考虑过，一直有这个打算，时机成熟时会付诸行动	考虑过，但不知道怎么操作，不再考虑了	没有考虑过，我觉得还是就业比较稳妥、踏实
18-24 岁	708	30.2	48.2	21.6
25-29 岁	412	33.7	54.6	11.7
30-34 岁	352	43.2	42.9	13.9
35-44 岁	528	33.9	47.0	19.1
总体	2000	34.2	48.3	17.6

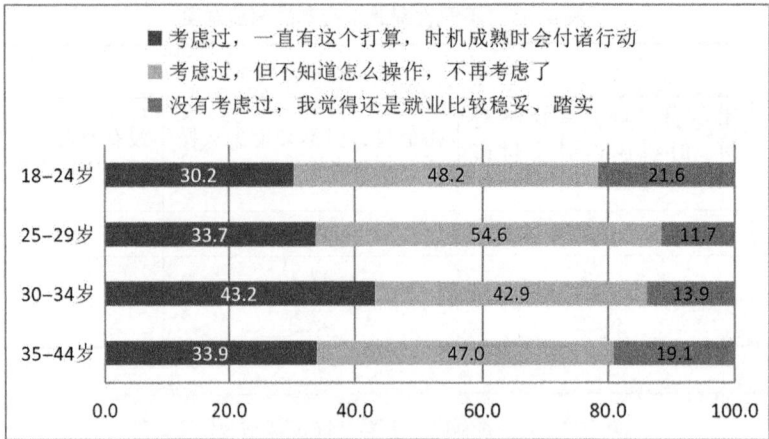

图 4.45　不同年龄北京青年的创业意愿（%）

不同婚姻状况北京青年的创业意愿差异显著，$p<0.001$。其中，已婚北京青年"考虑过创业，一直有这个打算，时机成熟时会付诸行动"的人数比例相对较高，未婚北京青年"没有考虑过创业，觉得还是就业比较稳妥、踏实"的人数比例相对较高。详见表 4.46 和图 4.46。

表 4.46　不同婚姻状况北京青年的创业意愿

婚姻状况	人数	选项百分比（%）		
		考虑过，一直有这个打算，时机成熟时会付诸行动	考虑过，但不知道怎么操作，不再考虑了	没有考虑过，我觉得还是就业比较稳妥、踏实
未婚	277	30.5	48.5	20.9
已婚	407	37.4	47.7	14.8
总体	684	34.2	48.3	17.6

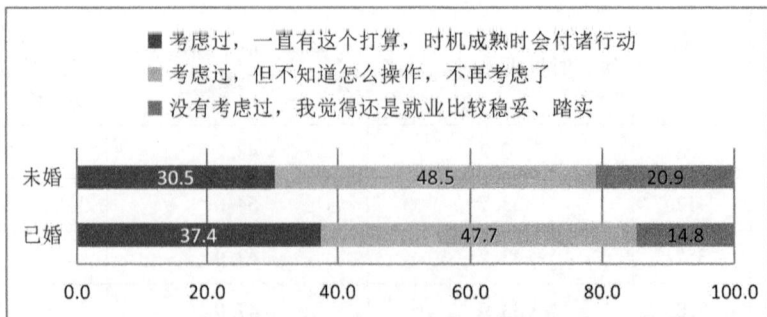

图 4.46　不同婚姻状况北京青年的创业意愿（%）

不同受教育程度北京青年的创业意愿差异显著，$p<0.001$。其中，初中及以下学历的北京青年"考虑过创业，一直有这个打算，时机成熟时会付诸行动"的人数比例相对较高，高中/中专/中职学历的北京青年"考虑过创业，但不知道怎么操作，不再考虑了"的人数比例相对较高，高职/大专学历的北京青年"没有考虑过创业，觉得还是就业比较稳妥、踏实"的人数比例较高。详见表 4.47 和图 4.47。

表 4.47 不同受教育程度北京青年的创业意愿

受教育程度	人数	选项百分比（%）		
		考虑过，一直有这个打算，时机成熟时会付诸行动	考虑过，但不知道怎么操作，不再考虑了	没有考虑过，我觉得还是就业比较稳妥、踏实
初中及以下	135	44.4	48.1	7.4
高中/中专/中职	165	37.0	53.9	9.1
高职/大专	272	29.0	40.1	30.9
本科	1037	34.2	48.2	17.6
研究生及以上	391	33.0	51.7	15.3
总体	2000	34.2	48.3	17.6

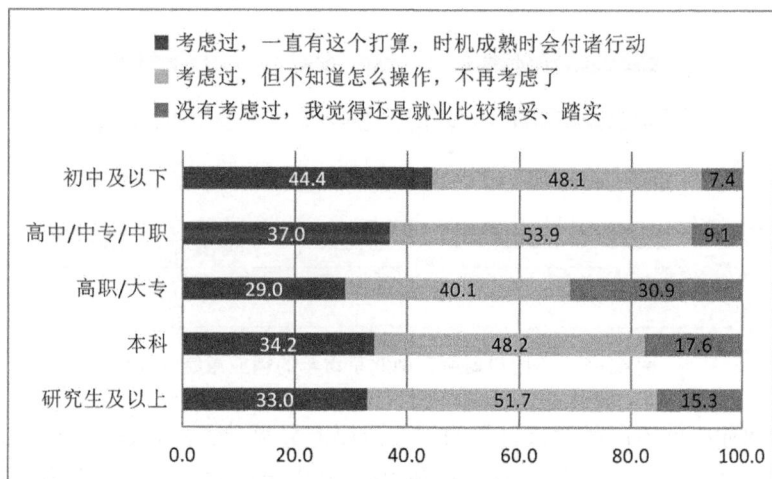

图 4.47 不同受教育程度北京青年的创业意愿（%）

不同户籍所在地北京青年的创业意愿差异显著，$p<0.001$。其中，其他地区户籍的北京青年"考虑过创业，一直有这个打算，时机成熟时会付诸行动"的人数比例相对较高，河北户籍的北京青年"考虑过创业，但不知道怎么操作，不再考虑了"的人数比例相对较高，天津和北京户籍的北京青年"没有考虑过创业，觉得还是就业比较稳妥、踏实"的人数比例较高。详见表 4.48 和图 4.48。

表 4.48   不同户籍所在地北京青年的创业意愿

户籍所在地	人数	选项百分比（%）		
		考虑过，一直有这个打算，时机成熟时会付诸行动	考虑过，但不知道怎么操作，不再考虑了	没有考虑过，我觉得还是就业比较稳妥、踏实
北京	1190	34.7	45.3	20.0
天津	93	28.0	51.6	20.4
河北	130	23.1	59.2	17.7
其他地区	587	36.6	51.3	12.1
总体	2000	34.2	48.3	17.6

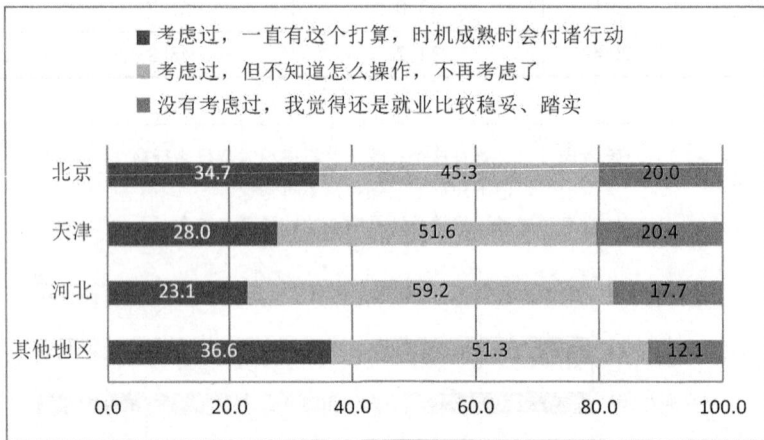

图 4.48   不同户籍所在地北京青年的创业意愿（%）

在北京居住时间不同的北京青年的创业意愿差异显著，$p<0.001$。其中，在北京居住 0.5-1 年（不含）、5-10 年（不含）和 10 年及以上的北京青年"考虑过创业，一直有这个打算，时机成熟时会付诸行动"的人数比例相对较高，在北京居住 1-3 年（不含）和 3-5 年（不含）的北京青年"考虑过创业，但不知道怎么操作，不再考虑了"的人数比例相对较高，在北京居住 10 年及以上的北京青年"没有考虑过创业，觉得还是就业比较稳妥、踏实"的人数比例较高。详见表 4.49 和图 4.49。

表 4.49 在北京居住时间不同的北京青年的创业意愿

在北京居住的时间	人数	选项百分比（%）		
		考虑过，一直有这个打算，时机成熟时会付诸行动	考虑过，但不知道怎么操作，不再考虑了	没有考虑过，我觉得还是就业比较稳妥、踏实
0.5-1年（不含）	46	37.0	50.0	13.0
1-3年（不含）	146	27.4	57.5	15.1
3-5年（不含）	245	28.6	56.7	14.7
5-10年（不含）	310	36.1	51.6	12.3
10年及以上	1253	35.5	44.6	19.9
总体	2000	34.2	48.3	17.6

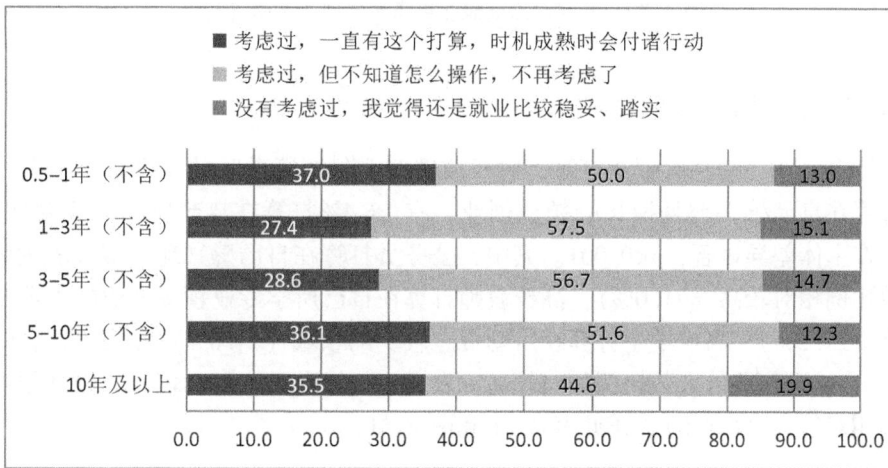

图 4.49 在北京居住时间不同的北京青年的创业意愿（%）

不同政治面貌北京青年的创业意愿差异显著，$p<0.001$。其中，群众"考虑过创业，一直有这个打算，时机成熟时会付诸行动"的人数比例相对较高，共青团员"没有考虑过创业，觉得还是就业比较稳妥、踏实"的人数比例较高。详见表 4.50 和图 4.50。

表 4.50 不同政治面貌北京青年的创业意愿

政治面貌	人数	选项百分比（%）		
		考虑过，一直有这个打算，时机成熟时会付诸行动	考虑过，但不知道怎么操作，不再考虑了	没有考虑过，我觉得还是就业比较稳妥、踏实
中共党员	593	32.4	49.1	18.5
共青团员	556	30.6	46.6	22.8
群众	825	38.2	48.8	13.0
总体	1974	34.2	48.3	17.6

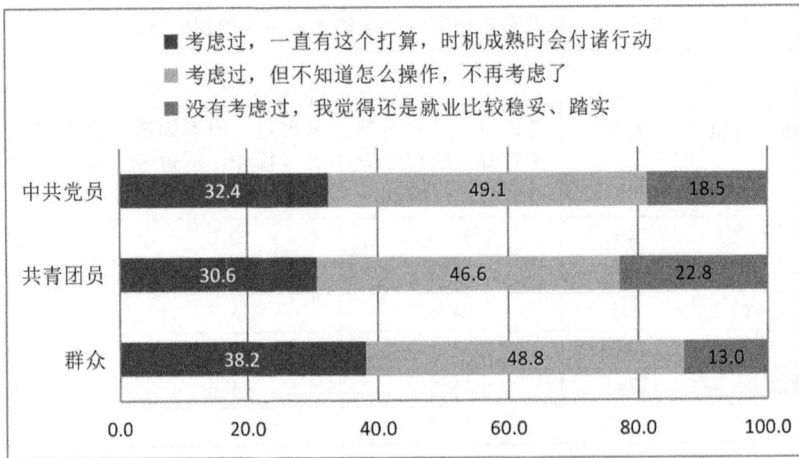

图4.50　不同政治面貌北京青年的创业意愿（%）

（二）意愿创业领域

总体上，在"一直有创业打算，时机成熟时会付诸行动"的北京青年中有63.3%的人打算在自己感兴趣且擅长的领域创业，有18.4%打算在自己所学专业领域创业。不同调查主体差异显著，$p<0.001$。其中，公务员打算在自己感兴趣且擅长的领域创业的人数比例相对较高（71.0%），高校教师打算在自己所学专业领域创业的人数比例相对较高（27.5%），高校学生打算在启动资金较少的领域（14.0%）和当今社会的热门领域（9.3%）创业的人数比例相对较高，农民工打算在风险相对较低的领域创业的人数比例相对较高（6.6%）。详见表4.51和图4.51。

表4.51　不同调查主体的意愿创业领域

调查主体	人数	选项百分比（%）					
		自己感兴趣且擅长的领域	自己所学专业领域	启动资金较少的领域	当今社会的热门领域	风险相对较低的领域	没有细想过
高校学生	107	55.1	15.9	14.0	9.3	3.7	1.9
农民工	121	64.5	12.4	10.7	5.0	6.6	0.8
高校教师	91	61.5	27.5	5.5	4.4	1.1	0.0
公务员	93	71.0	21.5	1.1	1.1	4.3	1.1
白领	272	64.0	18.0	7.4	5.1	4.8	0.7
总体	684	63.3	18.4	7.9	5.1	4.4	0.9

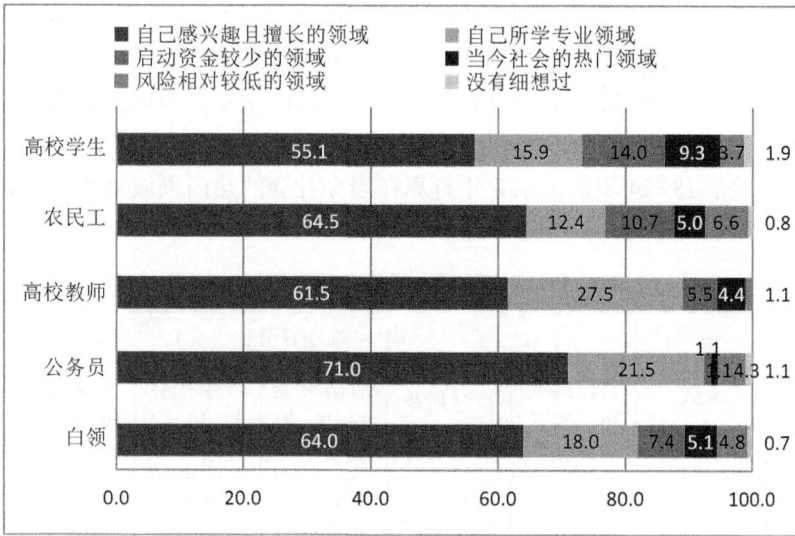

图 4.51　不同调查主体的意愿创业领域（%）

不同性别北京青年的意愿创业领域没有显著差异，$p > 0.05$。详见表 4.52 和图 4.52。

表 4.52　不同性别北京青年的意愿创业领域

性别	人数	选项百分比（%）					
		自己感兴趣且擅长的领域	自己所学专业领域	启动资金较少的领域	当今社会的热门领域	风险相对较低的领域	没有细想过
男	326	59.5	22.7	10.1	3.1	3.7	0.9
女	358	66.8	14.5	5.9	7.0	5.0	0.8
总体	684	63.3	18.4	7.9	5.1	4.4	0.9

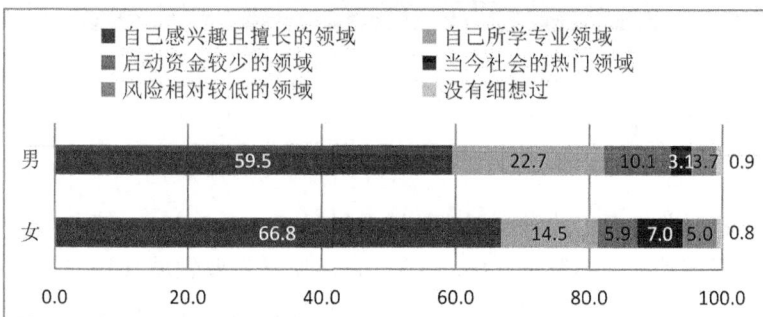

图 4.52　不同性别北京青年的意愿创业领域（%）

不同年龄北京青年的意愿创业领域差异显著，$p<0.01$。其中，35-44 岁的北京青年打算在自己感兴趣且擅长的领域（68.7%）和风险相对较低的领域（6.1%）创业的人数比例相对较高，30-34 岁的北京青年打算在自己所学专业领域创业的人数比例相对较高（22.4%），25-29 岁的北京青年打算在启动资金较少的领域（11.5%）创业的人数比例相对较高，18-24 岁的北京青年打算在当今社会的热门领域创业的人数比例相对较高（6.5%）。详见表 4.53 和图 4.53。

表 4.53　不同年龄北京青年的意愿创业领域

年龄	人数	选项百分比（%）					
		自己感兴趣且擅长的领域	自己所学专业领域	启动资金较少的领域	当今社会的热门领域	风险相对较低的领域	没有细想过
18-24 岁	214	62.1	17.8	8.4	6.5	3.7	1.4
25-29 岁	139	59.0	19.4	11.5	5.8	2.9	1.4
30-34 岁	152	62.5	22.4	6.6	3.9	4.6	0.0
35-44 岁	179	68.7	15.1	5.6	3.9	6.1	0.6
总体	684	63.3	18.4	7.9	5.1	4.4	0.9

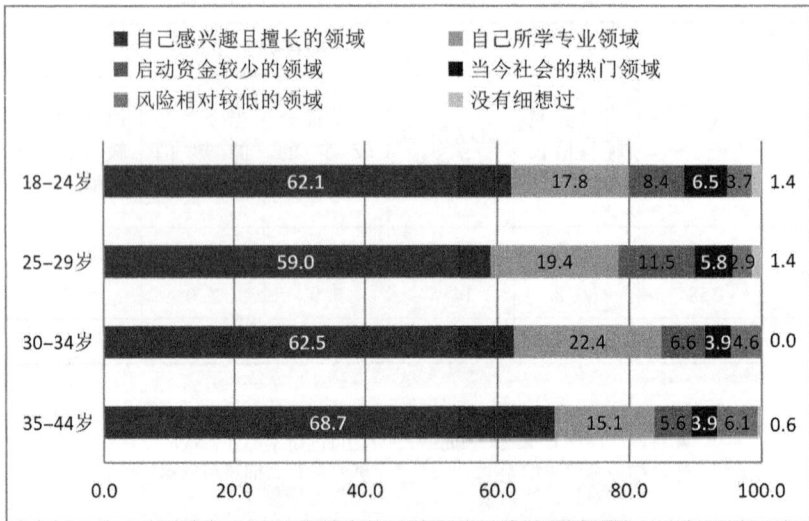

图 4.53　不同年龄北京青年的意愿创业领域（%）

不同婚姻状况北京青年的意愿创业领域差异显著，$p<0.001$。其中，已婚北京青年打算在自己感兴趣且擅长的领域（64.4%）、自己所学专业领域（19.9%）和风险相对较低的领域（4.9%）创业的人数比例相对较高，未婚北京青年打算在启动资金较少的领域（10.8%）和当今社会的热门领域（6.5%）创业的人数比例相对较高。详见表 4.54 和图 4.54。

表 4.54　不同婚姻状况北京青年的意愿创业领域

婚姻状况	人数	选项百分比（%）					
		自己感兴趣且擅长的领域	自己所学专业领域	启动资金较少的领域	当今社会的热门领域	风险相对较低的领域	没有细想过
未婚	277	61.7	16.2	10.8	6.5	3.6	1.1
已婚	407	64.4	19.9	5.9	4.2	4.9	0.7
总体	684	63.3	18.4	7.9	5.1	4.4	0.9

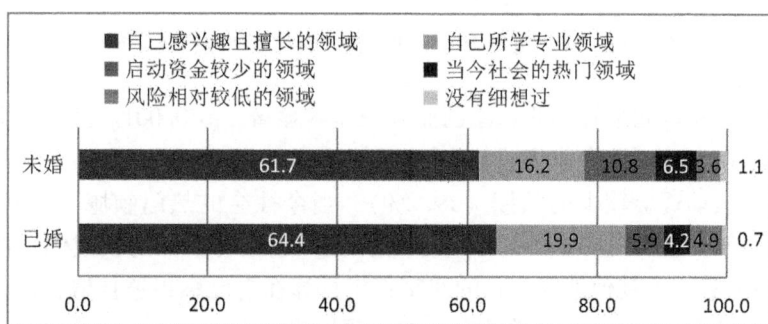

图 4.54　不同婚姻状况北京青年的意愿创业领域（%）

不同受教育程度北京青年的意愿创业领域差异显著，p<0.001。其中，初中及以下学历的北京青年打算在自己感兴趣且擅长的领域（70.0%）、启动资金较少的领域（11.7%）创业的人数比例相对较高，研究生及以上学历的北京青年打算在自己所学专业领域创业的人数比例相对较高（25.6%），高职/大专学历的北京青年打算在当今社会的热门领域创业的人数比例相对较高（10.1%）。详见表 4.55 和图 4.55。

表 4.55　不同受教育程度北京青年的意愿创业领域

受教育程度	人数	选项百分比（%）					
		自己感兴趣且擅长的领域	自己所学专业领域	启动资金较少的领域	当今社会的热门领域	风险相对较低的领域	没有细想过
初中及以下	60	70.0	10.0	11.7	0.0	6.7	1.7
高中/中专/中职	61	59.0	14.8	9.8	9.8	6.6	0.0
高职/大专	79	68.4	12.7	5.1	10.1	2.5	1.3
本科	355	60.3	19.2	9.9	4.5	5.4	0.8
研究生及以上	129	67.4	25.6	1.6	3.9	0.8	0.8
总体	684	63.3	18.4	7.9	5.1	4.4	0.9

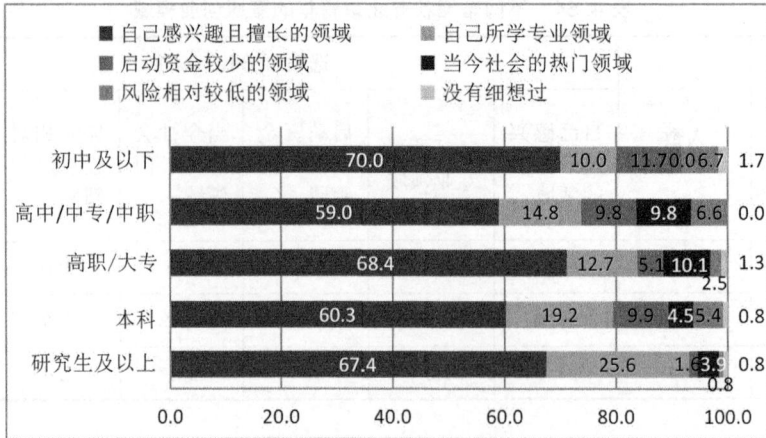

图4.55　不同受教育程度北京青年的意愿创业领域（%）

不同户籍所在地北京青年的意愿创业领域差异显著，$p<0.001$。其中，北京户籍的北京青年打算在自己所学专业领域创业的人数比例相对较高（20.8%），天津户籍的北京青年打算在启动资金较少的领域（19.2%）、当今社会的热门领域（7.7%）创业的人数比例相对较高，河北户籍的北京青年打算在风险相对较低的领域创业的人数比例相对较高（13.3%），其他地区户籍的北京青年打算在自己感兴趣且擅长的领域创业的人数比例相对较高（67.0%）。详见表4.56和图4.56。

表4.56　不同户籍所在地北京青年的意愿创业领域

户籍所在地	人数	选项百分比（%）					
		自己感兴趣且擅长的领域	自己所学专业领域	启动资金较少的领域	当今社会的热门领域	风险相对较低的领域	没有细想过
北京	413	62.2	20.8	8.2	4.6	3.4	0.7
天津	26	53.8	11.5	19.2	7.7	7.7	0.0
河北	30	60.0	13.3	6.7	6.7	13.3	0.0
其他地区	215	67.0	15.3	6.0	5.6	4.7	1.4
总体	684	63.3	18.4	7.9	5.1	4.4	0.9

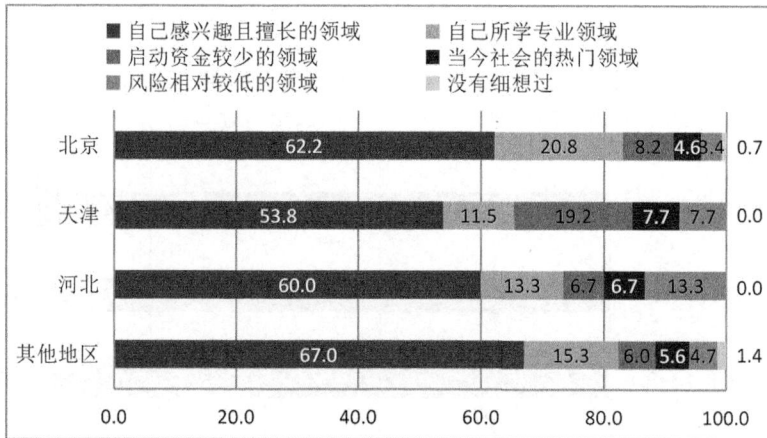

图 4.56　不同户籍所在地北京青年的意愿创业领域（%）

在北京居住时间不同的北京青年的意愿创业领域差异显著，$p < 0.001$。其中，在北京居住 0.5-1 年（不含）的北京青年打算在自己感兴趣且擅长的领域（70.6%）、启动资金较少的领域（11.8%）创业的人数比例相对较高，在北京居住 10 年及以上的北京青年打算在自己所学专业领域创业的人数比例相对较高（20.4%），在北京居住 1-3 年（不含）的北京青年打算在风险相对较低的领域创业的人数比例相对较高（12.5%）。详见表 4.57 和图 4.57。

表 4.57　在北京居住时间不同的北京青年的意愿创业领域

在北京居住的时间	人数	选项百分比（%）					
		自己感兴趣且擅长的领域	自己所学专业领域	启动资金较少的领域	当今社会的热门领域	风险相对较低的领域	没有细想过
0.5-1 年（不含）	17	70.6	11.8	11.8	5.9	0.0	0.0
1-3 年（不含）	40	65.0	10.0	7.5	5.0	12.5	0.0
3-5 年（不含）	70	62.9	15.7	10.0	5.7	2.9	2.9
5-10 年（不含）	112	67.0	16.1	7.1	2.7	6.3	0.9
10 年及以上	445	62.0	20.4	7.6	5.6	3.6	0.7
总体	684	63.3	18.4	7.9	5.1	4.4	0.9

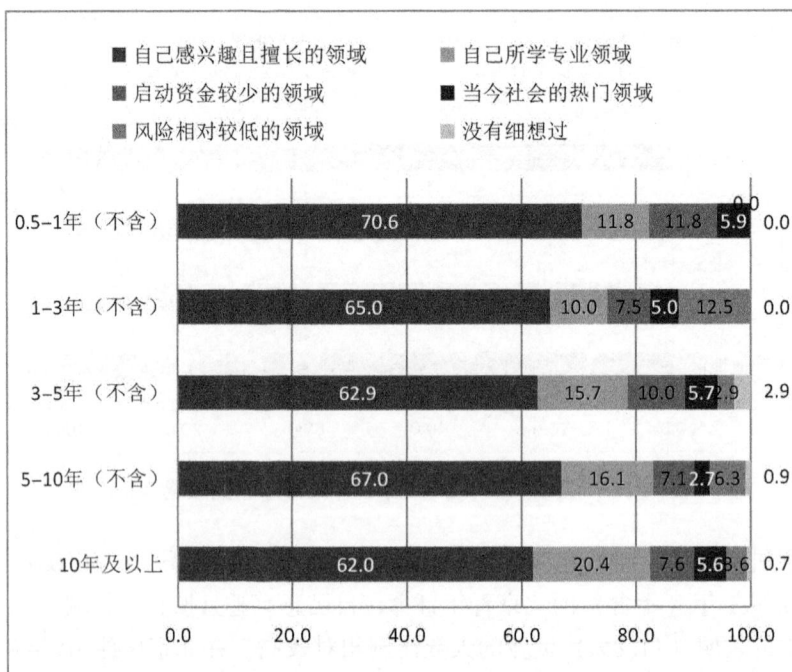

图 4.57　在北京居住时间不同的北京青年的意愿创业领域（%）

不同政治面貌北京青年的意愿创业领域差异显著，$p<0.001$。其中，共青团员打算在自己感兴趣且擅长的领域创业的人数比例相对较高（66.5%），中共党员打算在自己所学专业领域创业的人数比例相对较高（25.0%），群众打算在启动资金较少的领域创业的人数比例相对较高（10.5%）。详见表 4.58 和图 4.58。

表 4.58　不同政治面貌北京青年的意愿创业领域

政治面貌	人数	选项百分比（%）					
		自己感兴趣且擅长的领域	自己所学专业领域	启动资金较少的领域	当今社会的热门领域	风险相对较低的领域	没有细想过
中共党员	192	62.0	25.0	4.7	4.7	3.1	0.5
共青团员	170	66.5	16.5	5.9	5.9	3.5	1.8
群众	315	62.5	15.6	10.5	5.1	5.7	0.6
总体	677	63.3	18.4	7.9	5.1	4.4	0.9

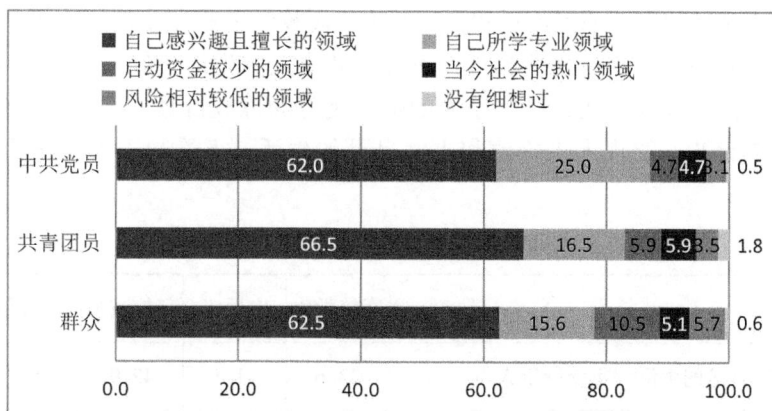

图 4.58　不同政治面貌北京青年的意愿创业领域（%）

（三）创业原因

总体上，"一直有创业打算，时机成熟时会付诸行动"的北京青年的创业原因主要是为了得到更高的收入，使自己和家人的生活更好（51.2%），其次是挑战自我，实现人生价值（49.3%）和主宰自己的生活，不受制于人（42.4%），再次是换一种工作/生活方式，丰富人生阅历（27.3%），另外还有 2.9% 是为了解决自身或家人的就业问题。详见表 4.59 和图 4.59。

表 4.59　北京青年的创业原因

	人数	百分比（%）
主宰自己的生活，不受制于人	290	42.4
为了得到更高的收入，使自己和家人的生活更好	350	51.2
挑战自我，实现人生价值	337	49.3
换一种工作/生活方式，丰富人生阅历	187	27.3
解决自身或家人的就业问题	20	2.9

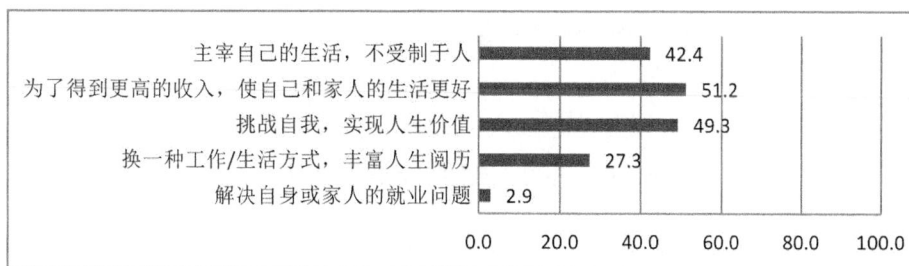

图 4.59　北京青年的创业原因（%）

　　不同调查主体的创业原因不尽相同。其中，高校学生和高校教师主要是挑战自我，实现人生价值和为了得到更高的收入，使自己和家人的生活更好；农民工和白领主要是为了得到更高的收入，使自己和家人的生活更好和挑战自我，实现人生价值；公务员主要是挑战自我，实现人生价值和主宰自己的生活，不受制于人。详见表4.60和图4.60。

表 4.60　不同调查主体的创业原因（%）

	高校学生	农民工	高校教师	公务员	白领
主宰自己的生活，不受制于人	33.6	41.3	42.9	45.2	45.2
为了得到更高的收入，使自己和家人的生活更好	40.2	58.7	50.5	41.9	55.5
挑战自我，实现人生价值	49.5	46.3	52.7	59.1	46.0
换一种工作/生活方式，丰富人生阅历	28.0	27.3	34.1	25.8	25.4
解决自身或家人的就业问题	1.9	7.4	1.1	3.2	1.8

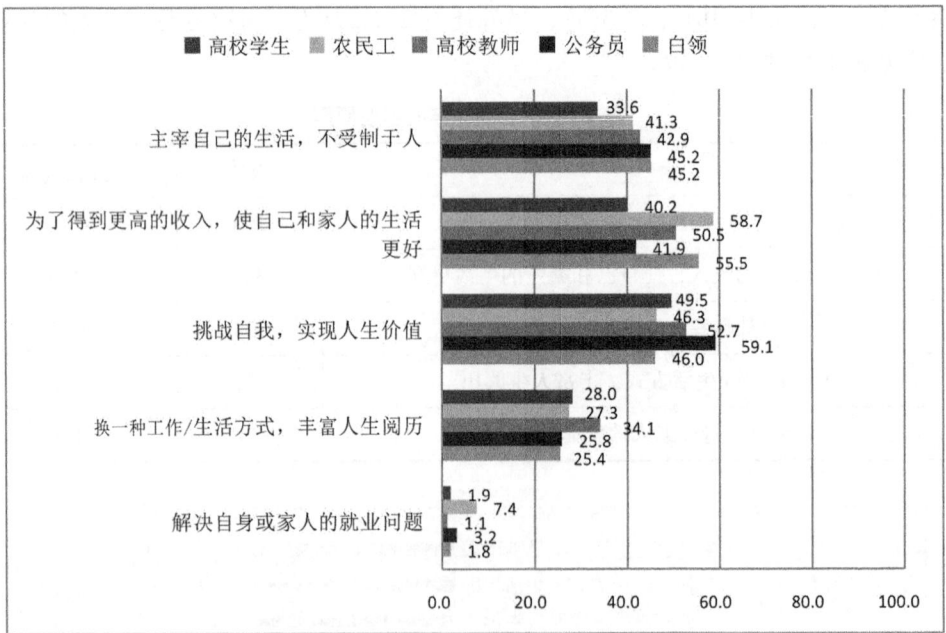

图 4.60　不同调查主体的创业原因（%）

　　不同性别北京青年的创业原因一致，男性和女性均主要是为了得到更高的收入，使自己和家人的生活更好和挑战自我，实现人生价值。详见表4.61和图4.61。

表 4.61　不同性别北京青年的创业原因（%）

	男	女
主宰自己的生活，不受制于人	42.3	42.5
为了得到更高的收入，使自己和家人的生活更好	53.4	49.2
挑战自我，实现人生价值	51.5	47.2
换一种工作/生活方式，丰富人生阅历	23.3	31.0
解决自身或家人的就业问题	3.4	2.5

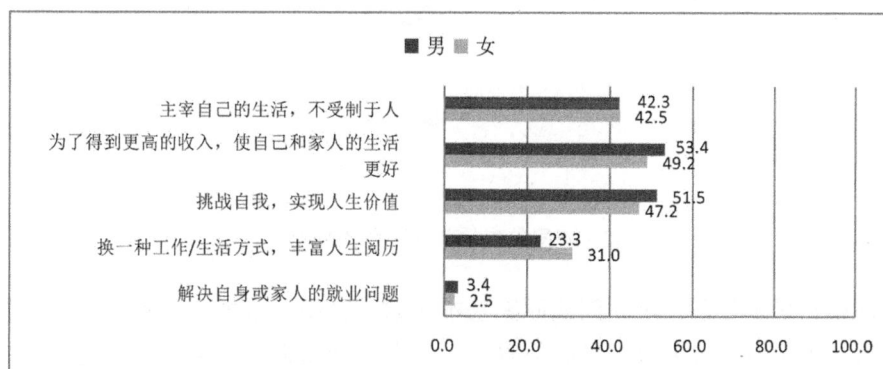

图 4.61　不同性别北京青年的创业原因（%）

不同年龄北京青年的创业原因基本一致。其中，18-24 岁和 25-29 岁北京青年主要是挑战自我，实现人生价值和为了得到更高的收入，使自己和家人的生活更好；30-34 岁和 35-44 岁北京青年主要是为了得到更高的收入，使自己和家人的生活更好和挑战自我，实现人生价值。详见表 4.62 和图 4.62。

表 4.62　不同年龄北京青年的创业原因（%）

	18-24 岁	25-29 岁	30-34 岁	35-44 岁
主宰自己的生活，不受制于人	41.1	41.7	39.5	46.9
为了得到更高的收入，使自己和家人的生活更好	43.9	48.9	54.6	58.7
挑战自我，实现人生价值	47.7	48.9	49.3	51.4
换一种工作/生活方式，丰富人生阅历	31.3	32.4	26.3	19.6
解决自身或家人的就业问题	1.9	0.7	5.3	3.9

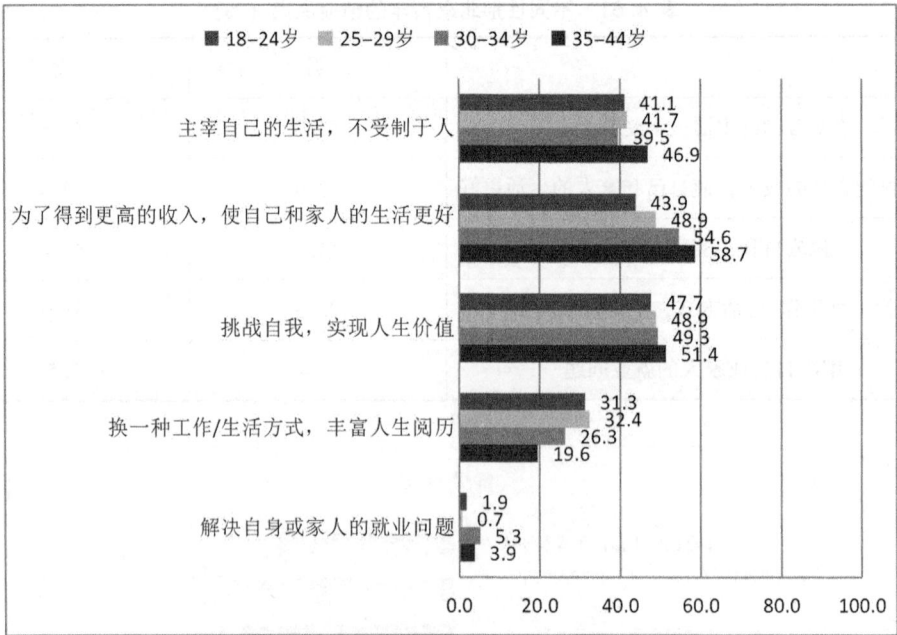

图 4.62 不同年龄北京青年的创业原因（%）

不同婚姻状况北京青年的创业原因基本一致。其中，未婚北京青年主要是挑战自我，实现人生价值和为了得到更高的收入，使自己和家人的生活更好；已婚北京青年主要是为了得到更高的收入，使自己和家人的生活更好和挑战自我，实现人生价值。详见表 4.63 和图 4.63。

表 4.63 不同婚姻状况北京青年的创业原因（%）

	未婚	已婚
主宰自己的生活，不受制于人	42.2	42.5
为了得到更高的收入，使自己和家人的生活更好	44.8	55.5
挑战自我，实现人生价值	47.3	50.6
换一种工作/生活方式，丰富人生阅历	29.2	26.0
解决自身或家人的就业问题	2.2	3.4

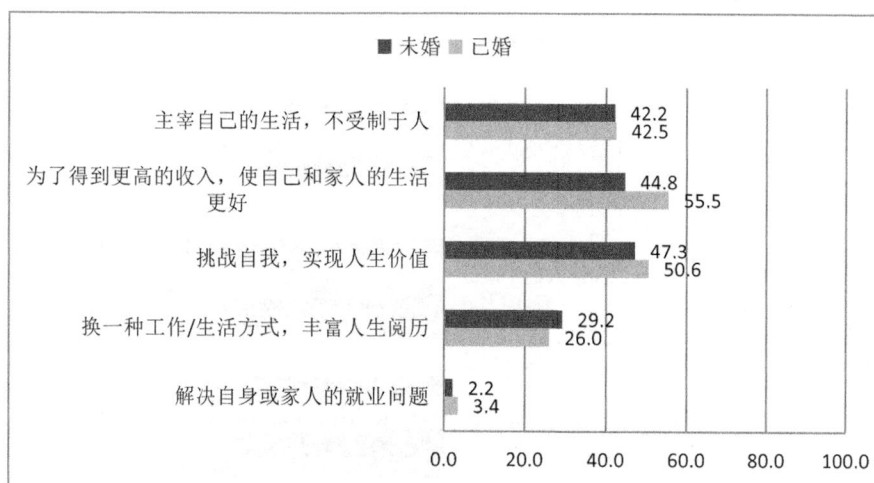

图 4.63　不同婚姻状况北京青年的创业原因（%）

不同受教育程度北京青年的创业原因不尽相同。其中，初中及以下、高中/中专/中职和本科学历的北京青年主要是为了得到更高的收入，使自己和家人的生活更好和挑战自我，实现人生价值；高职/大专北京青年主要是挑战自我，实现人生价值和主宰自己的生活，不受制于人；研究生及以上学历的北京青年主要是挑战自我，实现人生价值和为了得到更高的收入，使自己和家人的生活更好。详见表 4.64 和图 4.64。

表 4.64　不同受教育程度北京青年的创业原因（%）

	初中及以下	高中/中专/中职	高职/大专	本科	研究生及以上
主宰自己的生活，不受制于人	40.0	42.6	44.3	43.9	38.0
为了得到更高的收入，使自己和家人的生活更好	55.0	62.3	40.5	51.5	49.6
挑战自我，实现人生价值	45.0	47.5	48.1	48.7	54.3
换一种工作/生活方式，丰富人生阅历	26.7	27.9	30.4	24.8	32.6
解决自身或家人的就业问题	8.3	6.6	2.5	1.4	3.1

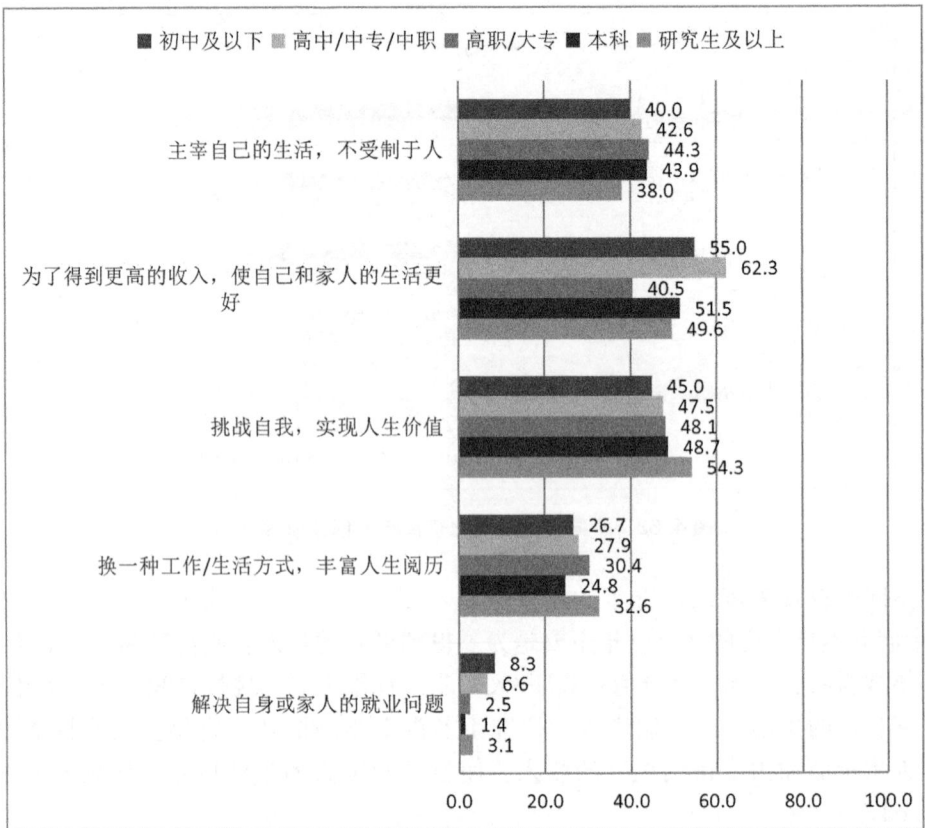

图 4.64 不同受教育程度北京青年的创业原因（%）

不同户籍所在地北京青年的创业原因不尽相同。其中，北京户籍的北京青年主要是挑战自我，实现人生价值和为了得到更高的收入，使自己和家人的生活更好；天津户籍的北京青年主要是为了得到更高的收入，使自己和家人的生活更好，挑战自我，实现人生价值和换一种工作/生活方式，丰富人生阅历；河北户籍的北京青年主要是为了得到更高的收入，使自己和家人的生活更好和主宰自己的生活，不受制于人；其他地区户籍的北京青年主要是为了得到更高的收入，使自己和家人的生活更好和挑战自我，实现人生价值。详见表 4.65 和图 4.65。

表 4.65 不同户籍所在地北京青年的创业原因（%）

	北京	天津	河北	其他地区
主宰自己的生活，不受制于人	42.4	38.5	43.3	42.8
为了得到更高的收入，使自己和家人的生活更好	44.8	53.8	86.7	58.1
挑战自我，实现人生价值	51.8	46.2	30.0	47.4
换一种工作/生活方式，丰富人生阅历	28.3	46.2	20.0	24.2
解决自身或家人的就业问题	2.2	0.0	3.3	4.7

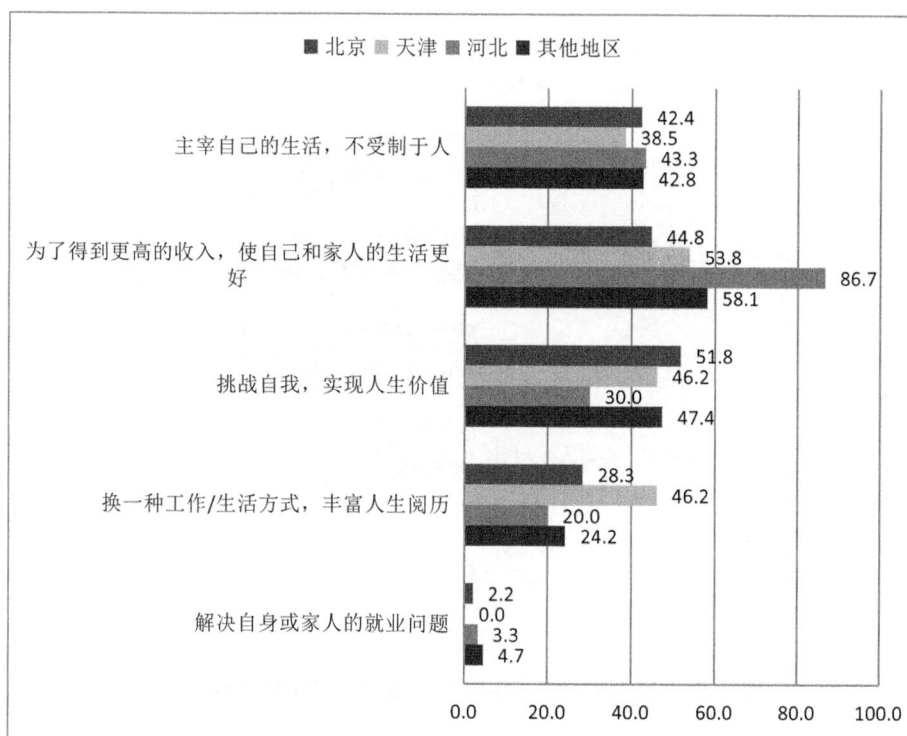

图 4.65　不同户籍所在地北京青年的创业原因（%）

在北京居住时间不同的北京青年的创业原因不尽相同。其中，在北京居住 0.5–1 年（不含）和 10 年及以上的北京青年主要是挑战自我，实现人生价值和为了得到更高的收入，使自己和家人的生活更好；在北京居住 1–3 年（不含）的北京青年主要是为了得到更高的收入，使自己和家人的生活更好和挑战自我，实现人生价值；在北京居住 3–5 年（不含）的北京青年主要是为了得到更高的收入，使自己和家人的生活更好，主宰自己的生活，不受制于人和挑战自我，实现人生价值；在北京居住 5–10 年（不含）的北京青年主要是主宰自己的生活，不受制于人和为了得到更高的收入，使自己和家人的生活更好。详见表 4.66 和图 4.66。

表 4.66　在北京居住时间不同的北京青年的创业原因（%）

	0.5–1 年（不含）	1–3 年（不含）	3–5 年（不含）	5–10 年（不含）	10 年及以上
主宰自己的生活，不受制于人	29.4	27.5	47.1	50.0	41.6
为了得到更高的收入，使自己和家人的生活更好	47.1	67.5	57.1	49.1	49.4
挑战自我，实现人生价值	64.7	45.0	47.1	43.8	50.8
换一种工作/生活方式，丰富人生阅历	17.6	27.5	28.6	25.0	28.1
解决自身或家人的就业问题	0.0	0.0	2.9	7.1	2.2

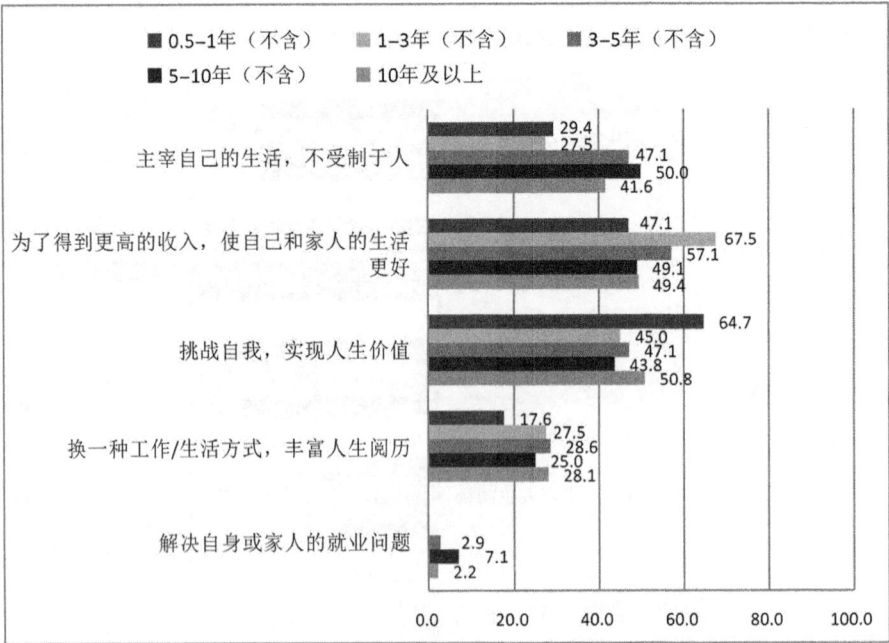

图 4.66　在北京居住时间不同的北京青年的创业原因（%）

不同政治面貌的北京青年的创业原因基本一致。其中，中共党员和共青团员主要是挑战自我，实现人生价值和为了得到更高的收入，使自己和家人的生活更好；群众主要是为了得到更高的收入，使自己和家人的生活更好和挑战自我，实现人生价值。详见表 4.67 和图 4.67。

表 4.67　不同政治面貌北京青年的创业原因

	中共党员	共青团员	群众
主宰自己的生活，不受制于人	40.1	42.9	43.8
为了得到更高的收入，使自己和家人的生活更好	45.3	45.3	58.1
挑战自我，实现人生价值	57.8	46.5	45.4
换一种工作/生活方式，丰富人生阅历	29.7	31.2	24.1
解决自身或家人的就业问题	3.6	1.8	3.2

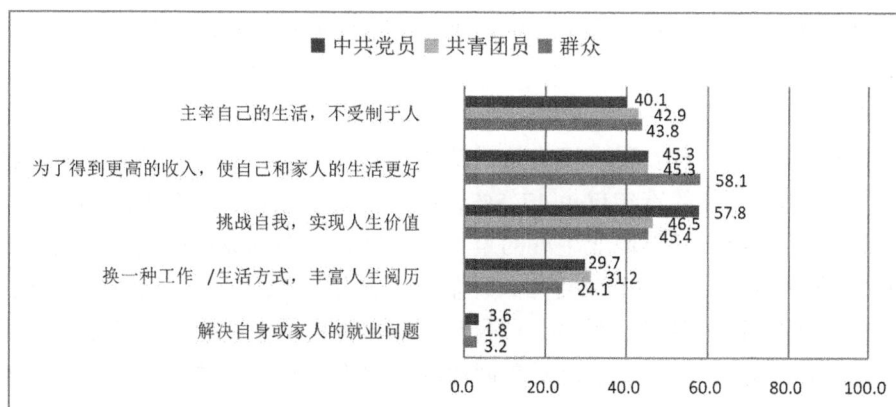

图 4.67 不同政治面貌北京青年的创业原因（%）

五、 结论与思考

在职业选择上，北京青年关注的最主要因素仍然是收入，但是他们对于内在因素的关注程度增加，尤其是对于实现个人价值、发挥自身能力、符合个人兴趣和促进个人能力提升因素上的关注程度较高。根据 Deci 的自我决定理论，对内在因素的关注会使得个体对内在的满足更为重视，进而产生更积极的职业态度，这将有利于提升北京青年个体的职业生涯的适应力，促进青年个体主动进行有利于职业生涯发展的行为，并激励他们在面对职业发展困难时采取更为积极的行为，努力实现自身的职业抱负，这些行为都将会促进北京青年个体在职业生涯中得到更好的发展。

在职业变动上，北京青年的离职频率较高，但是离职的主动原因所占比重较少，被动和不得已的原因较多。面对当今世界职业生涯的易变性特点，青年要具有居安思危的心态，在稳定的职业发展过程中，主动地适应和调整自己的能力结构，提高自身的职业适应力。Direnzo 和 Greenhaus（2011）以易变职业生涯为背景提出了工作搜索和离职相结合的控制论模型，认为生涯的中断和转换不再是职业的失败，而是职业动态变化过程中的一环。在这个过程中，职业中断即"契合失败"意味着原有的平衡被打破，这是个体成长的契机。因此，青年个体要注重在职业转换过程中进行职业探索，以寻找到新的平衡点使得个体的能力能够得以螺旋式的上升，在职业探索和职业形成过程中的每个阶段，都能够主动地进行自我成长和自我变革。

在职业能力提升上，所有北京青年群体都将专业知识、应变能力和交往能力等核心能力视为"硬通货"，要着重提升；而各个青年群体对其他能力的重视程度存在差异，因此为青年提供的生涯教育和职业发展路径要与青年的需求相拟合。要促进青年通过持续的学习和实践，获取新知识、新技能和新经验，并促进他们将这些能力主动地整合到自己的能力结构中，实现自身能力结构的升级。同时，还要持续不断地增加青年个体的可跨越、可迁移和可历练的能力，以适应职业环境的变化，打造适应未来的社会竞争力。

在创业方面，"创业"成为北京青年的普遍意愿，有82.5%的北京青年有创业意愿，并且有34.2%的青年觉得时机成熟时就会付诸行动，而觉得还是就业比较稳妥和踏实而没有考虑过创业的青年仅占17.5%。在这个大众创业、万众创新的时代，创业逐渐与就业并行，成为青年职业生涯的重要发展路径。在创业原因上，那些觉得在时机成熟时会付诸创业行动的北京青年，他们创业的第一原因是为了获得更高的收入，使自己和家人的生活更美好，而挑战自我且实现自我价值、主宰自己的生活而不受制于人，分别位于第二、第三。这说明在创业的过程中青年特别注重自我人生价值的实现以及对自我生活的掌控。

近年来，经济的发展和科技的快速变革使得青年的职业环境发生了剧烈而快速的变化，这些变化深刻地影响青年的职业发展路径。很多工作技能出现退化和贬值的现象，很多行业和岗位存在的时间窗口越来越短，而新的行业和岗位在不断涌现，在这种背景下青年的生涯发展出现了很大的不确定性。这就要求青年要不断地自我学习和更新，不断升级知识、技能和经验去适应不同场所的职业需求。同时，还需要不断地根据自身的需求，自主地重新建构工作的内容、方式和工作的关系，以能够进行工作重塑，并在工作重塑的过程中发挥自身的优势。

第五章　北京青年文化与闲暇活动现状及发展趋势

文化、娱乐、消费是青年日常生活方式的表现形态，是青年共同的审美趣味、价值取向、行为方式的总和。可以说，青年文化、娱乐、消费是青年特有的存在方式。这其中聚集着青年群体（特别是青年学生）的生活态度、理想追求、价值观念、行为方式等，而且反映着社会文化的本质。在高度经济化的社会里，以消费和媒介为主导的青年文化存在不少问题，随着网络化信息化技术的发展，社会文化分层不断加剧，社会价值观也存在多元化倾向。20世纪50年代末至20世纪60年代初，英国文化研究的代表人物之一霍尔认为，首先应对青年流行文化有着理解，才能对青年文化进行"解读"。霍尔从青年教育与社会变革的角度去理解青年流行文化，发现学校教育体制存在很多问题。伯明翰学派鼓励研究者努力深入青年群体的日常生活中，进行参与式观察和多维度的审视。

本研究本着客观，以数据为总体依据的原则，对北京青年的文化、娱乐、消费进行了大幅度的调查研究，主要关注以下四个部分：青年最关注的社会角色和最希望成为的社会角色；周末最主要做的事；平均上网时间；对不同网络信息的关注度。这四个部分在不同视角和不同层面，反映了北京青年群体的文化状态。这些调查数据和分析能够为历届北京青年文化，理解北京群体对社会历史文化变迁作出的回应与思索，认识新时代下社会历史文化变迁对北京青年影响提供重要的实践资源和必要理论借鉴。

一、 北京青年的文化活动

（一）最关注的社会角色和最希望成为的社会角色

总体上，被调查的北京青年最关注的社会角色是企业家/实业家、父母、影视明星偶像，最希望成为的社会角色是企业家/实业家、教师、自由职业者。详见表5.1和图5.1。

表 5.1　北京青年最关注的社会角色和最希望成为的社会角色（%）

	最关注的社会角色	最希望成为的社会角色
政治家	5.3	3.6
科学家	7.8	7.2
艺术家	3.8	3.7
文学家	3.1	3.9
企业家/实业家	22.2	26.3
军人	4.7	4.0
父母	13.1	2.4
英雄人物	3.4	3.2
自由职业者	3.0	9.9
影视明星偶像	8.1	4.3
教师	6.4	10.3
自己	4.6	7.7
网络红人	2.0	1.4
运动体育明星	3.5	1.7
政府官员	4.0	5.5
没有考虑过	2.4	2.7
没有关注/崇拜对象	3.1	2.6

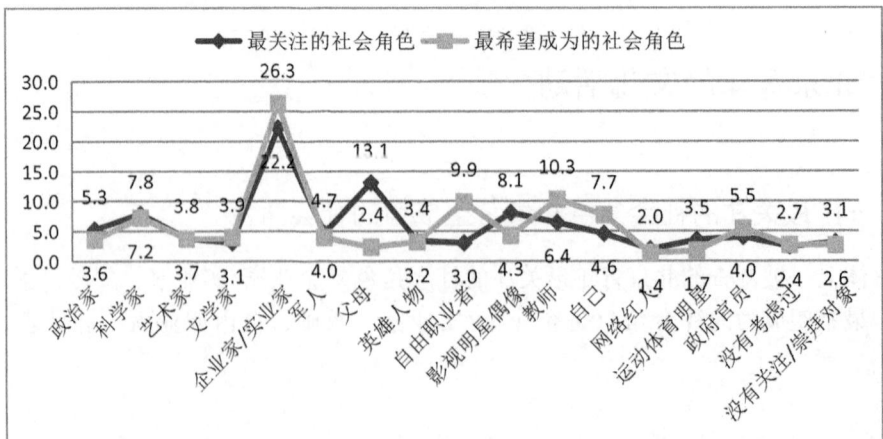

图 5.1　北京青年最关注的社会角色和最希望成为的社会角色（%）

　　不同调查主体最关注的社会角色和最希望成为的社会角色不尽相同。其中，高校学生最关注的社会角色是父母、教师、影视明星偶像，农民工和白领最关注的社会角色是企业家/实业家、父母、科学家，高校教师最关注的社会角色是企业家/实业家、父母、教师，公务员最关注的社会角色是企业家/实业家、父母、政府官员。高校学生最希望成为的社会角色是教师、自己、自由职业者，农民工最希望成为的社会角色是企业家/实业家、自由职业者、科学家，高校教师最希望成为的社会角色是企业家/实业家、教师、自由职业者，公务员最希望成为的社会角色是企业家/实业家、政府官员、政治家和自由职业者，白领最希望成为的社会角色是企业家/实业家、自由职业者、自己。详见表5.2、图5.2和图5.3。

表5.2　不同调查主体最关注的社会角色和最希望成为的社会角色（%）

	最关注的社会角色					最希望成为的社会角色				
	高校学生	农民工	高校教师	公务员	白领	高校学生	农民工	高校教师	公务员	白领
政治家	2.3	4.7	6.3	6.3	6.3	1.8	4.0	2.7	8.7	2.6
科学家	2.3	8.7	7.3	7.7	10.9	2.0	8.0	8.7	7.7	9.0
艺术家	5.0	2.7	4.0	4.7	3.0	4.0	3.3	4.7	3.7	3.3
文学家	2.3	2.7	5.0	3.3	2.7	2.3	4.7	7.7	3.7	3.0
企业家/实业家	4.8	26.3	25.0	22.0	29.3	6.3	26.0	25.3	30.7	36.4
军人	6.3	7.0	3.7	3.3	3.7	6.8	5.0	3.0	3.0	2.7
父母	17.3	10.0	12.7	12.7	12.3	2.0	3.3	2.3	2.3	2.1
英雄人物	4.3	4.0	3.7	3.7	2.3	2.5	2.7	2.3	2.7	4.4
自由职业者	1.8	5.7	3.7	2.3	2.6	8.5	14.3	9.7	8.7	9.3
影视明星偶像	12.8	7.3	6.7	7.7	6.4	7.5	5.0	2.0	3.7	3.3
教师	13.8	2.3	11.0	4.7	2.7	28.8	4.3	15.7	4.7	2.4
自己	8.5	5.3	2.7	2.3	3.7	10.3	6.0	6.3	4.0	9.1
网络红人	3.5	2.0	0.3	2.0	1.7	2.3	2.3	1.0	0.7	0.9
运动体育明星	5.5	2.0	2.7	2.3	3.9	2.0	2.0	2.3	1.7	1.1
政府官员	1.8	2.7	3.7	10.3	3.3	3.5	4.3	4.3	10.3	5.4
没有考虑过	5.3	2.7	0.7	1.3	1.9	4.5	2.3	2.0	1.0	2.7
没有关注/崇拜对象	3.0	4.0	1.0	3.3	3.4	5.3	2.3	0.0	3.0	2.1

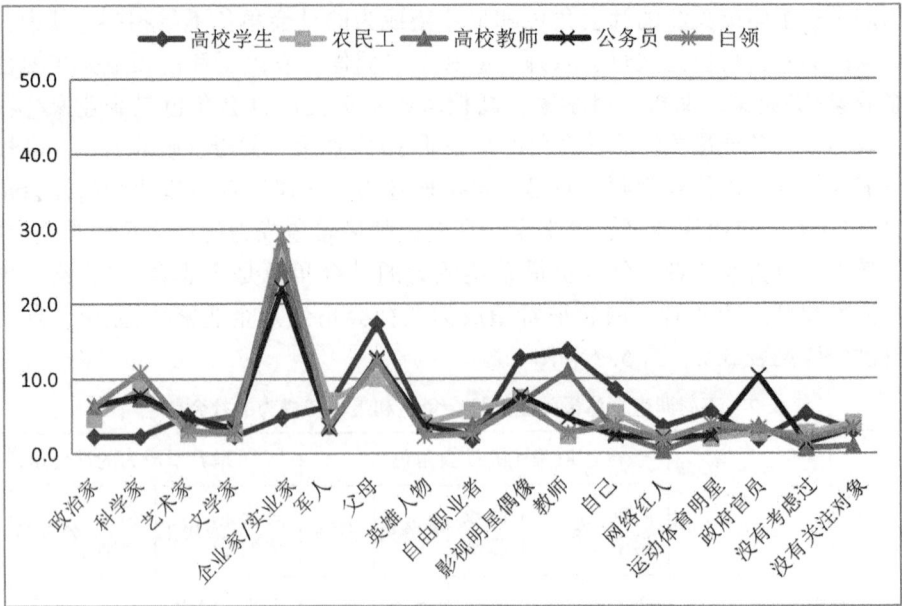

图 5.2　不同调查主体北京青年最关注的社会角色（%）

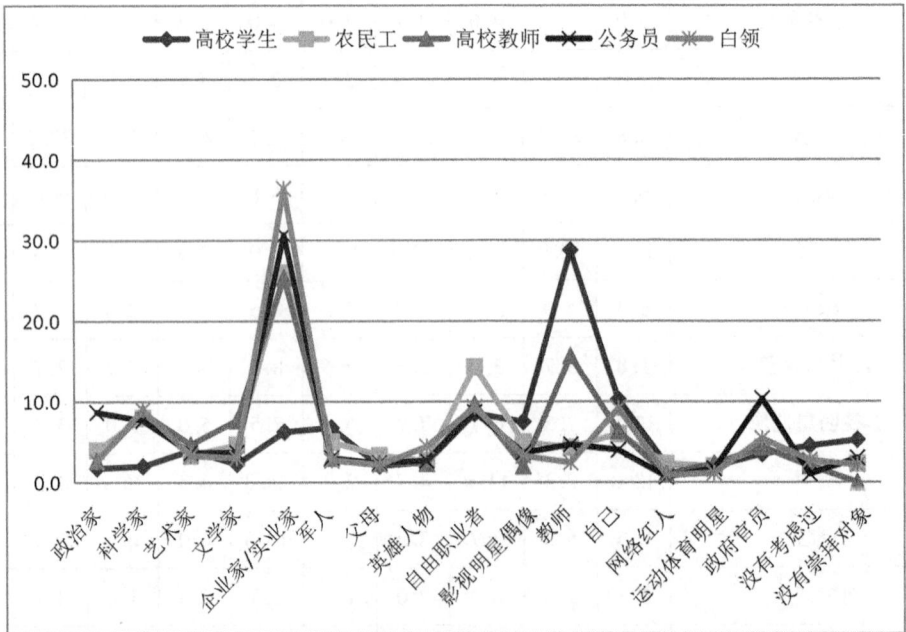

图 5.3　不同调查主体北京青年最希望成为的社会角色（%）

　　不同性别北京青年最关注的社会角色和最希望成为的社会角色不尽相同。其中，男性最关注的社会角色是企业家/实业家、科学家、父母，女性最关注的社会角色是企业家/实业家、父母、影视明星偶像。男性最希望成为的社会角色是企业家/实业家、科学家、自由职业者，女性最希望成为的社会角色是企业家/实业家、教师、自由职业者。详见表 5.3、图 5.4 和图 5.5。

表 5.3　不同性别北京青年最关注的社会角色和最希望成为的社会角色（%）

	最关注的社会角色		最希望成为的社会角色	
	男	女	男	女
政治家	7.2	3.6	5.0	2.4
科学家	11.1	5.1	10.1	4.8
艺术家	2.6	4.7	2.9	4.4
文学家	3.1	3.0	3.3	4.4
企业家/实业家	26.3	18.9	30.8	22.7
军人	4.0	5.2	3.6	4.3
父母	9.7	15.8	2.2	2.4
英雄人物	4.3	2.5	3.8	2.7
自由职业者	2.8	3.2	7.7	11.6
影视明星偶像	3.9	11.4	2.8	5.4
教师	5.0	7.5	5.6	14.1
自己	4.0	5.0	7.1	8.2
网络红人	1.7	2.2	0.8	1.8
运动体育明星	4.3	2.8	3.0	0.6
政府官员	4.5	3.6	6.7	4.4
没有考虑过	2.2	2.5	2.0	3.2
没有关注/崇拜对象	3.1	3.0	2.6	2.6

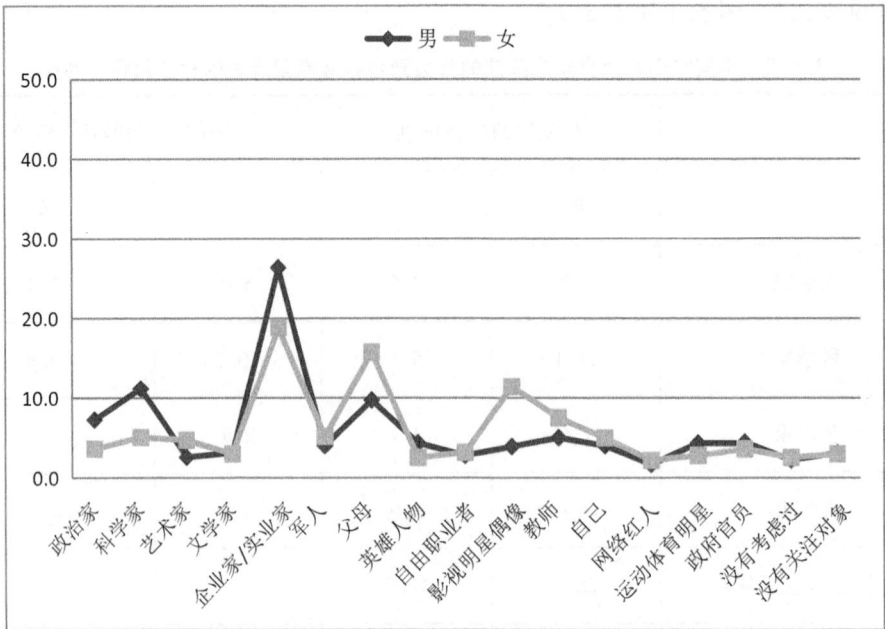

图 5.4　不同性别北京青年最关注的社会角色（%）

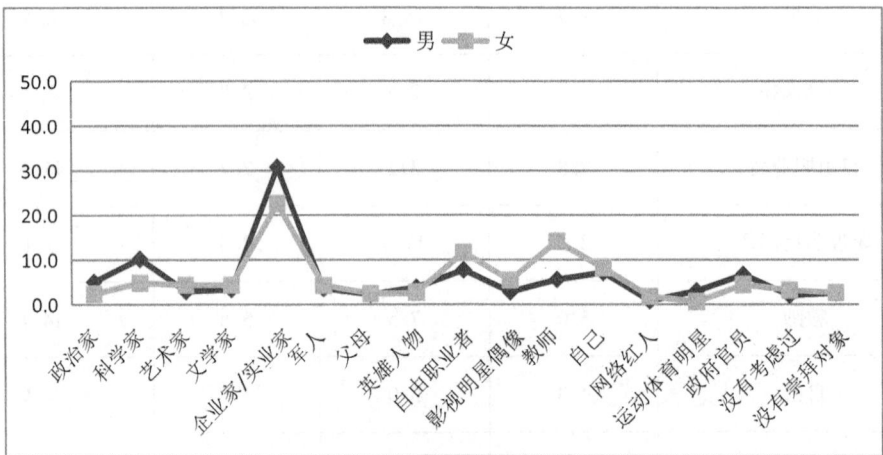

图 5.5　不同性别北京青年最希望成为的社会角色（%）

　　不同年龄北京青年最关注的社会角色和最希望成为的社会角色不尽相同。其中，18-24 岁北京青年最关注的社会角色是父母、影视明星偶像、企业家/实业家，25-29 岁和 30-34 岁北京青年最关注的社会角色是企业家/实业家、父母、科学家，35-44 岁北京青年最关注的社会角色是企业家/实业家、科学家、父母。18-24 岁北京青年最希望成为的社会角色是教师、企业家/实业家、自由职业者，25-29 岁北京青年最希望成为的社会角色是企业家/实业家、自由职业者、自己，30-34 岁北京青年最希望成为的社会角色是企业家/实业家、自由职业者、政府官员，35-44 岁北京青年最希望成为的社会角色是企业家/实业家、科学家、自由职业者。详见表 5.4、图 5.6 和图 5.7。

表5.4　不同年龄北京青年最关注的社会角色和最希望成为的社会角色（%）

	最关注的社会角色				最希望成为的社会角色			
	18-24 岁	25-29 岁	30-34 岁	35-44 岁	18-24 岁	25-29 岁	30-34 岁	35-44 岁
政治家	3.1	5.1	5.7	8.0	2.0	3.4	3.1	6.1
科学家	3.5	9.0	10.5	10.8	3.8	7.5	7.4	11.4
艺术家	5.6	3.6	2.6	2.1	4.5	4.6	2.3	2.8
文学家	2.7	5.1	2.6	2.3	3.5	3.6	3.7	4.7
企业家/实业家	12.3	23.5	30.7	28.8	15.3	30.1	38.1	30.3
军人	5.6	3.6	5.1	3.8	5.4	2.2	3.1	4.0
父母	15.5	14.1	11.6	9.8	1.7	2.4	2.6	3.0
英雄人物	3.7	2.4	3.4	3.6	2.7	4.9	3.7	2.3
自由职业者	3.4	2.9	2.0	3.2	11.6	10.9	8.2	7.8
影视明星偶像	13.6	6.3	6.0	3.4	6.5	5.6	2.8	1.1
教师	8.9	6.3	4.0	4.7	19.5	5.1	5.4	5.3
自己	5.9	3.6	3.1	4.4	8.9	8.7	6.3	6.3
网络红人	3.0	1.5	1.4	1.3	2.1	1.2	0.3	1.1
运动体育明星	4.5	3.4	3.1	2.5	1.6	1.0	2.3	2.1
政府官员	2.0	3.4	5.4	6.3	4.2	3.6	8.2	6.6
没有考虑过	3.1	2.7	2.0	1.5	3.2	2.7	2.0	2.3
没有关注/崇拜对象	3.5	3.4	0.9	3.6	3.5	2.4	0.6	2.8

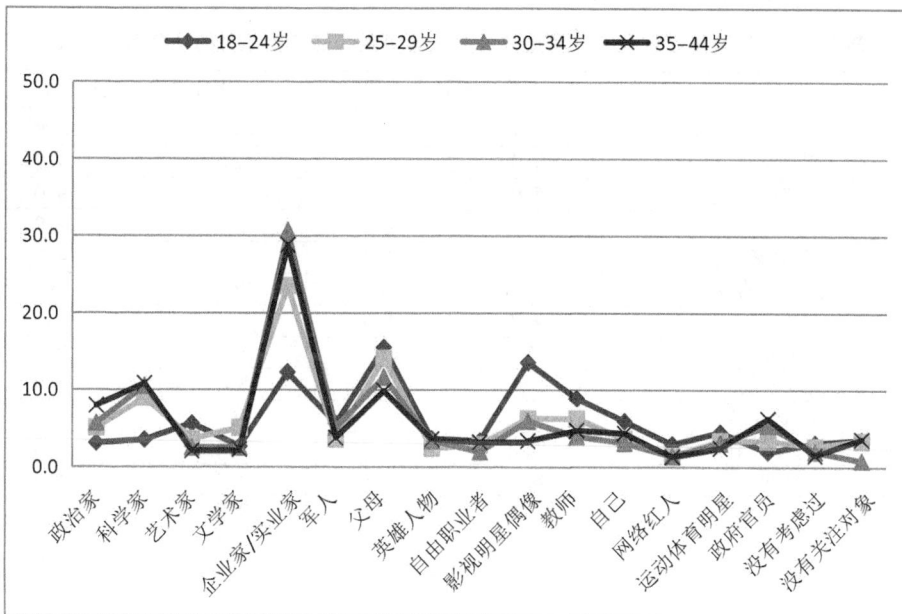

图5.6　不同年龄北京青年最关注的社会角色（%）

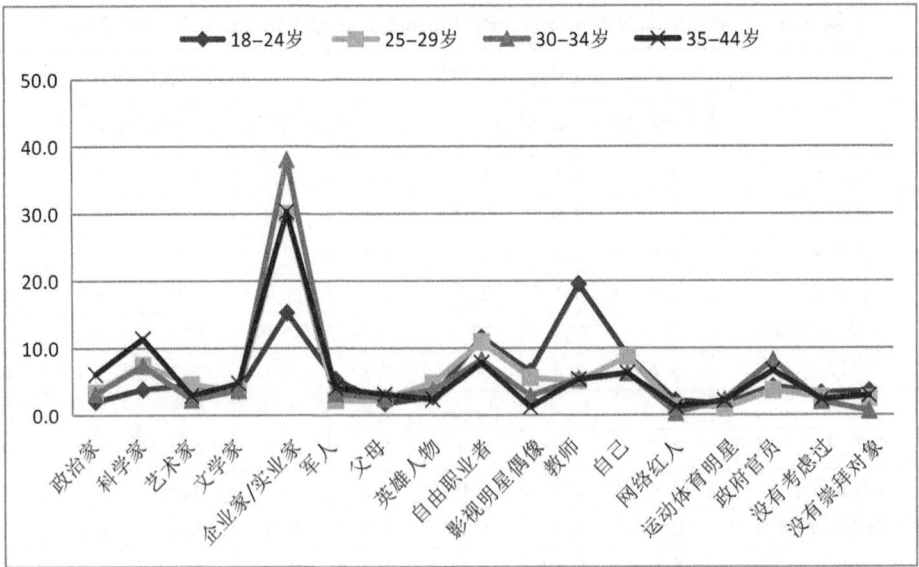

图 5.7 不同年龄北京青年最希望成为的社会角色（%）

　　不同婚姻状况的北京青年最关注的社会角色和最希望成为的社会角色不尽相同。其中，未婚北京青年最关注的社会角色是父母、企业家/实业家、影视明星偶像，已婚北京青年最关注的社会角色是企业家/实业家、父母、科学家。未婚北京青年最希望成为的社会角色是企业家/实业家、教师、自由职业者，已婚北京青年最希望成为的社会角色是企业家/实业家、科学家、自由职业者。详见表 5.5、图 5.8 和图 5.9。

表 5.5 不同婚姻状况北京青年最关注的社会角色和最希望成为的社会角色（%）

	最关注的社会角色		最希望成为的社会角色	
	未婚	已婚	未婚	已婚
政治家	3.9	6.4	2.0	4.9
科学家	5.0	10.1	5.1	9.0
艺术家	5.0	2.8	4.5	2.9
文学家	2.9	3.2	3.4	4.3
企业家/实业家	14.4	28.8	17.5	33.8
军人	4.7	4.6	5.3	2.9
父母	14.8	11.7	1.8	2.9
英雄人物	3.4	3.2	2.4	3.8
自由职业者	3.3	2.7	12.1	7.8
影视明星偶像	12.1	4.7	6.4	2.5
教师	8.3	4.8	15.8	5.8
自己	5.7	3.6	9.0	6.5
网络红人	2.9	1.2	2.0	0.8
运动体育明星	4.3	2.9	1.5	1.8
政府官员	2.0	5.6	3.9	6.7
没有考虑过	3.6	1.4	3.9	1.7
没有关注/崇拜对象	3.7	2.4	3.4	1.9

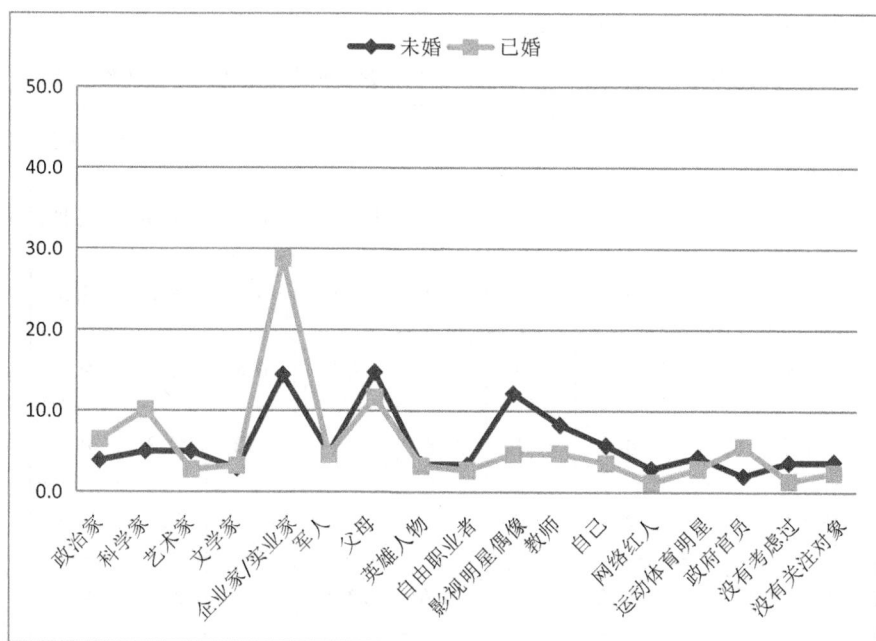

图 5.8　不同婚姻状况北京青年最关注的社会角色（%）

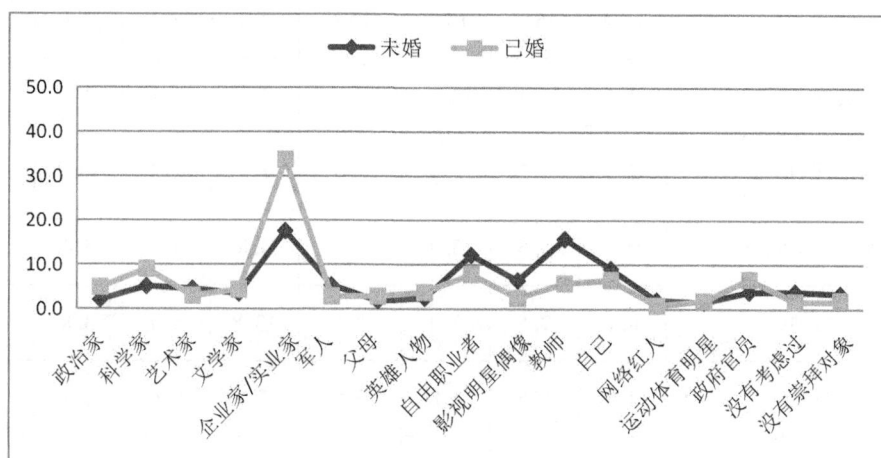

图 5.9　不同婚姻状况北京青年最希望成为的社会角色（%）

　　不同户籍所在地北京青年最关注的社会角色和最希望成为的社会角色不尽相同。其中，北京和天津户籍的北京青年最关注的社会角色是企业家/实业家、父母、影视明星偶像，河北户籍的北京青年最关注的社会角色是企业家/实业家、政治家、父母，其他地区户籍的北京青年最关注的社会角色是企业家/实业家、父母、科学家。北京户籍的北京青年最希望成为的社会角色是企业家/实业家、教师、自由职业者，天津户籍的北京青年最希望成为的社会角色是企业家/实业家、自由职业者、政治家和政府官员，河北户籍的北京青年最希望成为的社会角色是企业家/实业家、自由职业者、科学家，其他地区户籍的北京青年最希望成为的社会角色是企业家/实业家、自由职业者、自己。详见表 5.6、图 5.10 和图 5.11。

表 5.6 不同户籍所在地北京青年最关注的社会角色和最希望成为的社会角色（%）

	最关注的社会角色				最希望成为的社会角色			
	北京	天津	河北	其他地区	北京	天津	河北	其他地区
政治家	5.0	3.2	10.8	4.8	3.9	8.6	1.5	2.6
科学家	7.3	5.4	6.9	9.4	6.8	5.4	9.2	7.8
艺术家	4.6	1.1	0.8	3.1	4.2	4.3	0.8	3.2
文学家	2.4	0.0	5.4	4.3	3.4	3.2	7.7	4.1
企业家/实业家	19.2	25.8	24.6	27.1	25.2	21.5	32.3	27.9
军人	4.4	4.3	5.4	5.1	3.6	3.2	3.8	4.8
父母	14.4	15.1	10.8	10.6	2.4	2.2	3.1	2.2
英雄人物	3.4	5.4	4.6	2.6	3.3	1.1	4.6	3.1
自由职业者	2.3	3.2	5.4	3.9	7.7	10.8	13.8	13.1
影视明星偶像	9.2	8.6	3.8	6.5	4.8	4.3	5.4	2.9
教师	8.1	7.5	2.3	3.7	13.8	5.4	3.8	5.5
自己	4.8	6.5	3.8	3.9	7.4	8.6	6.2	8.5
网络红人	2.2	1.1	0.8	1.9	1.5	1.1	0.0	1.4
运动体育明星	4.2	1.1	3.8	2.4	1.8	1.1	1.5	1.5
政府官员	3.8	6.5	5.4	3.7	5.7	8.6	3.1	4.9
没有考虑过	2.3	1.1	1.5	3.1	2.5	2.2	0.0	3.6
没有关注/崇拜对象	2.4	4.3	3.8	4.1	1.9	8.6	3.1	2.9

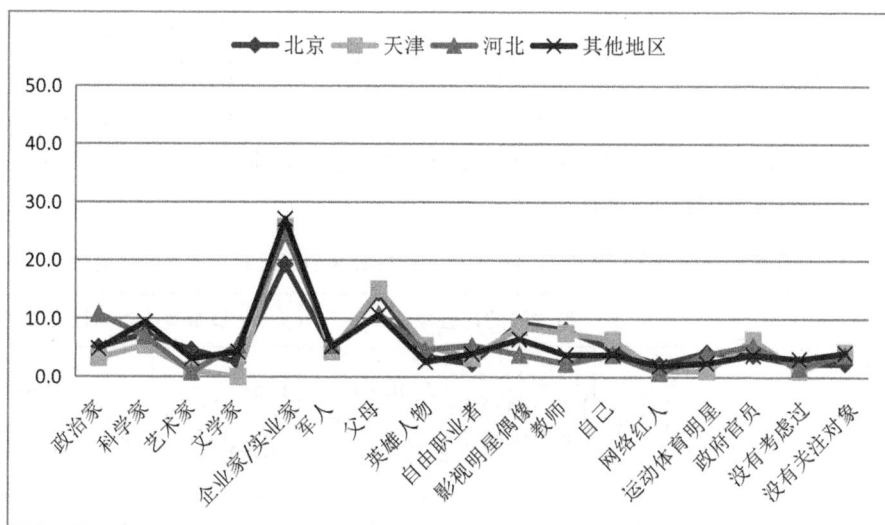

图 5.10　不同户籍所在地北京青年最关注的社会角色（%）

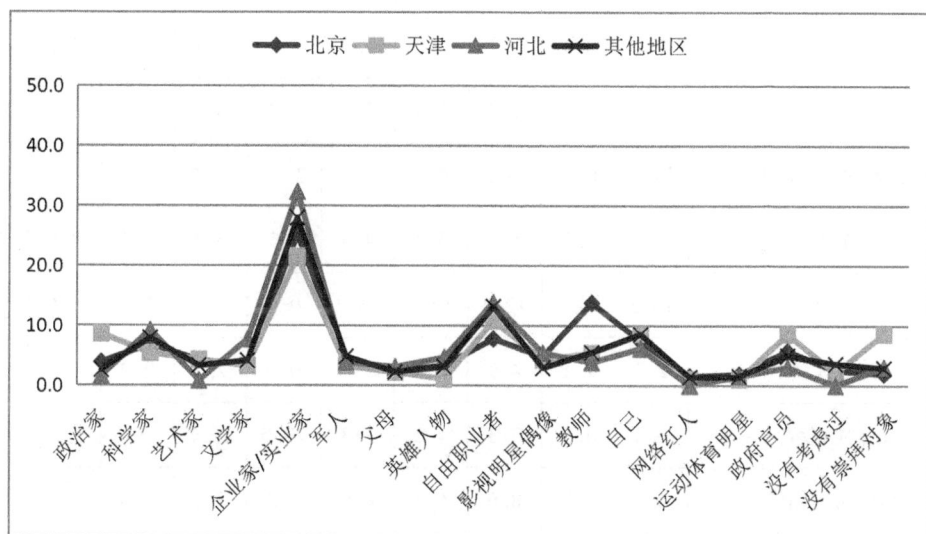

图 5.11　不同户籍所在地北京青年最希望成为的社会角色（%）

在北京居住时间不同的北京青年最关注的社会角色和最希望成为的社会角色不尽相同。其中，在北京居住 0.5-1 年（不含）的北京青年最关注的社会角色是企业家/实业家、父母、自由职业者和政府官员，在北京居住 1-3 年（不含）的北京青年最关注的社会角色是企业家/实业家、父母、军人，在北京居住 3-5 年（不含）和 10 年及以上的北京青年最关注的社会角色是企业家/实业家、父母、影视明星偶像，在北京居住 5-10 年（不含）的北京青年最关注的社会角色是企业家/实业家、父母、科学家。在北京居住 0.5-1 年（不含）的北京青年最希望成为的社会角色是自由职业者、企业家/实业家、教师和自己，在北京居住 1-3 年（不含）的北京青年最希望成为的社会角色是企业家/实业家、自由职业者、自己，在北京居住3-5年（不含）的北京青年最希望成为的社会角色是企业家/实业家、自由职业者、科学家，在北京居住5-10年（不含）的北京青年最希望成为的社会角色是企业家/实业家、自由职业者、政府官员，在北京居住10年及以上的北京青年最希望成为的社会角色是企业家/实业家、教师、自己。详见表5.7、图5.12和图5.13。

表 5.7 在北京居住时间不同的北京青年最关注的社会角色和最希望成为的社会角色（%）

	最关注的社会角色					最希望成为的社会角色				
	0.5-1年（不含）	1-3年（不含）	3-5年（不含）	5-10年（不含）	10年及以上	0.5-1年（不含）	1-3年（不含）	3-5年（不含）	5-10年（不含）	10年及以上
政治家	2.2	3.4	4.5	6.1	5.5	4.3	2.7	2.0	3.2	4.0
科学家	4.3	6.8	6.1	10.6	7.7	4.3	3.4	8.6	7.7	7.3
艺术家	4.3	3.4	5.3	1.6	4.0	4.3	3.4	2.4	2.9	4.2
文学家	0.0	4.8	2.9	2.3	3.2	4.3	6.8	4.9	3.2	3.5
企业家/实业家	37.0	19.9	27.3	29.7	19.1	21.7	23.3	26.5	33.2	25.1
军人	4.3	8.2	5.3	3.2	4.5	4.3	6.2	4.9	3.5	3.6
父母	15.2	13.7	12.2	12.3	13.2	0.0	2.1	2.9	1.6	2.6
英雄人物	2.2	2.1	4.9	3.2	3.3	0.0	2.7	2.9	3.5	3.4
自由职业者	6.5	4.8	3.3	4.2	2.3	23.9	15.1	15.1	11.3	7.3
影视明星偶像	4.3	6.8	8.6	6.5	8.6	4.3	3.4	2.4	2.3	5.2
教师	0.0	6.2	5.7	2.6	7.7	10.9	6.2	6.1	5.5	12.8
自己	2.2	3.4	2.9	1.9	5.7	10.9	11.0	6.5	6.5	7.7
网络红人	0.0	1.4	0.8	1.6	2.4	0.0	2.7	0.8	0.3	1.6
运动体育明星	4.3	2.7	2.4	3.2	3.8	0.0	0.7	1.6	1.3	2.0
政府官员	6.5	2.7	2.0	4.2	4.4	2.2	2.7	5.7	8.4	5.1
没有考虑过	2.2	2.1	2.9	2.9	2.2	2.2	2.1	2.4	2.9	2.7
没有关注/崇拜对象	4.3	7.5	2.9	3.9	2.3	2.2	5.5	4.1	2.6	2.0

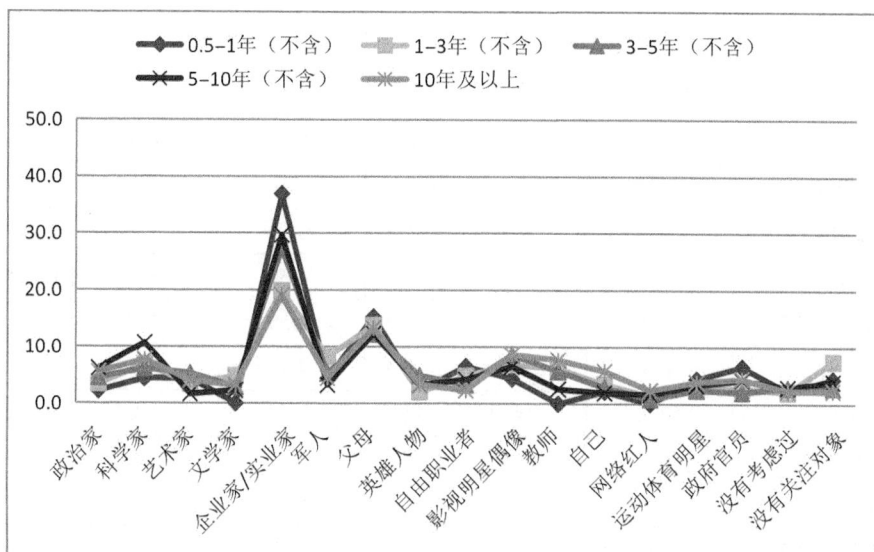

图 5.12　在北京居住时间不同的北京青年最关注的社会角色（%）

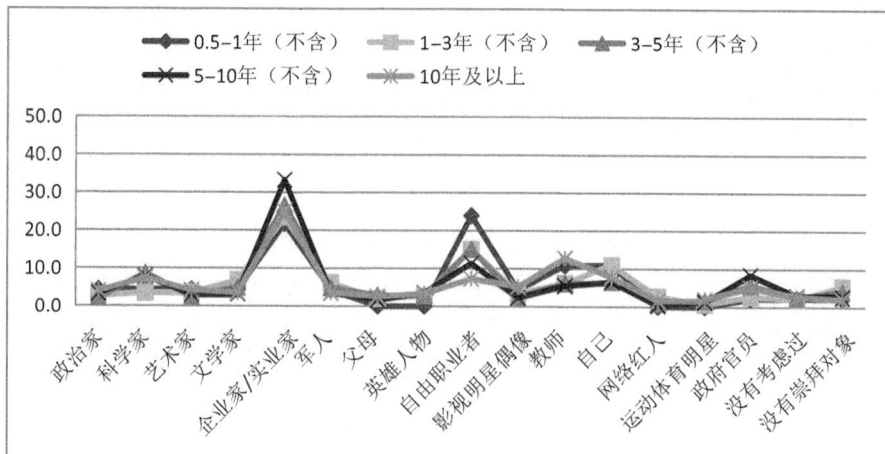

图 5.13　在北京居住时间不同的北京青年最希望成为的社会角色（%）

　　不同政治面貌的北京青年最关注的社会角色和最希望成为的社会角色不尽相同。其中，中共党员和群众最关注的社会角色是企业家/实业家、父母、科学家，共青团员最关注的社会角色是父母、影视明星偶像、企业家/实业家。中共党员最希望成为的社会角色是企业家/实业家、自由职业者、教师，群众最希望成为的社会角色是企业家/实业家、科学家、自由职业者，共青团员最希望成为的社会角色是教师、自由职业者、企业家/实业家。详见表 5.8、图 5.14 和图 5.15。

表5.8 不同政治面貌北京青年最关注的社会角色和最希望成为的社会角色（%）

	最关注的社会角色			最希望成为的社会角色		
	中共党员	共青团员	群众	中共党员	共青团员	群众
政治家	7.8	2.3	5.5	5.6	1.8	3.3
科学家	8.3	3.6	10.3	6.9	3.6	9.5
艺术家	3.9	5.4	2.5	3.7	5.2	2.8
文学家	3.9	2.3	2.9	4.9	2.3	4.1
企业家/实业家	24.8	11.0	27.9	30.5	10.4	33.9
军人	4.6	6.5	3.4	4.4	5.9	2.4
父母	12.8	14.9	11.9	2.2	2.0	2.8
英雄人物	2.9	4.0	3.3	3.5	2.9	3.0
自由职业者	3.2	2.3	3.3	8.6	12.1	9.3
影视明星偶像	4.9	14.4	6.1	3.0	6.8	3.4
教师	6.9	9.5	4.0	7.8	21.9	4.5
自己	3.2	6.8	4.1	5.6	9.5	7.9
网络红人	1.3	2.7	1.7	1.2	2.0	1.1
运动体育明星	3.0	5.0	2.8	2.2	1.6	1.5
政府官员	6.1	2.0	3.9	7.4	4.5	4.6
没有考虑过	1.0	3.4	2.8	1.2	3.8	3.0
没有关注/崇拜对象	1.5	3.8	3.8	1.3	3.6	2.9

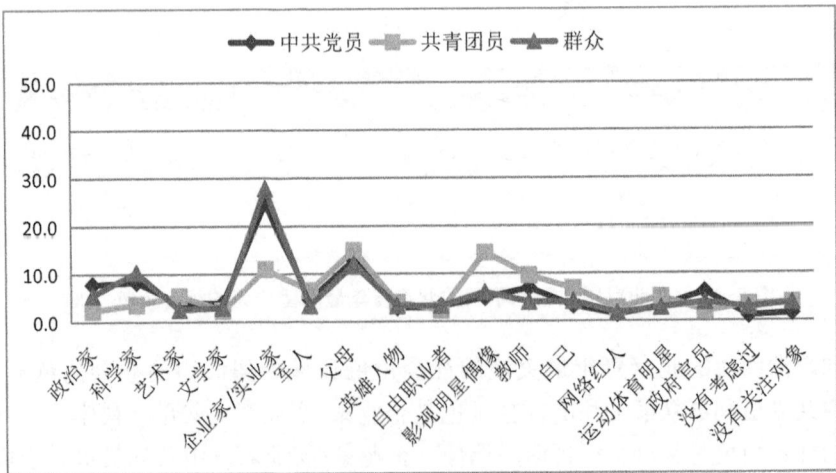

图5.14 不同政治面貌北京青年最关注的社会角色（%）

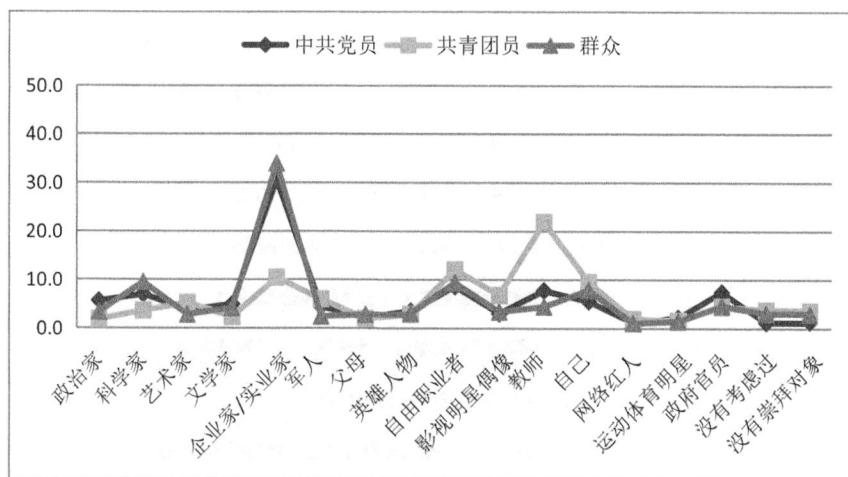

图 5.15　不同政治面貌北京青年最希望成为的社会角色（%）

（二）对不同网络信息的关注度

总体上，被调查的北京青年对各种网络信息的关注度由高到底依次为各类时事、政治新闻（信息）（3.92分）、社会文化新闻（信息）（3.89分）、专业技术、学习（培训）信息（3.83分）、科技信息（3.78分）、生活服务信息（3.77分）、购物信息（3.66分）、休闲、旅游信息（3.63分）、娱乐、体育新闻（信息）（3.59分）、国内、港澳台地区电影/电视剧（3.44分）、金融证券信息（3.39分）、求职、招聘信息（3.38分）、美国、欧洲电影/电视剧（3.36分）、游戏、电子竞技新闻（信息）（3.13分）、日、韩电影/电视剧（3.05分）、婚恋、交友信息（2.88分）。详见表5.9和图5.16。

表 5.9　北京青年对不同网络信息的关注度

	得分	排序
各类时事、政治新闻（信息）	3.92	1
美国、欧洲电影/电视剧	3.36	12
日、韩电影/电视剧	3.05	14
国内、港澳台地区电影/电视剧	3.44	9
娱乐、体育新闻（信息）	3.59	8
社会文化新闻（信息）	3.89	2
婚恋、交友信息	2.88	15
休闲、旅游信息	3.63	7
科技信息	3.78	4
生活服务信息	3.77	5
购物信息	3.66	6
金融证券信息	3.39	10
专业技术、学习（培训）信息	3.83	3
求职、招聘信息	3.38	11
游戏、电子竞技新闻（信息）	3.13	13

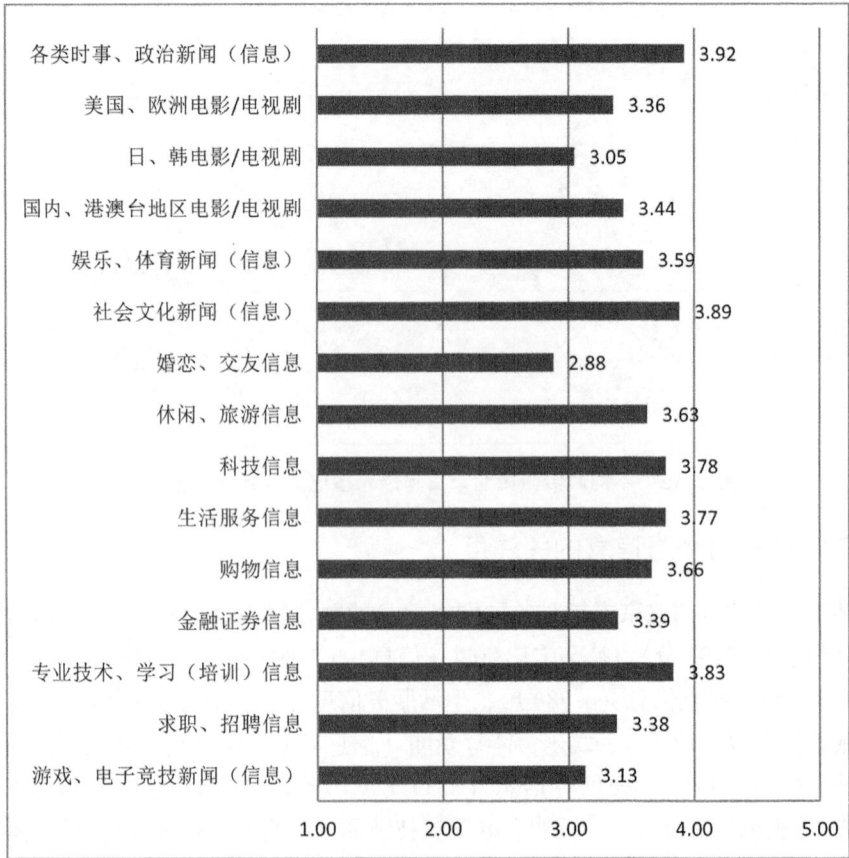

图 5.16 北京青年对不同网络信息的关注度（分）

不同调查主体对多种网络信息的关注度差异均显著。其中，在各类时事、政治新闻（信息）上，公务员和白领的关注度较高，且显著高于农民工和高校学生；高校教师的关注度显著高于农民工。在美国、欧洲电影/电视剧上，农民工的关注度最低，且显著低于高校学生、高校教师和白领；高校学生的关注度最高，且显著高于公务员。在日、韩电影/电视剧上，高校学生的关注度最高，且显著高于农民工、高校教师、公务员和白领。在国内、港澳台地区电影/电视剧上，高校学生的关注度最高，且显著高于农民工和公务员。在社会文化新闻（信息）上，高校学生的关注度最低，且显著低于高校教师、公务员和白领；高校教师的关注度最高，且显著高于农民工。在婚恋、交友信息上，高校学生的关注度最高，且显著高于白领。在休闲、旅游信息上，高校教师的关注度最高，且显著高于高校学生和农民工；高校学生的关注度最低，且显著低于白领。在科技信息上，高校学生的关注度最低，且显著低于高校教师、公务员和白领；农民工的关注度较低，且显著低于高校教师和白领。在生活服务信息上，高校学生的关注度最低，且显著低于高校教师、公务员和白领；农民工的关注度较低，且显著低于白领。在购物信息上，农民工的关注度最低，且显著低于白领。在金融证券信息上，高校教师、公务员和白领的关注度较高，且显著高于高校学生和农民工。在专业技术、学习（培训）信息上，高校学生的关注度最低，且显著低于高校教师、公务员和白领；高校教师的关注度最高，且显著高于农民工。在求职、招聘信息上，农民工的关注度最高，且显著高于高校学生、高校教师、公务员和白领。详见表 5.10 和图 5.17。

表 5.10　不同调查主体对不同网络信息的关注度（分）

	高校学生	农民工	高校教师	公务员	白领
各类时事、政治新闻（信息）	3.75	3.72	3.96	4.05	4.04
美国、欧洲电影/电视剧	3.50	3.17	3.43	3.25	3.37
日、韩电影/电视剧	3.40	2.94	3.11	2.86	2.95
国内、港澳台地区电影/电视剧	3.60	3.37	3.47	3.30	3.42
娱乐、体育新闻（信息）	3.66	3.52	3.58	3.46	3.65
社会文化新闻（信息）	3.69	3.80	4.06	3.94	3.93
婚恋、交友信息	3.03	2.95	2.89	2.91	2.75
休闲、旅游信息	3.46	3.52	3.78	3.68	3.68
科技信息	3.47	3.62	3.89	3.82	3.95
生活服务信息	3.57	3.67	3.85	3.88	3.86
购物信息	3.60	3.56	3.70	3.61	3.75
金融证券信息	3.02	3.29	3.54	3.54	3.52
专业技术、学习（培训）信息	3.59	3.76	4.00	3.87	3.92
求职、招聘信息	3.40	3.68	3.22	3.30	3.35
游戏、电子竞技新闻（信息）	3.30	3.05	3.05	3.12	3.11

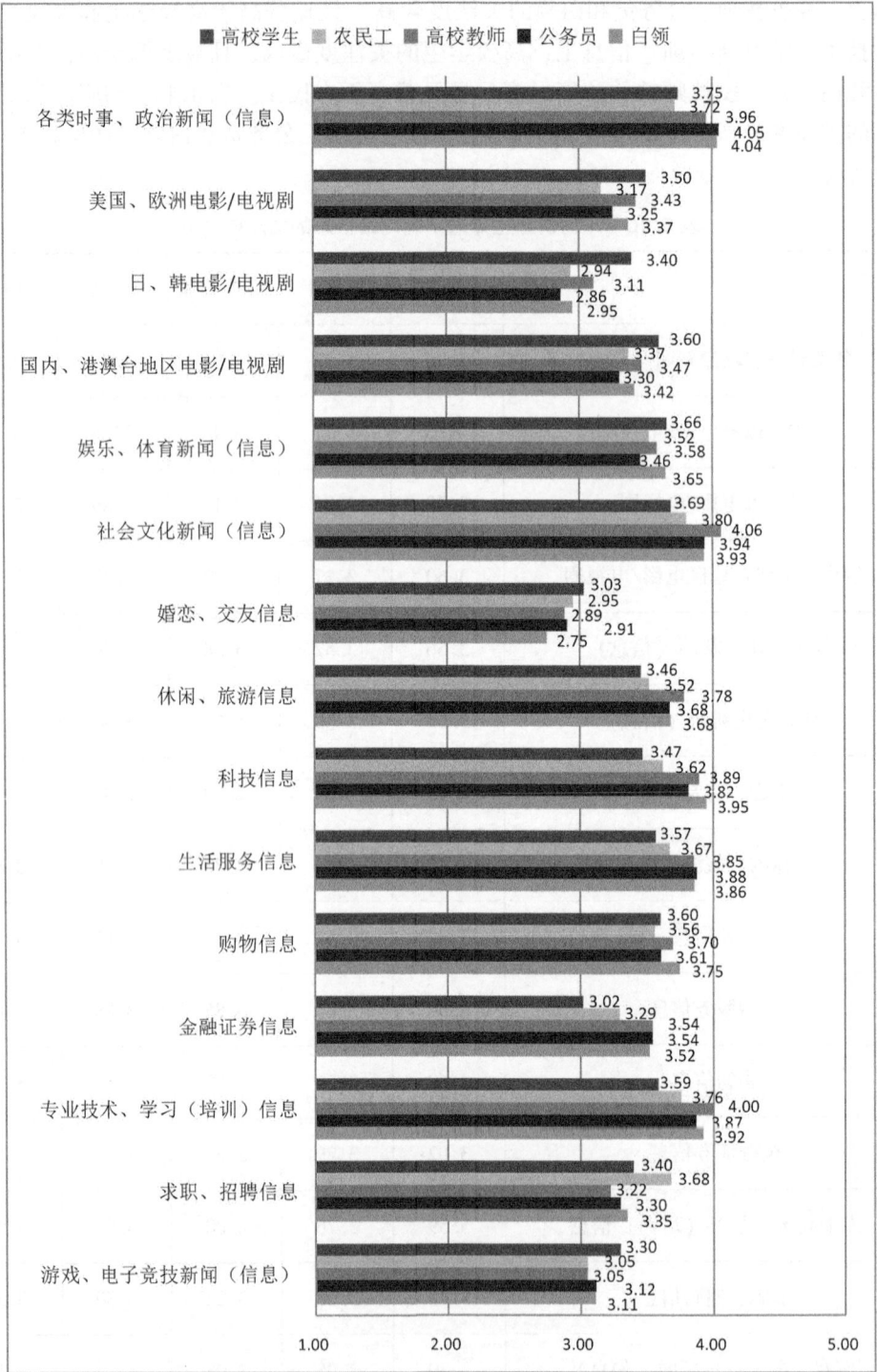

图 5.17 不同调查主体对不同网络信息的关注度（分）

不同性别北京青年对多种网络信息的关注度差异均显著。其中，在各类时事、政治新闻（信息），社会文化新闻（信息），科技信息，金融证券信息，专业技术、学习（培训）信息，游戏、电子竞技新闻（信息）上，男性的关注度显著高于女性。在日、韩电影/电视剧，国内、港澳台地区电影/电视剧，购物信息上，女性的关注度显著高于男性。详见表 5.11 和图 5.18。

表 5.11　不同性别北京青年对不同网络信息的关注度（分）

	男	女
各类时事、政治新闻（信息）	4.05	3.81
美国、欧洲电影/电视剧	3.35	3.36
日、韩电影/电视剧	2.88	3.19
国内、港澳台地区电影/电视剧	3.34	3.52
娱乐、体育新闻（信息）	3.55	3.63
社会文化新闻（信息）	3.93	3.85
婚恋、交友信息	2.91	2.86
休闲、旅游信息	3.60	3.65
科技信息	3.97	3.62
生活服务信息	3.79	3.76
购物信息	3.54	3.76
金融证券信息	3.58	3.24
专业技术、学习（培训）信息	3.91	3.77
求职、招聘信息	3.41	3.36
游戏、电子竞技新闻（信息）	3.20	3.08

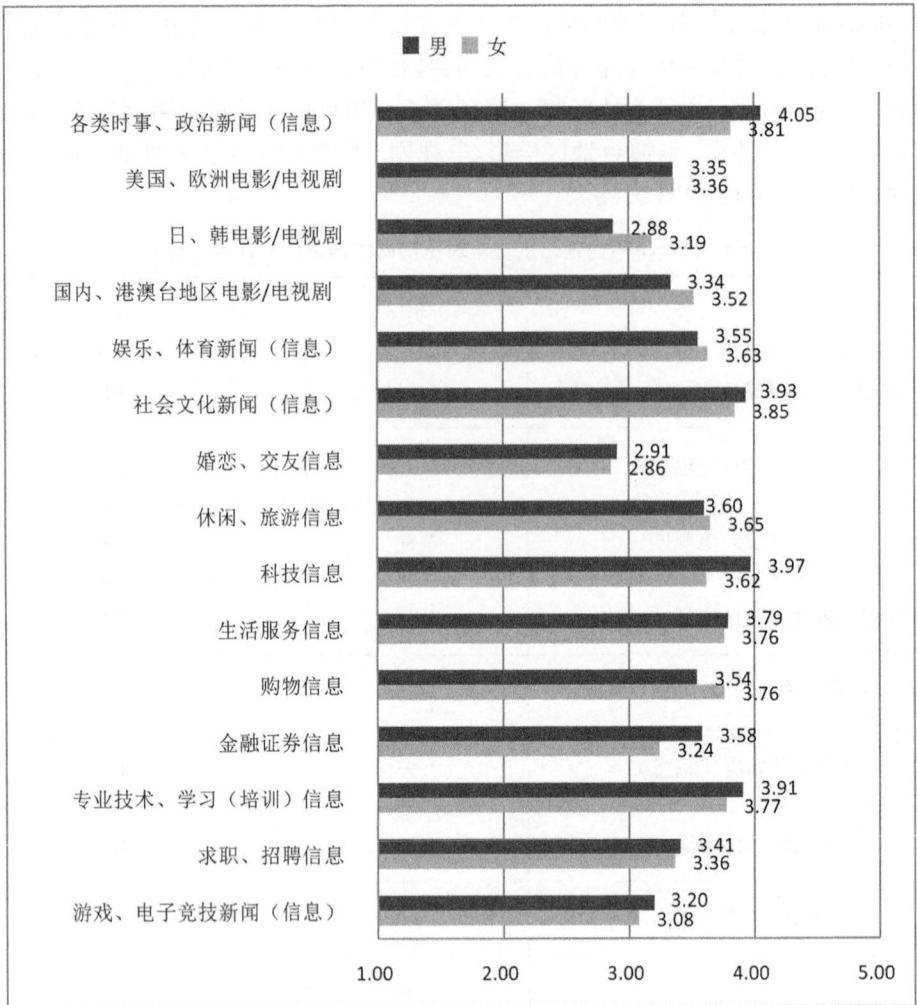

图 5.18　不同性别北京青年对不同网络信息的关注度（分）

　　不同年龄北京青年对多种网络信息的关注度差异均显著。其中，在各类时事、政治新闻（信息）上，呈现随年龄的增长，关注度逐渐变高的趋势。在美国、欧洲电影/电视剧，日、韩电影/电视剧上，35-44 岁北京青年的关注度最低，且显著低于其他年龄段的北京青年。在娱乐、体育新闻（信息）上，30-34 岁北京青年的关注度最高，且显著高于 18-24 岁和 35-44 岁的北京青年。在社会文化新闻（信息）上，18-24 岁北京青年的关注度最低，且显著低于其他年龄段的北京青年。在婚恋、交友信息上，35-44 岁北京青年的关注度最低，且显著低于其他年龄段的北京青年；25-29 岁北京青年的关注度最高，且显著高于 18-24 岁的北京青年。在休闲、旅游信息上，18-24 岁北京青年的关注度最低，且显著低于其他年龄段的北京青年；25-29 岁北京青年的关注度最高，且显著高于 35-44 岁的北京青年。在科技信息，生活服务信息，金融证券信息，专业技术、学习（培训）信息上，18-24 岁北京青年的关注度最低，且显著低于其他年龄段的北京青年。在购物信息上，18-24 岁北京青年的关注度最低,且显著低于 25-29 岁和 30-34 岁的北京青年。在求职、招聘信息上,25-29 岁北京青年的关注度最高,且显著高于其他年龄段的北京青年。在游戏、电子竞技新闻(信息)上,35-44 岁北京青年的关注度最低,且显著低于其他年龄段的北京青年;18-24 岁北京青年的关注度较低,且显著低于 25-29 岁和 30-34 岁的北京青年。详见表 5.12 和图 5.19。

表 5.12 不同年龄北京青年对不同网络信息的关注度(分)

	18-24 岁	25-29 岁	30-34 岁	35-44 岁
各类时事、政治新闻(信息)	3.71	3.97	4.06	4.08
美国、欧洲电影/电视剧	3.35	3.50	3.47	3.17
日、韩电影/电视剧	3.18	3.13	3.08	2.78
国内、港澳台地区电影/电视剧	3.44	3.48	3.50	3.35
娱乐、体育新闻(信息)	3.53	3.65	3.70	3.56
社会文化新闻(信息)	3.71	3.94	4.07	3.96
婚恋、交友信息	2.86	3.05	2.95	2.72
休闲、旅游信息	3.45	3.81	3.75	3.64
科技信息	3.48	3.88	3.99	3.95
生活服务信息	3.56	3.90	3.93	3.87
购物信息	3.57	3.75	3.78	3.64
金融证券信息	3.05	3.53	3.60	3.60
专业技术、学习(培训)信息	3.64	3.95	4.00	3.89
求职、招聘信息	3.37	3.54	3.39	3.27
游戏、电子竞技新闻(信息)	3.12	3.28	3.28	2.93

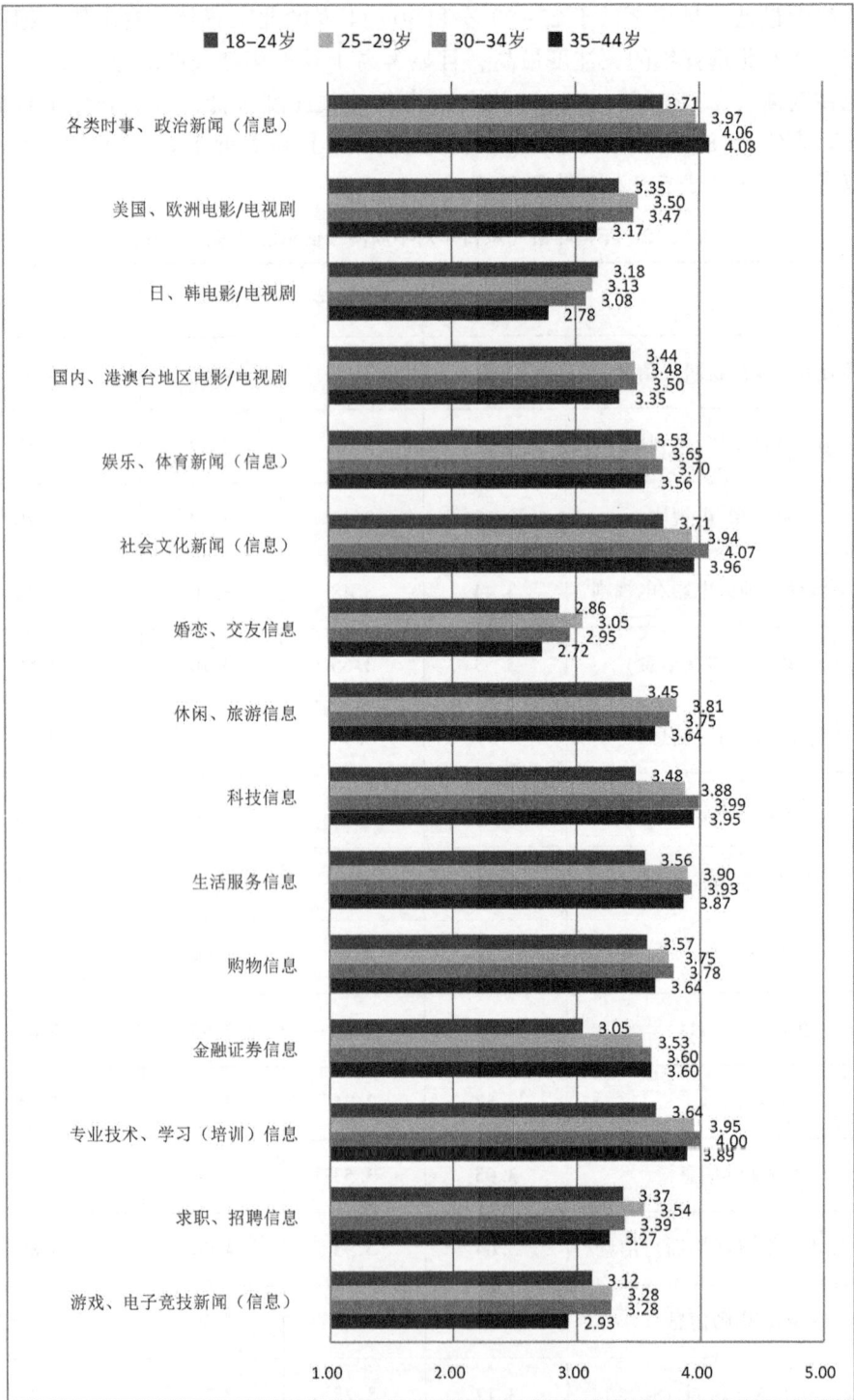

图例：■ 18-24岁　■ 25-29岁　■ 30-34岁　■ 35-44岁

各类时事、政治新闻（信息）
3.71
3.97
4.06
4.08

美国、欧洲电影/电视剧
3.35
3.50
3.47
3.17

日、韩电影/电视剧
3.18
3.13
3.08
2.78

国内、港澳台地区电影/电视剧
3.44
3.48
3.50
3.35

娱乐、体育新闻（信息）
3.53
3.65
3.70
3.56

社会文化新闻（信息）
3.71
3.94
4.07
3.96

婚恋、交友信息
2.86
3.05
2.95
2.72

休闲、旅游信息
3.45
3.81
3.75
3.64

科技信息
3.48
3.88
3.99
3.95

生活服务信息
3.56
3.90
3.93
3.87

购物信息
3.57
3.75
3.78
3.64

金融证券信息
3.05
3.53
3.60
3.60

专业技术、学习（培训）信息
3.64
3.95
4.00
3.89

求职、招聘信息
3.37
3.54
3.39
3.27

游戏、电子竞技新闻（信息）
3.12
3.28
3.28
2.93

图 5.19　不同年龄北京青年对不同网络信息的关注度（分）

不同婚姻状况北京青年对多种网络信息的关注度差异均显著。其中，在美国、欧洲电影/电视剧，日、韩电影/电视剧，婚恋、交友信息上，未婚北京青年的关注度显著高于已婚北京青年。在各类时事、政治新闻（信息），社会文化新闻（信息），休闲、旅游信息，科技信息，生活服务信息，金融证券信息，专业技术、学习（培训）信息上，已婚北京青年的关注度显著高于未婚北京青年。详见表 5.13 和图 5.20。

表 5.13　不同婚姻状况北京青年对不同网络信息的关注度（分）

	未婚	已婚
各类时事、政治新闻（信息）	3.75	4.06
美国、欧洲电影/电视剧	3.44	3.30
日、韩电影/电视剧	3.19	2.93
国内、港澳台地区电影/电视剧	3.48	3.41
娱乐、体育新闻（信息）	3.57	3.62
社会文化新闻（信息）	3.78	3.98
婚恋、交友信息	2.94	2.83
休闲、旅游信息	3.51	3.73
科技信息	3.58	3.94
生活服务信息	3.61	3.91
购物信息	3.62	3.70
金融证券信息	3.14	3.61
专业技术、学习（培训）信息	3.70	3.95
求职、招聘信息	3.43	3.35
游戏、电子竞技新闻（信息）	3.16	3.11

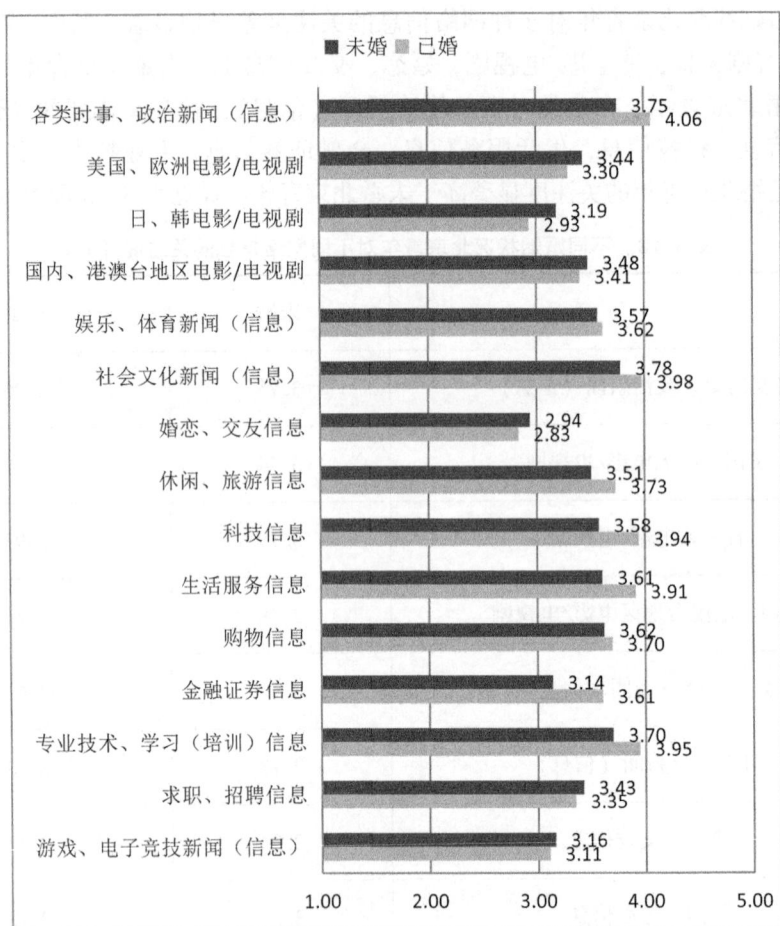

■ 未婚　■ 已婚

类别	未婚	已婚
各类时事、政治新闻（信息）	3.75	4.06
美国、欧洲电影/电视剧	3.44	3.30
日、韩电影/电视剧	3.19	2.93
国内、港澳台地区电影/电视剧	3.48	3.41
娱乐、体育新闻（信息）	3.57	3.62
社会文化新闻（信息）	3.78	3.98
婚恋、交友信息	2.94	2.83
休闲、旅游信息	3.51	3.73
科技信息	3.58	3.94
生活服务信息	3.61	3.91
购物信息	3.62	3.70
金融证券信息	3.14	3.61
专业技术、学习（培训）信息	3.70	3.95
求职、招聘信息	3.43	3.35
游戏、电子竞技新闻（信息）	3.16	3.11

图 5.20　不同婚姻状况北京青年对不同网络信息的关注度（分）

不同受教育程度北京青年对多种网络信息的关注度差异均显著。其中，在各类时事、政治新闻（信息）上，本科和研究生及以上学历北京青年的关注度较高，且显著高于初中及以下、高中/中专/中职和高职/大专学历的北京青年；高职/大专学历北京青年的关注度最低，且显著低于初中及以下学历的北京青年。在美国、欧洲电影/电视剧上，本科学历北京青年的关注度最高，且显著高于初中及以下和高中/中专/中职学历的北京青年。在娱乐、体育新闻（信息）上，本科学历北京青年的关注度最高，且显著高于高中/中专/中职、高职/大专和研究生及以上学历的北京青年；高中/中专/中职学历北京青年的关注度最低，且显著低于初中及以下学历的北京青年。在社会文化新闻（信息）上，高职/大专学历北京青年的关注度最低，且显著低于其他年龄段的北京青年；研究生及以上学历北京青年的关注度最高，且显著高于高中/中专/中职学历的北京青年。在婚恋、交友信息上，高职/大专学历北京青年的关注度最低，且显著低于高中/中专/中职和本科学历的北京青年。在休闲、旅游信息上，高职/大专学历北京青年的关注度最低，且显著低于初中及以下、本科和研究生及以上学历的北京青年；高中/中专/中职学历北京青年的关注度较低，且显著低于本科和研究生及以上学历的北京青年。在科技信息上，高职/大专学历北京青年的关注度最低，且显著低于其他学历的北京青年；高中/中专/中职学历北京青年的关注度较低，且显著低于本科和研究生及以上学历的北京青年。在生活服务信息上，高职/大专学历北京青年的关注度最低，且显著低于其他学历的北京青年；本科学历北京青年的关注度最高，且显著高于初中及以下、高中/中专/中职和高职/大专学历的北京青年；研究生及以上学历北京青年的关注度较高，且显著高于高中/中专/中职学历的北京青年。在购物信息上，本科学历北京青年的关注度最高，且显著高于高中/中专/中职、高职/大专和研究生及以上学历的北京青年；高职/大专学历北京青年的关注度最低，且显著低于初中及以下、本科和研究生及以上学历的北京青年。在金融证券信息上，研究生及以上学历北京青年的关注度最高，且显著高于其他学历的北京青年；高职/大专学历北京青年的关注度最低，且显著低于其他学历的北京青年；本科学历北京青年的关注度较高，且显著高于高中/中专/中职学历的北京青年。在专业技术、学习（培训）信息上，高职/大专学历北京青年的关注度最低，且显著低于其他学历的北京青年；研究生及以上学历北京青年的关注度最高，且显著高于高中/中专/中职学历的北京青年。在求职、招聘信息上，初中及以下和高中/中专/中职学历北京青年的关注度较高，且显著高于其他学历的北京青年；高职/大专和研究生及以上学历北京青年的关注度较低，且显著低于本科学历的北京青年。在游戏、电子竞技新闻（信息）上，本科学历北京青年的关注度最高，且显著高于高职/大专学历的北京青年。详见表 5.14 和图 5.21。

表 5.14　不同受教育程度北京青年对不同网络信息的关注度（分）

	初中及以下	高中/中专/中职	高职/大专	本科	研究生及以上
各类时事、政治新闻（信息）	3.78	3.67	3.51	4.05	4.03
美国、欧洲电影/电视剧	3.18	3.16	3.26	3.44	3.34
日、韩电影/电视剧	2.98	2.90	3.10	3.08	3.01
国内、港澳台地区电影/电视剧	3.37	3.37	3.42	3.48	3.39
娱乐、体育新闻（信息）	3.66	3.41	3.46	3.68	3.52
社会文化新闻（信息）	3.81	3.79	3.46	3.97	4.04
婚恋、交友信息	2.92	2.98	2.67	2.95	2.80
休闲、旅游信息	3.64	3.42	3.24	3.73	3.70
科技信息	3.72	3.55	3.16	3.92	3.94
生活服务信息	3.70	3.65	3.29	3.89	3.88
购物信息	3.63	3.50	3.41	3.77	3.64
金融证券信息	3.39	3.22	2.64	3.52	3.65
专业技术、学习（培训）信息	3.80	3.72	3.35	3.92	3.98
求职、招聘信息	3.65	3.70	3.15	3.43	3.19
游戏、电子竞技新闻（信息）	3.05	3.05	2.97	3.22	3.08

图例：■ 初中及以下　高中/中专/中职　高职/大专　■ 本科　研究生及以上

各类时事、政治新闻（信息）
3.78
3.67
3.51
4.05
4.03

美国、欧洲电影/电视剧
3.18
3.16
3.26
3.44
3.34

日、韩电影/电视剧
2.98
2.90
3.10
3.08
3.01

国内、港澳台地区电影/电视剧
3.37
3.37
3.42
3.48
3.39

娱乐、体育新闻（信息）
3.66
3.41
3.46
3.68
3.52

社会文化新闻（信息）
3.81
3.79
3.46
3.97
4.04

婚恋、交友信息
2.92
2.98
2.67
2.95
2.80

休闲、旅游信息
3.64
3.42
3.24
3.73
3.70

科技信息
3.72
3.55
3.16
3.92
3.94

生活服务信息
3.70
3.65
3.29
3.89
3.88

购物信息
3.63
3.50
3.41
3.77
3.64

金融证券信息
3.39
3.22
2.64
3.52
3.65

专业技术、学习（培训）信息
3.80
3.72
3.35
3.92
3.98

求职、招聘信息
3.65
3.70
3.15
3.43
3.19

游戏、电子竞技新闻（信息）
3.05
3.05
2.97
3.22
3.08

1.00　2.00　3.00　4.00　5.00

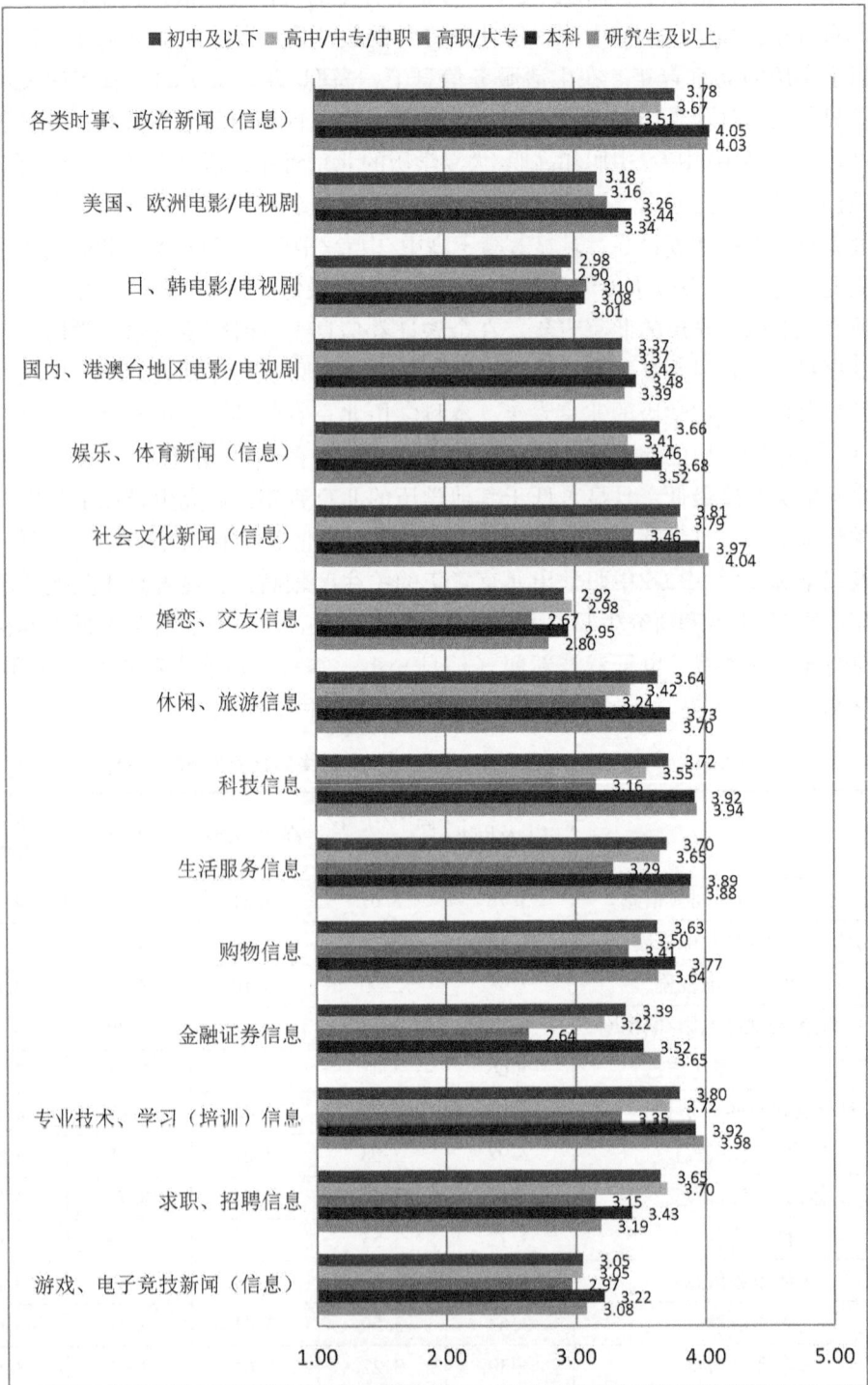

图 5.21　不同受教育程度北京青年对不同网络信息的关注度（分）

不同户籍所在地北京青年对多种网络信息的关注度差异均显著。其中，在美国、欧洲电影/电视剧上，其他地区户籍北京青年的关注度最低，且显著低于北京和天津户籍的北京青年。在日、韩电影/电视剧，国内、港澳台地区电影/电视剧，娱乐、体育新闻（信息）上，其他地区户籍北京青年的关注度最低，且显著低于北京、天津和河北户籍的北京青年；天津户籍北京青年的关注度最高，且显著高于北京户籍的北京青年。在婚恋、交友信息上，其他地区户籍北京青年的关注度最低，且显著低于北京和天津户籍的北京青年。在休闲、旅游信息，金融证券信息上，天津和河北户籍北京青年的关注度较高，且显著高于北京和其他地区户籍的北京青年。在生活服务信息上，河北户籍北京青年的关注度最高，且显著高于北京和其他地区户籍的北京青年。在求职、招聘信息上，北京户籍北京青年的关注度最低，且显著低于天津、河北和其他地区户籍的北京青年；天津和河北户籍北京青年的关注度较高，且显著高于其他地区户籍的北京青年。在游戏、电子竞技新闻（信息）上，天津户籍北京青年的关注度最高，且显著高于北京、河北和其他地区户籍的北京青年；其他地区户籍北京青年的关注度最低，且显著低于北京户籍的北京青年。详见表5.15和图5.22。

表5.15 不同户籍所在地北京青年对不同网络信息的关注度（分）

	北京	天津	河北	其他地区
各类时事、政治新闻（信息）	3.92	3.96	4.09	3.89
美国、欧洲电影/电视剧	3.42	3.66	3.38	3.19
日、韩电影/电视剧	3.11	3.48	3.22	2.82
国内、港澳台地区电影/电视剧	3.47	3.69	3.55	3.31
娱乐、体育新闻（信息）	3.62	3.88	3.68	3.47
社会文化新闻（信息）	3.86	4.09	4.00	3.89
婚恋、交友信息	2.90	3.18	3.04	2.76
休闲、旅游信息	3.62	3.86	3.88	3.56
科技信息	3.76	3.81	3.92	3.78
生活服务信息	3.75	3.92	4.02	3.74
购物信息	3.65	3.82	3.81	3.62
金融证券信息	3.37	3.60	3.70	3.34
专业技术、学习（培训）信息	3.79	4.05	4.02	3.83
求职、招聘信息	3.29	3.69	3.74	3.45
游戏、电子竞技新闻（信息）	3.16	3.52	3.19	2.99

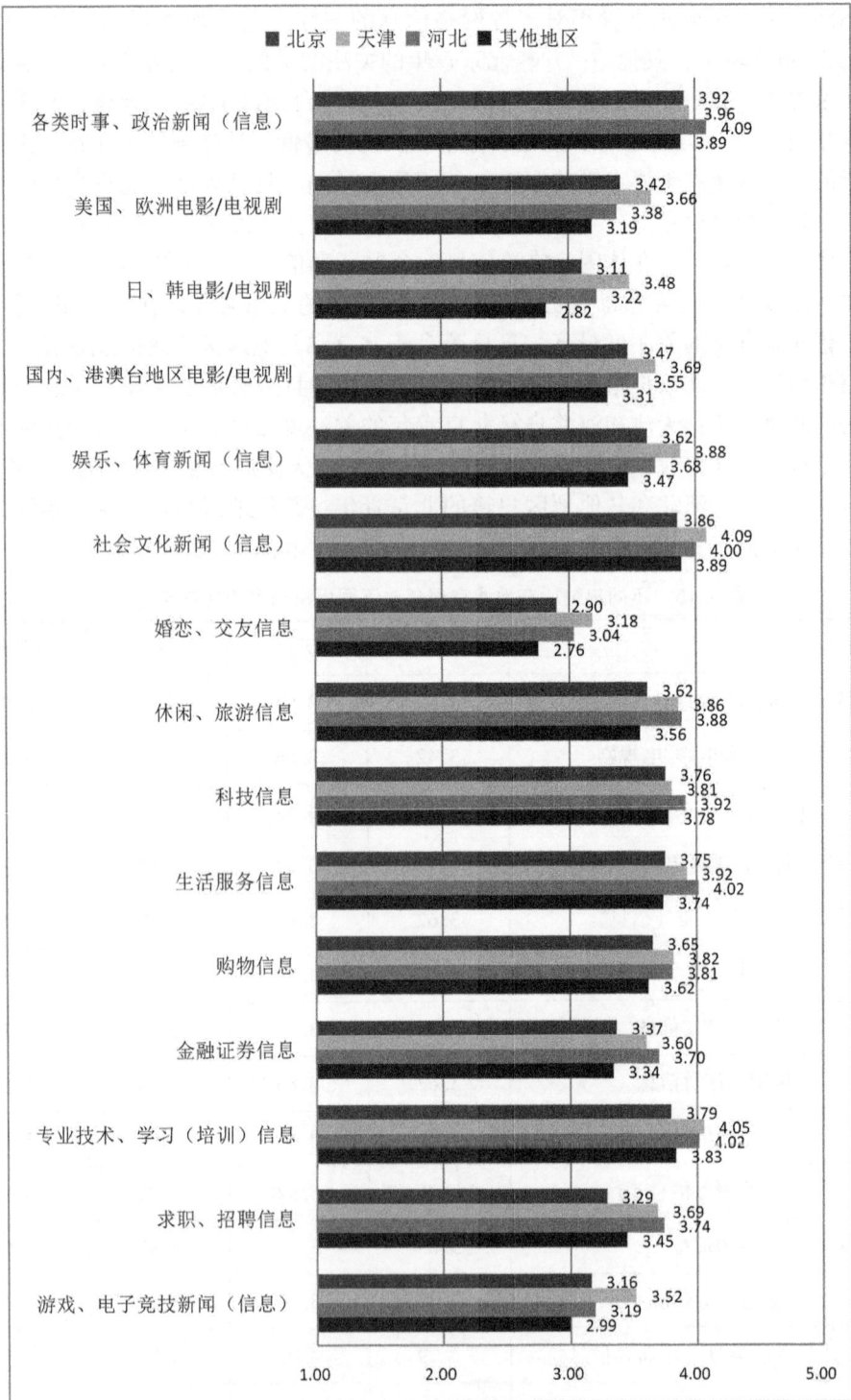

图 5.22　不同户籍所在地北京青年对不同网络信息的关注度（分）

在北京居住时间不同的北京青年对多种网络信息的关注度差异均显著。其中，在国内、港澳台地区电影/电视剧上，在北京居住 1-3 年（不含）的北京青年的关注度最高，且显著高于在北京居住 0.5-1 年（不含）和 3-5 年（不含）的北京青年；在北京居住 10 年及以上的北京青年的关注度较高，且显著高于在北京居住 3-5 年（不含）的北京青年。在娱乐、体育新闻（信息）上，在北京居住 3-5 年（不含）的北京青年的关注度较低，且显著低于在北京居住 1-3 年（不含）和 10 年及以上的北京青年。在社会文化新闻（信息）上，在北京居住 5-10 年（不含）的北京青年的关注度最高，且显著高于在北京居住 10 年及以上的北京青年。在北京居住 1-3 年（不含）的北京青年的关注度较高，且显著高于在北京居住 0.5-1 年（不含）、3-5 年（不含）、10 年及以上的北京青年。在科技信息上，在北京居住 5-10 年（不含）的北京青年的关注度最高，且显著高于在北京居住 0.5-1 年（不含）的北京青年。在购物信息上，在北京居住 3-5 年（不含）的北京青年的关注度最低，且显著低于在北京居住 1-3 年（不含）、5-10 年（不含）和 10 年及以上的北京青年。在金融证券信息上，在北京居住 0.5-1 年（不含）的北京青年的关注度最低，且显著低于在北京居住 1-3 年（不含）、5-10 年（不含）和 10 年及以上的北京青年。在求职、招聘信息上，在北京居住 1-3 年（不含）的北京青年的关注度最高，且显著高于在北京居住 3-5 年（不含）、5-10 年（不含）和 10 年及以上的北京青年。详见表 5.16 和图 5.23。

表 5.16　在北京居住时间不同的北京青年对不同网络信息的关注度（分）

	0.5-1 年（不含）	1-3 年（不含）	3-5 年（不含）	5-10 年（不含）	10 年及以上
各类时事、政治新闻（信息）	3.63	3.99	3.97	4.01	3.89
美国、欧洲电影/电视剧	3.17	3.48	3.22	3.31	3.39
日、韩电影/电视剧	2.91	3.10	2.86	2.94	3.11
国内、港澳台地区电影/电视剧	3.22	3.58	3.24	3.40	3.48
娱乐、体育新闻（信息）	3.43	3.73	3.44	3.55	3.63
社会文化新闻（信息）	3.78	4.01	3.91	4.02	3.84
婚恋、交友信息	2.65	3.17	2.78	2.82	2.89
休闲、旅游信息	3.57	3.68	3.52	3.63	3.64
科技信息	3.39	3.84	3.74	3.91	3.76
生活服务信息	3.59	3.85	3.76	3.87	3.75
购物信息	3.52	3.72	3.46	3.69	3.69
金融证券信息	2.91	3.47	3.36	3.52	3.38
专业技术、学习（培训）信息	3.87	3.92	3.88	3.95	3.78
求职、招聘信息	3.59	3.73	3.40	3.40	3.32
游戏、电子竞技新闻（信息）	3.02	3.23	3.12	2.98	3.16

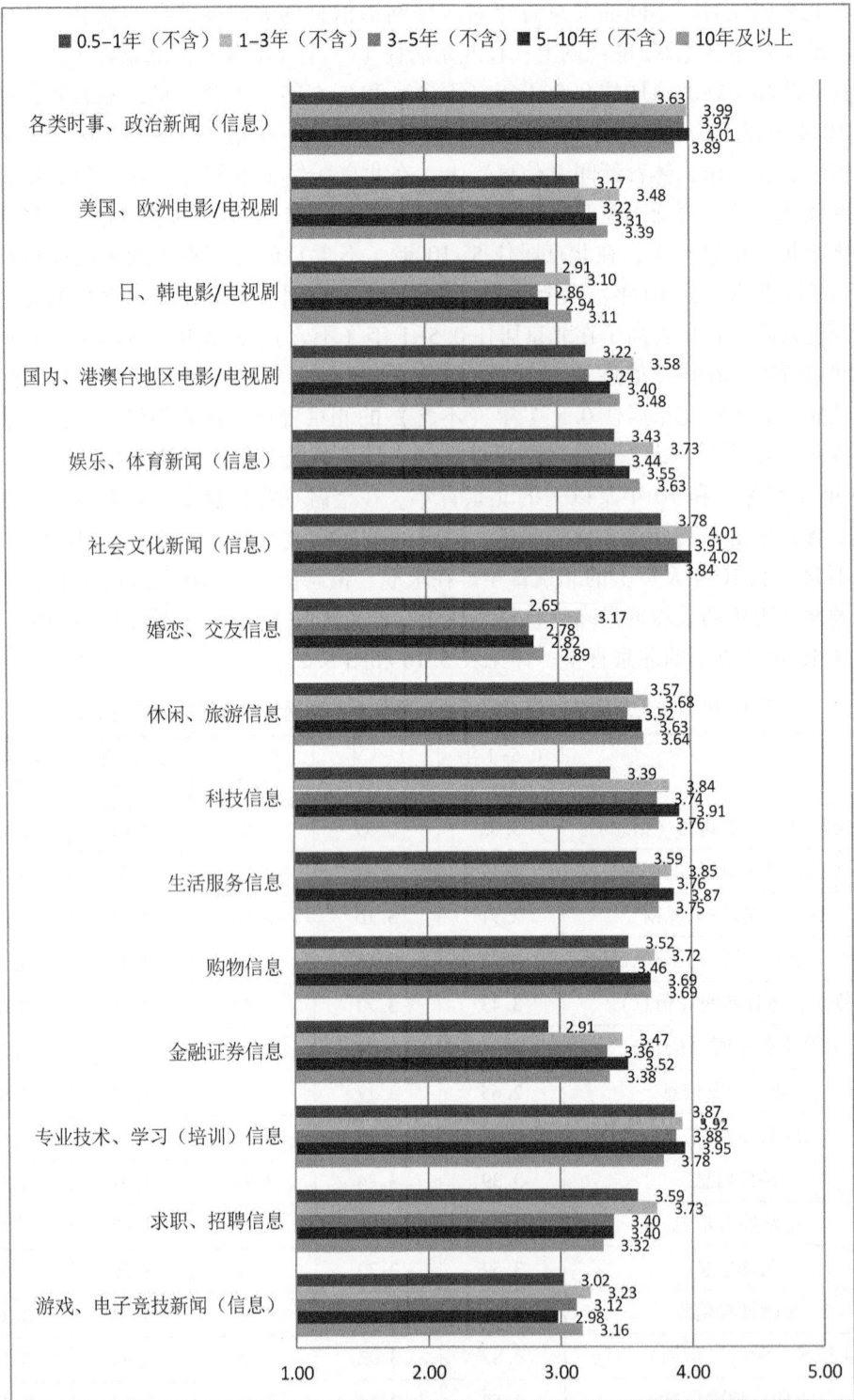

图 5.23　在北京居住时间不同的北京青年对不同网络信息的关注度（分）

不同政治面貌的北京青年对多种网络信息的关注度差异均显著。其中，在各类时事、政治新闻（信息），社会文化新闻（信息），休闲、旅游信息，科技信息，生活服务信息，金融证券信息，专业技术、学习（培训）信息上，共青团员的关注度最低，且显著低于中共党员和群众。在购物信息和求职、招聘信息上，群众的关注度最高，且显著高于中共党员和共青团员。详见表 5.17 和图 5.24。

表 5.17　不同政治面貌北京青年对不同网络信息的关注度（分）

	中共党员	共青团员	群众
各类时事、政治新闻（信息）	3.99	3.64	4.05
美国、欧洲电影/电视剧	3.35	3.37	3.34
日、韩电影/电视剧	3.00	3.14	3.01
国内、港澳台地区电影/电视剧	3.38	3.42	3.48
娱乐、体育新闻（信息）	3.58	3.51	3.65
社会文化新闻（信息）	3.97	3.65	3.97
婚恋、交友信息	2.93	2.81	2.88
休闲、旅游信息	3.72	3.40	3.70
科技信息	3.87	3.40	3.94
生活服务信息	3.83	3.51	3.90
购物信息	3.63	3.51	3.78
金融证券信息	3.54	2.96	3.55
专业技术、学习（培训）信息	3.92	3.57	3.92
求职、招聘信息	3.29	3.33	3.48
游戏、电子竞技新闻（信息）	3.11	3.13	3.15

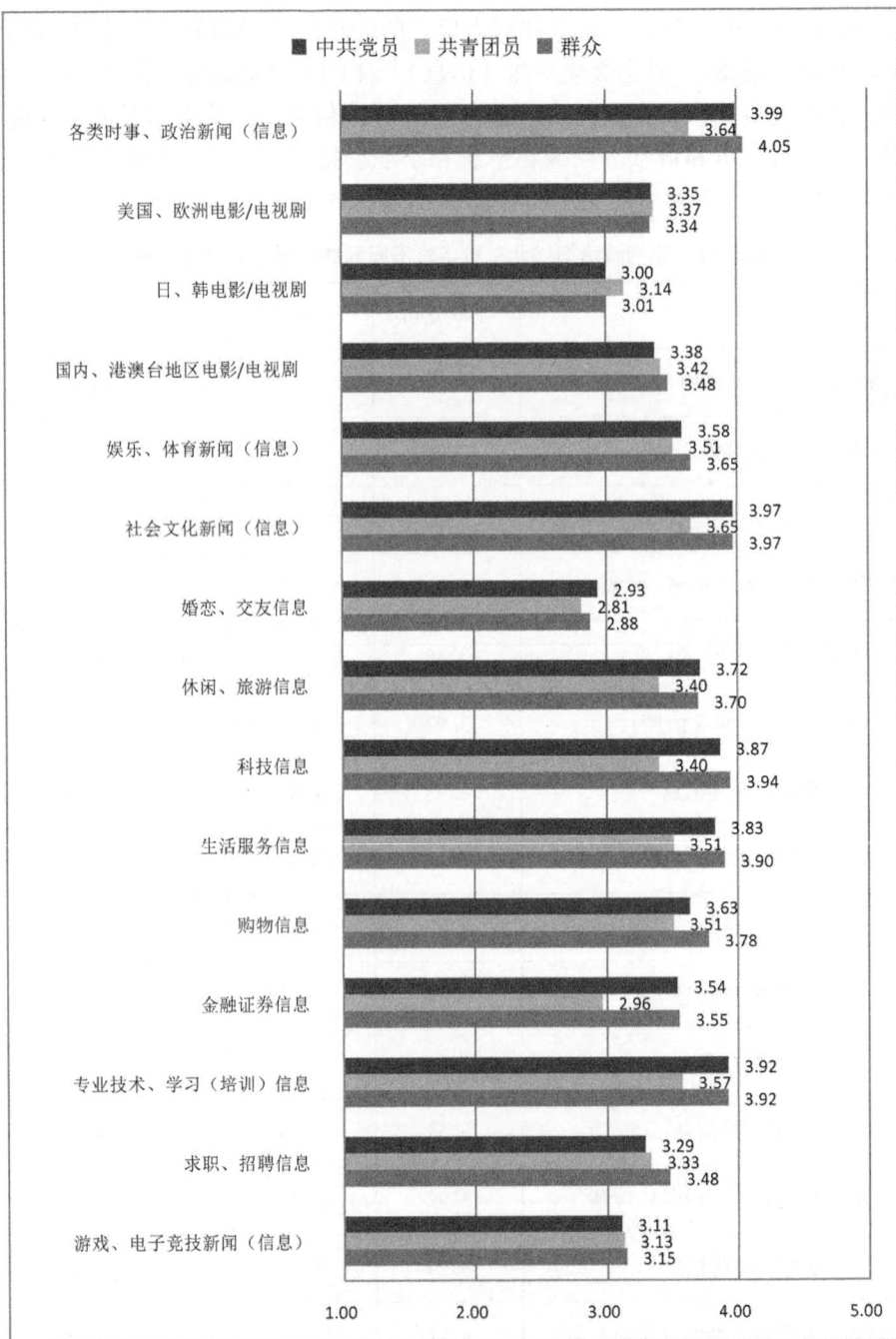

图 5.24　不同政治面貌北京青年对不同网络信息的关注度（分）

二、 北京青年的闲暇活动

（一）周末最主要做的事

总体上，被调查的北京青年周末最主要做的事依次是读书/学习（11.2%），睡懒觉（9.4%），社交、找朋友玩（9.4%），网上休闲（9.3%），锻炼身体（9.3%），逛街/购物（9.1%），带小孩/教育子女（8.3%），照顾父母（8.3%），做家务（6.8%），郊游（4.3%），看电视（4.2%），兼职（3.9%），加班（3.1%），志愿服务（2.1%），打牌打麻将等娱乐（1.3%）。详见表5.18图5.25。

表 5.18　北京青年周末最主要做的事

	人数	百分比（%）	排序
加班	183	3.1	13
网上休闲	560	9.3	4
逛街/购物	546	9.1	6
打牌打麻将等娱乐	79	1.3	15
锻炼身体	556	9.3	5
睡懒觉	565	9.4	2
社交、找朋友玩	563	9.4	3
带小孩/教育子女	500	8.3	7
读书/学习	673	11.2	1
做家务	410	6.8	9
照顾父母	497	8.3	8
看电视	251	4.2	11
郊游	259	4.3	10
志愿服务	124	2.1	14
兼职	234	3.9	12

图 5.25　北京青年周末最主要做的事

不同调查主体周末最主要做的事不尽相同。其中，高校学生主要是睡懒觉，社交、找朋友玩，读书/学习，农民工主要是网上休闲、读书/学习、睡懒觉，高校教师主要是读书/学习、锻炼身体、照顾父母，公务员主要是锻炼身体，网上休闲，社交、找朋友玩，白领主要是读书/学习、带小孩/教育子女、逛街/购物。详见表 5.19 和图 5.26。

表 5.19　不同调查主体周末最主要做的事（%）

	高校学生	农民工	高校教师	公务员	白领
加班	1.5	5.2	2.2	3.1	3.3
网上休闲	9.5	10.3	7.4	10.1	9.3
逛街/购物	7.3	8.1	8.2	9.2	10.9
打牌打麻将等娱乐	1.3	2.1	1.4	1.4	0.9
锻炼身体	5.4	7.7	12.1	11.6	10.0
睡懒觉	13.8	9.0	8.3	9.1	7.7
社交、找朋友玩	12.3	7.9	9.1	10.1	8.1
带小孩/教育子女	2.0	8.7	9.3	9.1	11.0
读书/学习	12.3	9.9	12.3	10.0	11.2
做家务	4.6	8.8	6.1	5.7	8.1
照顾父母	9.7	7.2	9.6	8.0	7.5
看电视	4.3	4.3	3.3	4.4	4.3
郊游	3.7	4.2	4.8	4.3	4.5
志愿服务	4.5	0.3	3.1	2.2	0.9
兼职	7.9	6.2	2.6	1.6	2.2

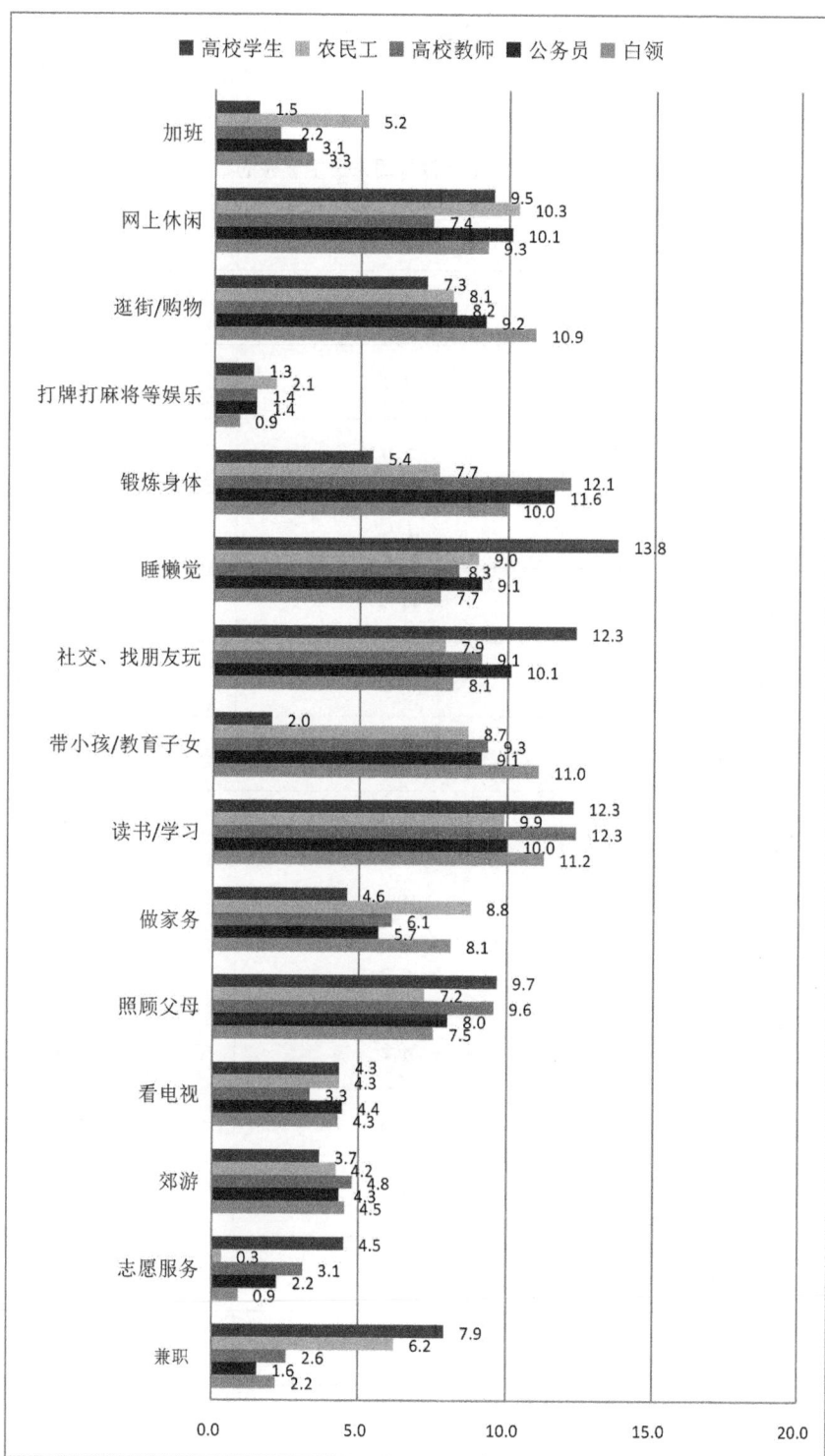

图 5.26 不同调查主体周末最主要做的事（%）

不同性别北京青年周末最主要做的事不尽相同。其中，男性主要是锻炼身体、读书/学习、带小孩/教育子女，女性主要是读书/学习、睡懒觉、逛街/购物。详见表5.20和图5.27。

表5.20 不同性别北京青年周末最主要做的事（%）

	男	女
加班	4.1	2.2
网上休闲	9.2	9.5
逛街/购物	7.0	10.8
打牌打麻将等娱乐	1.9	0.9
锻炼身体	11.8	7.2
睡懒觉	7.4	11.1
社交、找朋友玩	8.5	10.1
带小孩/教育子女	10.0	7.0
读书/学习	10.8	11.5
做家务	6.7	7.0
照顾父母	8.2	8.3
看电视	4.5	4.0
郊游	5.0	3.7
志愿服务	1.9	2.2
兼职	3.2	4.5

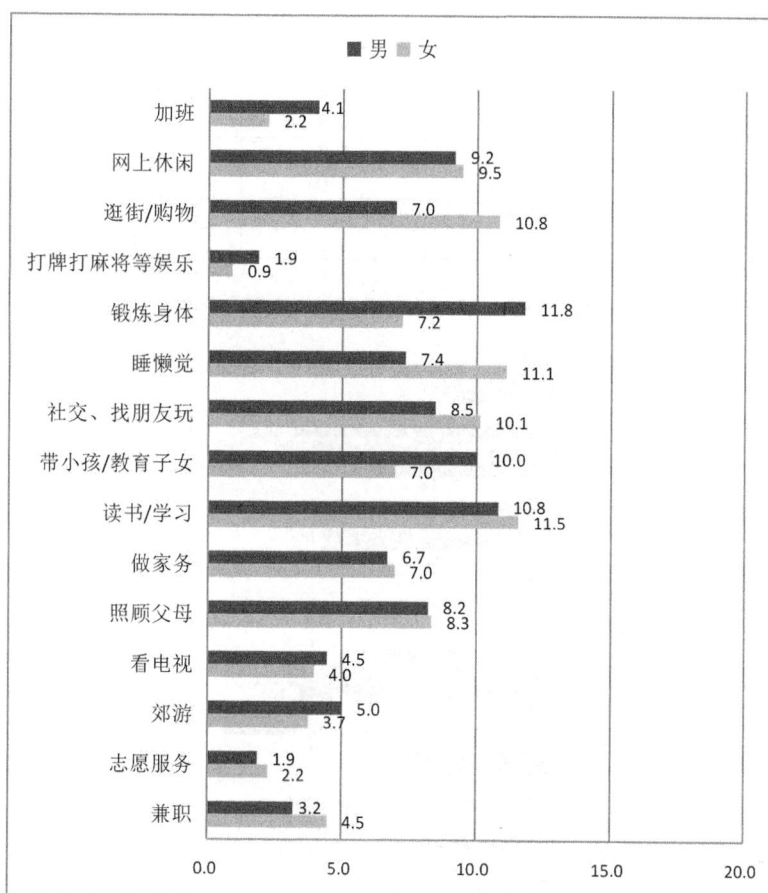

图 5.27　不同性别北京青年周末最主要做的事（%）

不同年龄北京青年周末最主要做的事不尽相同。其中，18-24 岁北京青年主要是睡懒觉，读书/学习，社交、找朋友玩，25-29 岁北京青年主要是读书/学习、锻炼身体、网上休闲，30-34 岁北京青年主要是带小孩/教育子女、锻炼身体、读书/学习，35-44 岁北京青年主要是带小孩/教育子女、锻炼身体、做家务。详见表 5.21 和图 5.28。

表 5.21　不同年龄北京青年周末最主要做的事（%）

	18-24 岁	25-29 岁	30-34 岁	35-44 岁
加班	1.6	4.0	3.4	3.9
网上休闲	10.8	10.0	8.2	7.6
逛街/购物	9.6	8.8	9.7	8.3
打牌打麻将等娱乐	1.2	1.7	1.1	1.3
锻炼身体	7.0	10.0	11.0	10.5
睡懒觉	13.6	8.9	7.2	5.7
社交、找朋友玩	12.2	9.7	8.6	5.9
带小孩/教育子女	1.6	6.8	13.8	14.8
读书/学习	13.3	11.7	9.8	9.0

续表

	18–24 岁	25–29 岁	30–34 岁	35–44 岁
做家务	4.8	6.4	6.5	10.2
照顾父母	8.3	7.3	7.7	9.5
看电视	3.8	5.2	3.4	4.5
郊游	3.3	4.0	5.0	5.4
志愿服务	3.0	2.1	1.6	1.1
兼职	5.9	3.3	2.9	2.3

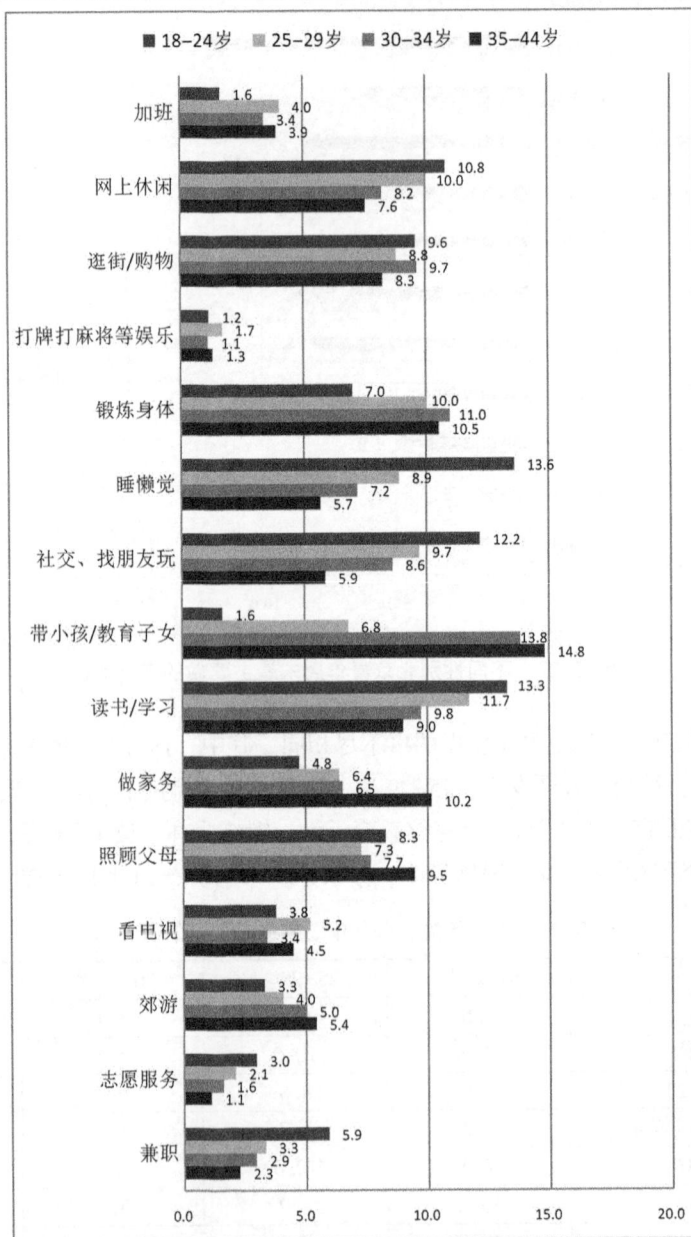

图5.28　不同年龄北京青年周末最主要做的事（%）

不同婚姻状况北京青年周末最主要做的事不尽相同。其中，未婚北京青年主要是读书/学习，睡懒觉，社交、找朋友玩，已婚北京青年主要是带小孩/教育子女、锻炼身体、读书/学习。详见表5.22和图5.29。

表5.22　不同婚姻状况北京青年周末最主要做的事（%）

	未婚	已婚
加班	2.7	3.3
网上休闲	11.2	7.8
逛街/购物	9.5	8.8
打牌打麻将等娱乐	1.2	1.4
锻炼身体	7.5	10.7
睡懒觉	13.0	6.4
社交、找朋友玩	11.9	7.3
带小孩/教育子女	0.9	14.6
读书/学习	13.0	9.8
做家务	5.4	8.0
照顾父母	7.7	8.8
看电视	4.2	4.1
郊游	3.6	5.0
志愿服务	2.6	1.6
兼职	5.6	2.5

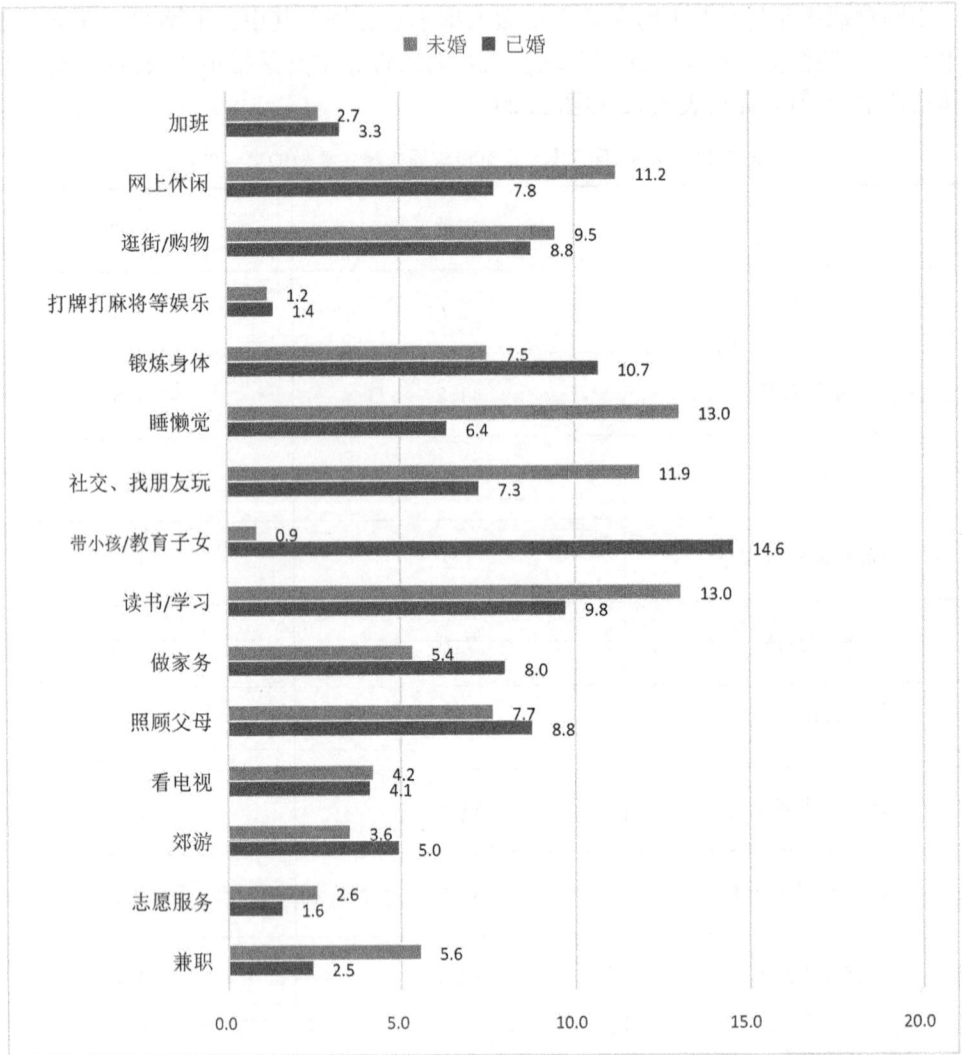

图 5.29　不同婚姻状况北京青年周末最主要做的事（%）

不同受教育程度北京青年周末最主要做的事不尽相同。其中，初中及以下学历的北京青年主要是读书/学习、网上休闲、逛街/购物，高中/中专/中职学历的北京青年主要是带小孩/教育子女、网上休闲、睡懒觉，高职/大专学历的北京青年主要是睡懒觉，社交、找朋友玩，读书/学习，本科学历的北京青年主要是读书/学习、逛街/购物、网上休闲，研究生及以上学历的北京青年主要是读书/学习、锻炼身体、带小孩/教育子女。详见表 5.23 和图 5.30。

表 5.23　不同受教育程度北京青年周末最主要做的事（%）

	初中及以下	高中/中专/中职	高职/大专	本科	研究生及以上
加班	4.9	5.5	0.4	3.2	2.8
网上休闲	10.9	9.9	8.8	9.8	7.7
逛街/购物	9.6	6.9	7.5	9.9	8.8
打牌打麻将等娱乐	1.5	2.6	0.7	1.3	1.3
锻炼身体	7.9	7.5	4.3	9.7	12.9
睡懒觉	7.9	9.9	15.9	8.4	7.8
社交、找朋友玩	8.6	7.3	14.6	9.0	7.8
带小孩/教育子女	5.9	10.9	0.7	9.7	9.8
读书/学习	11.4	8.7	13.0	10.4	13.3
做家务	9.4	8.3	4.3	7.3	5.8
照顾父母	8.6	6.1	10.9	7.7	8.8
看电视	3.5	5.1	3.9	4.4	3.8
郊游	3.2	5.1	3.3	4.5	4.5
志愿服务	0.2	0.4	3.9	1.7	3.2
兼职	6.4	6.1	7.7	3.0	1.8

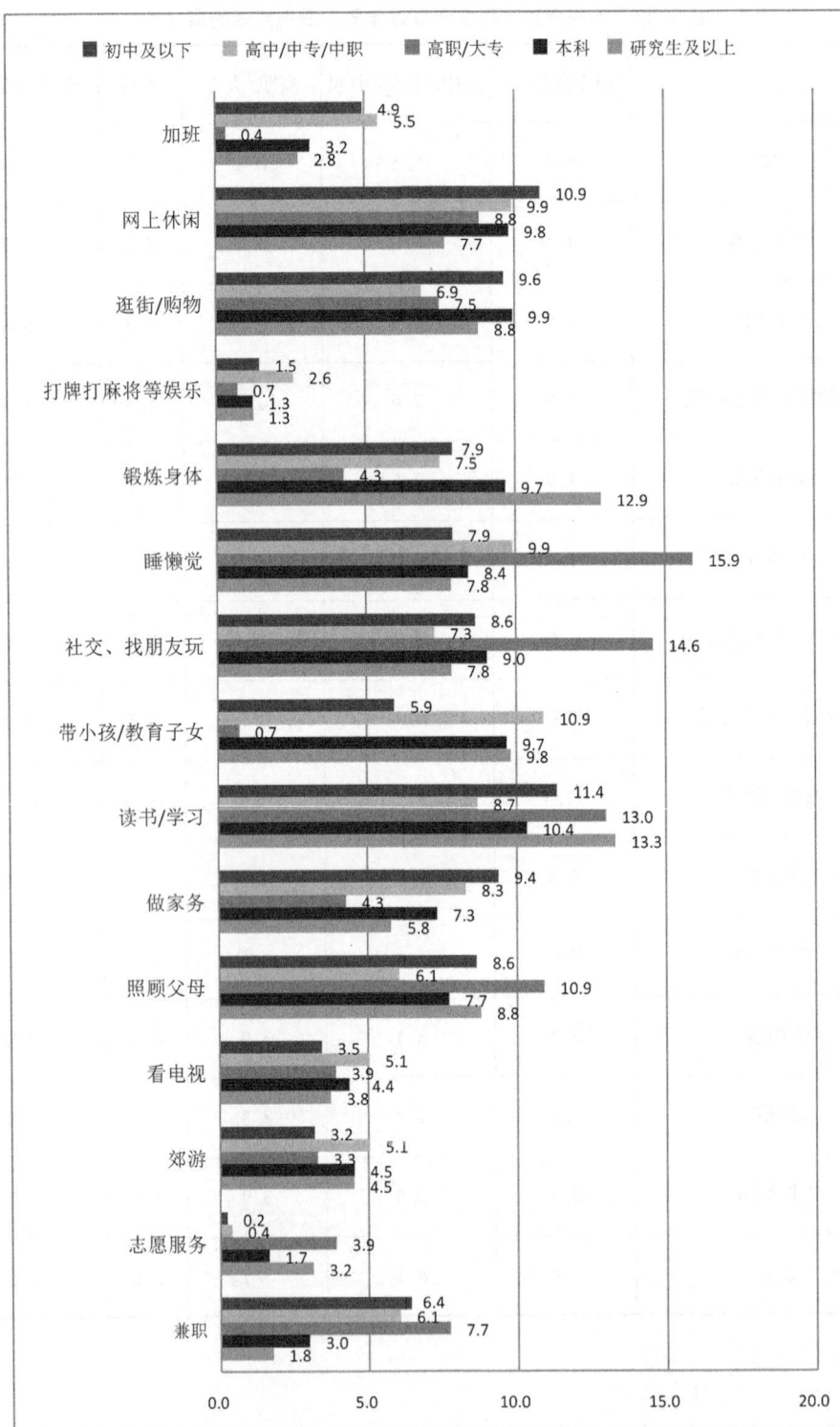

图5.30 不同受教育程度北京青年周末最主要做的事（%）

不同户籍所在地北京青年周末最主要做的事不尽相同。其中，北京户籍的北京青年主要是读书/学习，睡懒觉，锻炼身体，社交、找朋友玩，天津户籍的北京青年主要是读书/学习、社交、找朋友玩，逛街/购物，河北户籍的北京青年主要是带小孩/教育子女、做家务、网上休闲，其他地区户籍的北京青年主要是读书/学习、网上休闲、睡懒觉。详见表 5.24 和图 5.31。

表 5.24　不同户籍所在地北京青年周末最主要做的事（%）

	北京	天津	河北	其他地区
加班	2.6	2.9	5.1	3.5
网上休闲	8.9	7.5	9.5	10.4
逛街/购物	9.1	9.3	8.7	9.2
打牌打麻将等娱乐	1.3	1.1	1.3	1.3
锻炼身体	9.7	8.6	7.9	8.8
睡懒觉	9.8	7.5	7.2	9.4
社交、找朋友玩	9.7	10.0	6.2	9.4
带小孩/教育子女	7.7	7.5	12.1	8.9
读书/学习	11.3	12.2	8.2	11.5
做家务	5.9	6.5	11.3	7.8
照顾父母	9.1	6.8	7.9	6.9
看电视	4.4	4.7	2.6	4.0
郊游	4.4	4.3	4.1	4.3
志愿服务	2.7	3.2	2.3	0.6
兼职	3.4	7.9	5.6	3.9

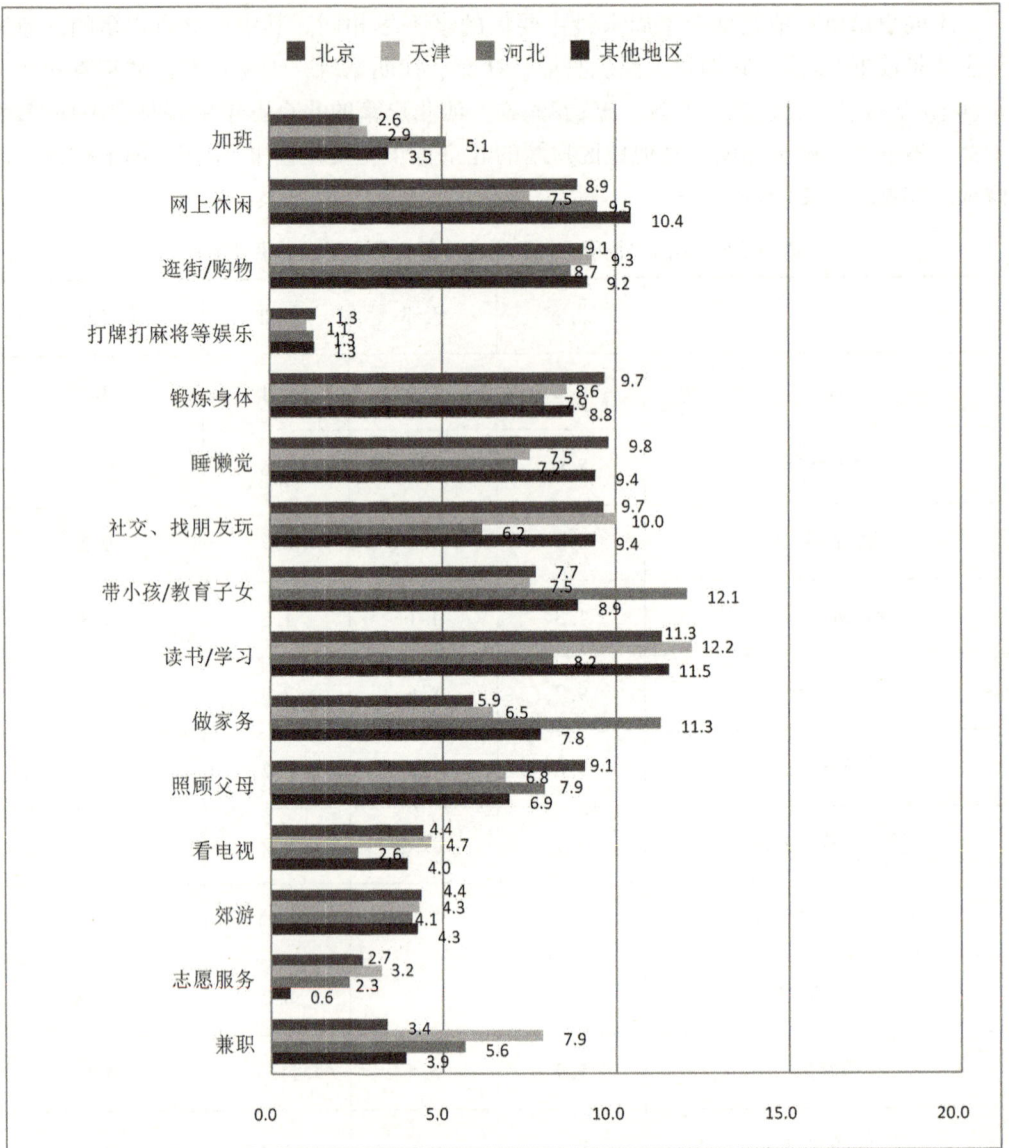

图 5.31　不同户籍所在地北京青年周末最主要做的事（%）

　　在北京居住时间不同的北京青年周末最主要做的事不尽相同。其中，在北京居住 0.5-1 年（不含）的北京青年主要是读书/学习、睡懒觉、网上休闲、逛街/购物，在北京居住 1-3 年（不含）的北京青年主要是读书/学习、网上休闲、锻炼身体，在北京居住 3-5 年（不含）的北京青年主要是读书/学习、锻炼身体、网上休闲，在北京居住 5-10 年（不含）的北京青年主要是带小孩/教育子女、读书/学习、锻炼身体，在北京居住 10 年及以上的北京青年主要是读书/学习，社交、找朋友玩，睡懒觉。详见表 5.25 和图 5.32。

表 5.25　在北京居住时间不同的北京青年周末最主要做的事（%）

	0.5-1 年（不含）	1-3 年（不含）	3-5 年（不含）	5-10 年（不含）	10 年及以上
加班	5.1	3.4	3.0	4.2	2.7
网上休闲	9.4	9.8	9.8	8.5	9.4
逛街/购物	9.4	7.3	8.2	8.8	9.6
打牌打麻将等娱乐	1.4	1.4	0.7	1.0	1.5
锻炼身体	7.2	9.8	11.0	9.2	8.9
睡懒觉	10.1	8.4	9.8	8.5	9.7
社交、找朋友玩	7.2	9.6	9.0	8.5	9.7
带小孩/教育子女	5.8	5.9	6.5	10.6	8.5
读书/学习	15.2	13.9	14.0	9.9	10.5
做家务	8.7	6.6	6.9	8.9	6.3
照顾父母	6.5	8.9	6.1	8.0	8.8
看电视	5.8	2.3	3.7	4.2	4.4
郊游	2.2	3.7	3.8	5.3	4.3
志愿服务	2.2	3.0	1.8	1.4	2.2
兼职	3.6	5.9	5.7	3.0	3.5

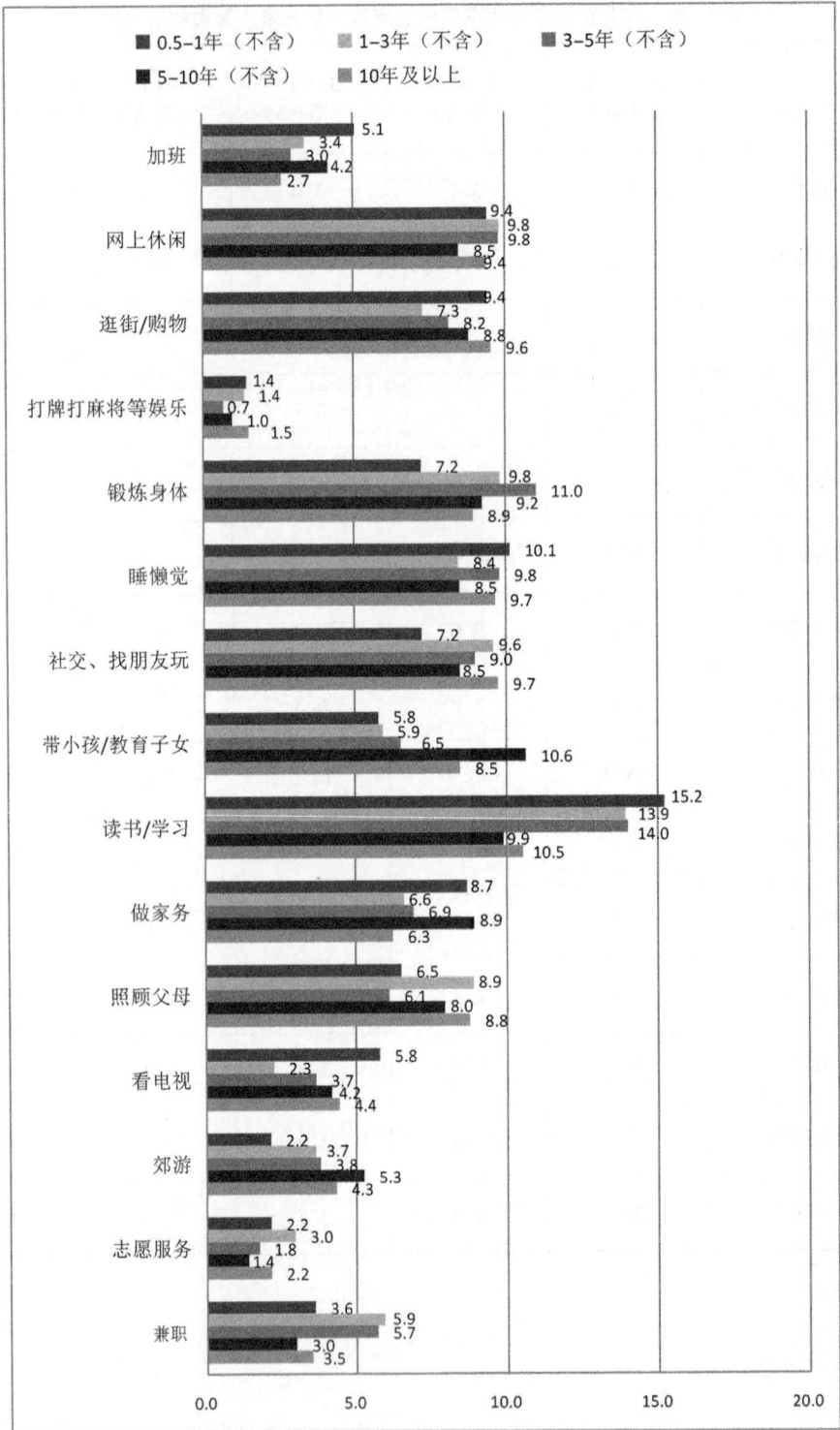

图5.32 在北京居住时间不同的北京青年周末最主要做的事（%）

不同政治面貌的北京青年周末最主要做的事不尽相同。其中，中共党员主要是锻炼身体，读书/学习，社交、找朋友玩，共青团员主要是读书/学习，睡懒觉，社交、找朋友玩，群众主要是带小孩/教育子女、读书/学习、锻炼身体、逛街/购物。详见表5.26和图5.33。

表5.26　不同政治面貌北京青年周末最主要做的事（％）

	中共党员	共青团员	群众
加班	2.9	1.9	4.0
网上休闲	8.4	10.6	9.1
逛街/购物	8.6	9.0	9.4
打牌打麻将等娱乐	1.4	1.1	1.4
锻炼身体	11.1	7.0	9.4
睡懒觉	8.5	13.1	7.7
社交、找朋友玩	9.8	12.3	7.2
带小孩/教育子女	9.4	1.8	11.9
读书/学习	11.1	13.6	9.8
做家务	5.8	4.4	9.3
照顾父母	8.9	8.4	7.9
看电视	4.1	3.8	4.5
郊游	4.8	3.5	4.5
志愿服务	2.9	2.9	0.8
兼职	2.4	6.7	3.1

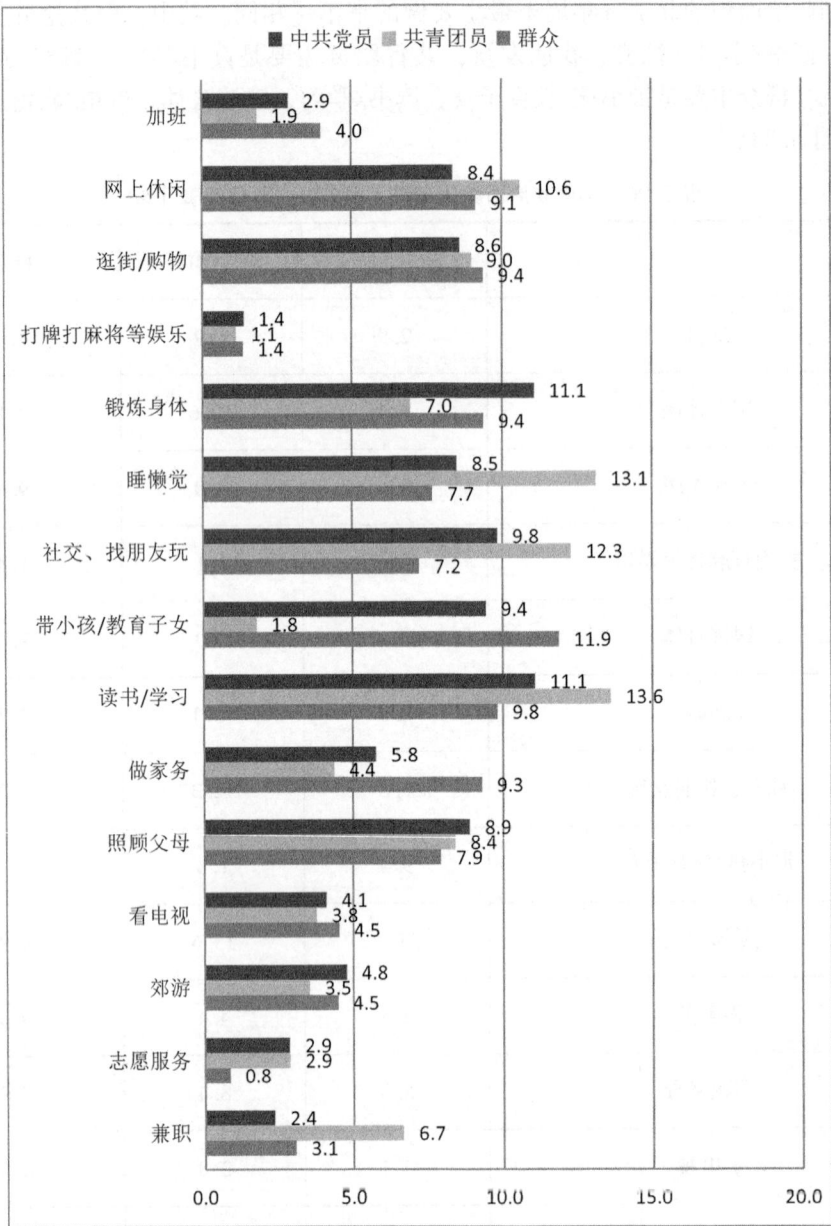

图 5.33　不同政治面貌北京青年周末最主要做的事（%）

（二）网络使用情况

1. 日平均上网时间

总体上，在被调查的北京青年中有 31.4% 日平均上网时间为 3 小时以上－5 小时以内，有 28.2% 日平均上网时间为 2 小时以上－3 小时以内，分别有 17.2% 和 14.0% 日平均上网时间为 5 小时以上－8 小时以内和 1 小时以上－2 小时以内，另外还有 7.9% 和 1.6% 日平均上网时间为 8 小时以上和 1 小时及以下。不同调查主体差异显著，$p<0.01$。其中，农民工的日平均上网时间相对较短，白领和高校学生的日平均上网时间相对较长。详见表 5.27 和图 5.34。

表 5.27　不同调查主体的日平均上网时间

调查主体	人数	选项百分比（%）					
		1 小时及以下	1 小时以上－2 小时以内	2 小时以上－3 小时以内	3 小时以上－5 小时以内	5 小时以上－8 小时以内	8 小时以上
高校学生	400	0.8	12.5	26.5	31.3	20.5	8.5
农民工	300	3.3	19.0	32.0	28.0	12.7	5.0
高校教师	300	1.0	15.3	30.7	34.0	15.0	4.0
公务员	300	2.0	13.7	27.7	29.3	17.7	9.7
白领	700	1.3	12.1	26.6	32.6	17.9	9.6
总体	2000	1.6	14.0	28.2	31.4	17.2	7.9

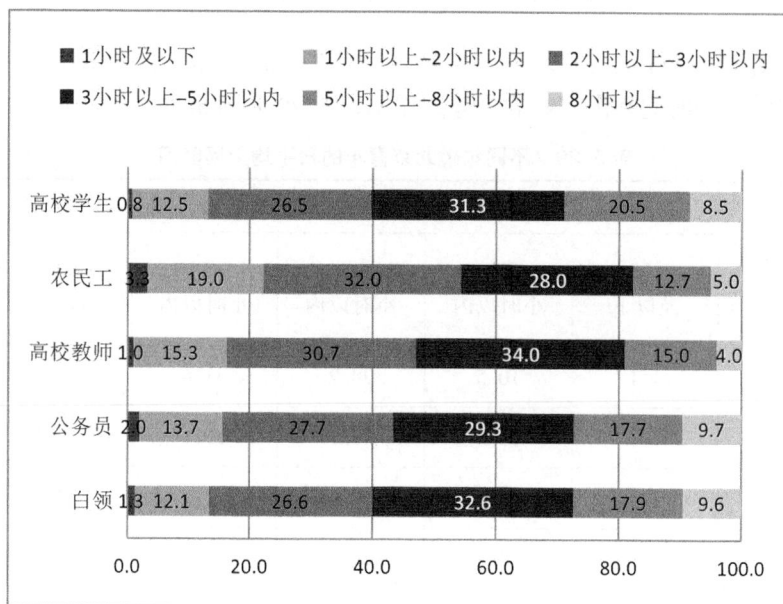

图 5.34　不同调查主体的日平均上网时间（%）

不同性别北京青年的日平均上网时间差异显著，$p<0.001$。其中，男性的日平均上网时间相对较短，女性的日平均上网时间相对较长。详见表 5.28 和图 5.35。

表 5.28　不同性别北京青年的日平均上网时间

性别	人数	选项百分比（%）					
		1 小时及以下	1 小时以上-2 小时以内	2 小时以上-3 小时以内	3 小时以上-5 小时以内	5 小时以上-8 小时以内	8 小时以上
男	897	2.1	16.6	28.1	32.0	14.8	6.4
女	1103	1.1	11.8	28.2	30.8	19.0	9.1
总体	2000	1.6	14.0	28.2	31.4	17.2	7.9

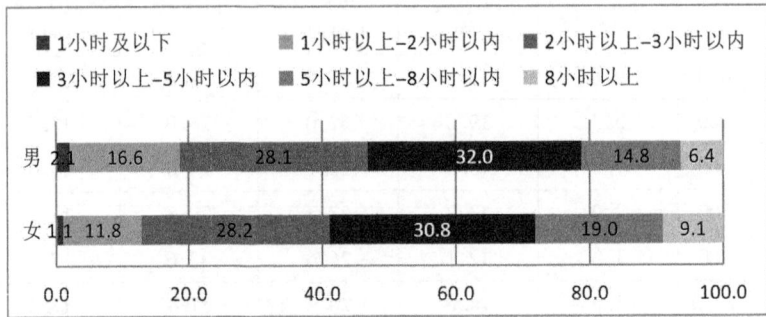

图 5.35　不同性别北京青年的日平均上网时间（%）

不同年龄北京青年的日平均上网时间差异显著，$p<0.05$，且基本呈现随着年龄的增长，日平均上网时间逐渐变短的趋势。详见表 5.29 和图 5.36。

表 5.29　不同年龄北京青年的日平均上网时间

年龄	人数	选项百分比（%）					
		1 小时及以下	1 小时以上-2 小时以内	2 小时以上-3 小时以内	3 小时以上-5 小时以内	5 小时以上-8 小时以内	8 小时以上
18-24 岁	708	1.1	10.5	28.2	31.6	18.5	10.0
25-29 岁	412	1.9	18.2	26.7	29.1	15.5	8.5
30-34 岁	352	1.1	14.2	27.6	34.7	17.3	5.1
35-44 岁	528	2.1	15.2	29.5	30.5	16.5	6.3
总体	2000	1.6	14.0	28.2	31.4	17.2	7.9

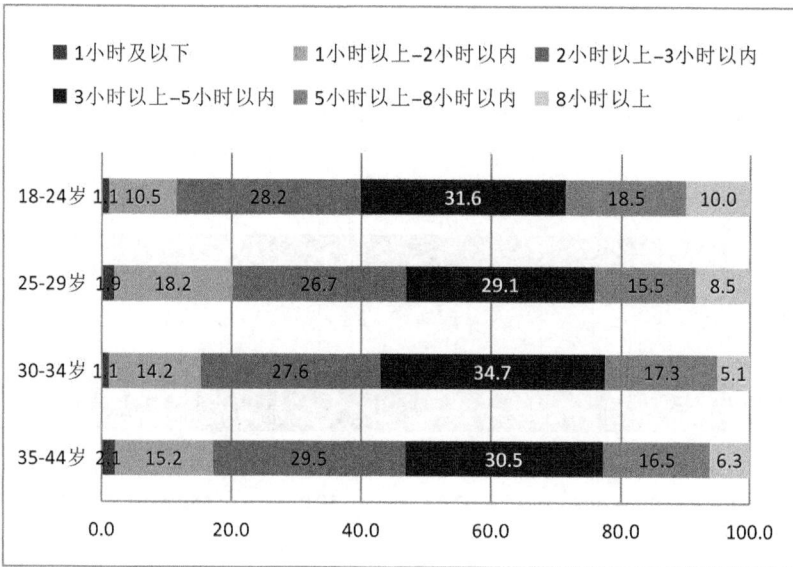

图 5.36 不同年龄北京青年的日平均上网时间（%）

不同婚姻状况北京青年的日平均上网时间差异显著，$p<0.01$。其中，未婚北京青年的日平均上网时间相对较长，已婚北京青年的日平均上网时间相对较短。详见表5.30 和图 5.37。

表 5.30 不同婚姻状况北京青年的日平均上网时间

婚姻状况	人数	选项百分比（%）					
		1 小时及以下	1 小时以上– 2 小时以内	2 小时以上– 3 小时以内	3 小时以上– 5 小时以内	5 小时以上– 8 小时以内	8 小时以上
未婚	907	1.0	13.1	27.5	30.0	18.6	9.8
已婚	1087	1.9	14.7	28.8	32.5	15.9	6.2
总体	1994	1.6	14.0	28.2	31.4	17.2	7.9

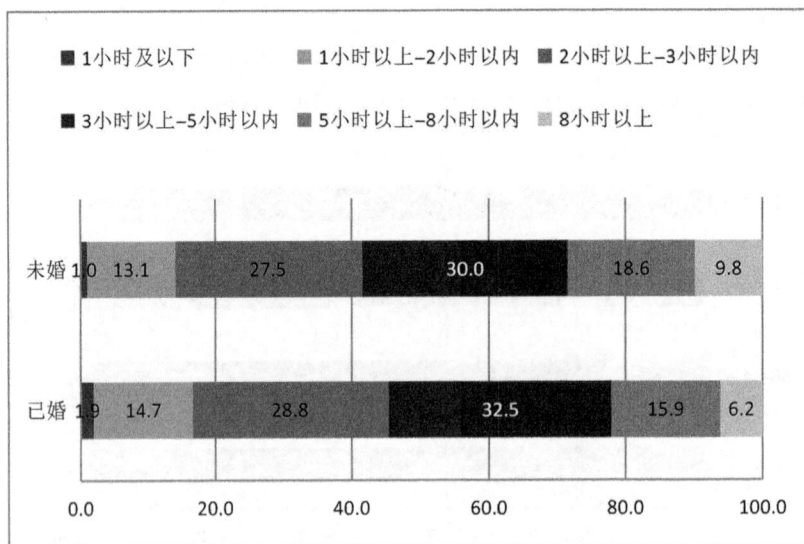

图 5.37　不同婚姻状况北京青年的日平均上网时间（%）

不同受教育程度北京青年的日平均上网时间差异显著，$p<0.001$。其中，高职/大专学历北京青年的日平均上网时间相对较长，高中/中专/中职和初中及以下学历北京青年的日平均上网时间相对较短。详见表 5.31 和图 5.38。

表 5.31　不同受教育程度北京青年的日平均上网时间

受教育程度	人数	选项百分比（%）					
		1 小时及以下	1 小时以上–2 小时以内	2 小时以上–3 小时以内	3 小时以上–5 小时以内	5 小时以上–8 小时以内	8 小时以上
初中及以下	135	5.2	13.3	31.9	34.1	9.6	5.9
高中/中专/中职	165	1.8	23.6	32.1	23.0	15.2	4.2
高职/大专	272	1.1	7.7	21.7	35.3	23.9	10.3
本科	1037	1.1	12.6	30.1	31.3	16.5	8.4
研究生及以上	391	1.8	17.9	24.6	31.2	17.6	6.9
总体	2000	1.6	14.0	28.2	31.4	17.2	7.9

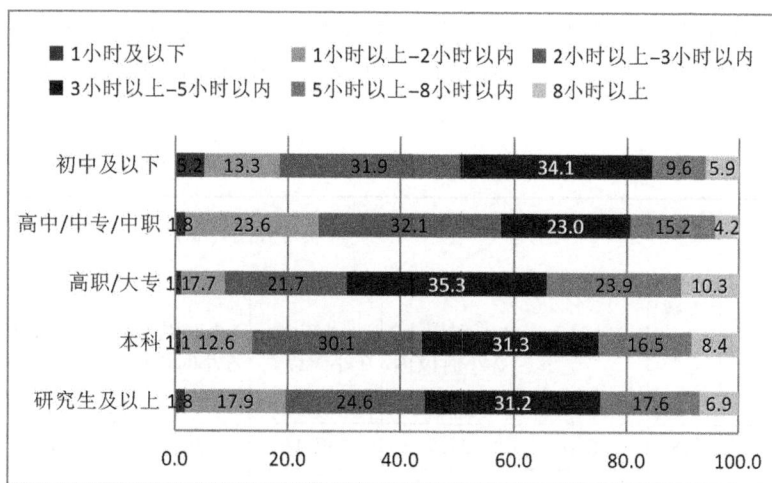

图5.38　不同受教育程度北京青年的日平均上网时间（%）

不同户籍所在地北京青年的日平均上网时间没有显著差异，$p>0.05$。详见表5.32和图5.39。

表5.32　不同户籍所在地北京青年的日平均上网时间

户籍所在地	人数	选项百分比（%）					
		1小时及以下	1小时以上–2小时以内	2小时以上–3小时以内	3小时以上–5小时以内	5小时以上–8小时以内	8小时以上
北京	1190	1.3	13.7	26.6	32.3	17.6	8.6
天津	93	2.2	12.9	31.2	35.5	12.9	5.4
河北	130	0.0	20.8	36.9	26.2	12.3	3.8
其他地区	587	2.4	13.1	28.8	30.0	18.1	7.7
总体	2000	1.6	14.0	28.2	31.4	17.2	7.9

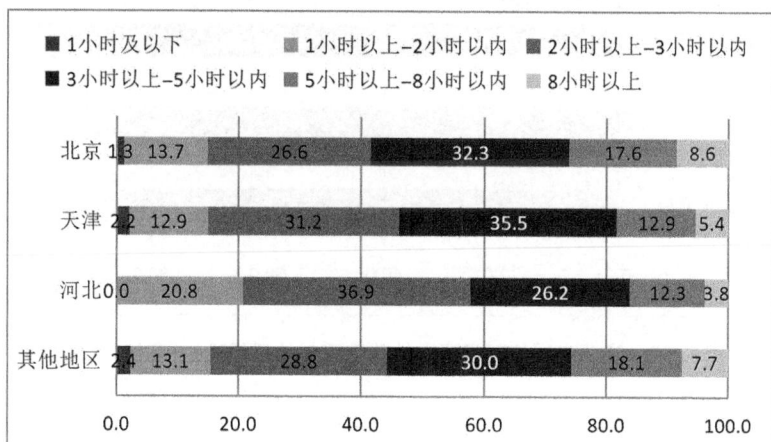

图5.39　不同户籍所在地北京青年的日平均上网时间（%）

在北京居住时间不同的北京青年的日平均上网时间差异显著，$p<0.001$，且基本呈现随着在北京居住时间的增长，日平均上网时间逐渐增加的趋势。详见表 5.33 和图 5.40。

表 5.33　在北京居住时间不同的北京青年的日平均上网时间

在北京居住的时间	人数	选项百分比（%）					
		1 小时及以下	1 小时以上-2 小时以内	2 小时以上-3 小时以内	3 小时以上-5 小时以内	5 小时以上-8 小时以内	8 小时以上
0.5-1 年（不含）	46	0.0	21.7	39.1	26.1	10.9	2.2
1-3 年（不含）	146	1.4	12.3	44.5	21.9	13.7	6.2
3-5 年（不含）	245	2.9	13.9	31.0	31.8	11.4	9.0
5-10 年（不含）	310	0.3	12.6	25.8	34.5	18.1	8.7
10 年及以上	1253	1.7	14.2	25.9	31.8	18.7	7.8
总体	2000	1.6	14.0	28.2	31.4	17.2	7.9

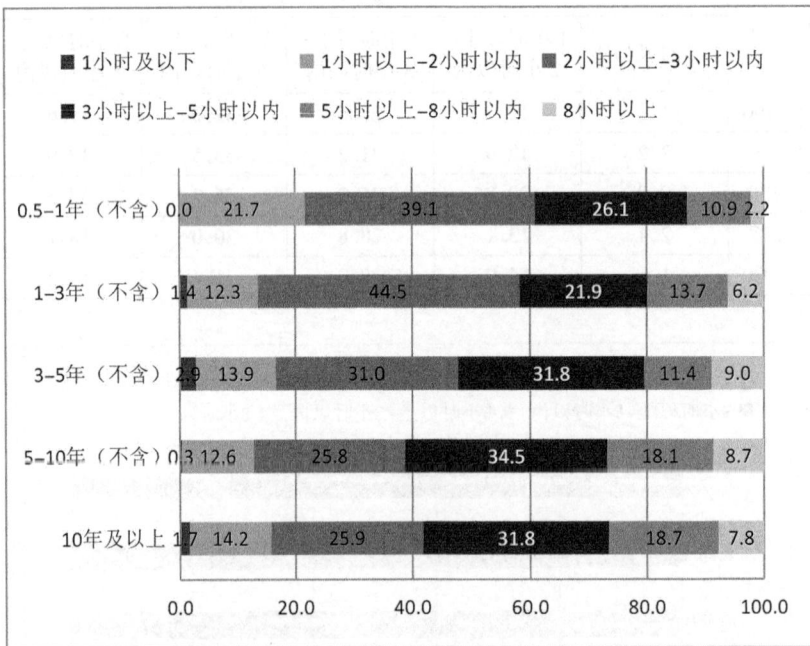

图 5.40　在北京居住时间不同的北京青年的日平均上网时间（%）

不同政治面貌北京青年的日平均上网时间没有显著差异，$p>0.05$。详见表5.34和图5.41。

表 5.34　不同政治面貌北京青年的日平均上网时间

政治面貌	人数	选项百分比（%）					
		1 小时及以下	1 小时以上－2 小时以内	2 小时以上－3 小时以内	3 小时以上－5 小时以内	5 小时以上－8 小时以内	8 小时以上
中共党员	593	1.9	16.0	28.3	30.5	15.5	7.8
共青团员	556	1.1	9.7	28.4	32.0	20.1	8.6
群众	825	1.7	14.9	27.5	31.8	16.7	7.4
总体	1974	1.6	14.0	28.2	31.4	17.2	7.9

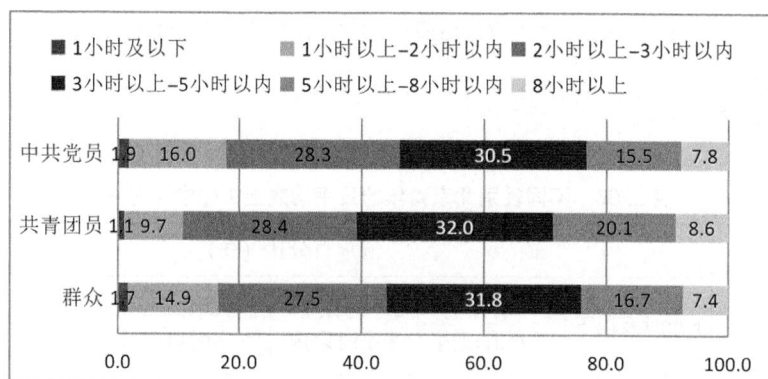

图 5.41　不同政治面貌北京青年的日平均上网时间（%）

2. 日平均线上工作学习时间

总体上，在被调查的北京青年中有 39.9%日平均线上工作学习时间为 1 小时以上－2 小时以内，分别有 22.1%、21.4%和 11.7%日平均线上工作学习时间为 2 小时以上－3 小时以内、1 小时及以下和 3 小时以上－5 小时以内，另外还有 3.9%和 1.2%日平均线上工作学习时间为 5 小时以上－8 小时以内和 8 小时以上。不同调查主体差异显著，$p<0.01$。其中，白领和高校教师的日平均线上工作学习时间相对较长，农民工的日平均线上工作学习时间相对较短。详见表 5.35 和图 5.42。

表 5.35　不同调查主体的日平均线上工作学习时间

调查主体	人数	选项百分比（%）					
		1 小时及以下	1 小时以上－2 小时以内	2 小时以上－3 小时以内	3 小时以上－5 小时以内	5 小时以上－8 小时以内	8 小时以上
高校学生	400	16.0	47.8	24.5	9.0	1.8	1.0
农民工	300	29.0	38.0	20.3	9.0	2.7	1.0
高校教师	300	20.0	37.3	23.0	14.7	4.0	1.0
公务员	300	23.3	39.7	19.7	12.0	4.0	1.3
白领	700	20.9	37.3	22.1	12.9	5.6	1.3
总体	2000	21.4	39.9	22.1	11.7	3.9	1.2

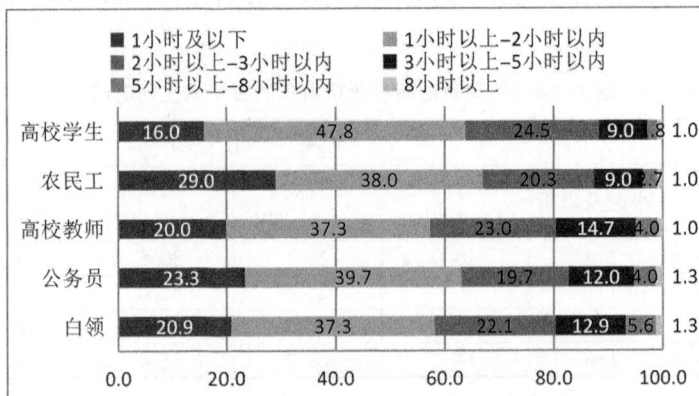

图 5.42　不同调查主体的日平均线上工作学习时间（%）

不同性别北京青年的日平均线上工作学习时间没有显著差异，$p>0.05$。详见表5.36 和图 5.43。

表 5.36　不同性别北京青年的日平均线上工作学习时间

性别	人数	选项百分比（%）					
		1 小时及以下	1 小时以上－2 小时以内	2 小时以上－3 小时以内	3 小时以上－5 小时以内	5 小时以上－8 小时以内	8 小时以上
男	897	23.7	37.9	22.6	11.6	3.5	0.7
女	1103	19.4	41.4	21.7	11.7	4.3	1.5
总体	2000	21.4	39.9	22.1	11.7	3.9	1.2

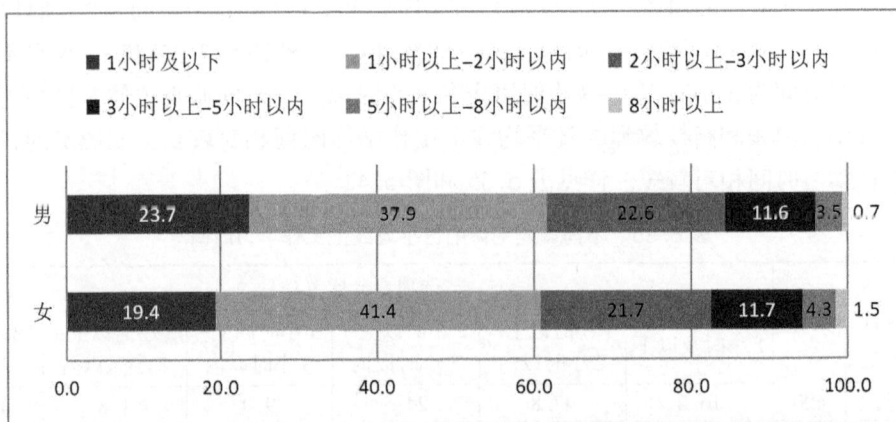

图 5.43　不同性别北京青年的日平均线上工作学习时间（%）

不同年龄北京青年的日平均线上工作学习时间没有显著差异，$p>0.05$。详见表5.37 和图 5.44。

表 5.37　不同年龄北京青年的日平均线上工作学习时间

年龄	人数	选项百分比（%）					
		1 小时及以下	1 小时以上－2 小时以内	2 小时以上－3 小时以内	3 小时以上－5 小时以内	5 小时以上－8 小时以内	8 小时以上
18–24 岁	708	19.2	41.5	24.9	9.5	3.5	1.4
25–29 岁	412	19.4	43.4	18.7	12.9	4.4	1.2
30–34 岁	352	22.2	38.9	20.7	12.5	4.8	0.9
35–44 岁	528	25.2	35.4	22.0	13.1	3.4	0.9
总体	2000	21.4	39.9	22.1	11.7	3.9	1.2

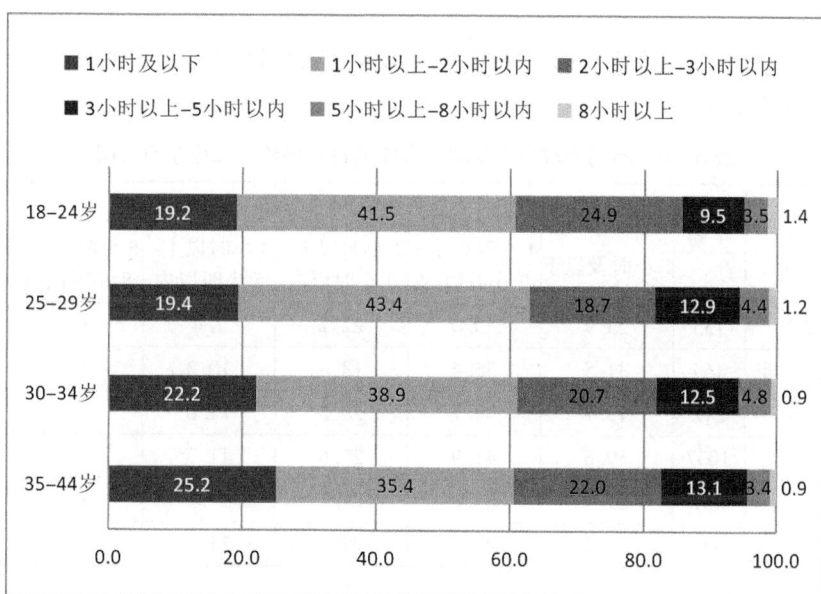

图 5.44　不同年龄北京青年的日平均线上工作学习时间（%）

　　不同婚姻状况北京青年的日平均线上工作学习时间没有显著差异，$p > 0.05$。详见表 5.38 和图 5.45。

表 5.38　不同婚姻状况北京青年的日平均线上工作学习时间

婚姻状况	人数	选项百分比（%）					
		1 小时及以下	1 小时以上－2 小时以内	2 小时以上－3 小时以内	3 小时以上－5 小时以内	5 小时以上－8 小时以内	8 小时以上
未婚	907	19.5	42.7	22.6	10.5	3.4	1.3
已婚	1087	22.8	37.5	21.7	12.7	4.2	1.0
总体	1994	21.4	39.9	22.1	11.7	3.9	1.2

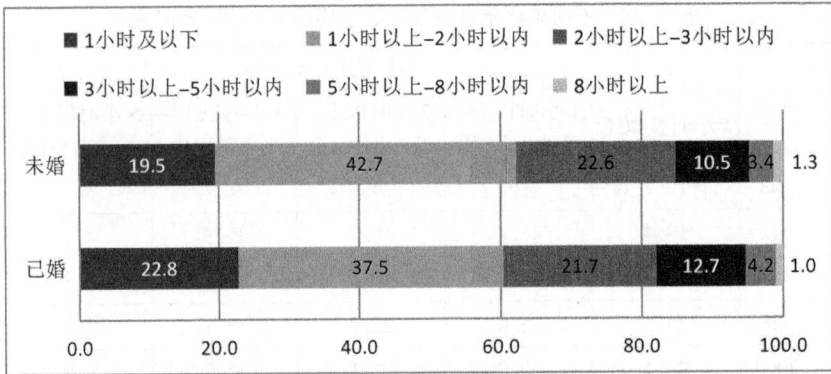

图5.45 不同婚姻状况北京青年的日平均线上工作学习时间（%）

不同受教育程度北京青年的日平均线上工作学习时间没有显著差异，$p>0.05$。详见表5.39和图5.46。

表5.39 不同受教育程度北京青年的日平均线上工作学习时间

受教育程度	人数	选项百分比（%）					
		1小时及以下	1小时以上-2小时以内	2小时以上-3小时以内	3小时以上-5小时以内	5小时以上-8小时以内	8小时以上
初中及以下	135	25.9	40.0	22.2	7.4	3.0	1.5
高中/中专/中职	165	31.5	36.4	18.8	10.3	2.4	0.6
高职/大专	272	19.1	39.7	26.8	11.0	2.2	1.1
本科	1037	19.6	41.9	21.6	11.7	4.0	1.3
研究生及以上	391	21.7	35.8	21.5	14.1	5.9	1.0
总体	2000	21.4	39.9	22.1	11.7	3.9	1.2

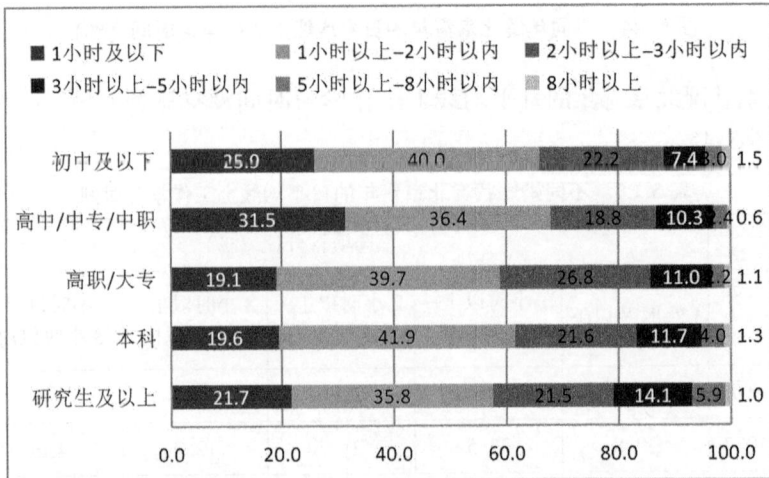

图5.46 不同受教育程度北京青年的日平均线上工作学习时间（%）

　　不同户籍所在地北京青年的日平均线上工作学习时间差异显著，$p<0.05$。其中，北京户籍北京青年的日平均线上工作学习时间相对较长，河北户籍北京青年的日平均线上工作学习时间相对较短。详见表 5.40 和图 5.47。

表 5.40　不同户籍所在地北京青年的日平均线上工作学习时间

户籍所在地	人数	选项百分比（%）					
		1 小时及以下	1 小时以上－2 小时以内	2 小时以上－3 小时以内	3 小时以上－5 小时以内	5 小时以上－8 小时以内	8 小时以上
北京	1190	19.1	40.7	23.3	12.1	3.9	1.0
天津	93	22.6	44.1	19.4	8.6	5.4	0.0
河北	130	24.6	49.2	17.7	5.4	1.5	1.5
其他地区	587	25.0	35.4	21.1	12.6	4.3	1.5
总体	2000	21.4	39.9	22.1	11.7	3.9	1.2

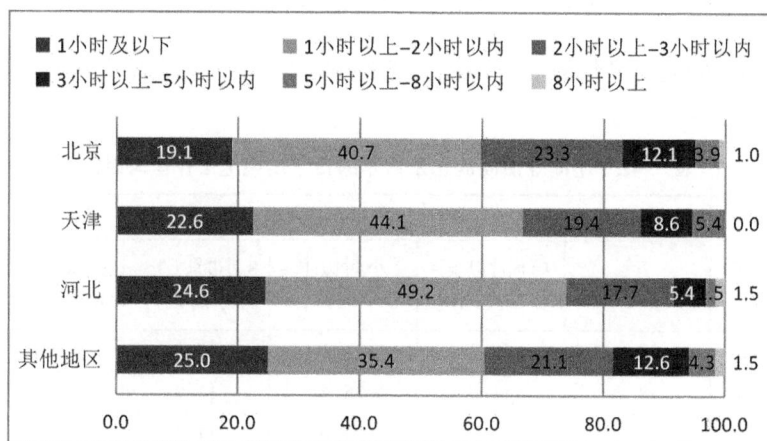

图 5.47　不同户籍所在地北京青年的日平均线上工作学习时间（%）

　　在北京居住时间不同的北京青年的日平均线上工作学习时间差异显著，$p<0.05$。其中，在北京居住 5-10 年（不含）和 10 年及以上的北京青年的日平均线上工作学习时间相对较长，在北京居住 0.5-1 年（不含）的北京青年的日平均线上工作学习时间相对较短。详见表 5.41 和图 5.48。

表 5.41　在北京居住时间不同的北京青年的日平均线上工作学习时间

在北京居住的时间	人数	选项百分比（%）					
		1 小时及以下	1 小时以上－2 小时以内	2 小时以上－3 小时以内	3 小时以上－5 小时以内	5 小时以上－8 小时以内	8 小时以上
0.5-1 年（不含）	46	30.4	41.3	13.0	13.0	2.2	0.0
1-3 年（不含）	146	17.1	52.7	21.2	6.2	1.4	1.4
3-5 年（不含）	245	21.6	38.4	26.1	9.4	3.3	1.2
5-10 年（不含）	310	23.9	38.1	16.8	14.8	4.5	1.9
10 年及以上	1253	20.8	39.0	23.1	11.9	4.2	1.0
总体	2000	21.4	39.9	22.1	11.7	3.9	1.2

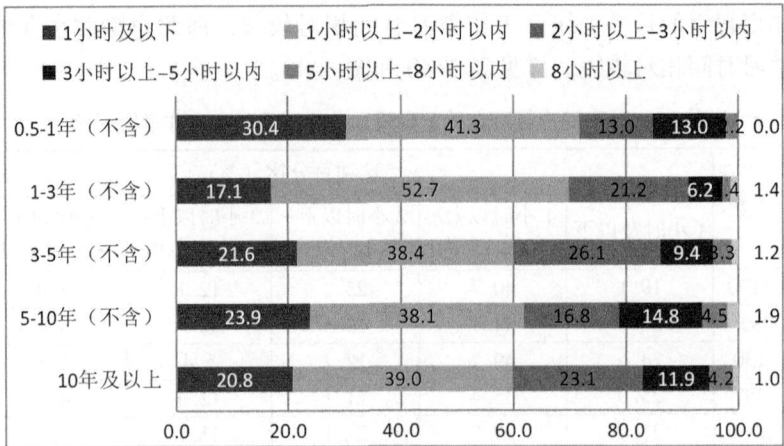

图 5.48　在北京居住时间不同的北京青年的日平均线上工作学习时间（%）

不同政治面貌北京青年的日平均线上工作学习时间没有显著差异，$p>0.05$。详见表 5.42 和图 5.49。

表 5.42　不同政治面貌北京青年的日平均线上工作学习时间

政治面貌	人数	选项百分比（%）					
		1 小时及以下	1 小时以上－2 小时以内	2 小时以上－3 小时以内	3 小时以上－5 小时以内	5 小时以上－8 小时以内	8 小时以上
中共党员	593	22.4	39.3	21.1	12.5	3.4	1.3
共青团员	556	18.7	41.0	25.4	11.2	2.9	0.9
群众	825	22.2	39.2	21.0	11.5	5.0	1.2
总体	1974	21.4	39.9	22.1	11.7	3.9	1.2

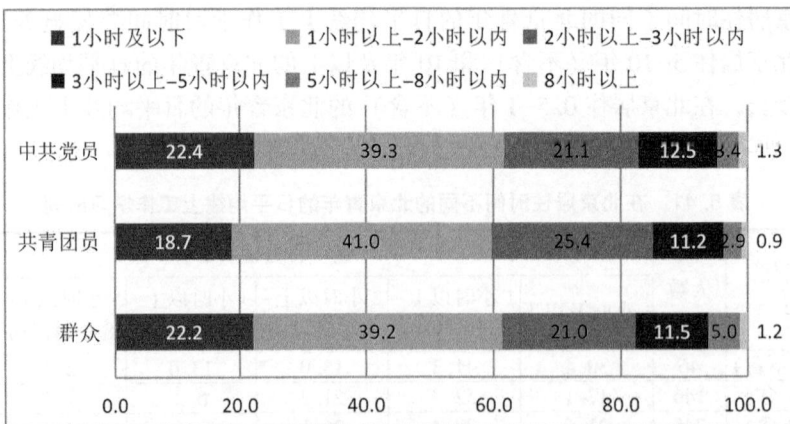

图 5.49　不同政治面貌北京青年的日平均线上工作学习时间（%）

3. 对关于社交网络的使用

总体上，被调查的北京青年对"我使用社交网站是为了与朋友和家人沟通、交流"的认同度最高（3.98 分），对"社交网站是一种令人愉快的休闲方式"（3.90 分）和"使用社交网站能够消磨无聊的时间"（3.90 分）的认同度相对较高，对"使用社交网站让我把学校、工作或其他事情抛诸脑后"（3.20 分）和"我使用社交网站是为了能够发布自己的信息"（3.45 分）的认同度相对较低。详见表 5.43 和图 5.50。

表 5.43 北京青年对关于社交网络的使用一些说法的认同度（分）

	得分
社交网站是一种令人愉快的休闲方式	3.90
使用社交网站能够消磨无聊的时间	3.90
我使用社交网站是为了能够发布自己的信息	3.45
使用社交网站让我把学校、工作或其他事情抛诸脑后	3.20
没有人能够和我讲话或陪伴我时我会使用社交网站	3.64
使用社交网站有助于我的职业发展	3.69
我使用社交网站是为了与朋友和家人沟通、交流	3.98

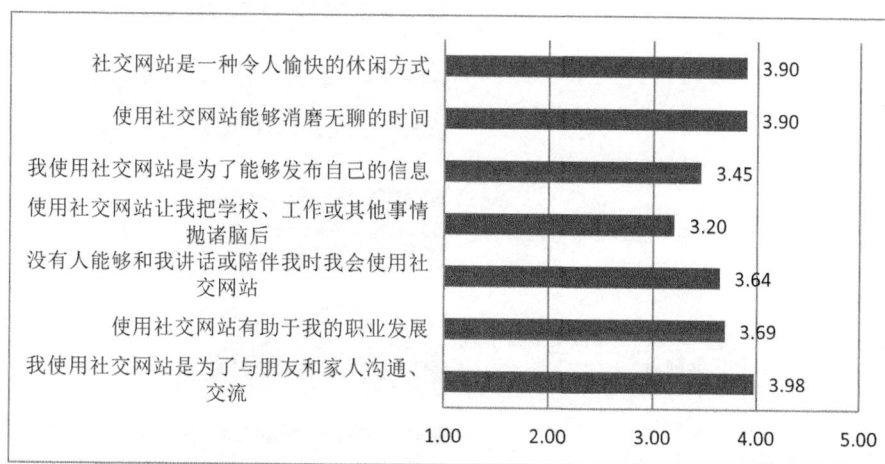

图 5.50 北京青年对关于社交网络的使用一些说法的认同度（分）

不同调查主体在"使用社交网站能够消磨无聊的时间""我使用社交网站是为了能够发布自己的信息""没有人能够和我讲话或陪伴我时我会使用社交网站""使用社交网站有助于我的职业发展"和"我使用社交网站是为了与朋友和家人沟通、交流"上认同度的差异均显著。

其中，在"使用社交网站能够消磨无聊的时间"上，农民工的认同度最低，且显著低于白领和高校教师。在"我使用社交网站是为了能够发布自己的信息"上，高校学生的认同度最低，且显著低于公务员。在"没有人能够和我讲话或陪伴我时我会使用社交网站"上，高校教师的认同度最高，且显著高于高校学生和农民工。在"使用社交网站有助于我的职业发展"上，高校教师的认同度最高，且显著高于高校学生和农民工；白领的认同度较高，且显著高于高校学生。在"我使用社交网站是为了与朋友和家人沟通、交流"上，高校学生的认同度最低，且显著低于高校教师、白领和公务员。详见表5.44和图5.51。

表5.44 不同调查主体对关于社交网络的使用一些说法的认同度（分）

	高校学生	农民工	高校教师	公务员	白领
社交网站是一种令人愉快的休闲方式	3.83	3.82	3.95	3.88	3.95
使用社交网站能够消磨无聊的时间	3.86	3.72	3.97	3.85	3.98
我使用社交网站是为了能够发布自己的信息	3.32	3.37	3.57	3.58	3.47
使用社交网站让我把学校、工作或其他事情抛诸脑后	3.09	3.16	3.21	3.20	3.29
没有人能够和我讲话或陪伴我时我会使用社交网站	3.49	3.53	3.80	3.69	3.69
使用社交网站有助于我的职业发展	3.52	3.58	3.81	3.75	3.76
我使用社交网站是为了与朋友和家人沟通、交流	3.76	3.91	4.10	4.03	4.05

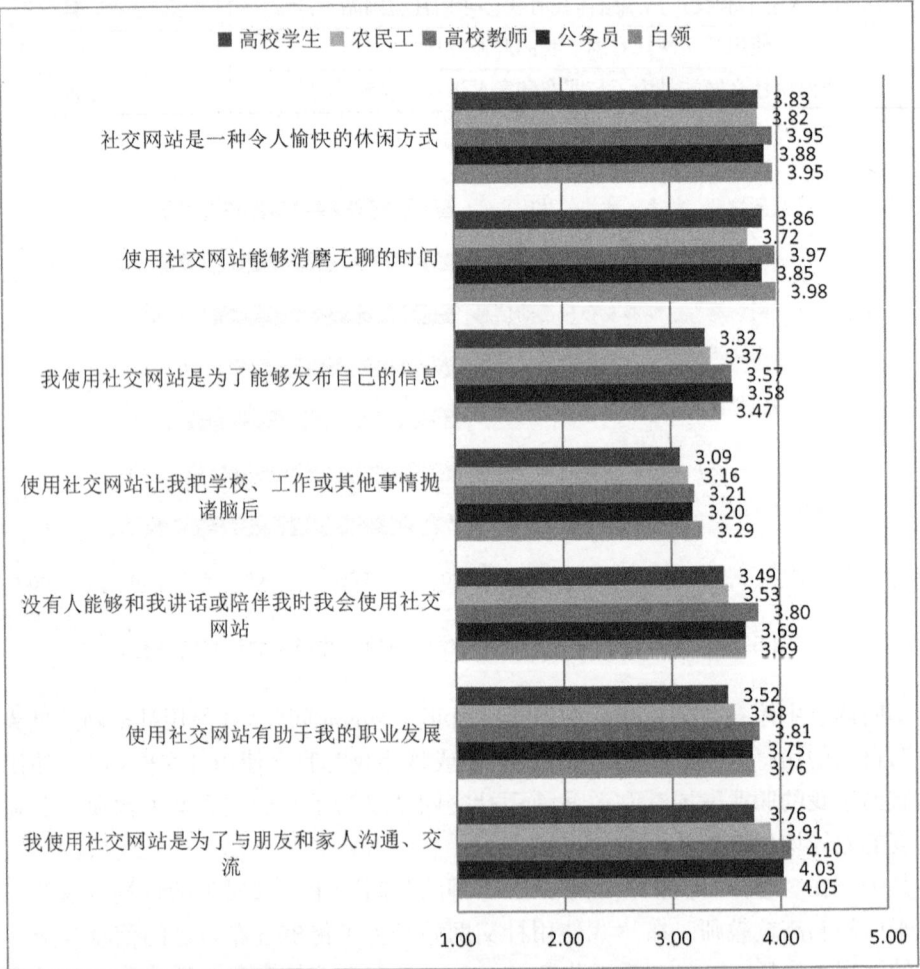

图5.51 不同调查主体对关于社交网络的使用一些说法的认同度（分）

不同性别北京青年在"社交网站是一种令人愉快的休闲方式""使用社交网站能够消磨无聊的时间""没有人能够和我讲话或陪伴我时我会使用社交网站"上认同度的差异均显著。

其中，在"社交网站是一种令人愉快的休闲方式"、"使用社交网站能够消磨无聊的时间"和"没有人能够和我讲话或陪伴我时我会使用社交网站"上，女性的认同度均较高，且显著高于男性。详见表 5.45 和图 5.52。

表 5.45　不同性别北京青年对关于社交网络的使用一些说法的认同度（分）

	男	女
社交网站是一种令人愉快的休闲方式	3.79	3.98
使用社交网站能够消磨无聊的时间	3.75	4.02
我使用社交网站是为了能够发布自己的信息	3.48	3.44
使用社交网站让我把学校、工作或其他事情抛诸脑后	3.16	3.24
没有人能够和我讲话或陪伴我时我会使用社交网站	3.57	3.69
使用社交网站有助于我的职业发展	3.66	3.71
我使用社交网站是为了与朋友和家人沟通、交流	3.95	3.99

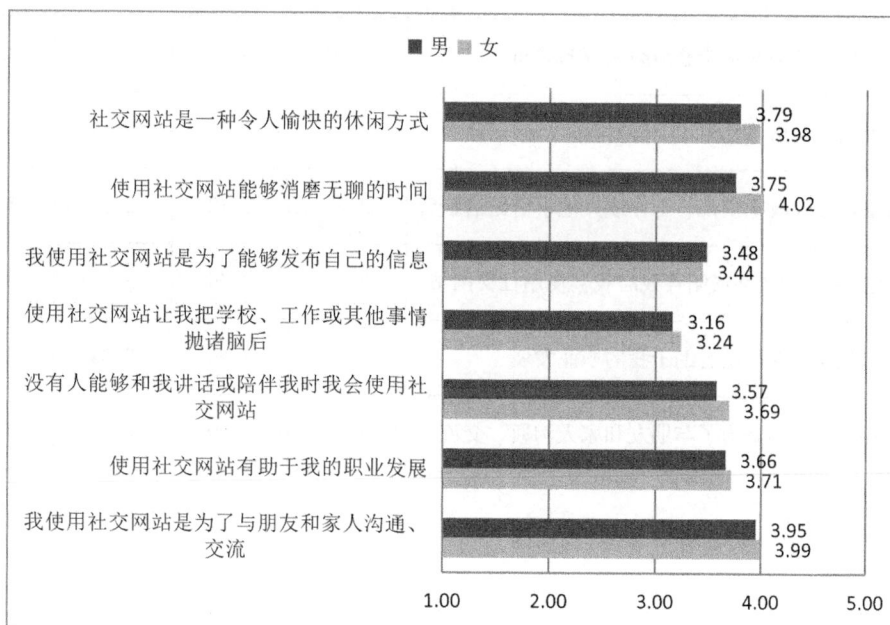

图 5.52　不同性别北京青年对关于社交网络的使用一些说法的认同度（分）

  不同年龄北京青年在"社交网站是一种令人愉快的休闲方式""使用社交网站能够消磨无聊的时间""我使用社交网站是为了能够发布自己的信息""使用社交网站让我把学校、工作或其他事情抛诸脑后""使用社交网站有助于我的职业发展""我使用社交网站是为了与朋友和家人沟通、交流"上认同度的差异均显著。

  其中，在"社交网站是一种令人愉快的休闲方式"上，25-29岁北京青年的认同度最低，且显著低于其他年龄段的北京青年。在"使用社交网站能够消磨无聊的时间"上，18-24岁北京青年的认同度最高，且显著高于25-29岁和35-44岁的北京青年。在"我使用社交网站是为了能够发布自己的信息"上，30-34岁北京青年的认同度最高，且显著高于25-29岁的北京青年。在"使用社交网站让我把学校、工作或其他事情抛诸脑后"上，30-34岁北京青年的认同度最高，且显著高于25-29岁和35-44岁的北京青年。在"使用社交网站有助于我的职业发展"上，30-34岁北京青年的认同度最高，且显著高于18-24岁和25-29岁的北京青年；35-44岁北京青年的认同度较高，且显著高于25-29岁的北京青年。在"我使用社交网站是为了与朋友和家人沟通、交流"上，35-44岁和30-34岁北京青年的认同感显著高于18-24岁和25-29岁的北京青年。详见表5.46和图5.53。

表5.46 不同年龄北京青年对关于社交网络的使用一些说法的认同度（分）

	18-24岁	25-29岁	30-34岁	35-44岁
社交网站是一种令人愉快的休闲方式	3.93	3.74	4.00	3.91
使用社交网站能够消磨无聊的时间	4.00	3.79	3.93	3.81
我使用社交网站是为了能够发布自己的信息	3.43	3.34	3.55	3.51
使用社交网站让我把学校、工作或其他事情抛诸脑后	3.23	3.18	3.35	3.09
没有人能够和我讲话或陪伴我时我会使用社交网站	3.66	3.54	3.72	3.64
使用社交网站有助于我的职业发展	3.67	3.50	3.84	3.77
我使用社交网站是为了与朋友和家人沟通、交流	3.94	3.79	4.09	4.10

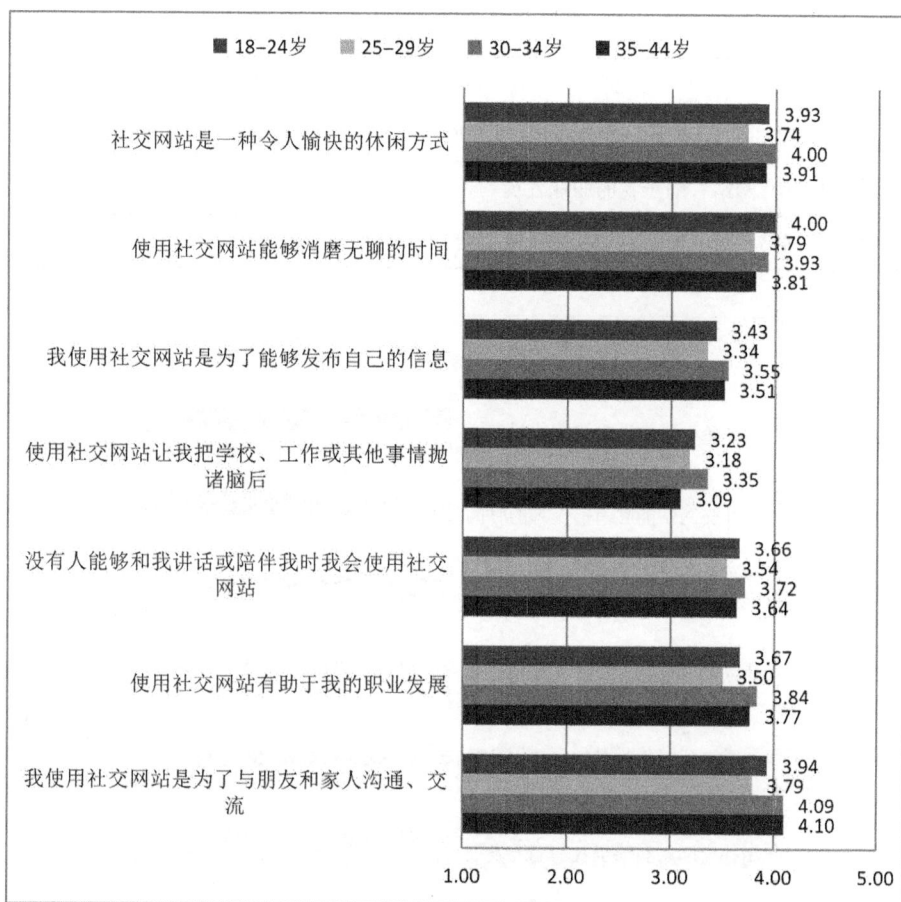

图 5.53　不同年龄北京青年对关于社交网络的使用一些说法的认同度（分）

不同婚姻状况北京青年在"我使用社交网站是为了能够发布自己的信息""使用社交网站有助于我的职业发展""我使用社交网站是为了与朋友和家人沟通、交流"上认同度的差异均显著。

其中，在"我使用社交网站是为了能够发布自己的信息""使用社交网站有助于我的职业发展""我使用社交网站是为了与朋友和家人沟通、交流"上，已婚北京青年的认同度均较高，且显著高于未婚北京青年。详见表 5.47 和图 5.54。

表 5.47　不同婚姻状况北京青年对关于社交网络的使用一些说法的认同度（分）

	未婚	已婚
社交网站是一种令人愉快的休闲方式	3.85	3.93
使用社交网站能够消磨无聊的时间	3.92	3.87
我使用社交网站是为了能够发布自己的信息	3.34	3.55
使用社交网站让我把学校、工作或其他事情抛诸脑后	3.16	3.24

续表

	未婚	已婚
没有人能够和我讲话或陪伴我时我会使用社交网站	3.59	3.68
使用社交网站有助于我的职业发展	3.56	3.80
我使用社交网站是为了与朋友和家人沟通、交流	3.83	4.10

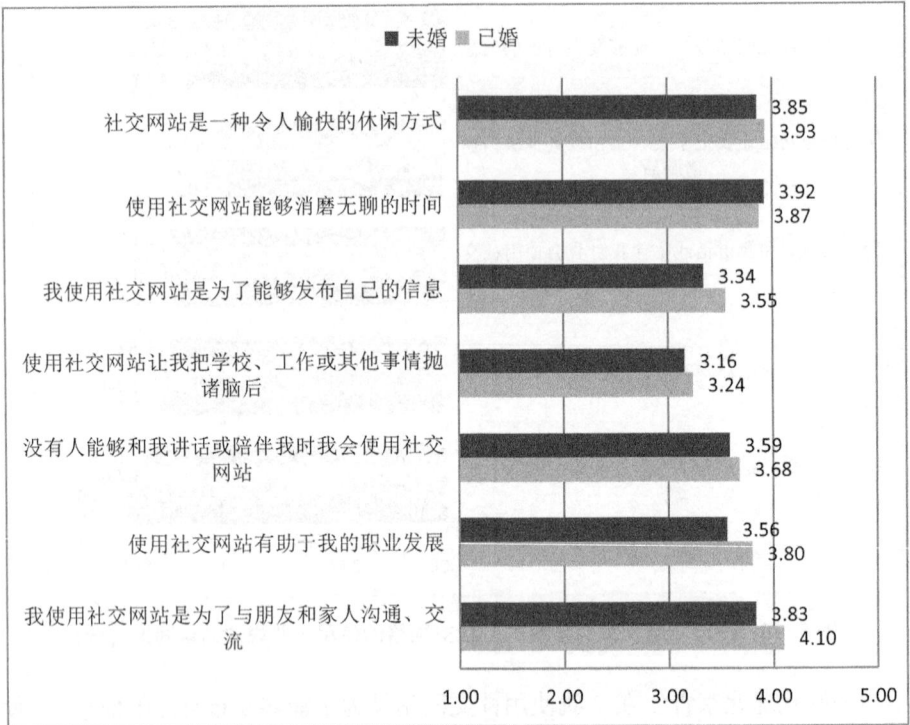

图5.54　不同婚姻状况北京青年对关于社交网络的使用一些说法的认同度（分）

　　不同受教育程度北京青年在"使用社交网站能够消磨无聊的时间""我使用社交网站是为了能够发布自己的信息""使用社交网站让我把学校、工作或其他事情抛诸脑后""使用社交网站有助于我的职业发展""我使用社交网站是为了与朋友和家人沟通、交流"上认同度的差异均显著。

　　其中，在"使用社交网站能够消磨无聊的时间"上，高中/中专/中职学历北京青年的认同度最低，且显著低于高职/大专和本科学历的北京青年。在"我使用社交网站是为了能够发布自己的信息"上，研究生及以上学历北京青年的认同度最高，且显著高于初中及以下和高职/大专学历的北京青年；本科学历北京青年的认同度较高，且显著高于高职/大专学历的北京青年。在"使用社交网站让我把学校、工作或其他事情抛诸脑后"上，高中/中专/中职学历北京青年的认同度最高，且显著高于初中及以下和高职/大专学历的北京青年；初中及以下学历北京青年的认同度最低，且显著低于本科学历的北京青年；高职/大专学历北京青年的认同度较低，且显著低于本科和研究生及以上学历的北京青年。在"使用社交网站有助于我的职业发展"上，本科和研究生及以上学历北京青年的认同度较高，且显著高于高中/中专/中职和高职/大专的北京青年。在"我使用社交网站是为了与朋友和家人沟通、交流"上，研究生及以上学历北京青年的认同度最高，且显著高于高中/中专/中职和高职/大专的北京青年。详见表5.48和图5.55。

表5.48　不同受教育程度北京青年对关于社交网络的使用一些说法的认同度（分）

	初中及以下	高中/中专/中职	高职/大专	本科	研究生及以上
社交网站是一种令人愉快的休闲方式	3.76	3.87	3.97	3.89	3.92
使用社交网站能够消磨无聊的时间	3.79	3.67	3.99	3.92	3.90
我使用社交网站是为了能够发布自己的信息	3.30	3.43	3.30	3.48	3.56
使用社交网站让我把学校、工作或其他事情抛诸脑后	2.96	3.32	2.98	3.28	3.19
没有人能够和我讲话或陪伴我时我会使用社交网站	3.51	3.54	3.49	3.68	3.72
使用社交网站有助于我的职业发展	3.67	3.51	3.54	3.72	3.80
我使用社交网站是为了与朋友和家人沟通、交流	3.93	3.89	3.87	3.98	4.08

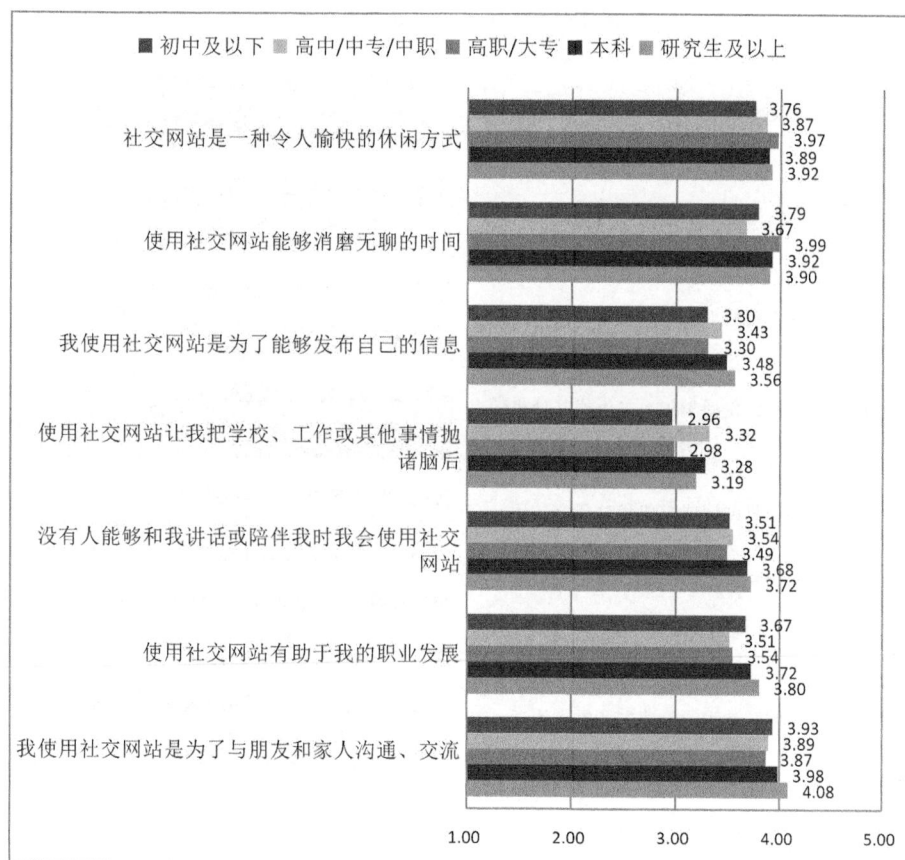

图5.55　不同受教育程度北京青年对关于社交网络的使用一些说法的认同度（分）

　　不同户籍所在地北京青年在"我使用社交网站是为了能够发布自己的信息"上认同度的差异显著。其中，在"我使用社交网站是为了能够发布自己的信息"上，天津户籍北京青年的认同度最高，且显著高于北京和其他地区户籍的北京青年。详见表5.49和图5.56。

表 5.49　不同户籍所在地北京青年对关于社交网络的使用一些说法的认同度（分）

	北京	天津	河北	其他地区
社交网站是一种令人愉快的休闲方式	3.87	4.08	3.98	3.90
使用社交网站能够消磨无聊的时间	3.86	4.03	4.02	3.91
我使用社交网站是为了能够发布自己的信息	3.45	3.84	3.62	3.37
使用社交网站让我把学校、工作或其他事情抛诸脑后	3.19	3.42	3.38	3.15
没有人能够和我讲话或陪伴我时我会使用社交网站	3.62	3.78	3.73	3.63
使用社交网站有助于我的职业发展	3.69	3.83	3.85	3.64
我使用社交网站是为了与朋友和家人沟通、交流	3.96	4.06	4.07	3.98

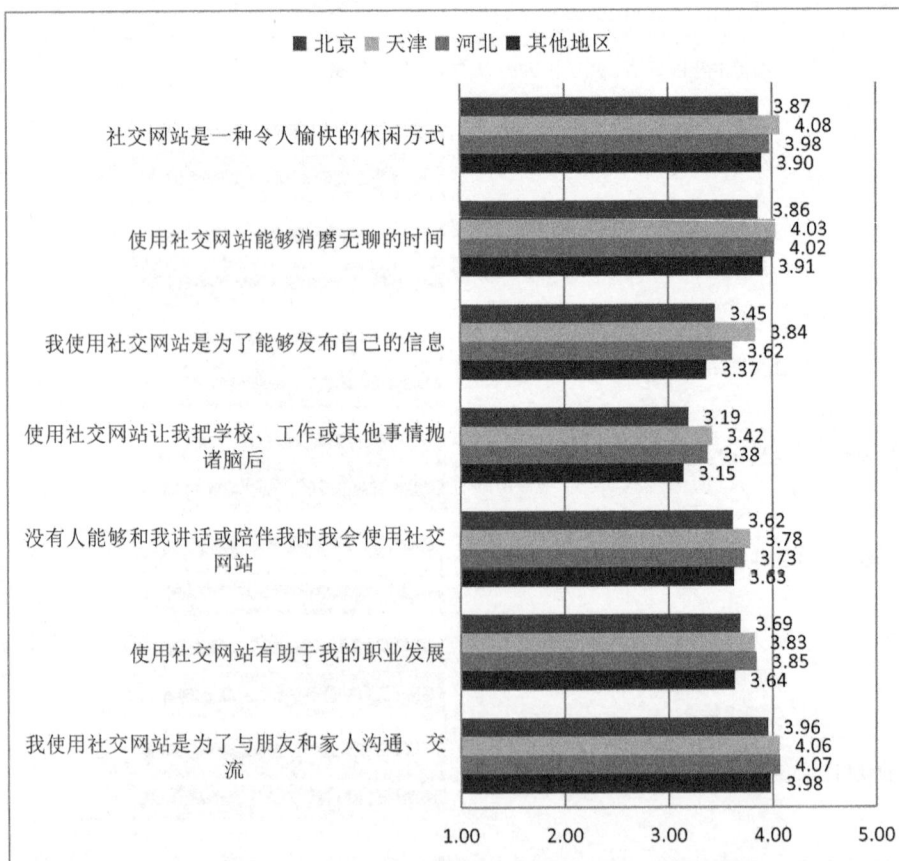

图 5.56　不同户籍所在地北京青年对关于社交网络的使用一些说法的认同度（分）

　　在北京居住时间不同的北京青年在"使用社交网站有助于我的职业发展"上认同度的差异显著。其中，在"使用社交网站有助于我的职业发展"上，在北京居住0.5-1年（不含）的北京青年的认同度最低，且显著低于在北京居住1-3年（不含）、5-10年（不含）和10年及以上的北京青年。详见表5.50和图5.57。

表5.50　在北京居住时间不同的北京青年对关于社交网络的使用一些说法的认同度（分）

	0.5-1年（不含）	1-3年（不含）	3-5年（不含）	5-10年（不含）	10年及以上
社交网站是一种令人愉快的休闲方式	3.72	4.01	3.86	3.88	3.90
使用社交网站能够消磨无聊的时间	3.57	4.00	3.89	3.94	3.89
我使用社交网站是为了能够发布自己的信息	3.41	3.50	3.29	3.54	3.46
使用社交网站让我把学校、工作或其他事情抛诸脑后	2.96	3.33	3.20	3.14	3.21
没有人能够和我讲话或陪伴我时我会使用社交网站	3.78	3.73	3.69	3.59	3.63
使用社交网站有助于我的职业发展	3.33	3.79	3.61	3.66	3.71
我使用社交网站是为了与朋友和家人沟通、交流	3.59	4.05	3.93	4.05	3.97

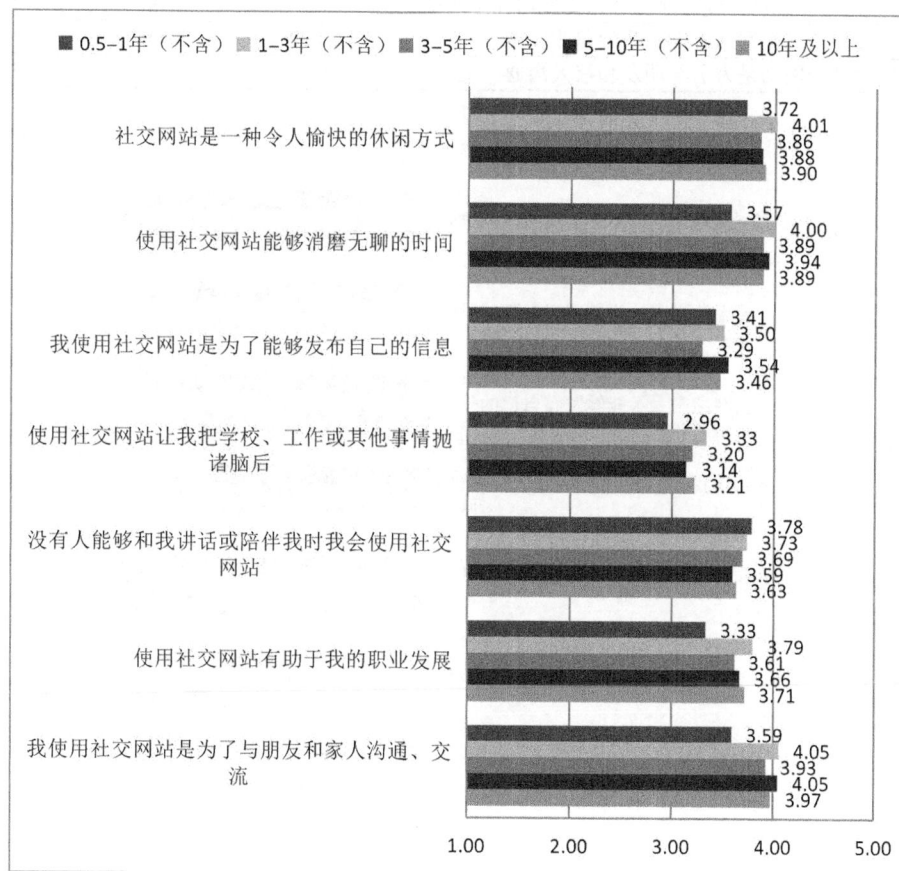

图5.57　在北京居住时间不同的北京青年对关于社交网络的使用一些说法的认同度（分）

不同政治面貌的北京青年在"使用社交网站能够消磨无聊的时间""我使用社交网站是为了能够发布自己的信息""没有人能够和我讲话或陪伴我时我会使用社交网站""使用社交网站有助于我的职业发展"上认同度的差异均显著。

其中，在"使用社交网站能够消磨无聊的时间"上，群众的认同度最低，且显著低于中共党员和共青团员的认同度。在"我使用社交网站是为了能够发布自己的信息"上，中共党员的认同度最高，且显著高于共青团员和群众的认同度。在"没有人能够和我讲话或陪伴我时我会使用社交网站"上，中共党员的认同度最高，且显著高于群众的认同度。在"使用社交网站有助于我的职业发展"上，中共党员的认同度最高，且显著高于共青团员和群众的认同度。详见表 5.51 和图 5.58。

表 5.51　不同政治面貌北京青年对关于社交网络的使用一些说法的认同度（分）

	中共党员	共青团员	群众
社交网站是一种令人愉快的休闲方式	3.93	3.95	3.84
使用社交网站能够消磨无聊的时间	3.92	4.04	3.79
我使用社交网站是为了能够发布自己的信息	3.61	3.42	3.36
使用社交网站让我把学校、工作或其他事情抛诸脑后	3.25	3.21	3.15
没有人能够和我讲话或陪伴我时我会使用社交网站	3.70	3.68	3.56
使用社交网站有助于我的职业发展	3.82	3.60	3.65
我使用社交网站是为了与朋友和家人沟通、交流	4.03	3.93	3.96

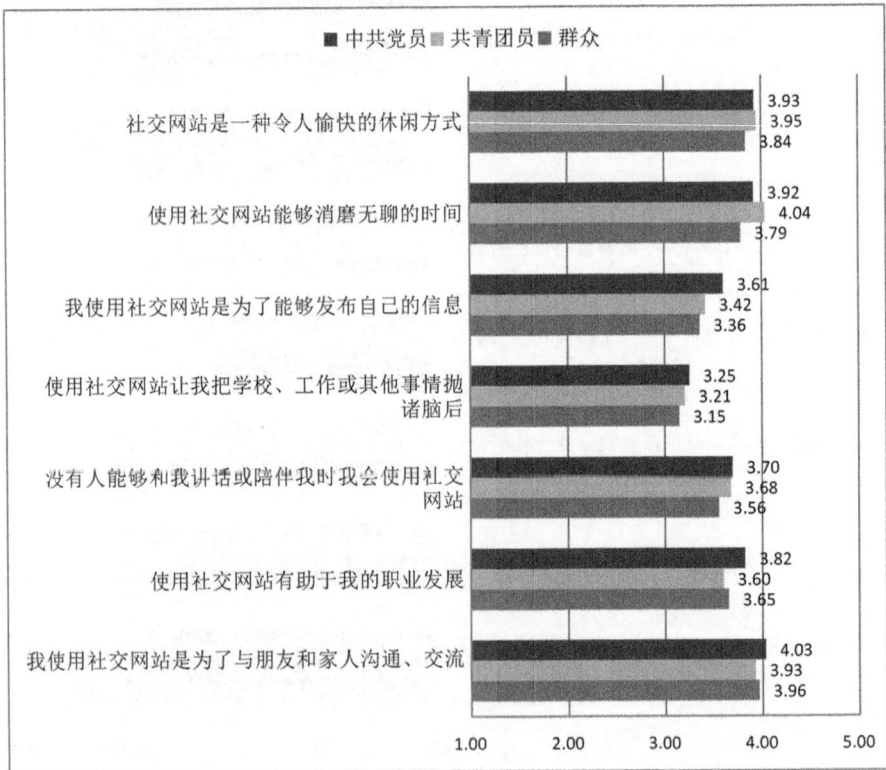

图 5.58　不同政治面貌北京青年对关于社交网络的使用一些说法的认同度（分）

三、　结论与思考

（一）最关注的社会角色体现北京青年的担当

在最关注的社会角色上，企业家是北京青年的首选，教师其次，自由职业者第三。随着消费主义大潮的涌入，青年文化的主体在日常生活中表现尤为明显。社会发生着总体性变迁，社会处于新转型期，青年群体对于经济的关注有着前所未有的热情。随着城市化进程的不断发展和经济全球化趋势的日益增加，以及国家综合实力增强，尤其是经济实力的崛起，经济成为众人甚至青年群体瞩目的焦点和关注点。青年群体在不断的出国旅游、留学等过程中，切身体会到本国国家实力的增长，并不断激发了爱国热情和为国家奉献一己之力的决心和勇气。那么，在青年人的眼中，企业家/实业家，应该是心目中最想实现的社会角色。北京青年第二想成为的社会角色是教师。当然调查问卷没有显示是大学教师还是中学、小学，甚至是幼儿教师。我们抛开这个细化的分类，就教师这一社会角色而言，我们注意到，在经济崛起的同时，伴随着精神文明的进步，整个社会对于人文社会科学和自然科学的重视与日俱增，意味着继 20 世纪 80 年代之后的第二个黄金时代（即精神再度辉煌时代）来临，有对于知识的渴求、对于教育的重视、对于精神世界充实的内在需求。随着中国社会的经济化、人文化程度的加剧，社会对教师的期待越加明显，教师成为青年心目中的理想职业主要选择。北京青年第三想成为的社会角色是自由职业者。这个社会角色显示了时代变迁的特殊性，这是社会转型期所具有的一个新兴职业。随着全球化、信息化、商品化、网络化时代的到来，人们包括青年的生产生活方式有改变，社会新兴阶层不断涌现，如网红、网络直播、流浪歌手、自由撰稿人、专职作家、网络写手等。这些新兴自由职业的代表，他们不断继续着自由职业人的梦想和追求，游走在体制内和体制外的边缘上，推动着青年群体的发展潮流。而新兴阶层的不断兴起和涌现，打破了历史上青年群体单一或较为固定的模式，也在形塑着青年多元的价值观和世界观，导致社会的分层在不断加剧。这也是新时代转型期摆在共产党人面前一个严肃和重大的问题，需要我们不断地引导，软性推进，形塑新时代青年的伟大复兴中国梦和时代担当。

调查问卷进一步显示，随着在北京居住时间年限的长短，青年们关注的社会角色和最希望成为的社会角色不尽相同，从 0.5-1 年（不含）的企业家/实业家、父母、自由职业者，到住 1-3 年（不含）的企业家/实业家、父母、军人，再到在北京居住 3-5 年（不含）和 10 年及以上的最为关注的社会角色是企业家/实业家、影视明星偶像。在北京居住 5-10 年（不含）的北京青年最关注的社会角色是企业家/实业家、父母、科学家，再到在北京居住 10 年及以上的北京青年最希望成为的社会角色是企业家/实业家、教师、自己。从这个不断变化的社会角色中，尤其是排在第三位的社会角色变化最为明显。随着居住年限的由短变长，排名第三位的社会角色由自由职业者，到军人，到影视明星偶像，再到科学家，最后到自己。有了这样一个变化过程，说明北京政治经济文化对青年群体的感召力是强大的。同时也说明北京的城市文化底蕴深厚，由自由职业者到自己，这是一个精神境界的升华和飞跃，说明北京的地域文化首都性特色的政策是呼应青年群体的，对青年群体的社会观和价值观起到了重大推进作用。

（二）网络信息关注类型体现了北京青年的政治、文化特色

据调查显示，总体上，被调查的北京青年对各种网络信息的关注度由高到低依次为各类时事、政治新闻（信息）（3.92分）、社会文化新闻（信息）（3.89分）、专业技术、学习（培训）信息（3.83分）、科技信息（3.78分）、生活服务信息（3.77分）、购物信息（3.66分）、休闲/旅游信息（3.63分）、娱乐、体育新闻（信息）（3.59分）、国内、港澳台地区电影/电视剧（3.44分）、金融证券信息（3.39分）、求职/招聘信息（3.38分）、美国、欧洲电影/电视剧（3.36分）、游戏、电子竞技新闻（信息）（3.13分）、日、韩电影、电视剧（3.05分）、婚恋/交友信息（2.88分）。

调查结果显示，北京青年对于政治事务的关心和参与度逐渐提高，对于知识的追求和文化的学习也正在提高，这说明北京青年的政治文化底蕴较浓厚，还是体现了首都特色和文化特质。

总之，对于北京青年群体调查在四个层面上呈现文化、娱乐、闲暇的总体状况。而文化、娱乐、闲暇时间最能体现青年真正的爱好和需求。调查问卷显示，企业家/实业家、父母、影视明星偶像、教师、自由职业者等都是北京青年所关注和希望成为的社会角色。周末闲暇时光，不同调查群体有不同的需求，不同受教育程度的北京青年周末闲暇内容不尽相同。对网络信息和关注度调查结果显示，北京青年对于政治事务的关心和参与度逐渐提高，对于知识的追求和文化的学习也正在提高，这说明北京青年的政治文化底蕴较浓厚，体现了首都特色和文化特质。为此，以上对于北京青年群体的文化娱乐闲暇的调查结果表明，随着消费主义和经济大潮的冲击，北京青年群体的文化精神风貌与社会历史文化变迁相呼应，呈现了新时代转型期的青年群体特有的价值观和人生观。

（三）闲暇时间运用中体现北京青年的成长需求

闲暇时间最能体现青年真正的爱好和需求，从数据显示看，总体上，被调查的北京青年周末最主要做的事依次是读书/学习（11.2%），睡懒觉（9.4%），社交、找朋友玩（9.4%），网上休闲（9.3%），锻炼身体（9.3%），逛街/购物（9.1%），带小孩/教育子女（8.3%），照顾父母（8.3%），做家务（6.8%），郊游（4.3%），看电视（4.2%），兼职（3.9%），加班（3.1%），志愿服务（2.1%），打牌打麻将等娱乐（1.3%）。北京青年主要以读书、健身、社交、网上休闲、睡懒觉为主。

不同调查群体有不同的需求。从数据看，农民工和公务员都有网上休闲的需求。高校学生主要是睡懒觉，社交、找朋友玩，读书/学习，农民工主要是网上休闲、读书/学习、睡懒觉，高校教师主要是读书/学习、锻炼身体、照顾父母，公务员主要是锻炼身体，网上休

闲，社交、找朋友玩，白领主要是读书/学习、带小孩/教育子女、逛街/购物。

从数据显示看，不同受教育程度北京青年周末闲暇内容不尽相同。其中，初中及以下学历的北京青年主要是读书/学习、网上休闲、逛街/购物，高中/中专/中职学历的北京青年主要是带小孩/教育子女、网上休闲、睡懒觉，高职/大专学历的北京青年主要是睡懒觉，社交、找朋友玩，读书/学习，本科学历的北京青年主要是读书/学习、逛街/购物、网上休闲，研究生及以上学历的北京青年主要是读书/学习、锻炼身体、带小孩/教育子女。由此看来，初中及以下和本科学历青年主要有网上休闲的行为，这一年龄阶段网上休闲行为比较频繁的原因是，初中及以下学生还没有形成更好的自控能力和自制力，有各种家庭教育和社会教育及学校教育的原因。而本科学历较多网络休闲行为的原因也与国家整体教育状况有关，学生由高中考入大学，由紧张的竞争状态转入到放松愉快的精神状态，在各种休闲状态中，网络休闲是最适合他们的一种。比如大学生沉迷于动漫和电竞之中，这些正成为大学生群体中日常生活行为模式的一种。

在上网的时间上，甚至有 7.9% 日平均上网率达到 8 小时以上，说明北京青年一部分是沉迷网络的。不得不说，这一代青年群体是网络的一代，是在网络的浸泡中成长的一代。而且，从调查数据显示，白领和高校学生是主要网民的构成群体。相对而言，农民工上网时间反而较少，也与他们从事的职业和工作内容有关。总体上，这一代青年群体作为农民工的原住居民，他们的生活方式和生产方式被网络时代形塑着，发生着重大的变化。尤其是对于高校学生而言，加强网络文化建设和网络制度和政策的制订势在必行。在被调查的北京青年中有 31.4% 日平均上网时间为 3 小时以上-5 小时以内，有 28.2% 日平均上网时间为 2 小时以上-3 小时以内，分别有 17.2% 和 14.0% 日平均上网时间为 5 小时以上-8 小时以内和 1 小时以上-2 小时以内，另外还有 7.9% 和 1.6% 日平均上网时间为 8 小时以上和 1 小时及以下。不同调查主体差异显著，其中，农民工的日平均上网时间相对较短，白领和高校学生的日平均上网时间相对较长。

在日平均线上工作学习时间上，在被调查的北京青年中有 39.9% 日平均线上工作学习时间为 1 小时以上-2 小时以内，分别有 22.1%、21.4% 和 11.7% 日平均线上工作学习时间为 2 小时以上-3 小时以内、1 小时及以下和 3 小时以上-5 小时以内，另外还有 3.9% 和 1.2% 日平均线上工作学习时间为 5 小时以上-8 小时以内和 8 小时以上。不同调查主体差异显著，其中，白领和高校教师的日平均线上工作学习时间相对较长，农民工的日平均线上工作学习时间相对较短。网络成为北京青年学习的主要方式，但是并非大量的青年群体在网络上处于学习状态，而是从事学习之外的事情较多。这也是现在青年群体的网络生活的表现形式之一。同时，数据还显示，在北京居住时间不同的北京青年的日平均线上工作学习时间差异显著，$p < 0.05$。其中，在北京居住 5-10 年（不含）和 10 年及以上的北京青年的日平均线上工作学习时间相对较长，在北京居住 0.5-1 年（不含）的北京青年的日平均线上工作学习时间相对较短。这说明北京作为政治文化中心地域化特色，也在潜移默化影响着青年的价值观和世界观，随着居住年限的增长，青年的自身觉悟和意识有明显的提高。

第六章　北京青年社会融入与
社会参与现状及发展趋势

　　青年要发展，就必须融入社会、参与社会。青年作为社会成员，需要主动、自信和全方位地参与社会建设和社会发展，促进社会进步，同时，在此过程中融入社会，发展自己。2017年4月中共中央、国务院印发了《中长期青年发展规划（2016—2025年）》（以下简称《规划》），提出青年发展十大领域，青年社会融入与社会参与即其一，明确青年社会融入与社会参与的发展目标为：青年更加主动、自信地适应社会、融入社会。《规划》要求青年社会参与的渠道和方式进一步丰富和畅通，实现积极有序、理性合法参与。同时，要求各级共青团、青联、学联组织充分发挥在促进青年社会融入和社会参与中的主导作用，带动各类青年组织在促进青年有序社会参与中发挥积极作用。进一步增强青年参与社会主义现代化建设的积极性、主动性，进一步提高青年志愿服务水平。① 《规划》的颁行，给青年社会融入与社会参与提供了指导意见，指明了发展方向。

　　中华人民共和国成立70年以来，中国青年响应国家号召，积极投身各项社会建设，为国家富强、民族复兴，创造良多。改革开放40年以来，我国社会剧烈变革，城乡二元格局被打破，产生了古今中外有史以来最庞大的青年人口流动，青年融入社会与参与社会不断出现新的情况，产生了新生农民工群体、大学生群体和其他新兴群体。新兴农民工群体，这些20世纪80年代以后出生、户籍为农村同时却离乡就业于城镇的我国新生代流动人口，据原国家卫计委流动人口监测中心的统计数据，在2016年已达64.7%，成为流动人口中的主力军。其中，在16-59岁的领导年龄流动人口中，"80"后占56.5%，"90"后占18.7%，两者的占比均呈上升态势。② 大学生群体，在20世纪数量还不大，那时的大学生还是精英教育，属于"天之骄子"。随着近20年来的不断扩招，大学教育已经进入大众化阶段，人数持续大幅度增加。据国家统计局的数据，2016年中国在校普通本专科学生人数达到2696万，在校研究生（包括硕士和博士研究生）达198万，而在1999年，这两项数据分别只有413万和23万。新兴青年群体，则主要包括私民营企业和外企管理技术人员、中介和社会组织从业人员、新媒体创业者和自由职业者等4大类人员，也包括未稳定就业的大学毕业生（"蚁族"）、返乡青年（"洄游"）、城市新移民等诸多新的社会阶层，约有7000万人。这些亘古未有的巨大青年群体，许多人积极投身青年志愿服务，截至2017年底，据"志愿中国"信息系统

---

① 中共中央、国务院：《中长期青年发展规划（2016—2025年）》，新华社，2017年4月13日。

② 国家卫计委：《中国流动人口发展报告2017》，中国人口出版社，2017年。

的大数据中心统计，注册志愿者达到 6385 万人。[①] 可以说，中国青年融入社会、参与社会的力度是空前的。

　　青年社会融入与社会参与，重在实践。本章就北京青年"对不同社会角色的信任度""对当前我国存在的重大社会问题的看法""不同志愿活动项目的参与意愿"和"志愿活动的参与意愿"的调查为依据，涉及不同职业、性别、年龄、婚姻状况、受教育程度、户籍地、在京居住时间和政治面貌等方面的数据分析，初步了解北京青年的社会融入与社会参与情况，部分呼应《规划》中对青年社会融入与社会参与的要求，以图反映北京青年发展状况的一个侧面。

一、 北京青年的社会融入

　　通过调查北京青年在社会融入过程中对不同社会角色的信任度，结果发现由高到低依次是：父母（4.71 分），配偶/恋人（4.37 分），朋友（4.08 分），警察（4.04 分），法官（3.95 分），教师（3.94 分），医生（3.92 分），同事/同学（3.73 分），政府官员（3.61 分），普通公务员（3.48 分），邻居（3.48 分），体育明星、运动员（3.27 分），商人（2.97 分），影视明星、歌星（2.87 分），陌生人（2.40 分）。详见表 6.1 和图 6.1。

表 6.1　北京青年对不同社会角色的信任度

	得分	排序
父母	4.71	1
配偶/恋人	4.37	2
朋友	4.08	3
同事/同学	3.73	8
邻居	3.48	11
警察	4.04	4
法官	3.95	5
政府官员	3.61	9
普通公务员	3.48	10
商人	2.97	13
教师	3.94	6
医生	3.92	7
影视明星、歌星	2.87	14
体育明星、运动员	3.27	12
陌生人	2.40	15

[①] 陈光金主编：《中国青年发展报告 No.1——社会融入与社会参与》，第 13 页，19 页，社会科学文献出版社，2018 年。

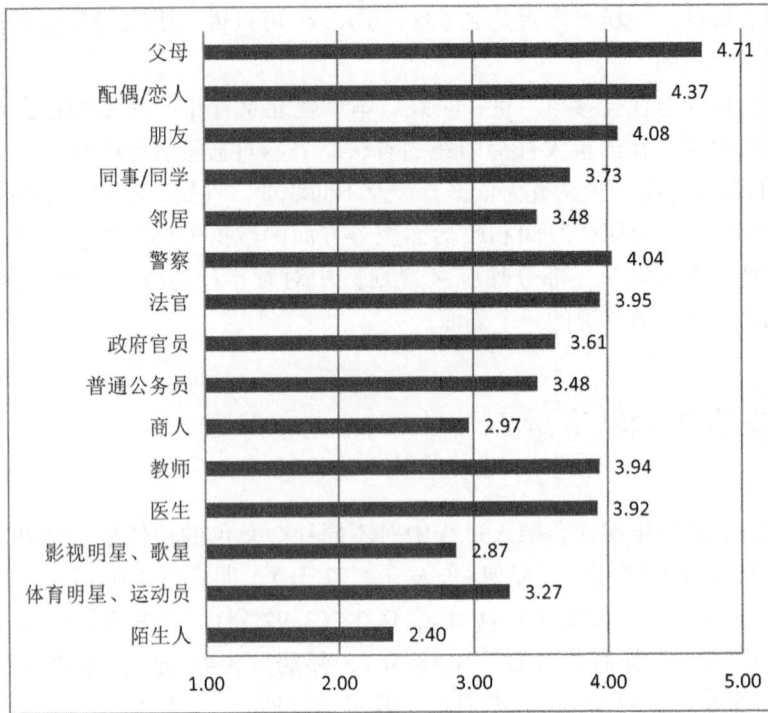

图 6.1 北京青年对不同社会角色的信任度（分）

调查显示，不同的调查主体对不同社会角色的信任度不尽相同。其中，高校学生和白领最信任父母、配偶/恋人、朋友、警察、法官，农民工和公务员最信任父母、配偶/恋人、警察、朋友、教师，高校教师最信任父母、配偶/恋人、朋友、教师、警察和医生。详见表6.2和图6.2。

表 6.2 不同调查主体对不同社会角色的信任度（分）

	高校学生	农民工	高校教师	公务员	白领
父母	4.81	4.55	4.70	4.67	4.74
配偶/恋人	4.35	4.20	4.39	4.42	4.43
朋友	4.28	3.97	4.11	4.06	4.01
同事/同学	3.89	3.67	3.75	3.73	3.65
邻居	3.64	3.52	3.53	3.51	3.33
警察	4.26	3.98	4.01	4.06	3.93
法官	4.17	3.79	3.95	3.99	3.87
政府官员	3.90	3.39	3.57	3.74	3.51
普通公务员	3.73	3.31	3.49	3.67	3.32
商人	3.37	2.81	2.89	3.00	2.82
教师	4.08	3.84	4.06	4.03	3.81
医生	4.06	3.78	4.01	3.96	3.86
影视明星、歌星	3.18	2.89	2.88	2.91	2.66
体育明星、运动员	3.33	3.28	3.31	3.33	3.19
陌生人	2.70	2.35	2.33	2.38	2.30

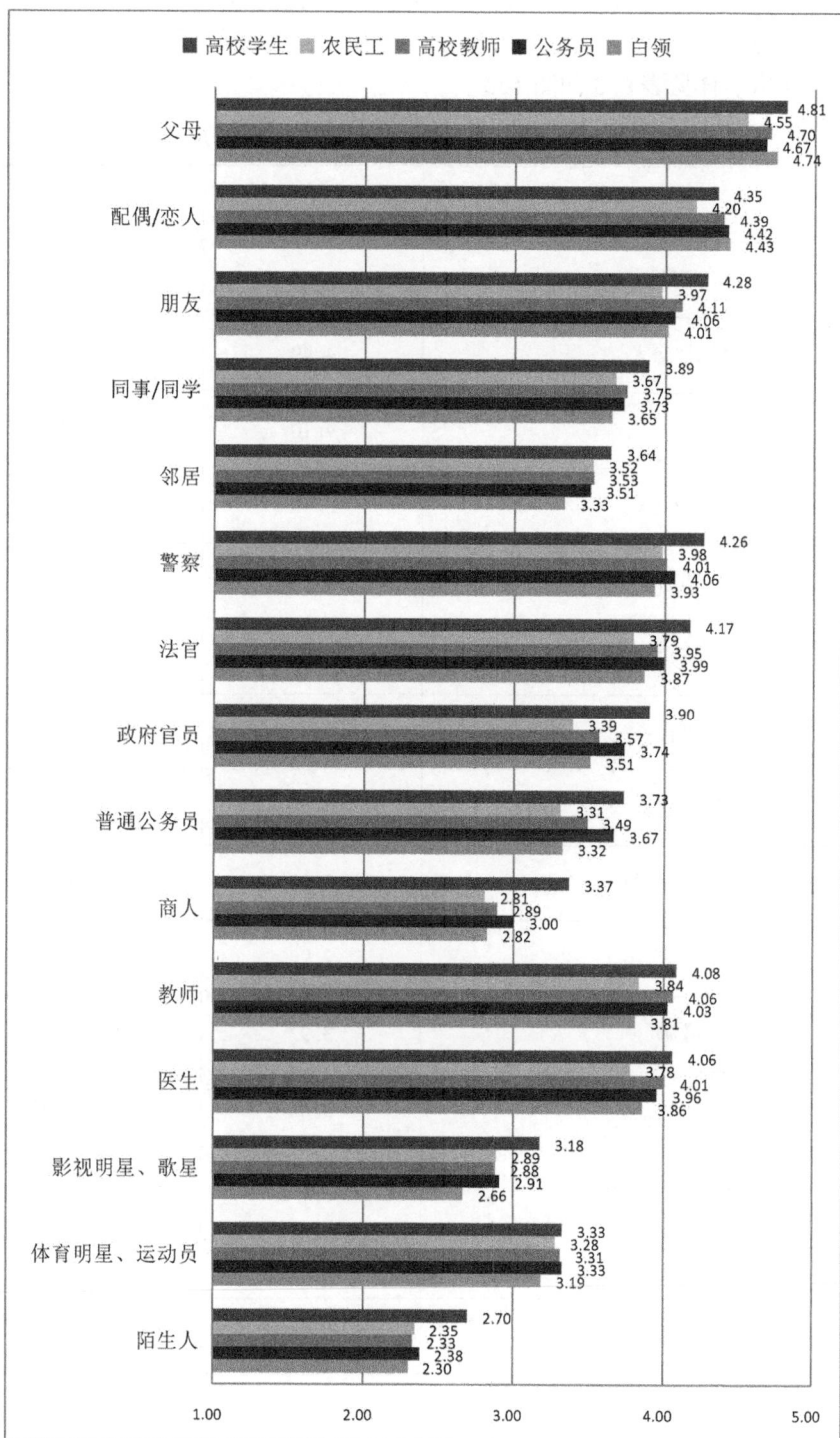

图6.2　不同调查主体对不同社会角色的信任度（分）

调查显示，不同性别的北京青年，对不同社会角色的信任度也不尽相同。其中，男性最信任父母、配偶/恋人、朋友、警察、教师，女性最信任父母、配偶/恋人、警察、朋友、法官。详见表6.3和图6.3。

表6.3 不同性别北京青年对不同社会角色的信任度（分）

	男	女
父母	4.70	4.72
配偶/恋人	4.49	4.27
朋友	4.10	4.07
同事/同学	3.80	3.67
邻居	3.53	3.43
警察	4.00	4.07
法官	3.89	3.99
政府官员	3.59	3.63
普通公务员	3.50	3.46
商人	2.96	2.97
教师	3.92	3.95
医生	3.88	3.96
影视明星、歌星	2.82	2.91
体育明星、运动员	3.25	3.28
陌生人	2.46	2.36

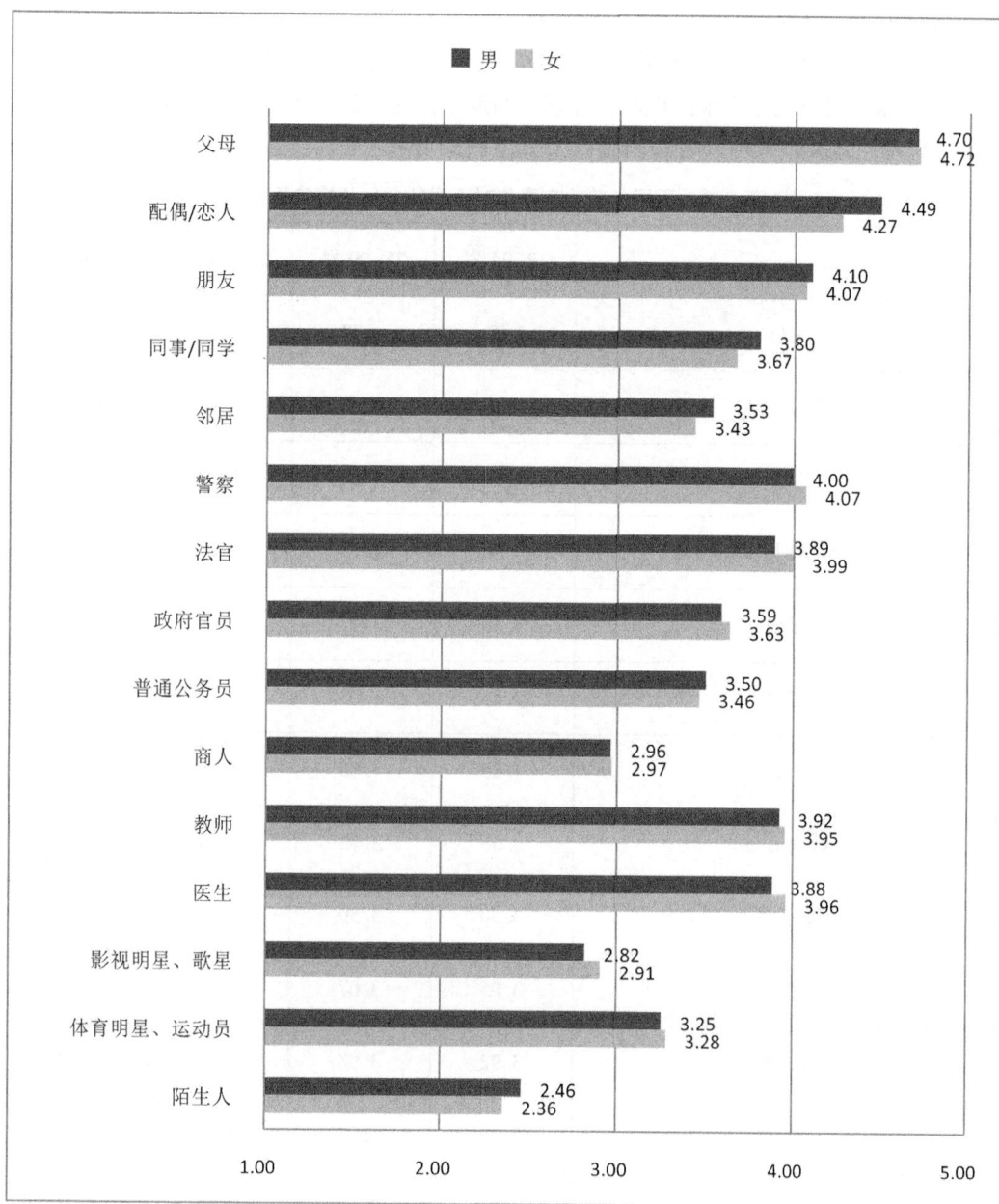

图6.3　不同性别北京青年对不同社会角色的信任度（分）

调查显示，不同年龄的北京青年，对不同社会角色的信任度同样有差异。其中，18-24 岁和 30-34 岁北京青年最信任父母、配偶/恋人、朋友、警察、法官，25-29 岁北京青年最信任父母、配偶/恋人、警察、朋友、医生，35-44 岁北京青年最信任父母、配偶/恋人、朋友、教师、警察。详见表 6.4 和图 6.4。

表 6.4　不同年龄北京青年对不同社会角色的信任度

	18-24 岁	25-29 岁	30-34 岁	35-44 岁
父母	4.71	4.72	4.74	4.68
配偶/恋人	4.25	4.38	4.48	4.45
朋友	4.11	4.08	4.10	4.03
同事/同学	3.68	3.75	3.76	3.74
邻居	3.46	3.47	3.48	3.51
警察	4.11	4.08	4.04	3.89
法官	4.00	4.00	3.98	3.81
政府官员	3.65	3.73	3.64	3.46
普通公务员	3.50	3.59	3.46	3.38
商人	3.05	3.07	2.99	2.76
教师	3.92	3.98	3.93	3.94
医生	3.92	4.04	3.93	3.83
影视明星、歌星	2.94	2.96	2.86	2.71
体育明星、运动员	3.21	3.37	3.30	3.25
陌生人	2.42	2.52	2.37	2.31

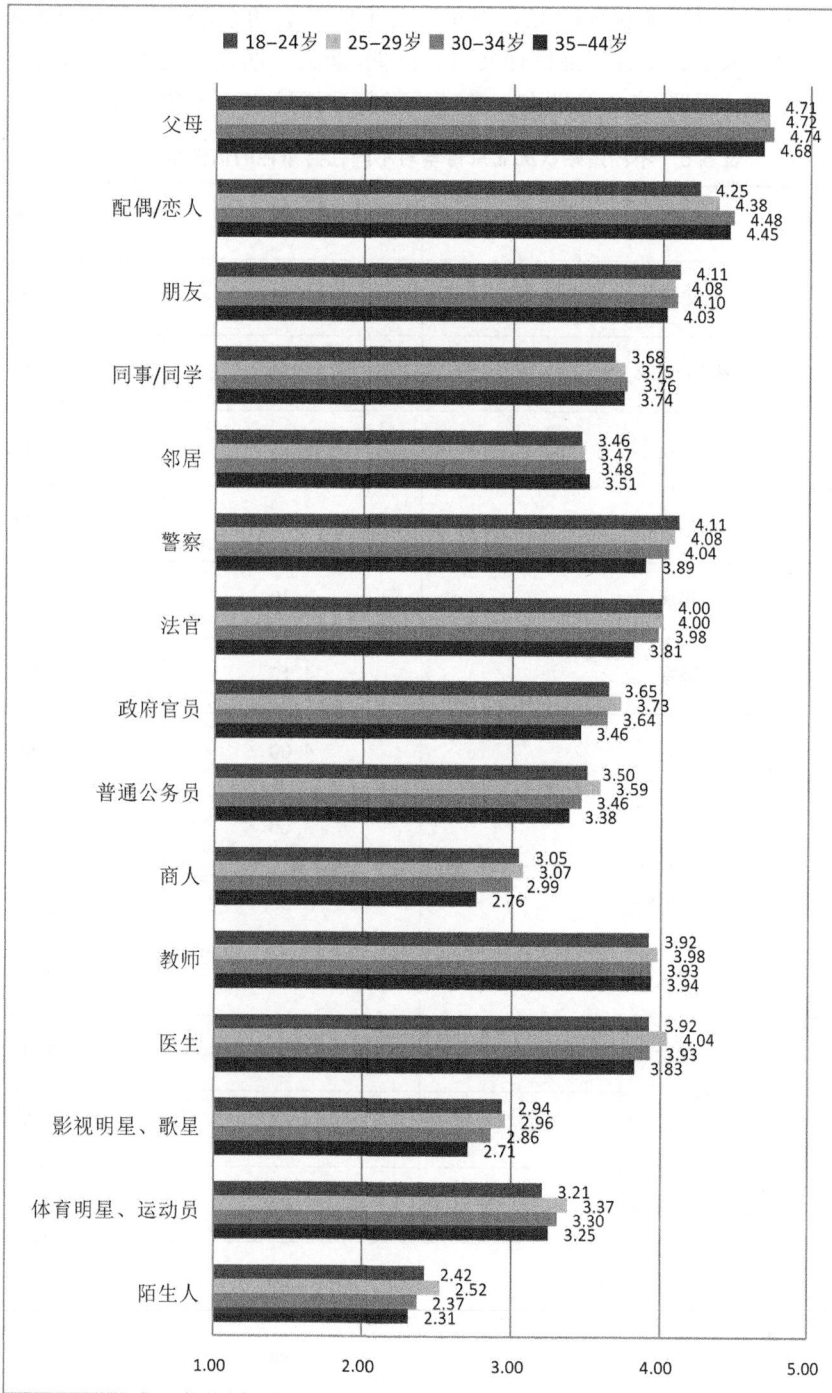

图6.4　不同年龄北京青年对不同社会角色的信任度（分）

调查显示，不同婚姻状况的北京青年，对不同社会角色的信任度大体相同，但略有差异。其中，未婚北京青年最信任父母、配偶/恋人、朋友、警察、法官，已婚北京青年最信任父母、配偶/恋人、朋友、警察、教师。详见表6.5和图6.5。

表6.5　不同婚姻状况北京青年对不同社会角色的信任度（分）

	未婚	已婚
父母	4.73	4.70
配偶/恋人	4.26	4.46
朋友	4.13	4.04
同事/同学	3.71	3.74
邻居	3.48	3.48
警察	4.12	3.97
法官	4.00	3.90
政府官员	3.66	3.57
普通公务员	3.53	3.45
商人	3.06	2.89
教师	3.94	3.94
医生	3.97	3.89
影视明星、歌星	2.96	2.80
体育明星、运动员	3.26	3.28
陌生人	2.46	2.36

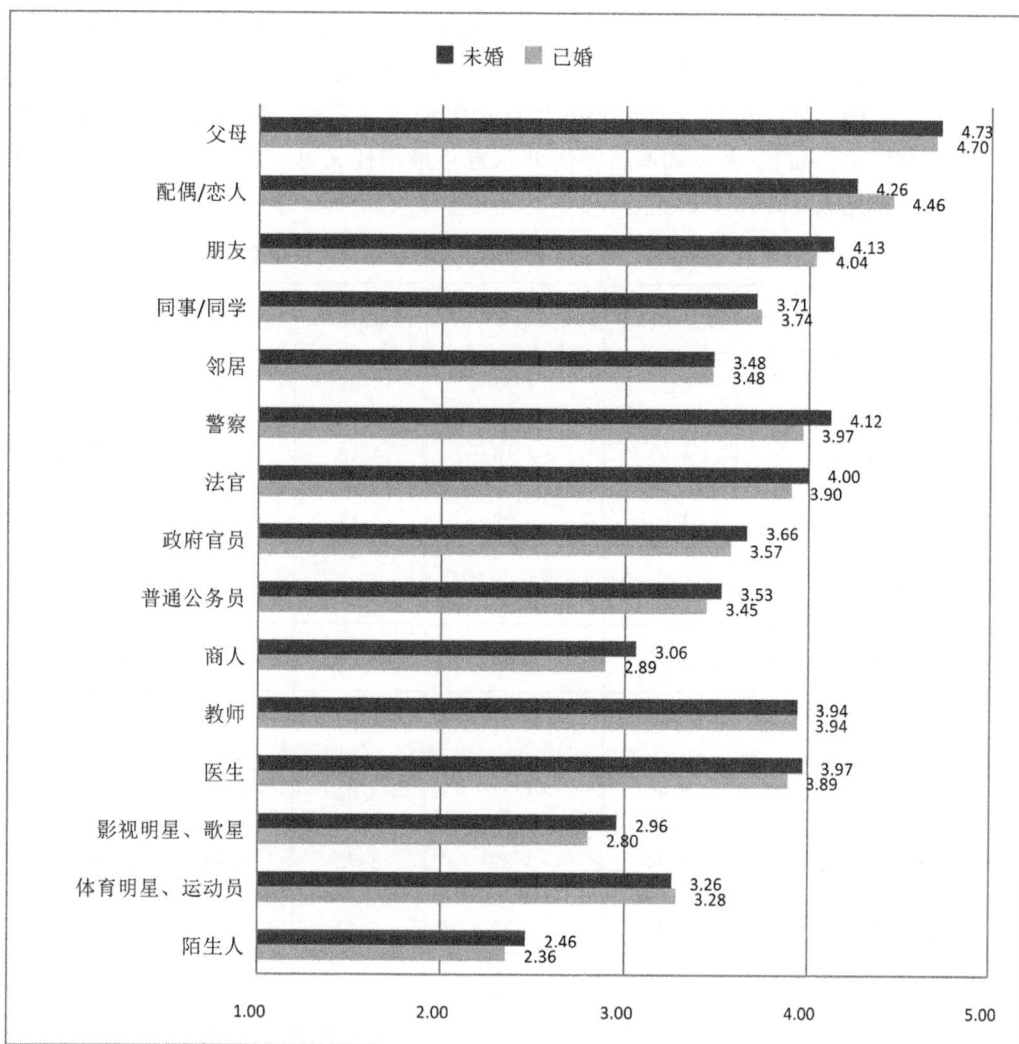

图6.5 不同婚姻状况北京青年对不同社会角色的信任度（分）

调查显示，不同受教育程度的北京青年，对不同社会角色的信任度呈现出一定的差异。其中，初中及以下和研究生及以上学历北京青年最信任父母、配偶/恋人、朋友、警察、教师，高中/中专/中职学历北京青年最信任父母、配偶/恋人、警察、朋友、教师和医生，高职/大专和本科学历北京青年最信任父母、配偶/恋人、朋友、警察、法官。详见表6.6和图6.6。

表6.6 不同受教育程度北京青年对不同社会角色的信任度（分）

	初中及以下	高中/中专/中职	高职/大专	本科	研究生及以上
父母	4.57	4.53	4.81	4.73	4.73
配偶/恋人	4.23	4.18	4.18	4.46	4.40
朋友	3.97	3.98	4.12	4.10	4.10
同事/同学	3.66	3.68	3.62	3.77	3.74
邻居	3.58	3.48	3.29	3.50	3.52
警察	3.95	4.01	4.09	4.05	3.99
法官	3.82	3.77	4.02	3.97	3.95
政府官员	3.39	3.39	3.72	3.65	3.61
普通公务员	3.32	3.30	3.52	3.51	3.49
商人	2.84	2.78	3.11	2.99	2.92
教师	3.83	3.84	3.98	3.94	3.98
医生	3.71	3.84	3.97	3.93	3.98
影视明星、歌星	2.90	2.87	2.96	2.86	2.82
体育明星、运动员	3.27	3.29	3.14	3.28	3.32
陌生人	2.31	2.38	2.30	2.44	2.42

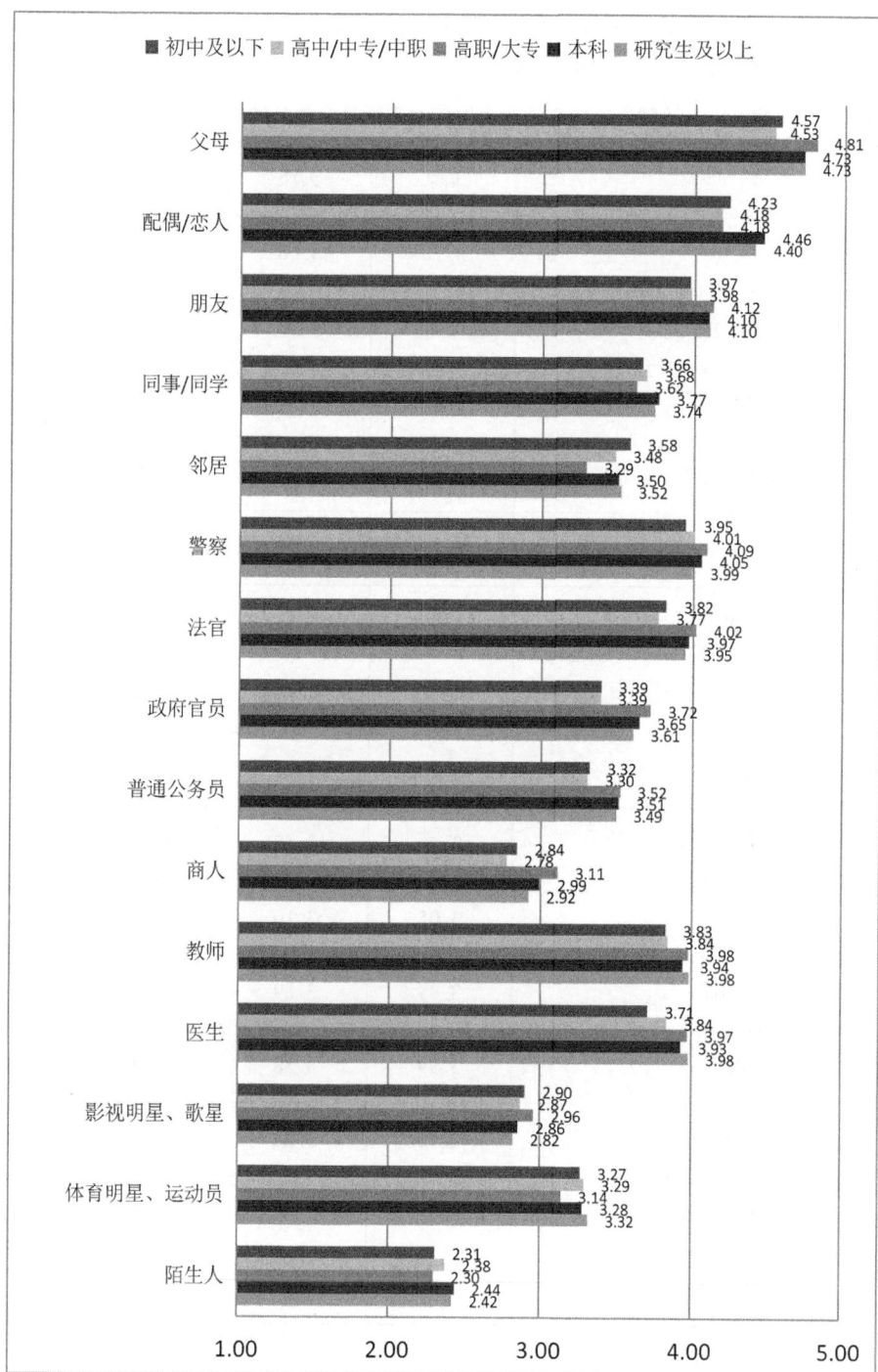

■初中及以下 ■高中/中专/中职 ■高职/大专 ■本科 ■研究生及以上

父母	4.57 4.53 4.81 4.73 4.73
配偶/恋人	4.23 4.18 4.18 4.46 4.40
朋友	3.97 3.98 4.12 4.10 4.10
同事/同学	3.66 3.68 3.62 3.77 3.74
邻居	3.58 3.48 3.29 3.50 3.52
警察	3.95 4.01 4.09 4.05 3.99
法官	3.82 3.77 4.02 3.97 3.95
政府官员	3.39 3.39 3.72 3.65 3.61
普通公务员	3.32 3.30 3.52 3.54 3.49
商人	2.84 2.78 3.11 2.99 2.92
教师	3.83 3.84 3.98 3.94 3.98
医生	3.71 3.84 3.97 3.93 3.98
影视明星、歌星	2.90 2.87 2.96 2.86 2.82
体育明星、运动员	3.27 3.29 3.14 3.28 3.32
陌生人	2.31 2.38 2.30 2.44 2.42

图6.6　不同受教育程度北京青年对不同社会角色的信任度

　　调查显示，不同户籍所在地的北京青年，对不同社会角色的信任度相对差异较大。其中，北京和其他地区户籍的北京青年最信任父母、配偶/恋人、朋友、警察、教师，天津户籍的北京青年最信任父母、配偶/恋人、警察、朋友、法官，河北户籍的北京青年最信任父母、配偶/恋人、朋友、警察、同事/同学。详见表 6.7 和图 6.7。

表 6.7　不同户籍所在地北京青年对不同社会角色的信任度（分）

	北京	天津	河北	其他地区
父母	4.73	4.68	4.77	4.66
配偶/恋人	4.37	4.31	4.53	4.35
朋友	4.10	4.14	4.22	4.00
同事/同学	3.73	3.84	3.98	3.65
邻居	3.45	3.73	3.72	3.43
警察	4.05	4.18	4.19	3.95
法官	3.98	4.14	3.95	3.84
政府官员	3.70	3.74	3.58	3.42
普通公务员	3.55	3.55	3.48	3.33
商人	3.05	3.16	2.95	2.78
教师	3.99	3.89	3.88	3.86
医生	3.99	3.88	3.84	3.82
影视明星、歌星	2.93	3.02	2.83	2.73
体育明星、运动员	3.29	3.47	3.31	3.18
陌生人	2.41	2.77	2.65	2.27

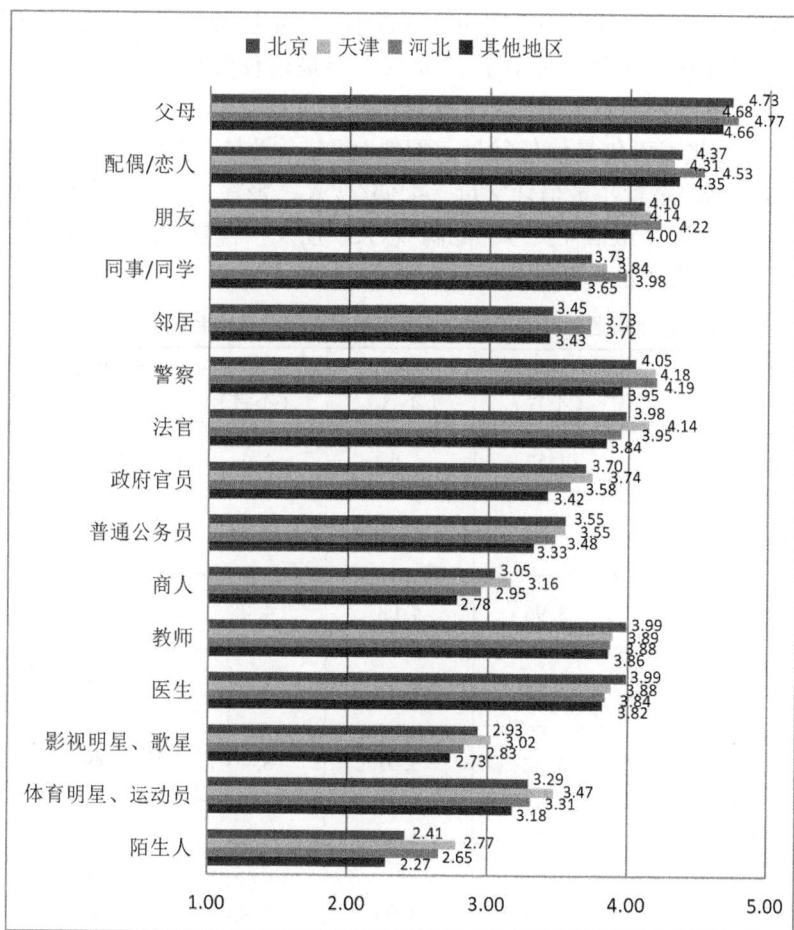

图 6.7　不同户籍所在地北京青年对不同社会角色的信任度（分）

调查显示，在北京居住时间不同的北京青年，对不同社会角色的信任度差异较大。其中，在北京居住 0.5-1 年（不含）的北京青年最信任父母、配偶/恋人、医生、朋友、警察，医生的信用度排名第三，尤其值得注意。在北京居住 1-3 年（不含）和 5-10 年（不含）的北京青年最信任父母、配偶/恋人、朋友、警察、法官，在北京居住 3-5 年（不含）的北京青年最信任父母、配偶/恋人、警察、朋友、法官。在北京居住 10 年及以上的北京青年最信任父母、配偶/恋人、朋友、警察、医生和教师、法官，医生地位也较高。详见表 6.8 和图 6.8。

表 6.8　在北京居住时间不同的北京青年对不同社会角色的信任度（分）

	0.5-1 年（不含）	1-3 年（不含）	3-5 年（不含）	5-10 年（不含）	10 年及以上
父母	4.57	4.68	4.64	4.81	4.71
配偶/恋人	4.35	4.29	4.24	4.56	4.36
朋友	3.96	4.08	4.08	4.10	4.08
同事/同学	3.65	3.78	3.68	3.76	3.72
邻居	3.52	3.57	3.40	3.49	3.48
警察	3.93	4.06	4.09	4.04	4.02
法官	3.87	3.90	3.93	3.94	3.96
政府官员	3.50	3.47	3.53	3.54	3.66
普通公务员	3.50	3.38	3.37	3.44	3.52
商人	2.93	2.92	2.94	2.81	3.02
教师	3.87	3.83	3.91	3.92	3.96
医生	4.04	3.78	3.83	3.88	3.96
影视明星、歌星	2.85	2.87	2.84	2.72	2.91
体育明星、运动员	3.17	3.33	3.18	3.19	3.30
陌生人	2.26	2.45	2.42	2.31	2.43

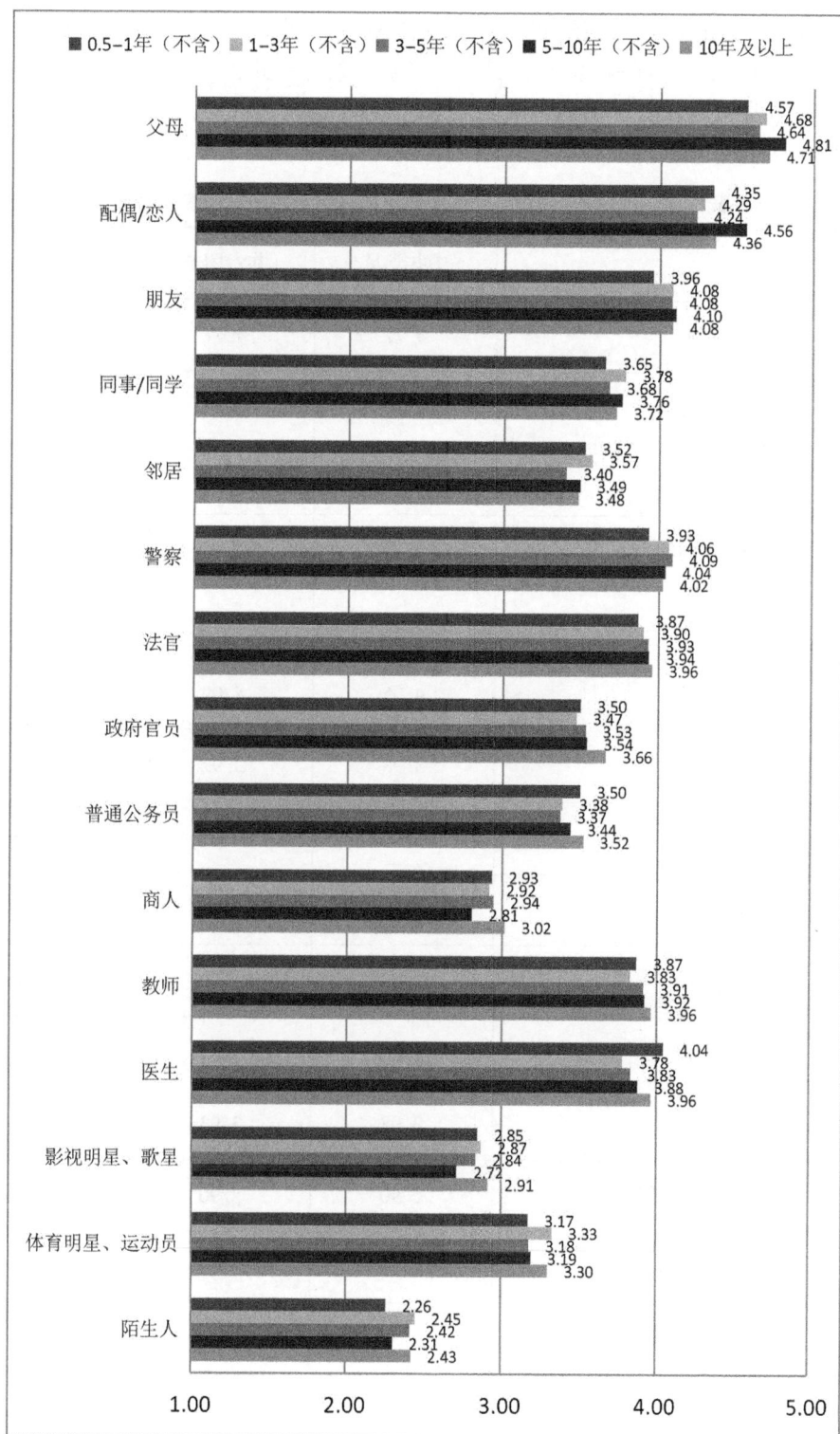

图6.8　在北京居住时间不同的北京青年对不同社会角色的信任度（分）

调查显示，不同政治面貌的北京青年，对不同社会角色的信任度不尽相同。其中，中共党员最信任父母、配偶/恋人、朋友、警察、教师，共青团员最信任父母、配偶/恋人、警察、朋友、法官，群众最信任父母、配偶/恋人、朋友、警察、教师。详见表6.9和图6.9。

表6.9　不同政治面貌北京青年对不同社会角色的信任度（分）

	中共党员	共青团员	群众
父母	4.72	4.71	4.70
配偶/恋人	4.43	4.21	4.43
朋友	4.11	4.09	4.05
同事/同学	3.77	3.65	3.74
邻居	3.53	3.39	3.49
警察	4.05	4.09	3.97
法官	3.98	3.97	3.89
政府官员	3.69	3.63	3.53
普通公务员	3.58	3.45	3.42
商人	2.99	3.00	2.92
教师	4.00	3.89	3.92
医生	3.98	3.93	3.88
影视明星、歌星	2.90	2.90	2.82
体育明星、运动员	3.29	3.17	3.31
陌生人	2.38	2.41	2.41

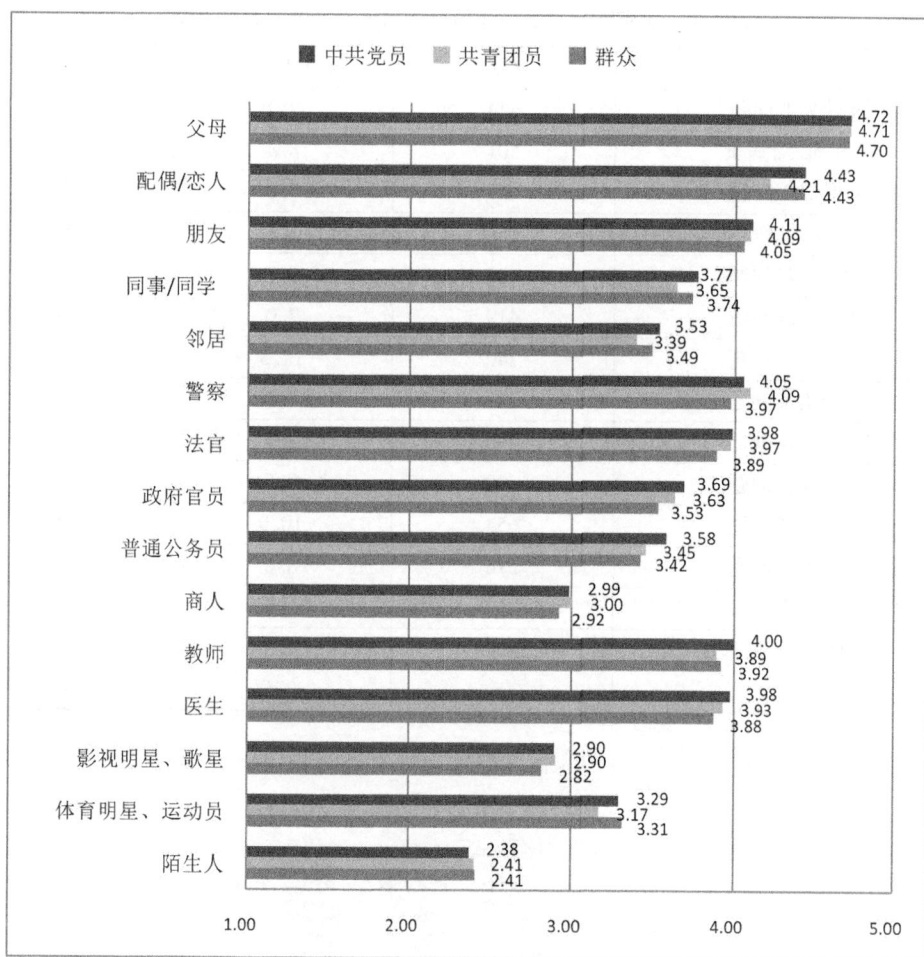

图6.9　不同政治面貌北京青年对不同社会角色的信任度（分）

二、 北京青年的社会参与

（一） 对当前我国存在的重大社会问题的看法

总体上，被调查的北京青年认为，当前我国存在的重大社会问题依次有：住房价格过高（12.3%）、环境污染问题（10.9%）、食品安全问题（8.6%）、贪污腐败问题（8.5%）、看病难/看病贵（8.4%）、社会诚信缺乏（8.2%）、养老保障问题（7.8%）、就业失业问题（7.2%）、物价上涨问题（7%）、收入不足问题（6.7%）、各种诈骗/欺诈（5.0%）、社会治安问题（4.1%）、子女入学难（3.1%）、效率低下/消极怠工（2.3%）、其他（0.1%）。详见表6.10和图6.10。

表 6.10　北京青年对当前我国存在的重大社会问题的看法

	人数	百分比（%）	排序
就业失业问题	434	7.2	8
看病难/看病贵	501	8.4	5
养老保障问题	467	7.8	7
子女入学难	188	3.1	13
收入不足问题	400	6.7	10
物价上涨问题	419	7.0	9
住房价格过高	740	12.3	1
社会治安问题	243	4.1	12
社会诚信缺乏	490	8.2	6
贪污腐败问题	510	8.5	4
环境污染问题	654	10.9	2
食品安全问题	516	8.6	3
各种诈骗/欺诈	297	5.0	11
效率低下/消极怠工	136	2.3	14
其他	5	0.1	15

图 6.10　北京青年对当前我国存在的重大社会问题的看法

　　调查显示，不同调查主体对当前我国存在的重大社会问题的看法不尽相同。其中，高校学生认为是住房价格过高、环境污染问题、收入不足问题，农民工认为是住房价格过高、环境污染问题、贪污腐败问题，高校教师认为是住房价格过高、社会诚信缺乏、养老保障问题，公务员和白领认为是住房价格过高、环境污染问题、食品安全问题。详见表6.11和图6.11。

表6.11　不同调查主体对当前我国存在的重大社会问题的看法（%）

	高校学生	农民工	高校教师	公务员	白领
就业失业问题	8.5	7.4	7.8	6.9	6.3
看病难/看病贵	6.6	8.4	8.0	9.9	8.8
养老保障问题	4.9	8.2	9.8	8.0	8.3
子女入学难	1.8	4.3	4.1	3.9	2.6
收入不足问题	10.1	7.2	5.4	5.6	5.5
物价上涨问题	7.4	7.3	6.3	9.0	6.0
住房价格过高	10.8	12.4	10.6	11.8	14.2
社会治安问题	5.0	3.6	4.4	4.1	3.5
社会诚信缺乏	8.3	7.4	9.9	6.0	8.6
贪污腐败问题	9.8	8.7	7.8	7.0	8.7
环境污染问题	10.7	10.3	9.6	11.6	11.6
食品安全问题	5.9	6.3	9.0	10.3	10.2
各种诈骗/欺诈	6.3	6.3	5.1	4.2	3.9
效率低下/消极怠工	3.8	1.9	2.2	1.8	1.8
其他	0.3	0.0	0.0	0.0	0.1

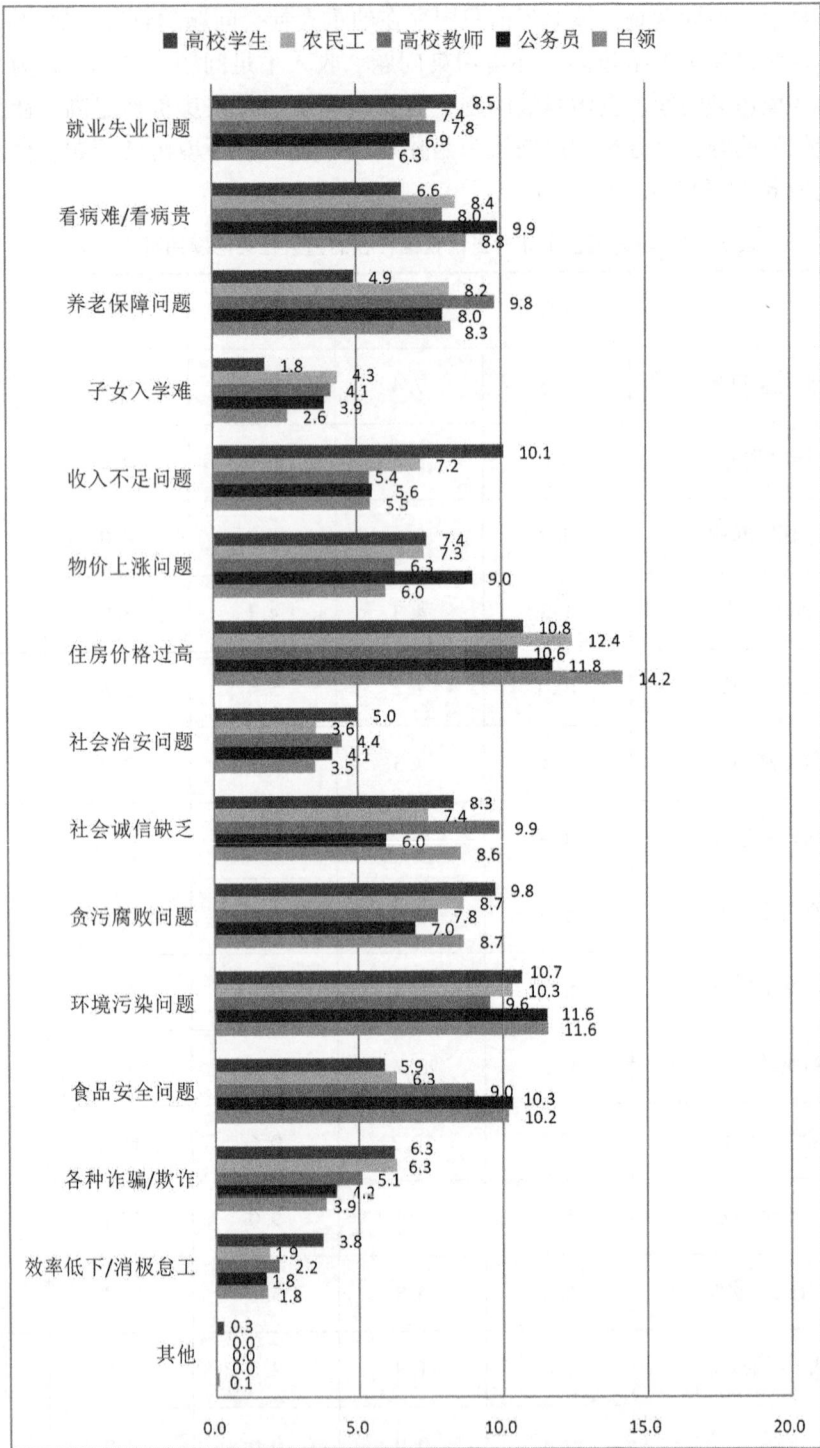

图6.11　不同调查主体对当前我国存在的重大社会问题的看法（%）

调查显示，不同性别的北京青年，对当前我国存在的重大社会问题的看法也不尽相同。其中，男性认为是住房价格过高、环境污染问题、社会诚信缺乏，女性认为是住房价格过高、环境污染问题、食品安全问题。详见表 6.12 和图 6.12。

表 6.12　不同性别北京青年对当前我国存在的重大社会问题的看法（%）

	男	女
就业失业问题	6.5	7.9
看病难/看病贵	8.0	8.6
养老保障问题	8.1	7.6
子女入学难	3.6	2.7
收入不足问题	7.0	6.4
物价上涨问题	6.5	7.4
住房价格过高	13.7	11.2
社会治安问题	3.5	4.5
社会诚信缺乏	9.0	7.5
贪污腐败问题	8.8	8.2
环境污染问题	11.0	10.8
食品安全问题	7.8	9.3
各种诈骗/欺诈	4.3	5.4
效率低下/消极怠工	2.2	2.4
其他	0.1	0.1

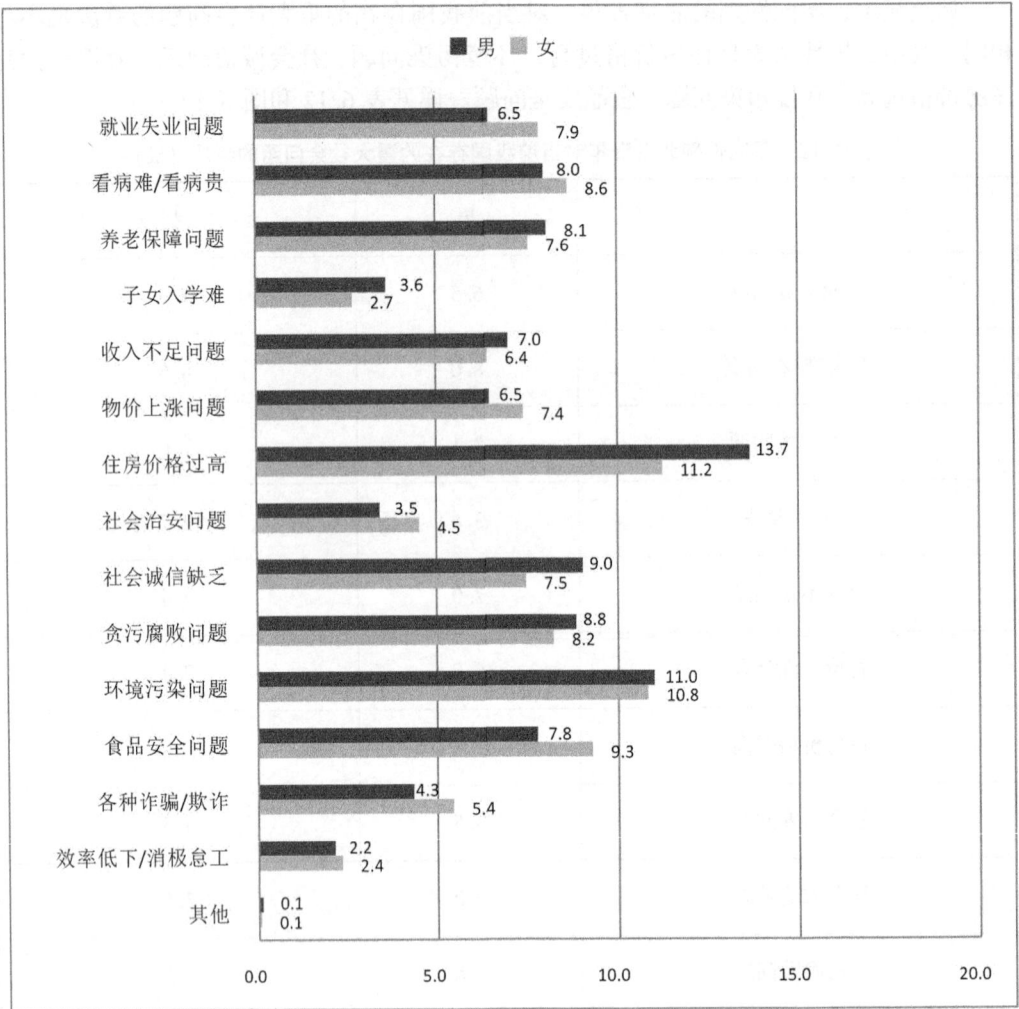

图 6.12 不同性别北京青年对当前我国存在的重大社会问题的看法（%）

调查显示，不同年龄的北京青年，对当前我国存在的重大社会问题的看法差异较大。其中，18-24 岁北京青年认为是住房价格过高、环境污染问题、就业失业问题及贪污腐败问题，25-29 岁北京青年认为是住房价格过高、食品安全问题、环境污染问题，30-34 岁北京青年认为是住房价格过高、环境污染问题、食品安全问题，35-44 岁北京青年认为是环境污染问题、住房价格过高、食品安全问题。详见表 6.13 和图 6.13。

表 6.13　不同年龄北京青年对当前我国存在的重大社会问题的看法（%）

	18-24 岁	25-29 岁	30-34 岁	35-44 岁
就业失业问题	9.0	8.1	6.6	4.6
看病难/看病贵	7.1	8.8	9.7	8.8
养老保障问题	5.8	9.3	8.5	8.8
子女入学难	2.6	2.8	3.6	3.7
收入不足问题	7.9	6.4	7.0	5.0
物价上涨问题	7.2	7.4	7.0	6.4
住房价格过高	12.1	12.0	13.8	12.0
社会治安问题	4.9	4.0	3.1	3.5
社会诚信缺乏	8.0	7.2	7.5	9.6
贪污腐败问题	9.0	7.4	7.8	9.2
环境污染问题	10.7	9.5	10.2	12.7
食品安全问题	6.4	9.5	9.8	10.0
各种诈骗/欺诈	6.5	4.9	3.5	3.9
效率低下/消极怠工	2.7	2.7	1.7	1.7
其他	0.2	0.0	0.1	0.0

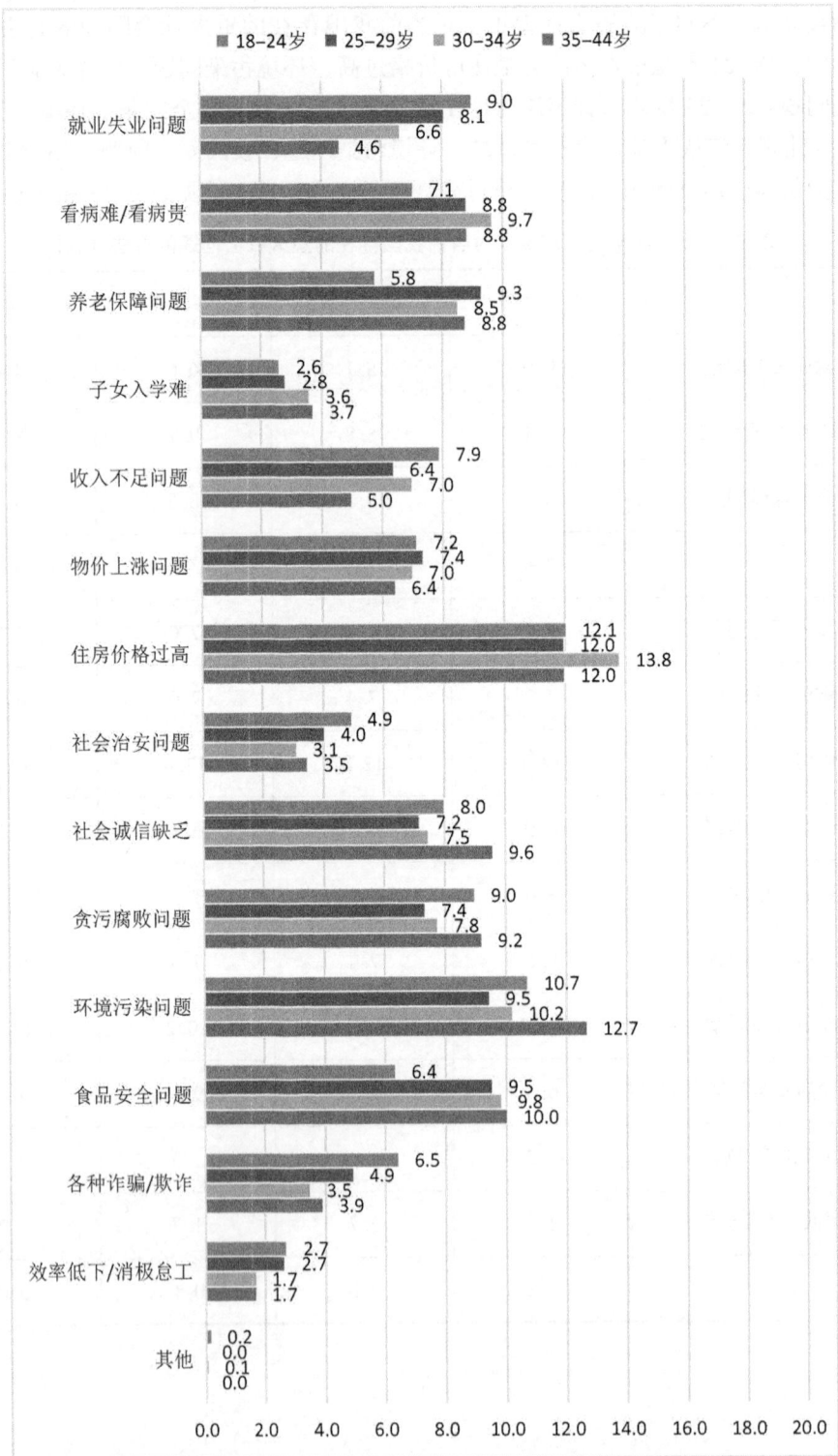

图6.13　不同年龄北京青年对当前我国存在的重大社会问题的看法（%）

　　调查显示，不同婚姻状况的北京青年，对当前我国存在的重大社会问题的看法也不尽相同。其中，未婚北京青年认为是住房价格过高、环境污染问题、就业失业问题及贪污腐败问题，已婚北京青年认为是住房价格过高、环境污染问题、食品安全问题。详见表 6.14 和图 6.14。

表 6.14　不同婚姻状况北京青年对当前我国存在的重大社会问题的看法（%）

	未婚	已婚
就业失业问题	8.8	5.9
看病难/看病贵	7.3	9.3
养老保障问题	6.5	8.9
子女入学难	2.4	3.8
收入不足问题	7.8	5.8
物价上涨问题	6.9	7.1
住房价格过高	12.5	12.2
社会治安问题	4.6	3.6
社会诚信缺乏	8.2	8.1
贪污腐败问题	8.8	8.2
环境污染问题	10.7	11.1
食品安全问题	6.8	10.1
各种诈骗/欺诈	6.1	4.0
效率低下/消极怠工	2.6	1.9
其他	0.2	0.0

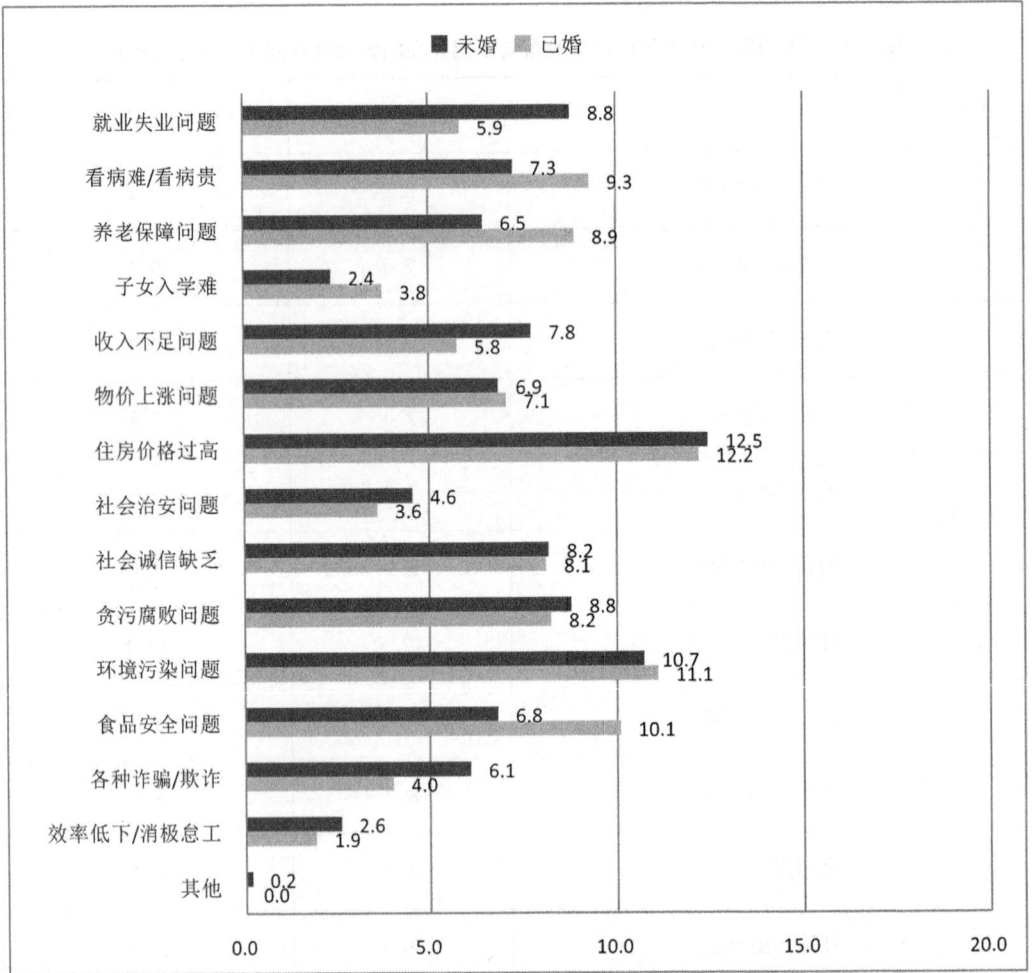

■ 未婚　■ 已婚

问题	未婚	已婚
就业失业问题	8.8	5.9
看病难/看病贵	7.3	9.3
养老保障问题	6.5	8.9
子女入学难	2.4	3.8
收入不足问题	7.8	5.8
物价上涨问题	6.9	7.1
住房价格过高	12.5	12.2
社会治安问题	4.6	3.6
社会诚信缺乏	8.2	8.1
贪污腐败问题	8.8	8.2
环境污染问题	10.7	11.1
食品安全问题	6.8	10.1
各种诈骗/欺诈	6.1	4.0
效率低下/消极怠工	2.6	1.9
其他	0.2	0.0

图 6.14　不同婚姻状况北京青年对当前我国存在的重大社会问题的看法（%）

调查显示，不同受教育程度的北京青年，对当前我国存在的重大社会问题的看法差异较大。其中，初中及以下学历的北京青年认为是住房价格过高、环境污染问题、社会诚信缺乏，高中/中专/中职学历的北京青年认为是住房价格过高、看病难/看病贵、环境污染问题，高职/大专学历的北京青年认为是环境污染问题、贪污腐败问题、住房价格过高，本科和研究生及以上学历的北京青年认为是住房价格过高、环境污染问题、食品安全问题。详见表 6.15 和图 6.15。

表 6.15 不同受教育程度北京青年对当前我国存在的重大社会问题的看法 （%）

	初中及以下	高中/中专/中职	高职/大专	本科	研究生及以上
就业失业问题	7.4	7.5	8.1	6.8	7.5
看病难/看病贵	6.2	10.3	5.9	8.6	9.3
养老保障问题	8.4	8.1	3.3	8.4	9.0
子女入学难	3.2	5.3	1.5	3.1	3.6
收入不足问题	7.7	6.9	10.3	6.2	5.0
物价上涨问题	7.4	7.3	7.7	7.0	6.1
住房价格过高	11.9	12.9	10.4	12.8	12.3
社会治安问题	4.0	3.2	4.5	4.2	3.7
社会诚信缺乏	8.6	6.5	8.8	8.0	8.8
贪污腐败问题	8.1	9.1	11.4	7.8	8.2
环境污染问题	11.1	9.7	11.8	11.1	10.1
食品安全问题	6.7	6.1	6.3	9.5	9.7
各种诈骗/欺诈	6.9	5.9	7.0	4.1	4.7
效率低下/消极怠工	2.5	1.4	2.8	2.4	1.9
其他	0.0	0.0	0.2	0.1	0.1

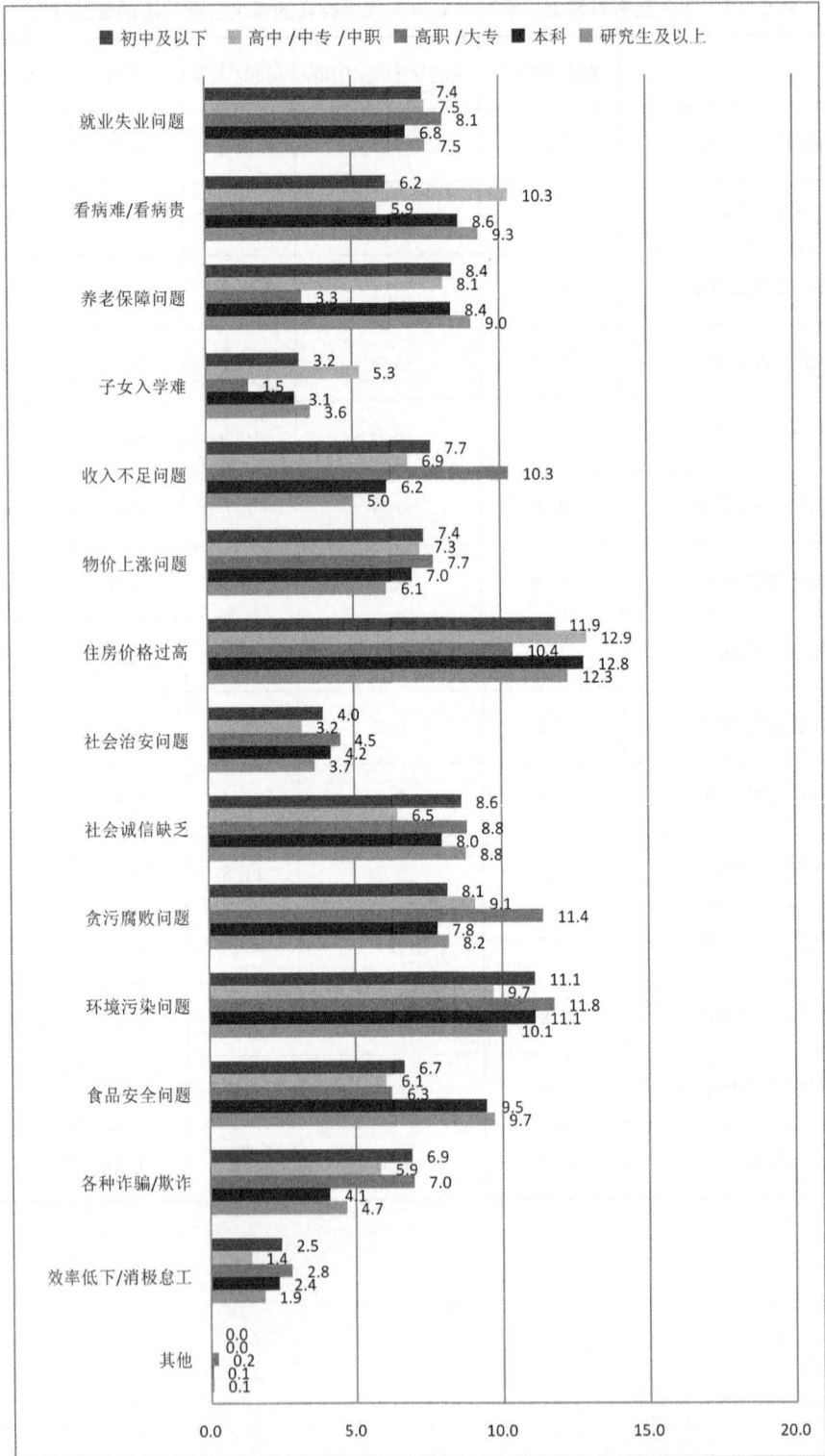

图 6.15　不同受教育程度北京青年对当前我国存在的重大社会问题的看法（%）

调查显示，不同户籍所在地的北京青年，对当前我国存在的重大社会问题的看法差异大。其中，北京户籍的北京青年认为是环境污染问题、住房价格过高、贪污腐败问题及食品安全问题，天津户籍的北京青年认为是住房价格过高、环境污染问题、食品安全问题，河北户籍的北京青年认为是住房价格过高、看病难/看病贵、环境污染问题，本科和研究生及以上学历的北京青年认为是住房价格过高、环境污染问题、社会诚信缺乏。详见表 6.16 和图 6.16。

表 6.16　不同户籍所在地北京青年对当前我国存在的重大社会问题的看法（%）

	北京	天津	河北	其他地区
就业失业问题	7.6	7.5	6.2	6.6
看病难/看病贵	8.5	8.6	9.7	7.8
养老保障问题	7.4	8.2	8.5	8.4
子女入学难	2.9	3.6	3.6	3.4
收入不足问题	6.7	8.6	6.9	6.3
物价上涨问题	7.0	6.8	6.9	7.0
住房价格过高	11.1	10.0	15.4	14.5
社会治安问题	4.5	4.7	3.1	3.2
社会诚信缺乏	8.0	6.8	8.7	8.5
贪污腐败问题	8.8	6.8	7.7	8.3
环境污染问题	11.3	9.7	9.5	10.5
食品安全问题	8.8	9.3	8.2	8.2
各种诈骗/欺诈	4.8	6.1	3.1	5.6
效率低下/消极怠工	2.4	3.2	2.6	1.8
其他	0.1	0.0	0.0	0.1

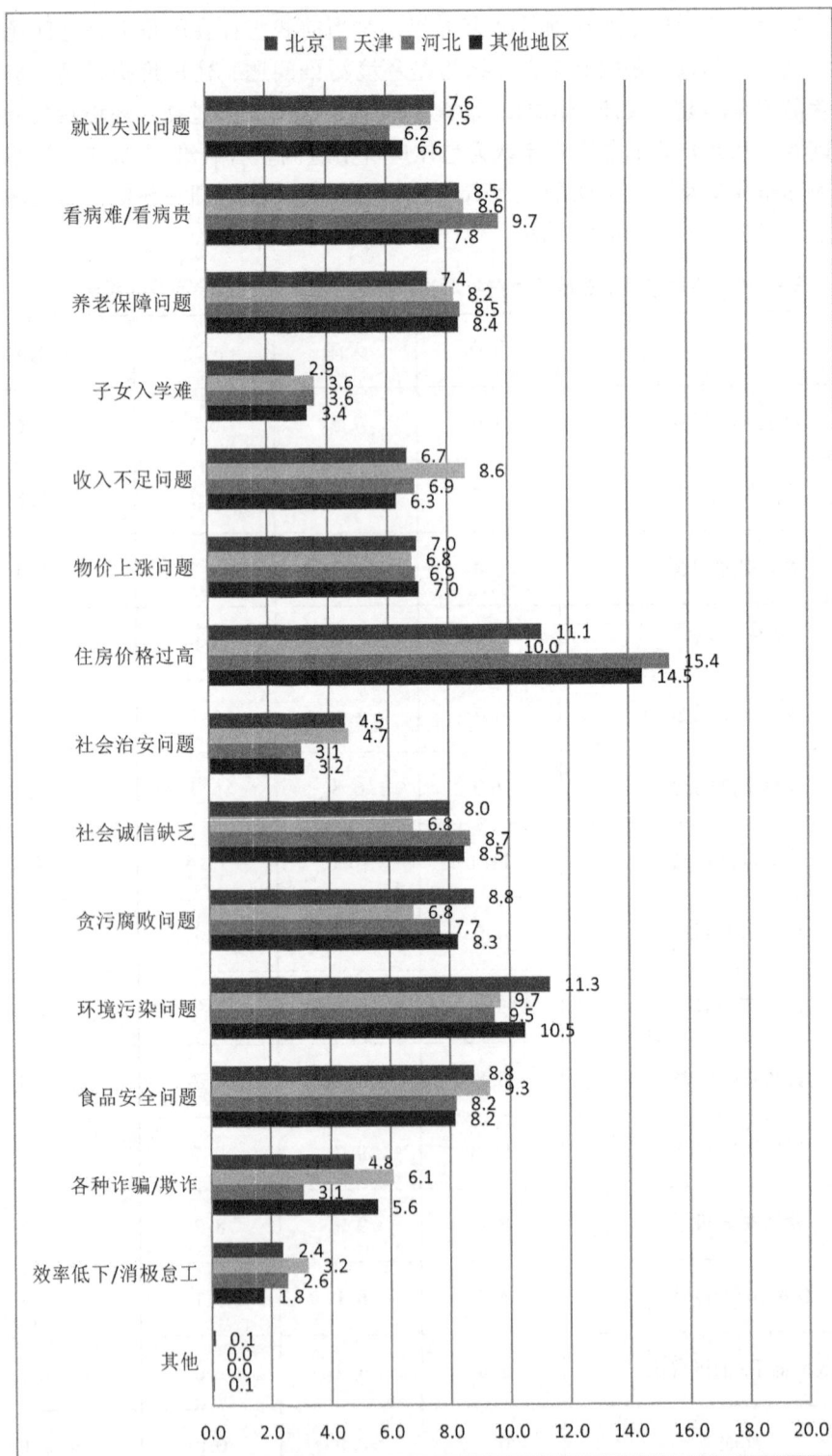

图 6.16　不同户籍所在地北京青年对当前我国存在的重大社会问题的看法（%）

调查显示，在北京居住时间不同的北京青年，对当前我国存在的重大社会问题的看法差异较大。其中，在北京居住 0.5-1 年（不含）的北京青年认为是住房价格过高、养老保障问题、贪污腐败问题，在北京居住 1-3 年（不含）的北京青年认为是环境污染问题、就业失业问题及住房价格过高、社会诚信缺乏，在北京居住 3-5 年（不含）的北京青年认为是住房价格过高、环境污染问题、社会诚信缺乏，在北京居住 5-10 年（不含）的北京青年认为是住房价格过高、环境污染问题、食品安全问题，在北京居住 10 年及以上的北京青年认为是住房价格过高、环境污染问题、贪污腐败问题及食品安全问题。详见表 6.17 和图 6.17。

表 6.17　在北京居住时间不同的北京青年对当前我国存在的重大社会问题的看法（%）

	0.5-1 年（不含）	1-3 年（不含）	3-5 年（不含）	5-10 年（不含）	10 年及以上
就业失业问题	8.0	9.1	8.0	5.5	7.3
看病难/看病贵	8.0	8.4	8.3	8.4	8.4
养老保障问题	10.1	8.4	6.5	9.1	7.5
子女入学难	6.5	3.4	3.3	4.0	2.7
收入不足问题	5.8	5.9	7.6	6.1	6.7
物价上涨问题	5.8	5.9	6.7	8.2	6.9
住房价格过高	13.8	9.1	13.6	14.5	11.9
社会治安问题	5.8	4.3	3.7	4.1	4.0
社会诚信缺乏	6.5	9.1	9.0	6.9	8.3
贪污腐败问题	10.1	8.9	8.6	6.8	8.8
环境污染问题	9.4	9.6	9.3	10.6	11.5
食品安全问题	3.6	7.3	7.6	9.9	8.8
各种诈骗/欺诈	5.1	7.3	5.3	4.5	4.7
效率低下/消极怠工	1.4	2.7	2.4	1.4	2.4
其他	0.0	0.2	0.1	0.0	0.1

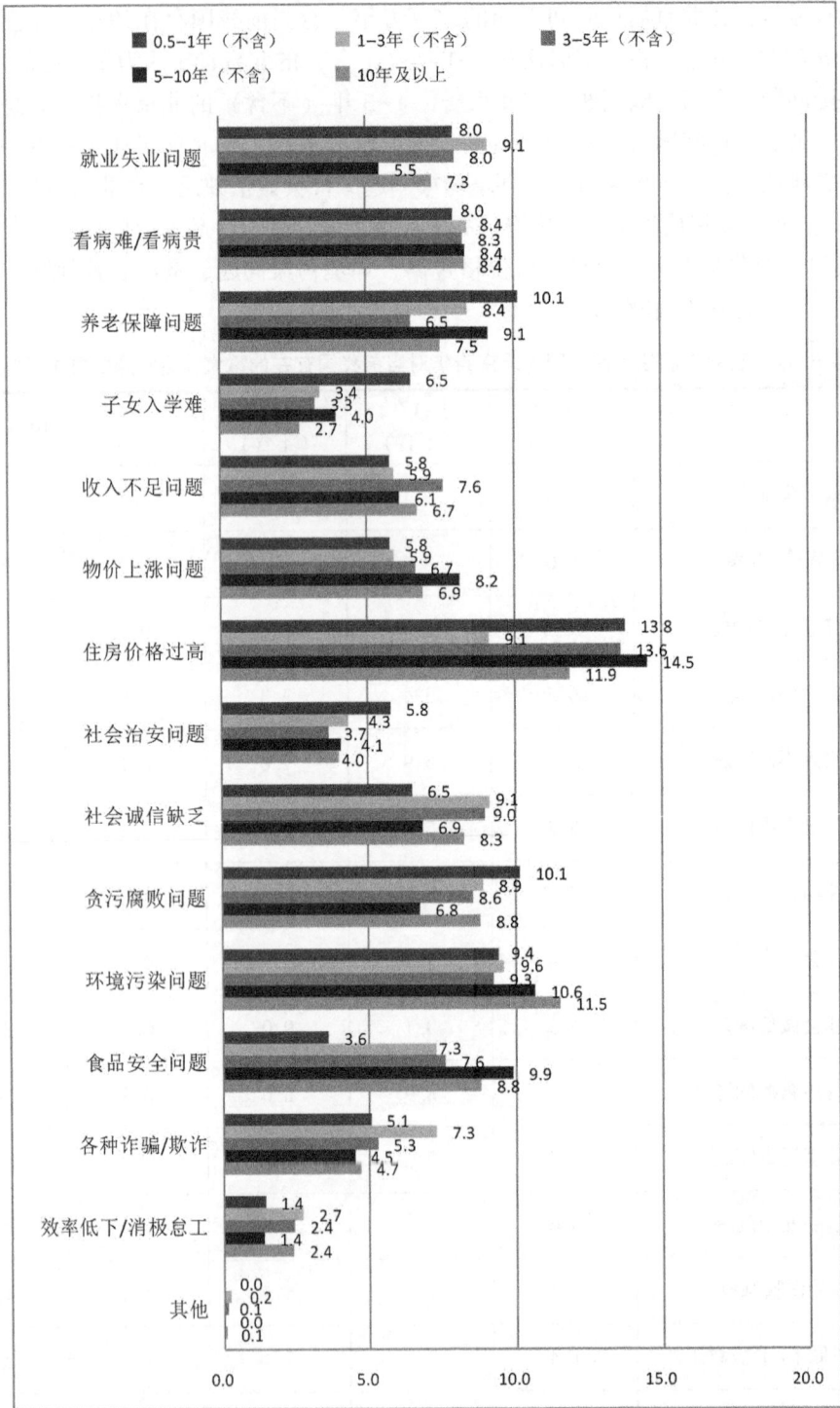

图6.17 在北京居住时间不同的北京青年对当前我国存在的重大社会问题的看法（%）

调查显示，不同政治面貌的北京青年，对当前我国存在的重大社会问题的看法也不尽相同。其中，中共党员和群众认为是住房价格过高、环境污染问题、食品安全问题，共青团员认为是住房价格过高、环境污染问题、贪污腐败问题。详见表6.18和图6.18。

表6.18 不同政治面貌北京青年对当前我国存在的重大社会问题的看法（%）

	中共党员	共青团员	群众
就业失业问题	7.0	9.1	6.1
看病难/看病贵	9.0	7.2	8.6
养老保障问题	8.3	5.9	8.8
子女入学难	3.5	2.0	3.5
收入不足问题	6.2	8.2	5.9
物价上涨问题	7.4	7.8	6.3
住房价格过高	12.1	11.7	13.0
社会治安问题	4.1	4.6	3.5
社会诚信缺乏	7.5	8.6	8.5
贪污腐败问题	7.6	9.6	8.3
环境污染问题	10.8	10.0	11.7
食品安全问题	9.8	6.1	9.5
各种诈骗/欺诈	4.3	6.2	4.5
效率低下/消极怠工	2.2	2.9	1.8
其他	0.0	0.2	0.1

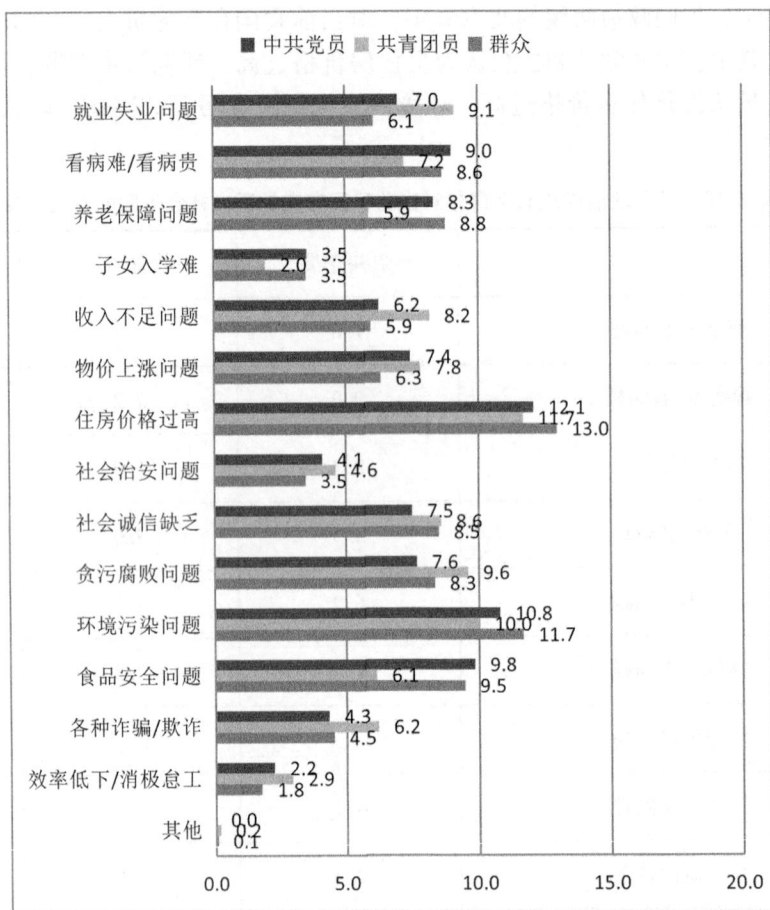

图6.18　不同政治面貌北京青年对当前我国存在的重大社会问题的看法（%）

（二）对不同志愿活动项目的参与意愿

总体上，被调查的北京青年，近两年参加过的志愿服务活动的比例，从高到低依次为：以环境保护为主题的志愿服务（42.5%），大型会展、大型活动志愿服务（35.1%），帮助孤、寡、残疾人的社区服务（34.9%），青少年（俱乐部、少年宫）指导服务（28.6%），帮助低收入阶层、贫困阶层的生活服务（25.7%），妇女、儿童权益保护服务（21.4%），社会突发事件的志愿服务（19.7%），为艾滋病、吸毒等特定人员的志愿服务（13.5%），赴西部、边远（贫困）地区支教服务（12.6%）。

调查显示，如果有机会的话，被调查的北京青年以后会参加的志愿服务活动的比例，从高到低依次为：以环境保护为主题的志愿服务（89.0%），帮助孤、寡、残疾人的社区服务（83.1%），大型会展、大型活动志愿服务（78.1%），妇女、儿童权益保护服务（77.5%），帮助低收入阶层、贫困阶层的生活服务（75.0%），青少年（俱乐部、少年宫）指导服务（74.4%），社会突发事件的志愿服务（71.6%），赴西部、边远（贫困）地区支教服务（55.2%），为艾滋病、吸毒等特定人员的志愿服务

（54.0%）。

在各项志愿活动上，北京青年表示以后会参加的比例均高于已经参加过的比例。详见表6.19和图6.19、图6.20。

表6.19　北京青年在不同志愿活动项目上的参与情况和意愿（%）

	是否参加过		如果有机会的话，以后会参加吗		
	参加过	没有参加过	会参加	不会参加	不好说/难说
以环境保护为主题的志愿服务	42.5	57.5	89.0	4.8	6.3
社会突发事件的志愿服务	19.7	80.3	71.6	11.0	17.5
青少年（俱乐部、少年宫）指导服务	28.6	71.4	74.4	9.8	15.8
妇女、儿童权益保护服务	21.4	78.6	77.5	8.3	14.3
帮助孤、寡、残疾人的社区服务	34.9	65.1	83.1	6.3	10.6
帮助低收入阶层、贫困阶层的生活服务	25.7	74.4	75.0	8.8	16.2
为艾滋病、吸毒等特定人员的志愿服务	13.5	86.6	54.0	18.2	27.9
大型会展、大型活动志愿服务	35.1	65.0	78.1	8.7	13.3
赴西部、边远（贫困）地区支教服务	12.6	87.5	55.2	17.2	27.7

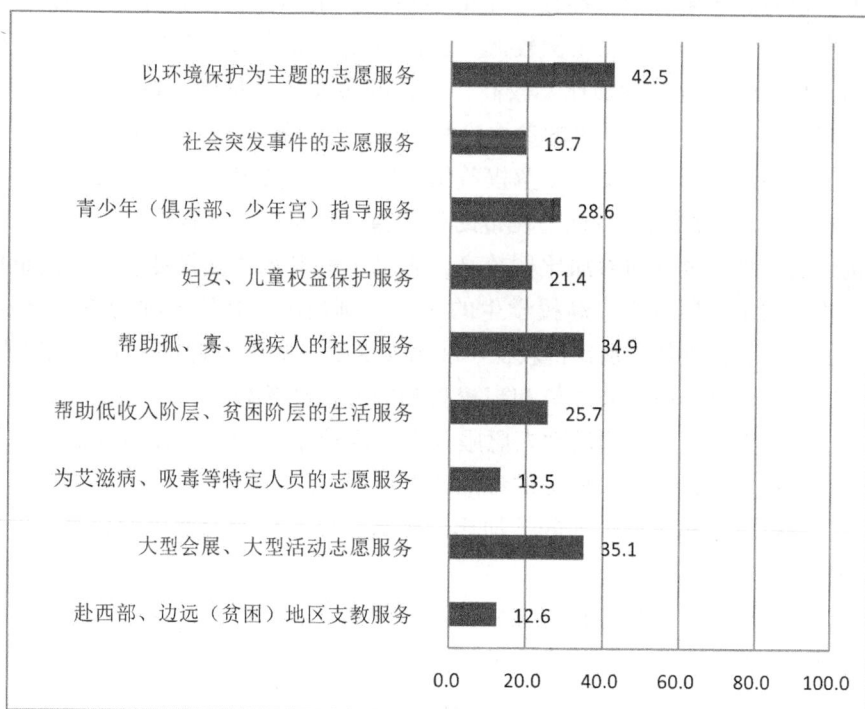

图6.19　北京青年在不同志愿活动的参与情况

307

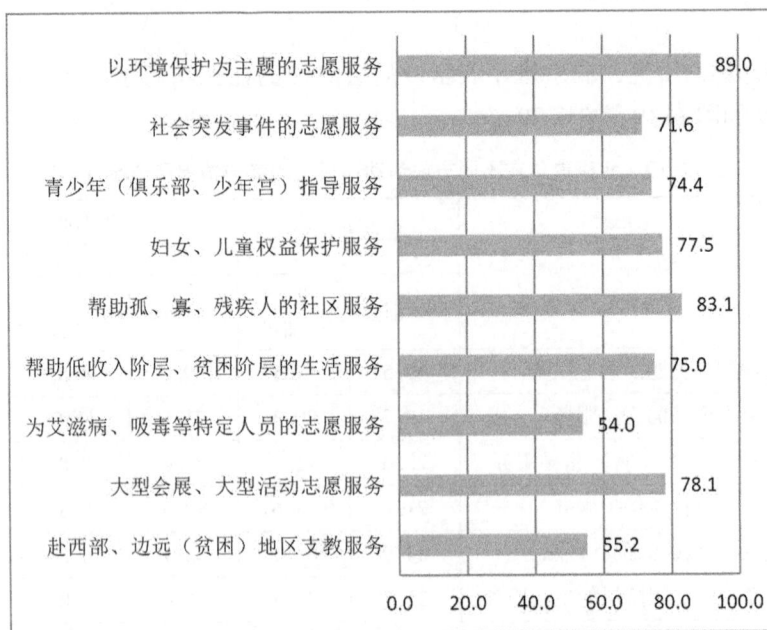

图6.20 北京青年在不同志愿活动的参与意愿

不同调查主体最近两年参加过志愿服务活动的比例呈现较大差异。其中，在以环境保护为主题的志愿服务上，高校学生的参加比例最高，高校教师的参加比例较高，公务员、农民工和白领的参加比例较低。在社会突发事件的志愿服务上，高校学生的参加比例最高，公务员的参加比例较高，白领的参加比例最低。在青少年（俱乐部、少年宫）指导服务上，高校学生的参加比例最高，高校教师和公务员的参加比例较高，白领的参加比例最低。在妇女、儿童权益保护服务上，高校学生和高校教师的参加比例较高，农民工的参加比例最低。在帮助孤、寡、残疾人的社区服务上，高校学生的参加比例最高，高校教师的参加比例较高，农民工的参加比例最低。在帮助低收入阶层、贫困阶层的生活服务上，高校学生的参加比例最高，高校教师的参加比例较高，公务员、农民工和白领的参加比例较低。在为艾滋病、吸毒等特定人员的志愿服务上，高校学生的参加比例最高，公务员和高校教师的参加比例较高，农民工和白领的参加比例较低。在大型会展、大型活动志愿服务上，高校学生的参加比例最高，高校教师和公务员的参加比例较高，农民工的参加比例最低。在赴西部、边远（贫困）地区支教服务上，高校学生和高校教师的参加比例较高，公务员的参加比例较高，农民工的参加比例最低。

不同调查主体今后参加各种志愿服务活动的意愿也有巨大差异。其中，在以环境保护为主题的志愿服务上，高校学生的参与意愿最高，农民工的参与意愿最低。在社会突发事件的志愿服务上，高校学生的参与意愿最高，公务员的参与意愿较高。在青少年（俱乐部、少年宫）指导服务上，高校学生的参与意愿最高，高校教师的参与意愿较高，农民工的参与意愿最低。在妇女、儿童权益保护服务上，高校学生的参与意愿较高，农民工的参与意愿最低。在帮助孤寡/残疾人的社区服务上，高校学生和高校教师的参与意愿较高，农民工和白领的参与意愿较低。在帮助低收入阶层、贫困阶层的生活服务上，高校学生的参与意愿最高，农民工和白领的参与意愿较低。在为艾滋病、吸毒等特定人员的志愿服务上，高校学生的参与意愿最高，农民工的参与意愿最低。在大型会展、大型活动志愿服务上，高校学生的参与意愿最高，高校教师的参与意愿较高，农民工的参与意愿最低。在赴西部、边远（贫困）地区支教服务上，高校学生的参与意愿最高，高校教师的参与意愿较高，农民工的参与意愿最低。详见表6.20、图6.21和图6.22。

表6.20　不同调查主体在不同志愿活动项目上的参与情况和意愿（%）

	参加过					如果有机会的话，以后会参加				
	高校学生	农民工	高校教师	公务员	白领	高校学生	农民工	高校教师	公务员	白领
以环境保护为主题的志愿服务	64.0	35.3	46.7	36.0	34.3	95.8	81.3	89.7	88.3	88.3
社会突发事件的志愿服务	33.0	15.7	18.3	21.3	13.7	83.5	67.0	69.7	73.7	66.7
青少年（俱乐部、少年宫）指导服务	53.5	21.3	29.7	28.7	17.0	91.0	59.7	81.0	72.0	69.4
妇女、儿童权益保护服务	28.3	14.3	28.7	21.7	17.3	88.5	67.3	77.3	75.3	76.4
帮助孤、寡、残疾人的社区服务	48.0	28.3	38.3	30.7	30.6	89.8	77.0	87.0	84.3	79.7
帮助低收入阶层、贫困阶层的生活服务	35.8	22.0	29.0	22.3	21.4	87.0	66.7	78.0	76.3	69.9
为艾滋病、吸毒等特定人员的志愿服务	26.0	8.7	13.0	14.7	8.0	75.3	42.7	53.7	51.0	48.0
大型会展、大型活动志愿服务	53.3	25.7	34.7	33.7	29.4	91.3	68.0	80.3	77.7	74.0
赴西部、边远（贫困）地区支教服务	22.5	0.0	22.3	14.7	7.1	74.8	45.0	60.3	50.0	48.3

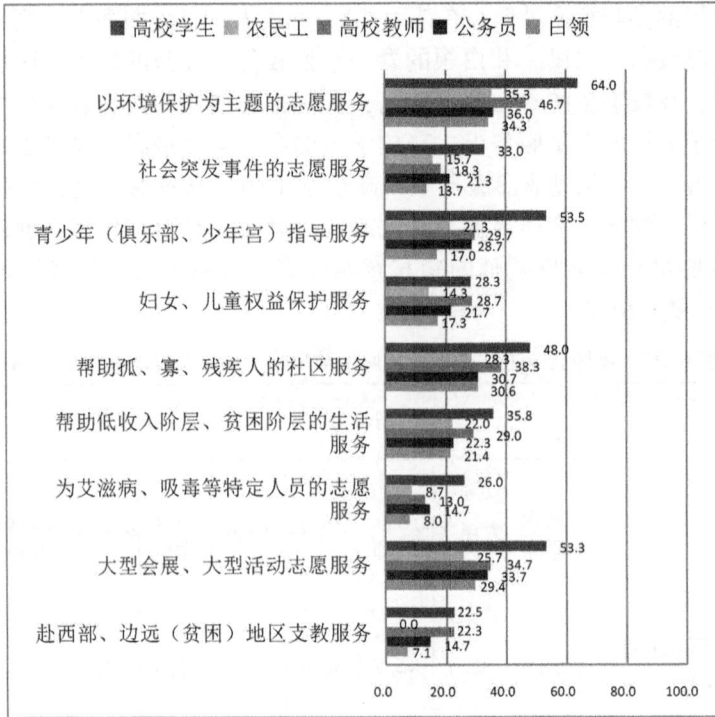

图 6.21　不同调查主体在不同志愿活动项目上的参与情况（%）

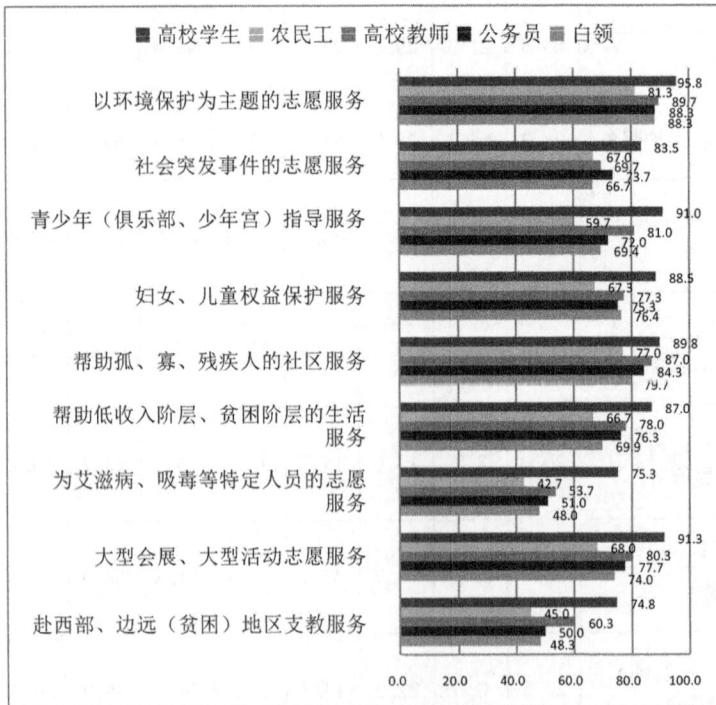

图 6.22　不同调查主体在不同志愿活动项目上的参与意愿（%）

调查显示，不同性别的北京青年，最近两年参加过志愿服务活动的比例不尽相同。其中，在以环境保护为主题的志愿服务，青少年（俱乐部、少年宫）指导服务，妇女、儿童权益保护服务，帮助孤、寡、残疾人的社区服务，大型会展、大型活动志愿服务上，女性的参加比例高于男性。在社会突发事件的志愿服务，帮助低收入阶层、贫困阶层的生活服务，为艾滋病、吸毒等特定人员的志愿服务，赴西部、边远（贫困）地区支教服务上，男性的参加比例高于女性。

不同性别的北京青年，今后参加各种志愿服务活动的意愿也不尽相同。其中，在以环境保护为主题的志愿服务，社会突发事件的志愿服务，青少年（俱乐部、少年宫）指导服务，妇女、儿童权益保护服务，帮助孤、寡、残疾人的社区服务，帮助低收入阶层、贫困阶层的生活服务，为艾滋病、吸毒等特定人员的志愿服务，大型会展、大型活动志愿服务，赴西部、边远（贫困）地区支教服务上，女性的参与意愿均高于男性。详见表 6.21、图 6.23 和图 6.24。

表 6.21　不同性别北京青年在不同志愿活动项目上的参与情况和意愿（%）

	参加过		如果有机会的话，以后会参加	
	男	女	男	女
以环境保护为主题的志愿服务	38.9	45.4	85.4	91.8
社会突发事件的志愿服务	21.1	18.6	68.9	73.8
青少年（俱乐部、少年宫）指导服务	24.5	31.9	67.7	79.9
妇女、儿童权益保护服务	18.8	23.5	68.5	84.8
帮助孤、寡、残疾人的社区服务	34.0	35.6	81.5	84.4
帮助低收入阶层、贫困阶层的生活服务	27.2	24.4	72.1	77.3
为艾滋病、吸毒等特定人员的志愿服务	14.5	12.6	48.6	58.3
大型会展、大型活动志愿服务	32.9	36.8	74.2	81.1
赴西部、边远（贫困）地区支教服务	13.6	11.7	49.4	59.8

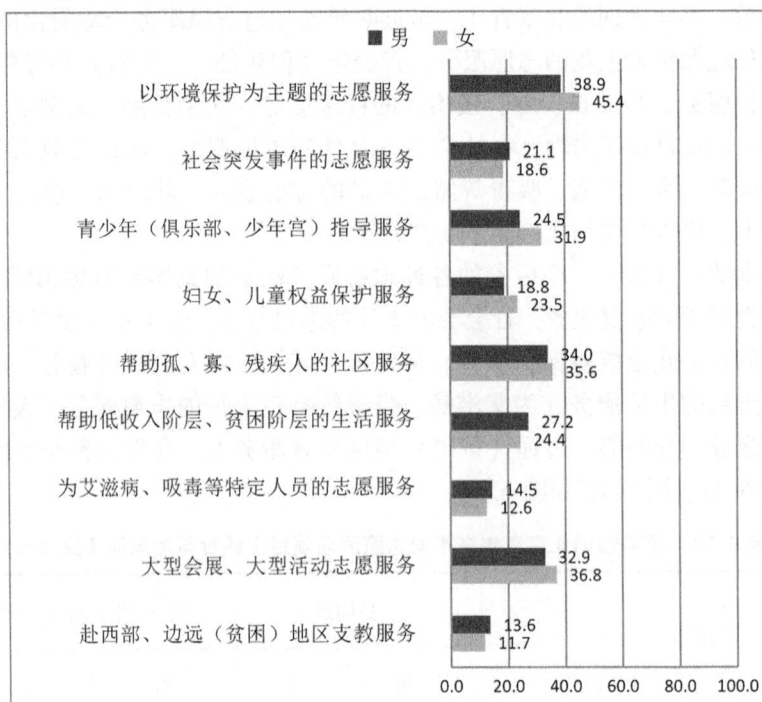

图6.23 不同性别北京青年在不同志愿活动项目上的参与情况（%）

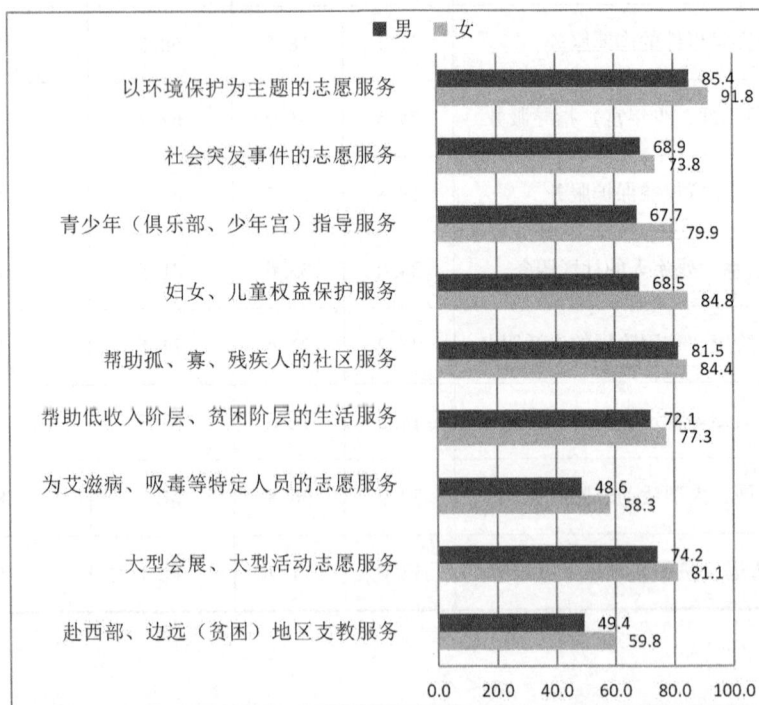

图6.24 不同性别北京青年在不同志愿活动项目上的参与意愿（%）

不同年龄的北京青年，最近两年参加过志愿服务活动的比例差异较大。其中，在以环境保护为主题的志愿服务，青少年（俱乐部、少年宫）指导服务，帮助孤、寡、残疾人的社区服务，为艾滋病、吸毒等特定人员的志愿服务，大型会展、大型活动志愿服务上，呈现随年龄的增长，参加比例逐渐变小的趋势。

不同年龄的北京青年，今后参加各种志愿服务活动的意愿普遍较高。其中，在社会突发事件的志愿服务，青少年（俱乐部、少年宫）指导服务、妇女、儿童权益保护服务，帮助低收入阶层、贫困阶层的生活服务，赴西部、边远（贫困）地区支教服务上，基本呈现随年龄的增长，参加比例逐渐变小的趋势。详见表 6.22、图 6.25 和图 6.26。

表 6.22 不同年龄北京青年在不同志愿活动项目上的参与情况和意愿（%）

	参加过				如果有机会的话，以后会参加			
	18-24岁	25-29岁	30-34岁	35-44岁	18-24岁	25-29岁	30-34岁	35-44岁
以环境保护为主题的志愿服务	51.0	43.7	40.1	31.8	92.9	89.3	89.8	82.8
社会突发事件的志愿服务	21.9	23.3	17.3	15.5	77.4	73.5	71.3	62.5
青少年（俱乐部、少年宫）指导服务	37.1	30.8	22.7	19.3	80.6	76.2	77.0	62.9
妇女、儿童权益保护服务	21.9	25.5	23.6	16.1	81.8	78.4	78.1	70.5
帮助孤、寡、残疾人的社区服务	38.1	37.6	33.2	29.5	83.5	83.3	84.9	81.3
帮助低收入阶层、贫困阶层的生活服务	25.7	26.0	25.9	25.2	78.5	74.3	73.3	72.0
为艾滋病、吸毒等特定人员的志愿服务	16.1	15.8	13.1	8.3	64.1	51.9	55.1	41.1
大型会展、大型活动志愿服务	42.7	36.2	32.7	25.6	83.6	78.2	80.7	68.8
赴西部、边远（贫困）地区支教服务	14.3	18.0	11.4	6.8	63.8	55.1	55.7	43.2

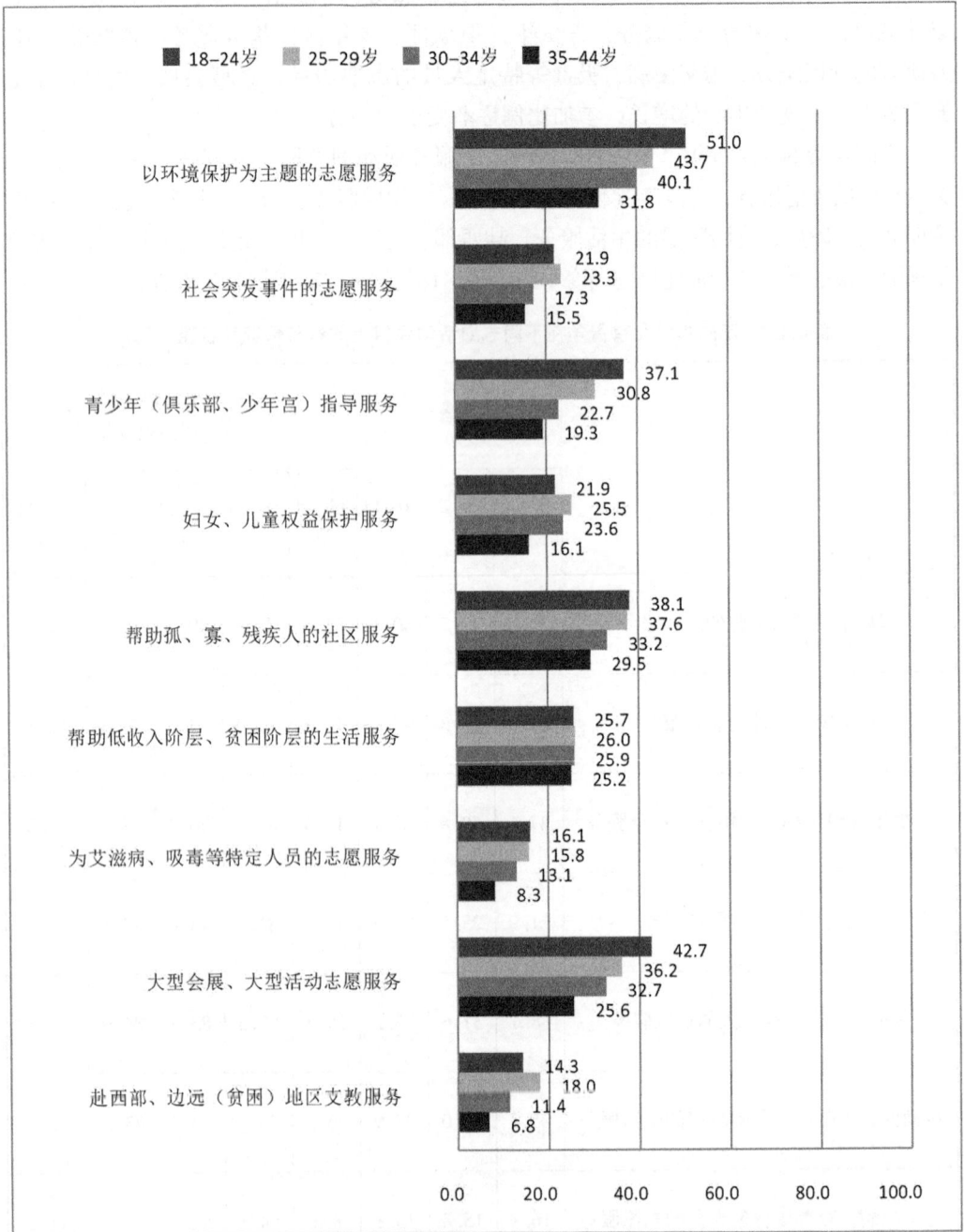

图6.25 不同年龄北京青年在不同志愿活动项目上的参与情况（%）

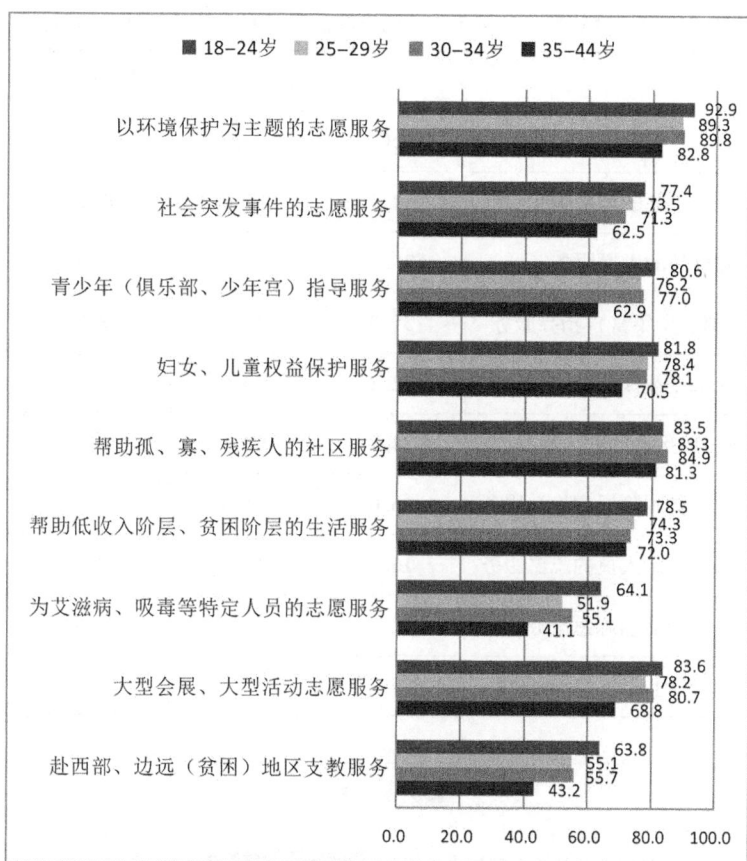

图 6.26 不同年龄北京青年在不同志愿活动项目上的参与意愿

　　调查显示，不同婚姻状况的北京青年，最近两年参加过志愿服务活动的比例不尽相同。其中，在以环境保护为主题的志愿服务，社会突发事件的志愿服务，青少年（俱乐部、少年宫）指导服务，妇女、儿童权益保护服务，帮助孤寡、残疾人的社区服务，帮助低收入阶层、贫困阶层的生活服务，为艾滋病、吸毒等特定人员的志愿服务，大型会展、大型活动志愿服务，赴西部、边远（贫困）地区支教服务上，未婚北京青年的参加比例均高于已婚北京青年。

　　不同婚姻状况的北京青年，今后参加各种志愿服务活动的意愿普遍较高，且相对比例差异较小。其中，在以环境保护为主题的志愿服务，社会突发事件的志愿服务，青少年（俱乐部、少年宫）指导服务，妇女、儿童权益保护服务，帮助孤、寡、残疾人的社区服务，帮助低收入阶层、贫困阶层的生活服务，为艾滋病、吸毒等特定人员的志愿服务，大型会展、大型活动志愿服务，赴西部、边远（贫困）地区支教服务上，未婚北京青年的参与意愿均高于已婚北京青年。详见表6.23、图6.27和图6.28。

表6.23 不同婚姻状况北京青年在不同志愿活动项目上的参与情况和意愿（%）

	参加过		如果有机会的话，以后会参加	
	未婚	已婚	未婚	已婚
以环境保护为主题的志愿服务	49.2	37.0	91.6	86.8
社会突发事件的志愿服务	21.8	17.8	75.3	68.5
青少年（俱乐部、少年宫）指导服务	37.0	21.6	78.8	70.7
妇女、儿童权益保护服务	22.2	20.6	80.5	75.3
帮助孤、寡、残疾人的社区服务	38.3	32.1	83.4	82.9
帮助低收入阶层、贫困阶层的生活服务	26.0	25.3	76.2	74.0
为艾滋病、吸毒等特定人员的志愿服务	16.5	10.7	59.5	49.2
大型会展、大型活动志愿服务	42.9	28.5	82.4	74.7
赴西部、边远（贫困）地区支教服务	15.2	10.2	61.4	50.0

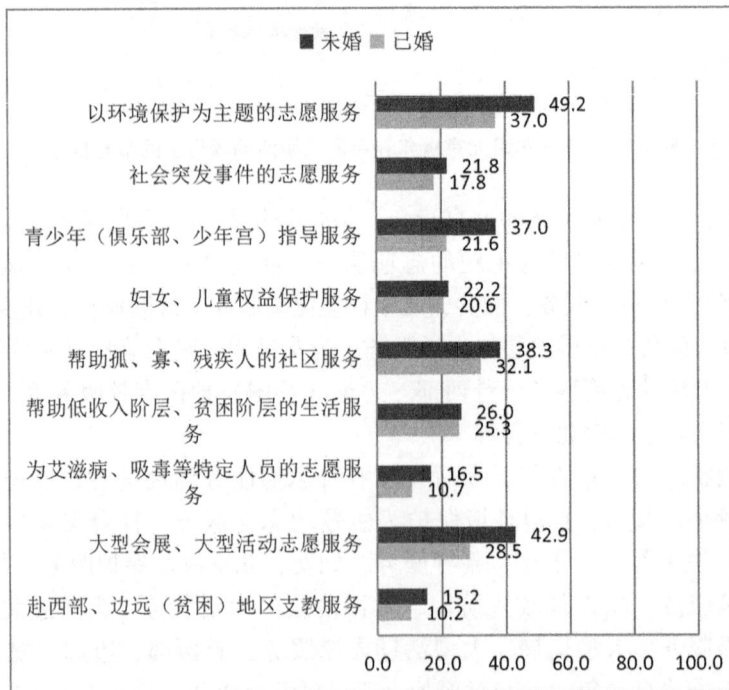

图6.27 不同婚姻状况北京青年在不同志愿活动项目上的参与情况（%）

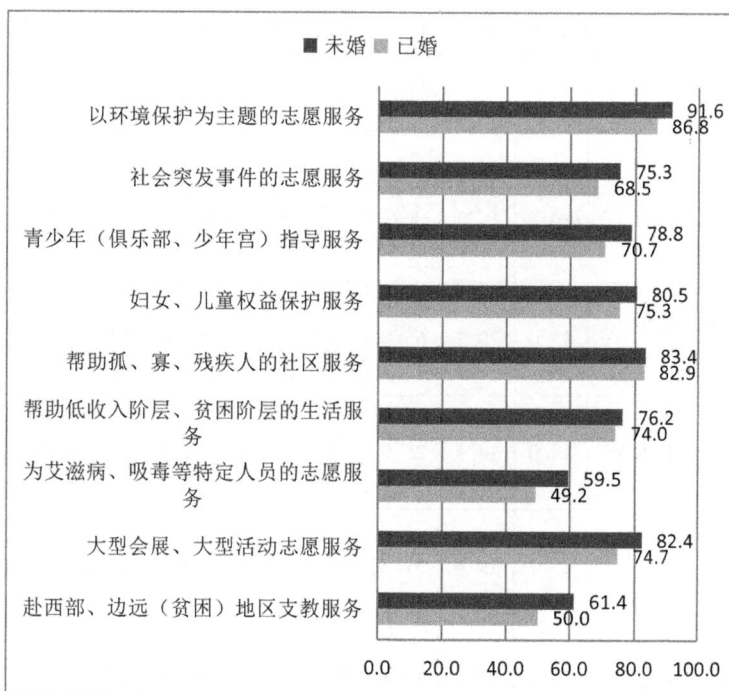

图 6.28　不同婚姻状况北京青年在不同志愿活动项目上的参与意愿（%）

　　调查显示，不同受教育程度的北京青年，最近两年参加过志愿服务活动的比例不尽相同。其中，在以环境保护为主题的志愿服务，社会突发事件的志愿服务，青少年（俱乐部、少年宫）指导服务，为艾滋病、吸毒等特定人员的志愿服务，大型会展、大型活动志愿服务上，高职/大专学历北京青年的参加比例最高，高中/中专/中职学历北京青年的参加比例最低。在妇女、儿童权益保护服务，赴西部、边远（贫困）地区支教服务上，呈现随学历的升高，参加比例逐渐变大的趋势。在帮助孤、寡、残疾人的社区服务，帮助低收入阶层/贫困阶层的生活服务上，高职/大专学历北京青年的参加比例最高，初中及以下学历北京青年的参加比例最低。

　　不同受教育程度的北京青年，今后参加各种志愿服务活动的意愿普遍较高，但略有差别。其中，在以环境保护为主题的志愿服务，社会突发事件的志愿服务，青少年（俱乐部、少年宫）指导服务，妇女、儿童权益保护服务，帮助孤寡、残疾人的社区服务，帮助低收入阶层、贫困阶层的生活服务，大型会展、大型活动志愿服务上，高职/大专学历北京青年的参与意愿最高，高中/中专/中职学历北京青年的参与意愿最低。在为艾滋病、吸毒等特定人员的志愿服务，赴西部、边远（贫困）地区支教服务上，高职、大专学历北京青年的参与意愿最高，初中及以下学历北京青年的参与意愿最低。详见表 6.24、图 6.29 和图 6.30。

表 6.24　不同受教育程度北京青年在不同志愿活动项目上的参与情况和意愿（%）

	参加过					如果有机会的话，以后会参加				
	初中及以下	高中/中专/中职	高职/大专	本科	研究生及以上	初中及以下	高中/中专/中职	高职/大专	本科	研究生及以上
以环境保护为主题的志愿服务	43.0	29.1	65.8	38.0	43.7	89.6	74.5	95.6	89.7	88.2
社会突发事件的志愿服务	17.0	14.5	25.0	20.1	18.2	71.1	63.6	79.4	72.4	67.5
青少年（俱乐部、少年宫）指导服务	23.7	19.4	51.8	23.6	31.2	62.2	57.6	90.8	73.0	78.0
妇女、儿童权益保护服务	12.6	15.8	18.8	23.0	24.3	67.4	67.3	87.1	78.3	76.2
帮助孤、寡、残疾人的社区服务	25.9	30.3	40.8	33.9	38.4	78.5	75.8	88.6	82.3	86.2
帮助低收入阶层、贫困阶层的生活服务	20.7	23.0	28.3	25.1	28.1	69.6	64.2	84.6	74.5	76.0
为艾滋病、吸毒等特定人员的志愿服务	8.9	8.5	15.8	13.6	15.1	41.5	43.6	69.1	53.7	52.7
大型会展、大型活动志愿服务	27.4	24.2	51.5	33.9	33.8	71.9	64.8	90.1	78.2	77.0
赴西部、边远（贫困）地区支教服务	0.0	0.0	9.6	13.9	20.7	44.4	45.5	66.5	53.6	59.1

图例：■ 初中及以下　　■ 高中/中专/中职　　■ 高职/大专　　■ 本科　　■ 研究生及以上

以环境保护为主题的志愿服务
43.0
29.1
65.8
38.0
43.7

社会突发事件的志愿服务
17.0
14.5
25.0
20.1
18.2

青少年（俱乐部、少年宫）指导服务
23.7
19.4
51.8
23.6
31.2

妇女、儿童权益保护服务
12.6
15.8
18.8
23.0
24.3

帮助孤、寡、残疾人的社区服务
25.9
30.3
40.8
33.9
38.4

帮助低收入阶层、贫困阶层的生活服务
20.7
23.0
28.3
25.1
28.1

为艾滋病、吸毒等特定人员的志愿服务
8.9
8.5
15.8
13.6
15.1

大型会展、大型活动志愿服务
27.4
24.2
51.5
33.9
33.8

赴西部、边远（贫困）地区支教服务
0.0
0.0
9.6
13.9
20.7

横轴：0.0　20.0　40.0　60.0　80.0　100.0

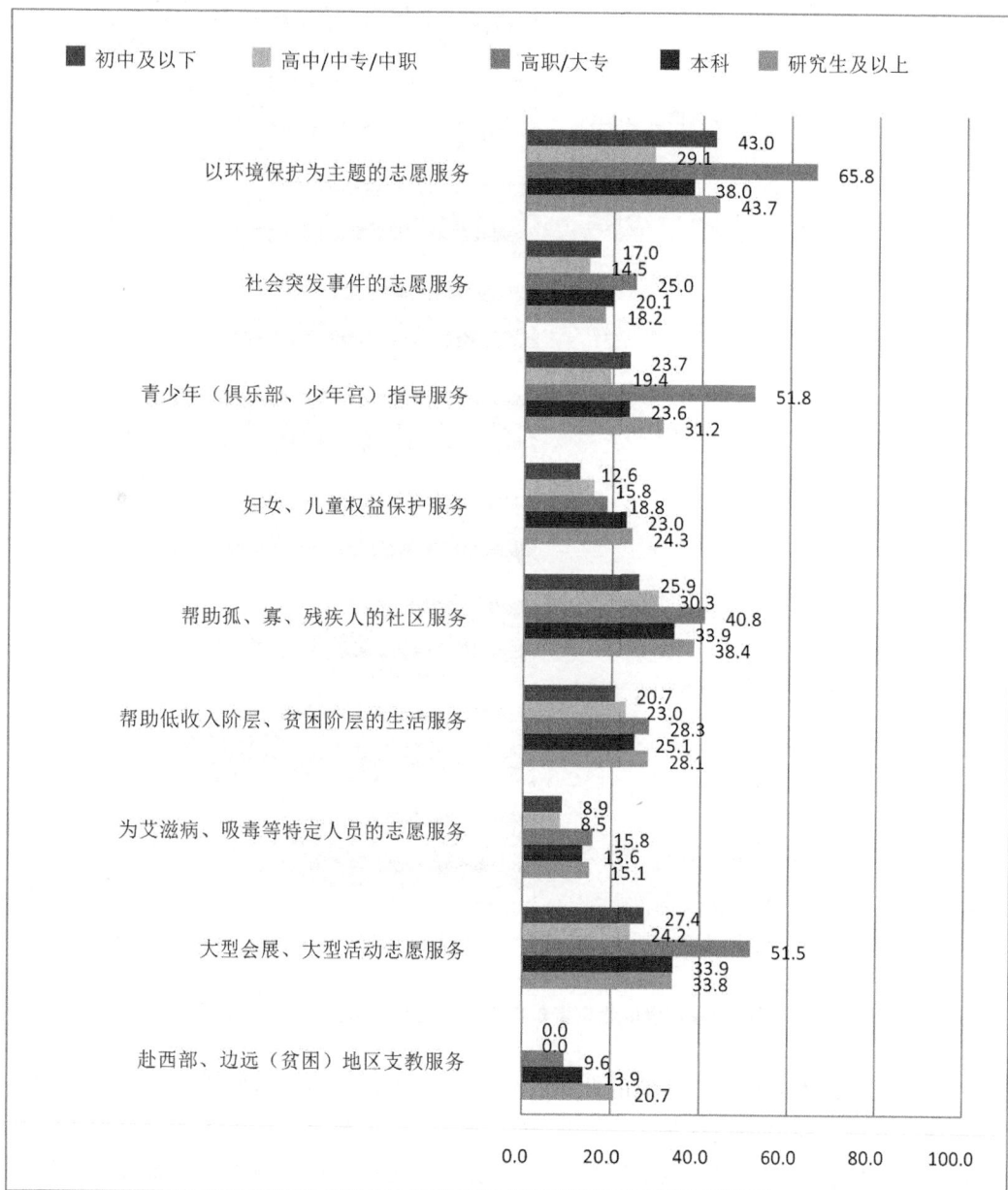

图 6.29　不同受教育程度北京青年在不同志愿活动项目上的参与情况（%）

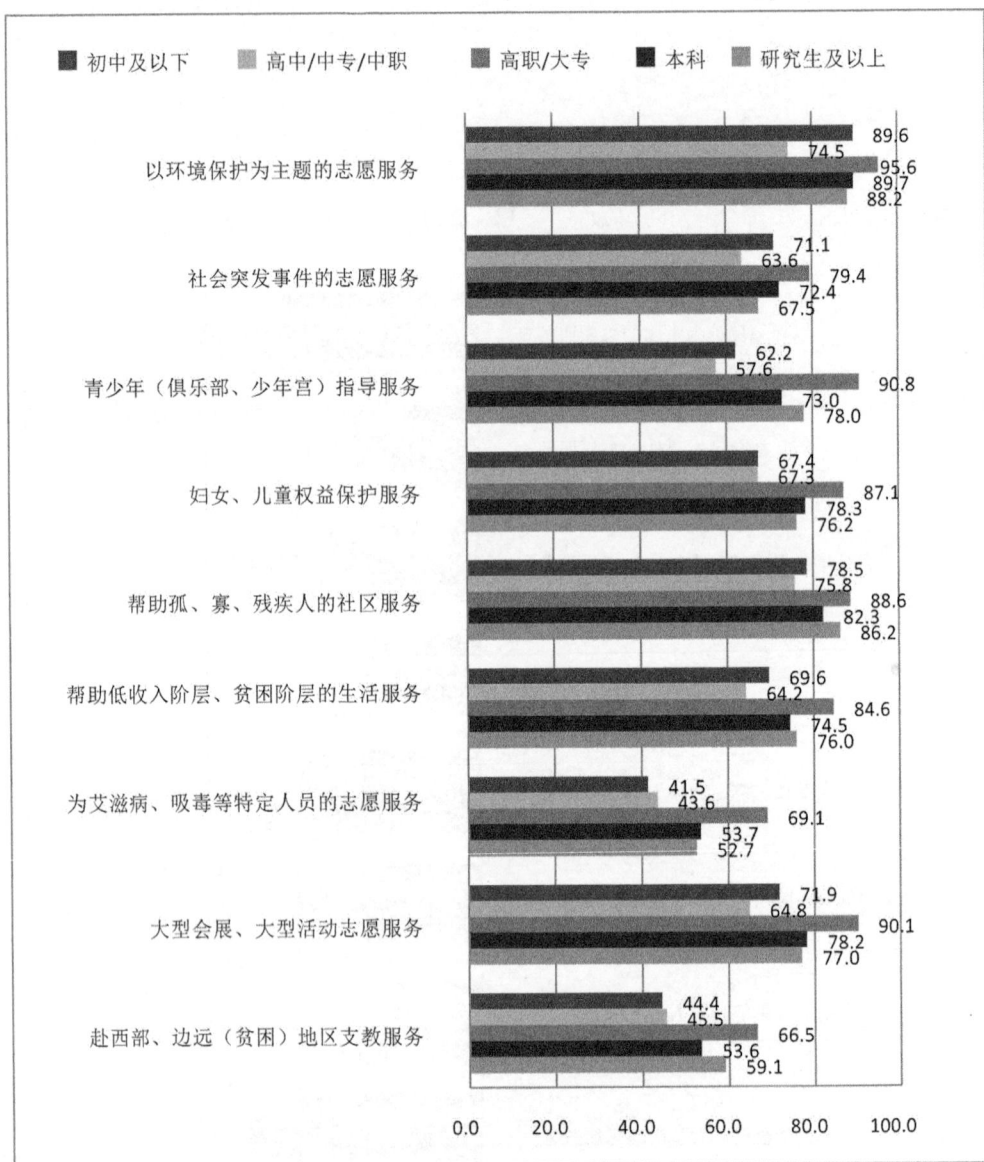

图6.30 不同受教育程度北京青年在不同志愿活动项目上的参与意愿（%）

调查显示，不同户籍所在地的北京青年，最近两年参加过志愿服务活动的比例不尽相同。其中，在以环境保护为主题的志愿服务，帮助孤寡、残疾人的社区服务，帮助低收入阶层、贫困阶层的生活服务上，北京户籍北京青年的参加比例最高，天津户籍北京青年的参加比例最低。在社会突发事件的志愿服务，青少年（俱乐部、少年宫）指导服务，妇女、儿童权益保护服务，大型会展、大型活动志愿服务上，北京户籍北京青年的参加比例最高，河北户籍北京青年的参加比例最低。在为艾滋病、吸毒等特定人员的志愿服务，赴西部、边远（贫困）地区支教服务上，北京户籍北京青年的参加比例最高，其他地区户籍北京青年的参加比例最低。

不同户籍所在地的北京青年，今后参加各种志愿服务活动的意愿普遍较高，但也不尽相同。其中，在以环境保护为主题的志愿服务上，河北和北京户籍北京青年的参与意愿较高，其他地区和天津户籍北京青年的参与意愿较低。在社会突发事件的志愿服务上，天津和北京户籍北京青年的参与意愿较高，其他地区户籍北京青年的参与意愿较低。在青少年（俱乐部、少年宫）指导服务上，北京户籍北京青年的参与意愿最高，其他地区户籍北京青年的参与意愿最低。在妇女、儿童权益保护服务上，北京和河北户籍北京青年的参与意愿较高，其他地区户籍北京青年的参与意愿较低。在帮助孤、寡、残疾人的社区服务上，河北户籍北京青年的参与意愿最高，天津和其他地区户籍北京青年的参与意愿较低。在帮助低收入阶层、贫困阶层的生活服务，为艾滋病、吸毒等特定人员的志愿服务，赴西部、边远（贫困）地区支教服务上，天津户籍北京青年的参与意愿最高，其他地区户籍北京青年的参与意愿最低。在大型会展、大型活动志愿服务上，北京户籍北京青年的参与意愿最高，其他地区户籍北京青年的参与意愿最低。详见表 6.25、图 6.31 和图 6.32。

表 6.25　不同户籍所在地北京青年在不同志愿活动项目上的参与情况和意愿（%）

	参加过				如果有机会的话，以后会参加			
	北京	天津	河北	其他地区	北京	天津	河北	其他地区
以环境保护为主题的志愿服务	48.2	26.9	28.5	36.5	89.9	86.0	90.0	87.2
社会突发事件的志愿服务	23.1	15.1	13.1	15.0	74.5	75.3	70.8	65.4
青少年（俱乐部、少年宫）指导服务	34.1	25.8	16.2	20.6	78.3	75.3	68.5	67.6
妇女、儿童权益保护服务	24.5	17.2	13.8	17.5	79.4	77.4	79.2	73.1
帮助孤、寡、残疾人的社区服务	37.1	20.4	26.9	34.4	84.6	79.6	86.9	79.7
帮助低收入阶层、贫困阶层的生活服务	27.6	19.4	25.4	22.8	77.7	79.6	77.7	68.1
为艾滋病、吸毒等特定人员的志愿服务	16.8	10.8	10.8	7.7	58.5	65.6	55.4	42.6
大型会展、大型活动志愿服务	40.7	30.1	21.5	27.4	80.9	76.3	77.7	72.6
赴西部、边远（贫困）地区支教服务	16.1	7.5	7.7	7.2	58.7	65.6	50.0	47.4

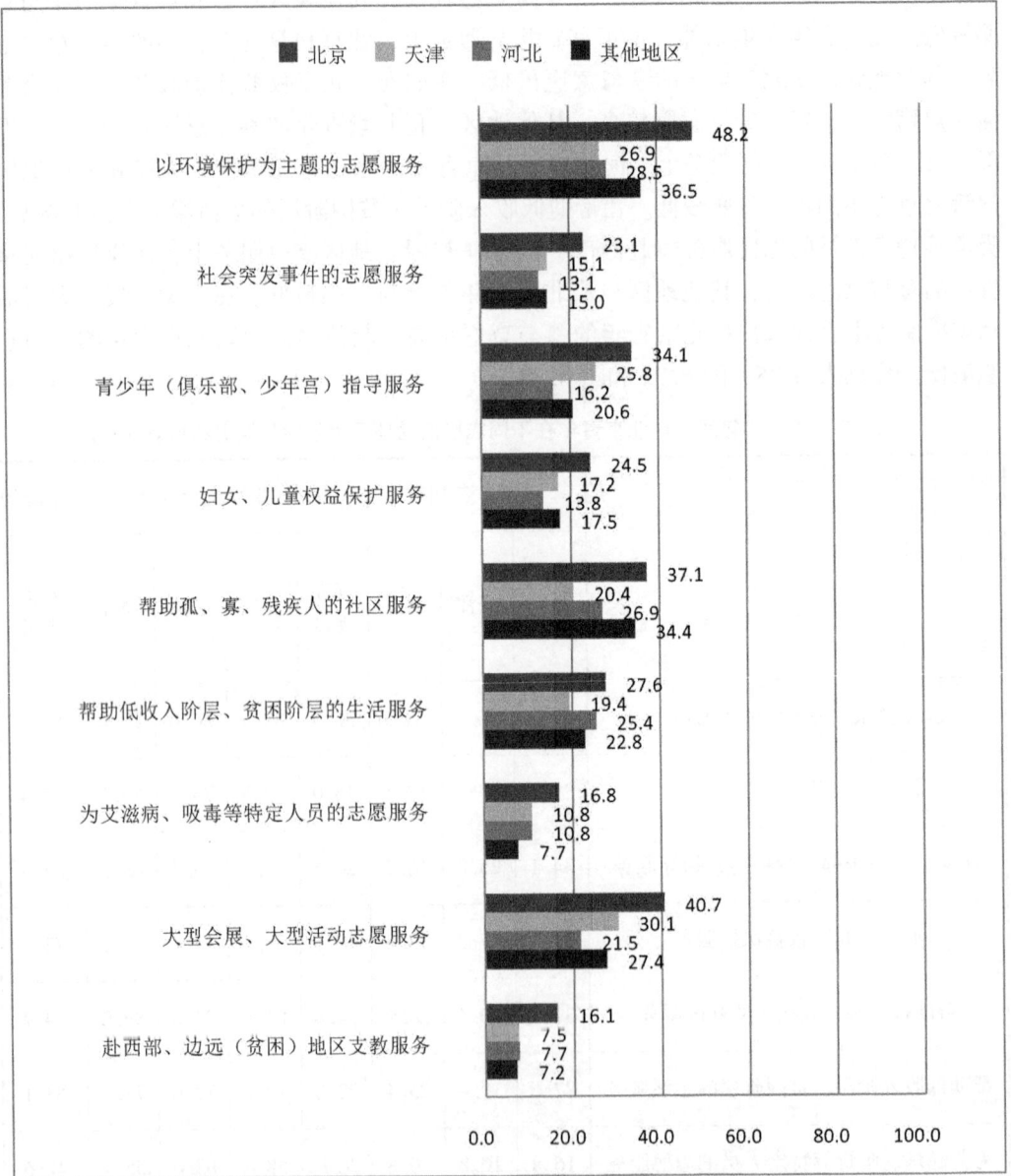

图 6.31　不同户籍所在地北京青年在不同志愿活动项目上的参与情况（%）

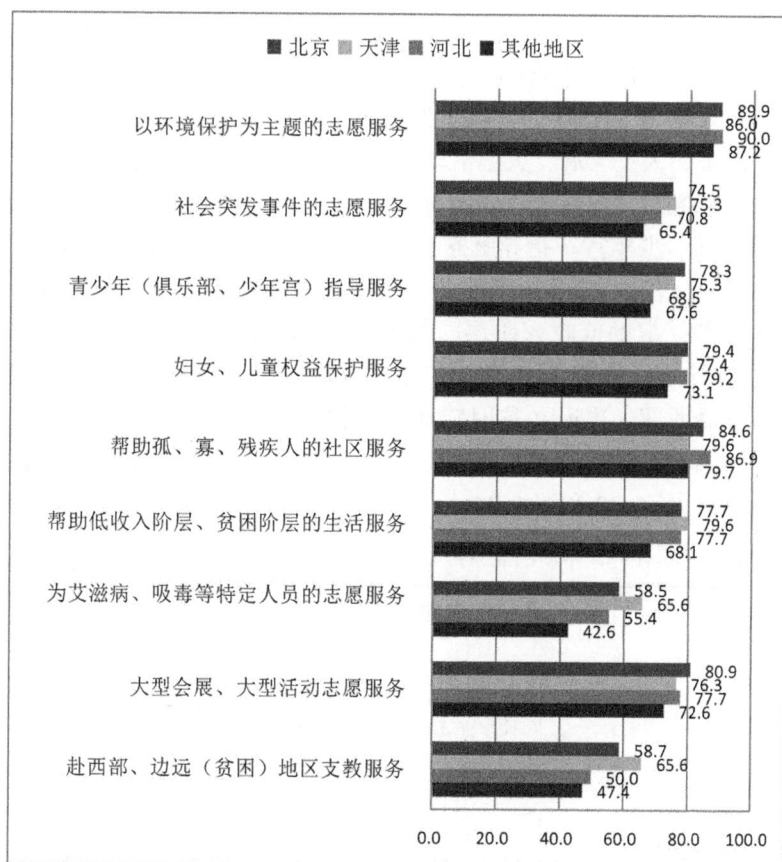

图6.32 不同户籍所在地北京青年在不同志愿活动项目上的参与意愿（%）

调查显示，在北京居住时间不同的北京青年，最近两年参加过志愿服务活动的比例不尽相同。其中，在以环境保护为主题的志愿服务上，在北京居住10年及以上的北京青年的参加比例最高，在北京居住1-3年（不含）的北京青年的参加比例最低。在青少年（俱乐部、少年宫）指导服务上，在北京居住10年及以上的北京青年的参加比例最高，在北京居住5-10年（不含）的北京青年的参加比例最低。在妇女、儿童权益保护服务，大型会展、大型活动志愿服务，赴西部、边远（贫困）地区支教服务上，在北京居住10年及以上的北京青年的参加比例最高，在北京居住0.5-1年（不含）的北京青年的参加比例最低。在帮助孤、寡、残疾人的社区服务上，在北京居住0.5-1年（不含）和10年及以上的北京青年的参加比例较高，在北京居住1-3年（不含）和5-10年（不含）的北京青年的参加比例较低。在帮助低收入阶层、贫困阶层的生活服务上，在北京居住10年及以上的北京青年的参加比例最高，在北京居住5-10年（不含）的北京青年的参加比例最低。在为艾滋病、吸毒等特定人员的志愿服务上，在北京居住0.5-1年（不含）的北京青年的参加比例最高，在北京居住5-10年（不含）的北京青年的参加比例最低。

在北京居住时间不同的北京青年，今后参加各种志愿服务活动的意愿普遍较高，且差异不大。其中，在以环境保护为主题的志愿服务，为艾滋病、吸毒等特定人员的志愿服务上，在北京居住3-5年（不含）的北京青年的参与意愿最高，在北京居住0.5-1年（不含）的北京青年的参与意愿最低。在社会突发事件的志愿服务，妇女、儿童权益保护服务，大型会展、大型活动志愿服务上，在北京居住3-5年（不含）的北京青年的参与意愿最高，在北京居住5-10年（不含）的北京青年的参与意愿最低。在青少年（俱乐部、少年宫）指导服务上，在北京居住10年及以上的北京青年的参与意愿最高，在北京居住5-10年（不含）的北京青年的参与意愿最低。在帮助孤、寡、残疾人的社区服务，帮助低收入阶层、贫困阶层的生活服务上，在北京居住1-3年（不含）的北京青年的参与意愿最高，在北京居住0.5-1年（不含）的北京青年的参与意愿最低。在赴西部、边远（贫困）地区支教服务上，在北京居住3-5年（不含）的北京青年的参与意愿最高，在北京居住0.5-1年（不含）的北京青年的参与意愿最低。详见表6.26、图6.33和图6.34。

表6.26 在北京居住时间不同的北京青年在不同志愿活动项目上的参与情况和意愿（%）

	参加过					如果有机会的话，以后会参加				
	0.5-1年（不含）	1-3年（不含）	3-5年（不含）	5-10年（不含）	10年及以上	0.5-1年（不含）	1-3年（不含）	3-5年（不含）	5-10年（不含）	10年及以上
以环境保护为主题的志愿服务	34.8	34.2	41.2	40.3	44.5	84.8	86.3	91.8	89.7	88.7
社会突发事件的志愿服务	17.4	10.3	25.3	12.9	21.5	73.9	69.9	74.7	67.1	72.2
青少年（俱乐部、少年宫）指导服务	21.7	28.1	27.3	14.5	32.6	69.6	74.0	75.1	69.4	75.7
妇女、儿童权益保护服务	13.0	19.9	18.0	20.6	22.7	78.3	80.1	81.2	76.5	76.6
帮助孤、寡、残疾人的社区服务	37.0	28.8	35.5	29.0	36.9	73.9	85.6	82.4	85.2	82.8
帮助低收入阶层、贫困阶层的生活服务	23.9	25.3	24.1	21.6	27.1	63.0	77.4	76.3	74.2	75.1
为艾滋病、吸毒等特定人员的志愿服务	17.4	11.0	13.5	8.4	14.8	45.7	48.6	57.1	50.6	55.1
大型会展、大型活动志愿服务	28.3	31.5	34.3	29.7	37.2	76.1	78.8	80.0	74.2	78.6
赴西部、边远（贫困）地区支教服务	2.2	8.2	12.2	9.7	14.2	45.7	57.5	58.0	52.6	55.3

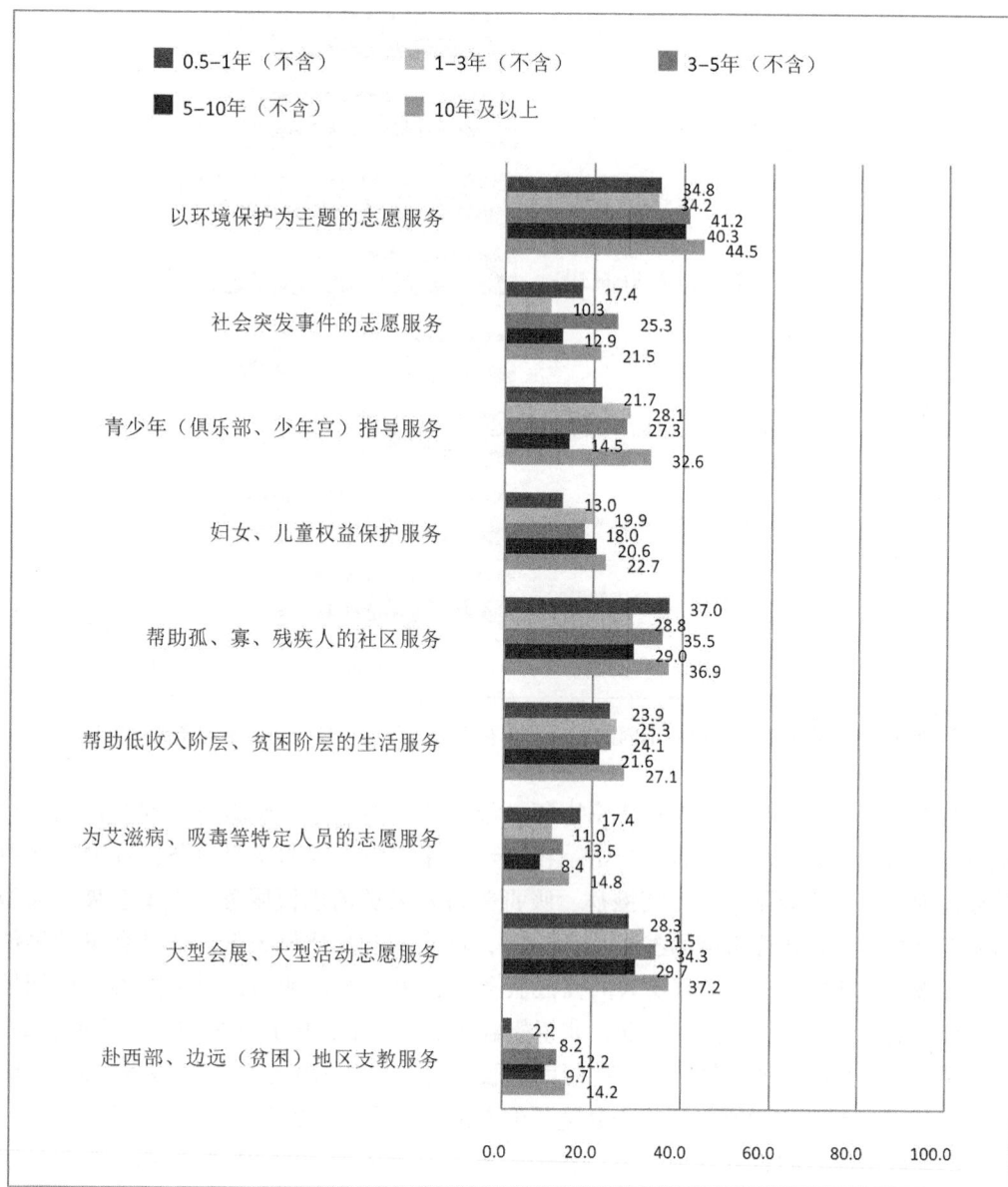

图6.33　在北京居住时间不同的北京青年在不同志愿活动项目上的参与情况（%）

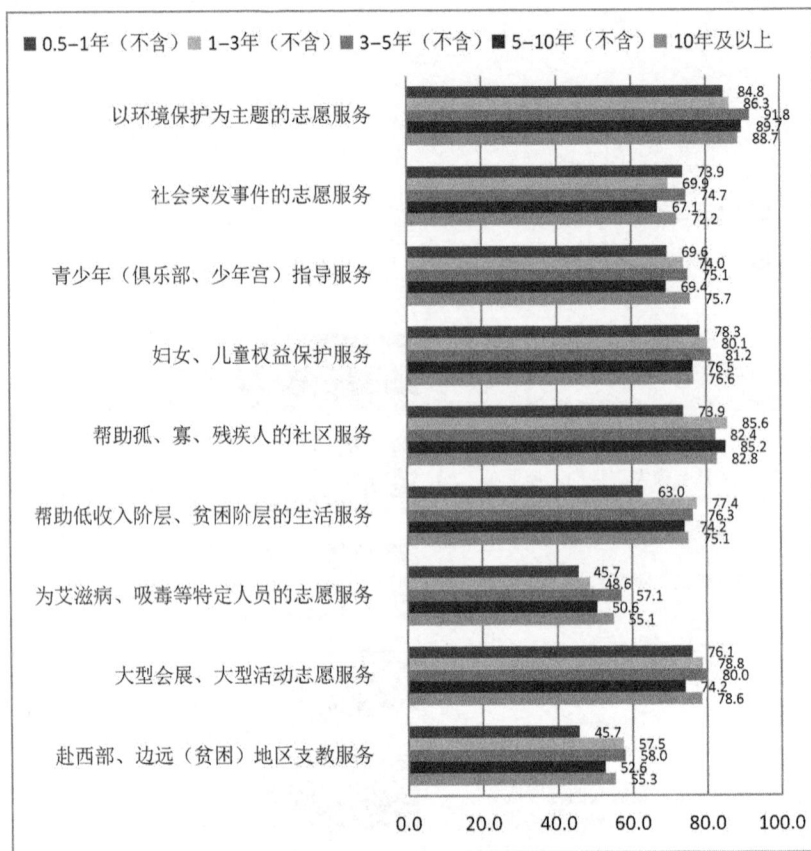

图6.34　在北京居住时间不同的北京青年在不同志愿活动项目上的参与意愿（%）

调查显示，不同政治面貌的北京青年，最近两年参加过志愿服务活动的比例不尽相同，党团员明显参与度较高。其中，在以环境保护为主题的志愿服务，青少年（俱乐部、少年宫）指导服务，为艾滋病、吸毒等特定人员的志愿服务，大型会展、大型活动志愿服务上，共青团员的参加比例最高，群众的参加比例最低。在社会突发事件的志愿服务，帮助孤、寡、残疾人的社区服务上，中共党员和共青团员的参加比例较高，群众的参加比例较低。在妇女、儿童权益保护服务上，中共党员的参加比例较高，共青团员和群众的参加比例较低。在帮助低收入阶层、贫困阶层的生活服务，赴西部、边远（贫困）地区支教服务上，中共党员的参加比例最高，群众的参加比例最低。

不同政治面貌的北京青年，今后参加各种志愿服务活动的意愿普遍高，党团员明显参与意愿更高。其中，在以环境保护为主题的志愿服务，社会突发事件的志愿服务，青少年（俱乐部、少年宫）指导服务，妇女、儿童权益保护服务，帮助低收入阶层、贫困阶层的生活服务，为艾滋病、吸毒等特定人员的志愿服务，大型会展、大型活动志愿服务，赴西部、边远（贫困）地区支教服务上，共青团员的参加比例最高，群众的参加比例最低。在帮助孤、寡、残疾人的社区服务上，中共党员的参加比例最高，群众的参加比例最低。详见表6.27、图6.35和图6.36。

表 6.27 不同政治面貌北京青年在不同志愿活动项目上的参与情况和意愿

	参加过			如果有机会的话，以后会参加		
	中共党员	共青团员	群众	中共党员	共青团员	群众
以环境保护为主题的志愿服务	42.8	53.1	35.4	89.9	92.6	85.8
社会突发事件的志愿服务	22.3	21.9	15.9	74.2	78.4	64.8
青少年（俱乐部、少年宫）指导服务	29.0	39.6	20.6	77.7	80.0	68.0
妇女、儿童权益保护服务	28.5	19.1	17.6	79.1	81.5	73.5
帮助孤、寡、残疾人的社区服务	38.6	38.1	29.3	86.2	84.2	80.0
帮助低收入阶层、贫困阶层的生活服务	28.0	25.7	23.8	78.2	79.7	69.6
为艾滋病、吸毒等特定人员的志愿服务	13.7	15.8	11.2	55.5	62.4	46.7
大型会展、大型活动志愿服务	36.6	41.4	29.7	80.4	83.8	72.5
赴西部、边远（贫困）地区支教服务	19.1	11.5	7.8	58.3	63.8	46.8

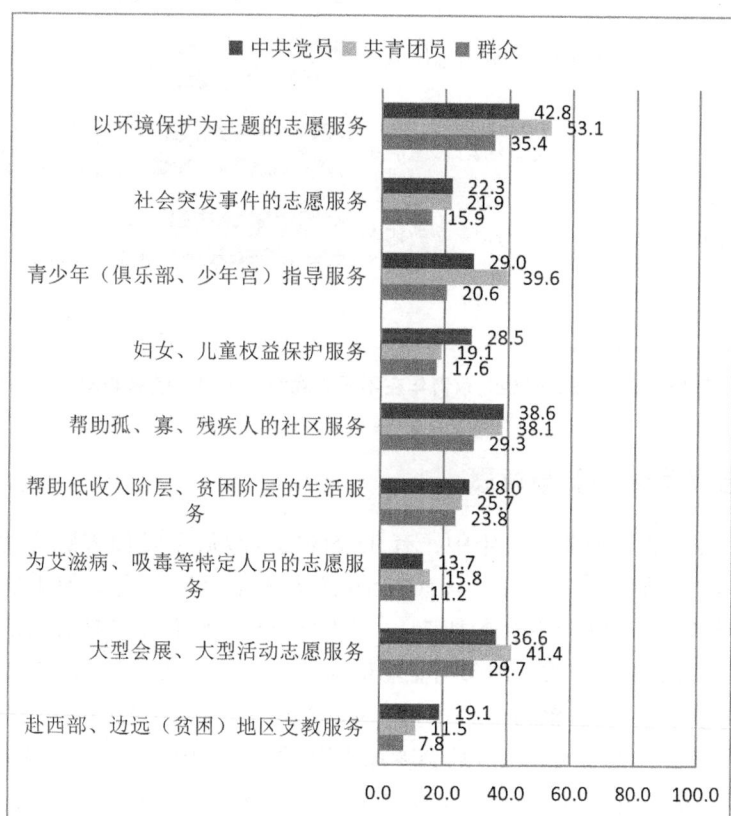

图 6.35 不同政治面貌北京青年在不同志愿活动项目上的参与情况（%）

327

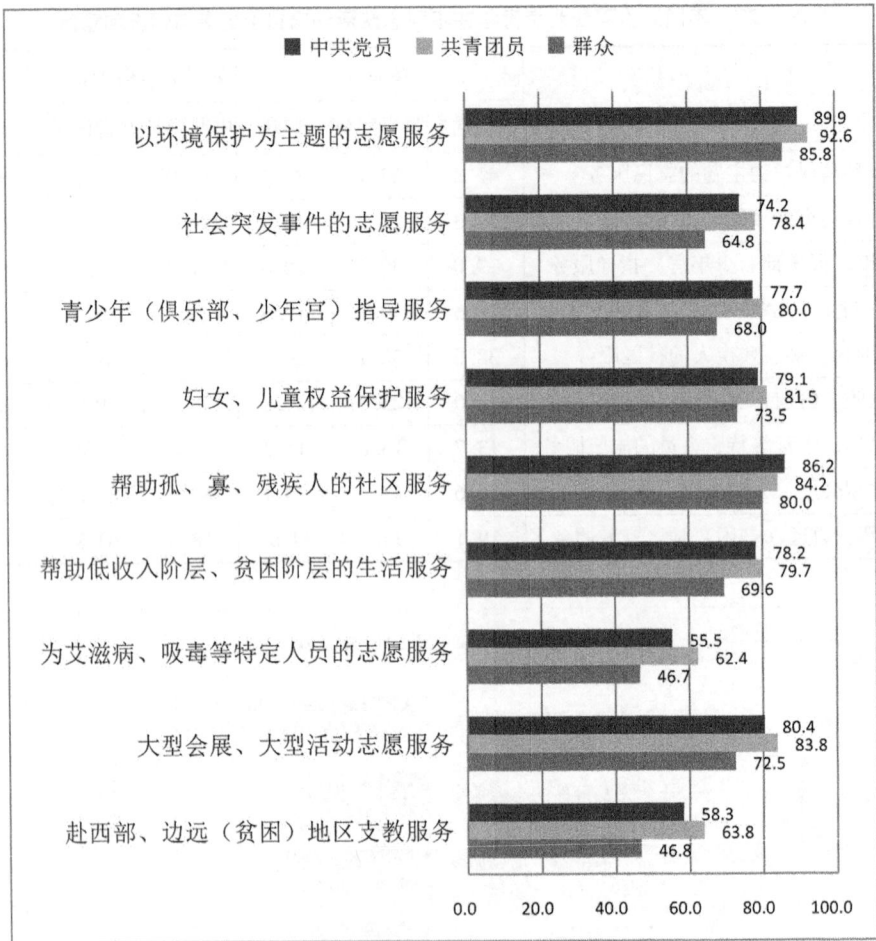

图6.36 不同政治面貌北京青年在不同志愿活动项目上的参与意愿（%）

（三）志愿活动的参与意愿

总体上，在被调查的北京青年中，有92.5%的人今后会参加志愿活动（包括"肯定会参加"和"可能会参加"），只有1.5%的人表示今后不会参加志愿活动（包括"肯定不会参加"和"可能不会参加"）。不同调查主体参与志愿活动的意愿差异较大，$p<0.001$。其中，高校教师的参与意愿最高，有94.4%的人表示今后会参加志愿活动；其次为高校学生（93.8%）、公务员（93.3%）和白领（92.3%）；农民工的参与意愿最低，只有88.3%的人表示今后会参加志愿活动。其中，"肯定会参加"的比例差异尤为明显，高校学生为61.5%，而农民工为32.3%，相差近一倍。详见表6.28和图6.37。

表 6.28　不同调查主体参与志愿活动的意愿

调查主体	人数	选项百分比（%）				
		肯定不会参加	可能不会参加	不确定	可能会参加	肯定会参加
高校学生	400	0.3	0.8	5.3	32.3	61.5
农民工	300	0.3	1.0	10.3	56.0	32.3
高校教师	300	0.3	1.0	4.3	45.7	48.7
公务员	300	0.3	1.3	5.0	40.0	53.3
白领	700	1.0	0.9	5.9	50.3	42.0
总体	2000	0.5	1.0	6.1	45.3	47.2

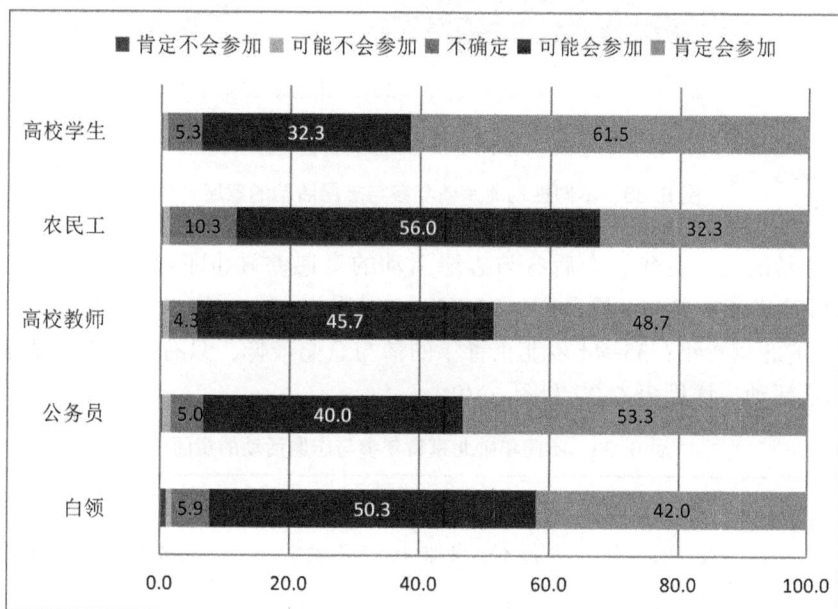

图 6.37　不同调查主体参与志愿活动的意愿（%）

调查显示，不同性别的北京青年，参与志愿活动的意愿差异不大，$p > 0.05$。分别有 91.0% 的男性和 93.6% 的女性北京青年表示今后会参加志愿活动。详见表 6.29 和图 6.38。

表 6.29　不同性别北京青年参与志愿活动的意愿

性别	人数	选项百分比（%）				
		肯定不会参加	可能不会参加	不确定	可能会参加	肯定会参加
男	897	1.0	1.2	6.8	45.4	45.6
女	1103	0.2	0.7	5.4	45.2	48.4
总体	2000	0.6	1.0	6.1	45.3	47.2

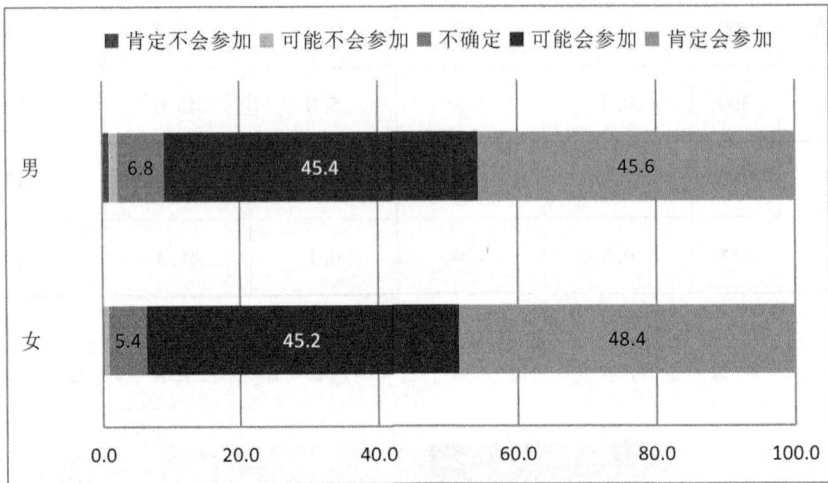

图 6.38　不同性别北京青年参与志愿活动的意愿（%）

不同年龄的北京青年，今后参与志愿活动的意愿差异也不显著，$p > 0.01$。其中，25-29 岁北京青年的参与意愿最高（95.4%），其次为 18-24 岁（93.3%）和 30-34 岁（93.2%）的北京青年；35-44 岁北京青年的参与意愿最低，只有 88.4%的人表示今后会参加志愿活动。详见表 6.30 和图 6.39。

表 6.30　不同年龄北京青年参与志愿活动的意愿

年龄	人数	选项百分比（%）				
		肯定不会参加	可能不会参加	不确定	可能会参加	肯定会参加
18-24 岁	708	0.3	0.4	5.9	43.9	49.4
25-29 岁	412	0.5	0.7	3.4	50.7	44.7
30-34 岁	352	0.9	1.1	4.8	43.5	49.7
35-44 岁	528	0.8	1.7	9.1	44.1	44.3
总体	2000	0.6	1.0	6.1	45.3	47.2

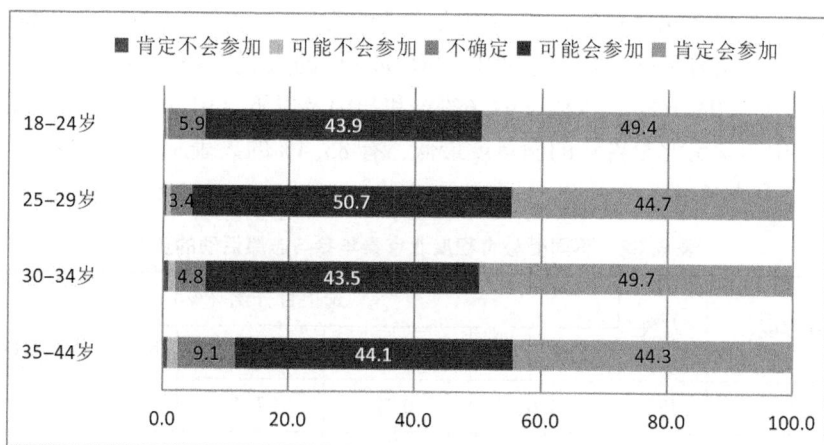

图 6.39 不同年龄北京青年参与志愿活动的意愿（%）

不同婚姻状况的北京青年，参与志愿活动的意愿没有显著差异，$p>0.05$。其中，分别有93.5%的未婚和91.5%的已婚北京青年表示今后会参加志愿活动。详见表 6.31和图 6.40。

表 6.31 不同婚姻状况北京青年参与志愿活动的意愿

婚姻状况	人数	选项百分比（%）				
		肯定不会参加	可能不会参加	不确定	可能会参加	肯定会参加
未婚	907	0.4	0.8	5.3	46.2	47.3
已婚	1087	0.6	1.1	6.7	44.7	46.8
总体	1994	0.6	1.0	6.1	45.3	47.2

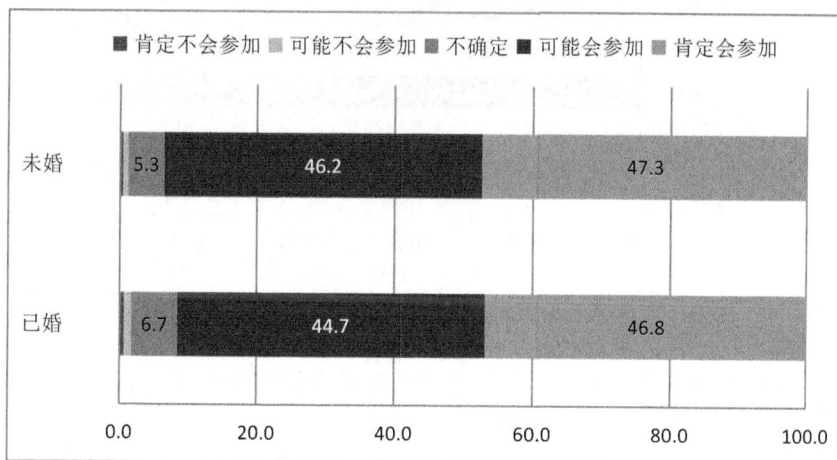

图 6.40 不同婚姻状况北京青年参与志愿活动的意愿（%）

　　不同受教育程度北京青年，参与志愿活动的意愿有一定的差异，$p<0.001$。其中，研究生及以上北京青年的参与意愿最高，有94.9%的人表示今后会参加志愿活动；其次为高职/大专（93.1%）、本科（92.6%）和初中及以下（91.9%）学历的北京青年；高中/中专/中职学历北京青年的满意度最低，有85.4%的人表示今后会参加志愿活动。详见表6.32和图6.41。

表6.32　不同受教育程度北京青年参与志愿活动的意愿

受教育程度	人数	选项百分比（%）				
		肯定不会参加	可能不会参加	不确定	可能会参加	肯定会参加
初中及以下	135	0.0	0.7	7.4	59.3	32.6
高中/中专/中职	165	0.6	1.2	12.7	53.3	32.1
高职/大专	272	0.4	0.4	6.3	33.5	59.6
本科	1037	0.8	1.2	5.5	46.5	46.1
研究生及以上	391	0.3	0.8	4.1	42.2	52.7
总体	2000	0.6	1.0	6.1	45.3	47.2

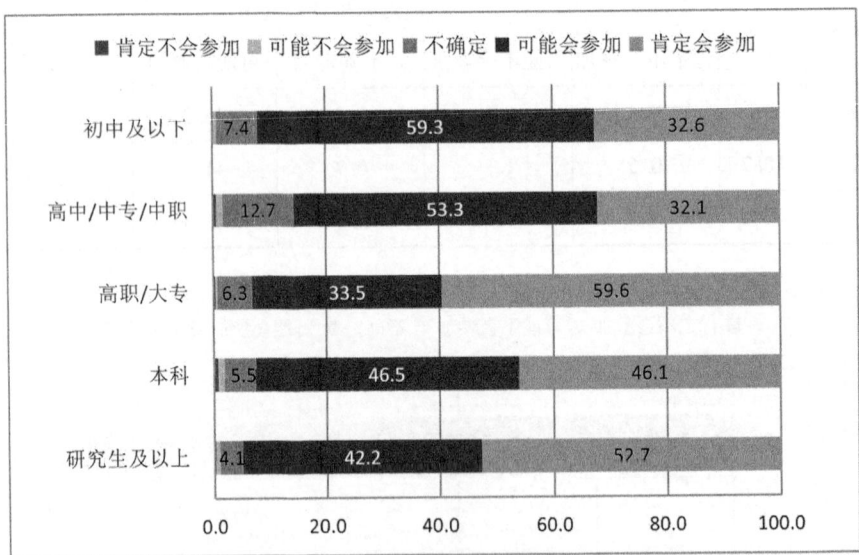

图6.41　不同受教育程度北京青年参与志愿活动的意愿（%）

　　不同户籍所在地的北京青年，参与志愿活动的意愿略有差异，$p<0.001$。其中，北京和河北户籍的北京青年参与意愿较高，分别有93.5%和93.1%的人表示今后会参加志愿活动；其他地区和天津户籍的北京青年参与意愿稍低，分别有90.7%和90.3%的人表示今后会参加志愿活动。详见表6.33和图6.42。

表 6.33 不同户籍所在地北京青年参与志愿活动的意愿

户籍所在地	人数	选项百分比（%）				
		肯定不会参加	可能不会参加	不确定	可能会参加	肯定会参加
北京	1190	0.6	0.9	5.0	39.6	53.9
天津	93	0.0	2.2	7.5	48.4	41.9
河北	130	0.0	0.8	6.2	55.4	37.7
其他地区	587	0.7	0.9	7.8	54.2	36.5
总体	2000	0.6	1.0	6.1	45.3	47.2

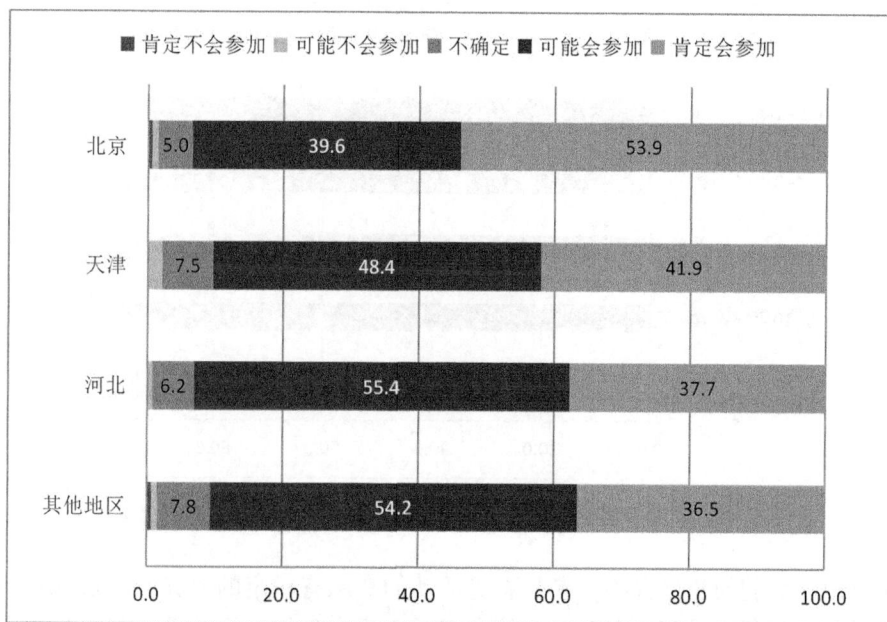

图 6.42 不同户籍所在地北京青年参与志愿活动的意愿（%）

在北京居住时间不同的北京青年，参与志愿活动的意愿差异显著，$p<0.001$。其中，在北京居住 0.5-1 年（不含）的北京青年的参与意愿最高，有 95.7% 的人表示今后会参加志愿活动；其次为在北京居住 5-10 年（不含）（94.2%）、3-5 年（不含）（92.6%）和 10 年及以上（92.0%）的北京青年；在北京居住 1-3 年（不含）的北京青年参与意愿最低（91.0%）。但以"肯定会参加"选项看，居住时间越长，比例越高，其中居住 10 年及以上的人为 51.6%，而不足一年的人为 26.1%。详见表 6.34 和图 6.43。

表 6.34　在北京居住时间不同的北京青年参与志愿活动的意愿

在北京居住的时间	人数	选项百分比（%）				
		肯定不会参加	可能不会参加	不确定	可能会参加	肯定会参加
0.5–1 年（不含）	46	0.0	0.0	4.3	69.6	26.1
1–3 年（不含）	146	0.7	0.7	7.5	56.8	34.2
3–5 年（不含）	245	0.0	1.6	5.7	51.4	41.2
5–10 年（不含）	310	0.3	0.6	4.8	51.3	42.9
10 年及以上	1253	0.7	1.0	6.3	40.4	51.6
总体	2000	0.6	1.0	6.1	45.3	47.2

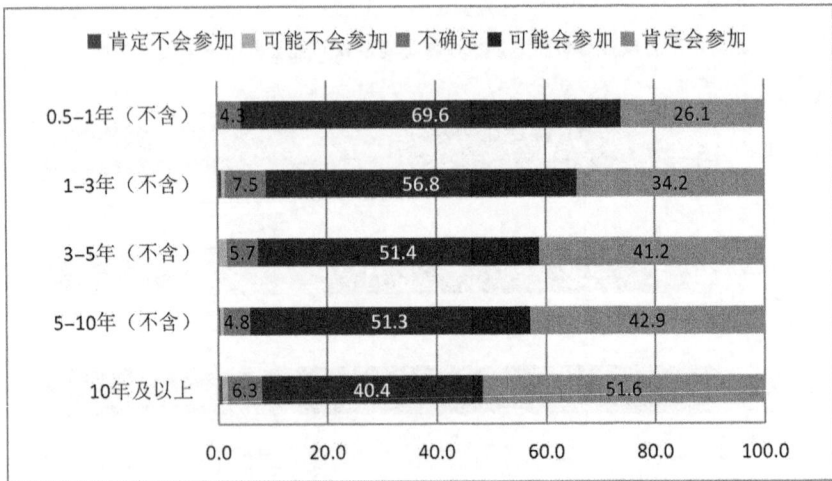

图 6.43　在北京居住时间不同的北京青年参与志愿活动的意愿（%）

不同政治面貌的北京青年，参与志愿活动的意愿有一定的差异，$p<0.001$。其中，中共党员的参与意愿最高，有 94.8% 的人表示今后会参加志愿活动；其次为共青团员（93.1%）；群众的参与意愿最低，有 90.1% 的人表示今后会参加志愿活动。但"肯定会参加"的比例，党团员差异明显。详见表 6.35 和图 6.44。

表 6.35　不同政治面貌北京青年参与志愿活动的意愿

政治面貌	人数	选项百分比（%）				
		肯定不会参加	可能不会参加	不确定	可能会参加	肯定会参加
中共党员	593	0.3	0.5	4.4	40.0	54.8
共青团员	556	0.4	0.7	5.8	43.5	49.6
群众	825	0.8	1.5	7.6	50.2	39.9
总体	1974	0.6	1.0	6.1	45.3	47.2

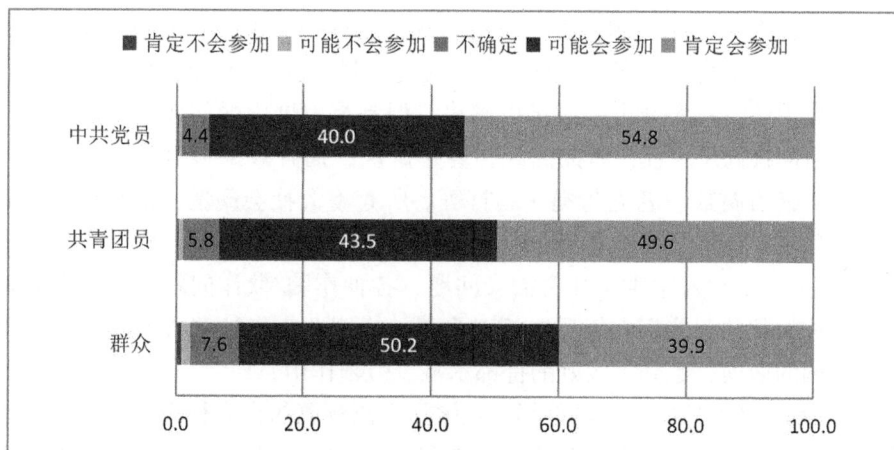

图例：■ 肯定不会参加　■ 可能不会参加　■ 不确定　■ 可能会参加　■ 肯定会参加

中共党员	4.4	40.0	54.8
共青团员	5.8	43.5	49.6
群众	7.6	50.2	39.9

0.0　20.0　40.0　60.0　80.0　100.0

图 6.44　不同政治面貌北京青年参与志愿活动的意愿（%）

三、 结论与思考

从本次调查情况看，北京青年在社会融入与社会参与方面总体表现正面、主动、自信和全方位参与社会建设和社会发展，同时发展自己，具有首都风范，焕发青年风采！

在对不同社会角色的信任度方面，父母、配偶/恋人最受信任，符合社会期待和中国传统文化要义。但也有一些细微差别，如"朋友"在男性更受看重，而女性宁愿信任"警察"。总体上北京青年对朋友、同学、邻居和警察、法官、教师、医生，以及政府官员、普通公务员等，均持正面看法，得分在七八分之间。这也从一个侧面说明我们的社会整体和谐有序，治理良善。而对影视明星、歌星和商人，信任度偏低，均未及格。对体育明星、运动员的信任也刚刚及格。也许我们的这些明星们负面新闻太多，在北京青年看来不能起到本来应该承担的国民表率的作用，队伍建设任重道远。而在社会中作用越来越重的商人，其诚信建设尤其重要，从北京青年的看法反映差距甚远，需要加大力度提高。什么时候商人们与医生、教师、法官等的声誉差不多了，我们的社会建设就大大进步了，人民群众的获得感就大大增强了。对于"陌生人"的信任度最低，符合预期，但得分接近一半，说明我们的北京青年没有把他人看得太低；人心唯危、道心唯微那一套，在相当多的北京青年心目中，未被接受。当然，如果社会上的各种骗局少一点，国家、商家信用建设的步伐和技术手段再快一点，再完善一些，我们的社会成员对彼此的信任度还会持续提升。

新中国成立 70 年来，尤其是改革开放 40 年来，我们国家各项建设突飞猛进，成绩斐然！但毋庸讳言，还存在一些不足，群众对一些重大社会问题还有看法。住房价格过高、环境污染问题较严重，是北京青年最关注的共识性问题；对食品安全、贪污腐败、看病难/看病贵、社会诚信缺乏、养老保障等问题，北京青年关注度居高不下；对就业失业问题、物价上涨问题、收入不足问题，也有相当关注。这些问题，有的是我国经济发展仍然不平衡、不充分所致，有的通过加强立法、加强政府治理会日渐好转，有的是北京作为超级特大城市一时难以解决，但都是发展中的问题。这些重大社会问题，党和政府同样高度关注，有的已经在着手解决，而且效果显著，譬如大力整治大气环境、铁腕整治腐败、老虎苍蝇一起打等。所有重大社会问题，都是民生问题，随着社会的不断发展，将会逐步缓解，逐步解决。从调查数据来看，北京青年对于效率低下/消极怠工、子女入学难、社会治安问题、各种诈骗/欺诈问题等此类在其他地方群众较为关注的问题，北京青年反应相对平静，说明北京在这些方面的建设做得比较好，走在全国的前列，起到了较好的首都示范、引领作用。

北京作为14亿人口的共和国首都，是国际交流频繁的世界性大都市，各类志愿活动很多。从调查数据看，北京青年实际参与环境保护为主题的志愿服务，参与大型会展、大型活动志愿服务，帮助孤寡、残疾人的社区服务比例最高，均达到1/3以上，北京青年的参与意愿更是达到八九成的高比例；北京青年参与青少年（俱乐部、少年宫）指导服务，帮助低收入阶层、贫困阶层的生活服务，参与妇女、儿童权益保护服务，参与社会突发事件的志愿服务等，比例也有两三成之多，而参与意愿均达到七成以上；北京青年实际参与为艾滋病、吸毒等特定人员的志愿服务，以及赴西部、边远（贫困）地区支教服务，均达到1/8左右的青年，参与意愿则超过五成。这样的实际参与比例和超高参与意愿，很好地反映出北京青年身体力行、所思所行的一致性；也反映出北京城市的独特性，青年通过积极自主参与志愿活动，融入社会，服务他人，发展自我。北京是一个移民比例很高的城市，有将近一半的人口没有北京户口，这些人大部分是青年；即便有户籍的，许多也是外地来京的务工者，因此，北京的排外意识很少，包容性很强。这些新北京人、青年移民和老北京青年，已经越来越不好区分其界限。不同的年龄、性别、学历、职业，不同的婚姻状况，居住年限不同，经济状况各异，来自不同的省份和地域，不一样的政治面貌，或长住、或暂居，但高达九成多的青年愿意在今后参与志愿活动，就是最好的说明。

各章执笔人员名单

第一章　纪秋发（北京青年政治学院北京青少年研究所 教授）

第二章　纪秋发（北京青年政治学院北京青少年研究所 教授）

第三章　王文影（北京青年政治学院北京青少年研究所 副教授）

第四章　田宏杰（北京青年政治学院北京青少年研究所 副教授）

第五章　杨　晶（北京青年政治学院北京青少年研究所 教 授）

第六章　谭绍兵（北京青年政治学院北京青少年研究所 副教授）